여러분의 합격을 응원하는
해커스공무원의 특별 혜택

FREE 공무원 영어 **특강**

해커스공무원(gosi.Hackers.com) 접속 후 로그인 ▶
상단의 [무료강좌] 클릭 ▶
[교재 무료특강] 클릭하여 이용

출제예상 핵심 어휘리스트(PDF)

해커스공무원(gosi.Hackers.com) 접속 후 로그인 ▶
상단의 [교재 · 서점 → 무료 학습 자료] 클릭 ▶
본 교재의 [자료받기] 클릭

공무원 보카 어플 이용권

GOSIENGHALF11

구글 플레이스토어/애플 앱스토어에서 '해커스공무원 기출보카' 검색 ▶
어플 설치 후 실행 ▶ '인증코드 입력하기' 클릭 ▶ 위 인증코드 입력

* 등록 후 30일간 사용 가능

* 해당 자료는 [해커스공무원 기출 보카 4000+] 교재 내용으로 제공되는 자료로, 공무원 시험 대비에 도움이 되는 유용한 자료입니다.

공무원 **매일영어 학습**

해커스공무원(gosi.Hackers.com) 접속 후 로그인 ▶ 상단의 [무료강좌] 클릭 ▶
[매일영어 학습] 클릭하여 이용

해커스공무원 온라인 단과강의 **20% 할인쿠폰**

759D4B39AEE3F9CB

해커스공무원(gosi.Hackers.com) 접속 후 로그인 ▶ 상단의 [나의 강의실] 클릭 ▶
좌측의 [쿠폰등록] 클릭 ▶ 위 쿠폰번호 입력 후 이용

* 등록 후 7일간 사용 가능(ID당 1회에 한해 등록 가능)

합격예측 **온라인 모의고사 응시권 + 해설강의 수강권**

953393CCC73392DA

해커스공무원(gosi.Hackers.com) 접속 후 로그인 ▶ 상단의 [나의 강의실] 클릭 ▶
좌측의 [쿠폰등록] 클릭 ▶ 위 쿠폰번호 입력 후 이용

* ID당 1회에 한해 등록 가능

쿠폰 이용 관련 문의 1588-4055

단기 합격을 위한
해커스공무원 커리큘럼

입문
탄탄한 기본기와 핵심 개념 완성!
누구나 이해하기 쉬운 개념 설명과 풍부한 예시로 부담없이 쌩기초 다지기
TIP 베이스가 있다면 **기본 단계**부터!

기본+심화
필수 개념 학습으로 이론 완성!
반드시 알아야 할 기본 개념과 문제풀이 전략을 학습하고
심화 개념 학습으로 고득점을 위한 응용력 다지기

기출+예상 문제풀이
문제풀이로 집중 학습하고 실력 업그레이드!
기출문제의 유형과 출제 의도를 이해하고 최신 출제 경향을 반영한
예상문제를 풀어보며 본인의 취약영역을 파악 및 보완하기

동형문제풀이
동형모의고사로 실전력 강화!
실제 시험과 같은 형태의 실전모의고사를 풀어보며 실전감각 극대화

최종 마무리
시험 직전 실전 시뮬레이션!
각 과목별 시험에 출제되는 내용들을 최종 점검하며 실전 완성

PASS

단계별 교재 확인 및
수강신청은 여기서!

gosi.Hackers.com

* 커리큘럼 및 세부 일정은 상이할 수 있으며,
자세한 사항은 해커스공무원 사이트에서 확인하세요.

2025 대비 최신개정판

해커스공무원
**매일
하프모의고사
영어 1**

문제집

해커스공무원

해커스공무원

매일
하프모의고사
영어 1

문제집

해커스공무원

"매일 꾸준히 풀면서 실전 감각을 유지할 수 있는
교재가 없을까?"

"2025 출제 기조 변화가 완벽 반영된 모의고사로
실전에 대비하고 싶어."

해커스가 공무원 출제경향을 완벽 반영하여 만들었습니다.

매일 모의고사를 풀며 영어 실전 감각을 유지하고 싶지만 마땅한 문제 풀이 교재가 부족해 갈증을 느끼는 공무원 수험생 여러분을 위해, 공무원 영어 시험 출제경향을 완벽 반영한 하프모의고사 교재를 만들었습니다.

『해커스공무원 매일 하프모의고사 영어 1』을 통해
매일 10문제씩, 4주 만에 공무원 영어 실력을 완성할 수 있습니다.

실전 감각은 하루아침에 완성할 수 있는 것이 아닙니다. 공무원 출제경향이 반영된 문제를 많이 풀어 보면서 문제가 요구하는 바를 정확하게 파악하는 연습을 지속적으로 해야 합니다. 학습 플랜에 맞춰 매일 10문제씩, 하루 15분 학습을 꾸준히 반복하고, 본 교재가 제공하는 해설과 총평을 꼼꼼히 확인한다면, 4주 뒤 눈에 띄게 향상된 영어 실력을 발견할 수 있을 것입니다.

『해커스공무원 매일 하프모의고사 영어 1』은
2025 출제 기조 변화가 완벽하게 반영된 교재입니다.

해커스 공무원시험연구소에서 100% 자체 제작한 문제, 상세한 포인트 해설과 친절한 오답 분석, 해커스 공무원시험연구소가 제공하는 총평까지, 여러분을 위해 모두 담았습니다. 『해커스공무원 매일 하프모의고사 영어 1』은 오직 공무원 수험생 여러분의, 여러분에 의한, 여러분을 위한 교재입니다.

공무원 시험 합격을 위한 여정,
해커스 공무원시험연구소가 여러분과 함께합니다.

: 목차

■ 문제는 half, 실력은 double! **문제집**

무료 <출제예상 핵심 어휘리스트> PDF 제공

해커스공무원(gosi.Hackers.com) 접속 후 로그인 ▶ 사이트 상단의 [교재·서점 ▶ 무료 학습 자료]
클릭 ▶ 본 교재 우측의 [자료받기] 클릭하여 <출제예상 핵심 어휘리스트> PDF 다운로드

언제 어디서든 공무원 출제예상 핵심 어휘를 암기하세요!

■ 포인트만 쏙쏙, 실력 최종 완성! **해설집**

:이 책만의 특별한 구성

■ 매일 15분으로 공무원 영어 실력을 완성하는 하프모의고사 24회분!

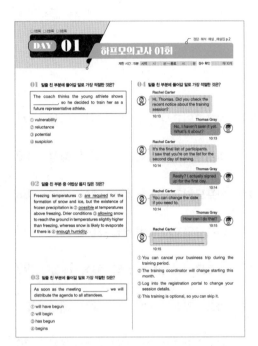

① 매일 15분 집중 학습으로 실전 감각 극대화

매일 15분, 하루 10문제씩 집중 학습을 총 4주간 꾸준히 반복하며 실전 대비와 문제 풀이 시간 관리를 동시에 할 수 있습니다.

② 공무원 출제경향 완벽 반영

실제 공무원 영어 시험과 가장 비슷한 난이도와 문제 유형으로 구성된 하프모의고사 24회분을 제공하여 탄탄한 공무원 영어 실력을 쌓을 수 있도록 하였습니다.

③ Self Check List를 통한 자기 점검

매회 하프모의고사가 끝나면 모의고사 진행 내용을 스스로 점검하여 개선점을 마련하고, 앞으로의 학습 계획을 세울 수 있도록 각 회차마다 Self Check List를 제공하였습니다.

■ 한 문제를 풀어도 진짜 실력이 되는 상세한 해설 제공!

① 각 회차마다 총평 제공

해당 회차의 전반적인 난이도와 영역별 핵심 분석을 제공하는 해커스 공무원 시험연구소 총평을 통해 반드시 짚고 넘어가야 할 포인트와 앞으로의 학습 방향을 제시하였습니다.

② 취약영역 분석표

취약영역 분석표를 통해 자신의 취약영역을 스스로 확인할 수 있습니다.

③ 포인트 해설 & 오답 분석

문제에 대한 정확한 해석과 상세한 해설, 그리고 필수 학습 어휘를 제공하였습니다. 포인트 해설과 오답 분석을 통해 정답이 되는 이유와 오답이 되는 이유를 확실히 파악할 수 있습니다.

④ 이것도 알면 합격! & 구문 분석

해당 문제와 관련된 추가 어휘·표현과, 문법 이론, 구문 분석을 제공하여 심화 학습을 할 수 있도록 하였습니다.

■ 어휘 암기까지 확실하게 책임지는 학습 구성!

① 문제집 내 QR코드를 통해 핵심 어휘 확인

매회 문제 풀이를 끝낸 직후, 해당 하프모의고사에 나온 중요 어휘와 표현을 정리한 〈출제예상 핵심 어휘리스트〉를 바로 확인할 수 있도록 각 회차마다 QR코드를 삽입하였습니다.

② Quiz를 통한 학습 내용 확인

간단한 Quiz를 통해 〈출제예상 핵심 어휘리스트〉의 어휘와 표현을 확실히 암기했는지 확인할 수 있습니다.

■ 체계적 학습 계획으로 목표 점수 달성!

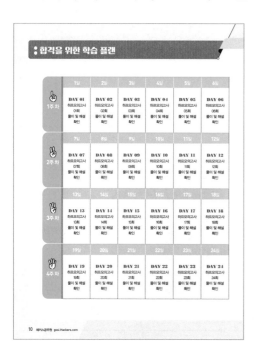

① 합격을 위한 학습 플랜 제공

총 24회분의 하프모의고사 풀이를 4주 안에 자율적으로 진행할 수 있도록 구성한 학습 플랜을 제공하였습니다.

② 학습 방법 제공

실력을 최종 점검하고 취약점을 보완해 목표 점수에 도달할 수 있도록 학습 플랜에 따라 적용할 수 있는 효과적인 학습 방법을 제공하였습니다.

■ 문법

문법 영역에서는 **어순과 특수 구문, 준동사구, 동사구**를 묻는 문제가 자주 출제되며, 세부 빈출 포인트로는 **병치·도치·강조 구문, 수 일치, 분사**가 있습니다. 최근에는 단문 형태의 보기에 서 묻고 있는 문법 포인트에 밑줄이 적용되거나 한 문제의 모든 보기가 하나의 문법 포인트로 구성되는 등 다양한 형태의 문법 문제가 등장하고 있습니다.

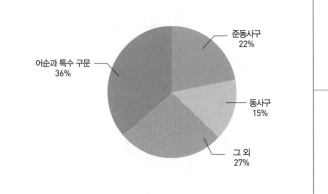

■ 독해

독해 영역에서는 **주제·제목·목적·요지 파악**과 **내용 일치·불일 치 파악** 유형의 출제 빈도가 증가하고 있습니다. 한편, **빈칸 완 성(단어·구·절)** 유형의 경우 항상 높은 출제 비중을 꾸준히 유 지해 왔으며, '문단 순서 배열'을 비롯한 논리적 추론 파악 유형 도 매시험 빠지지 않고 포함되었습니다.

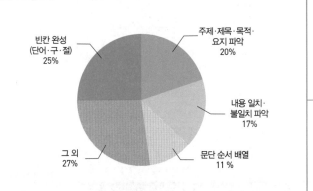

■ 어휘

어휘 영역에서는 **유의어 찾기** 유형의 비중이 가장 높으며, 최근 에는 문맥 속에서 **빈칸에 들어갈 적절한 단어를 추론**하여 푸는 문제가 증가하고 있습니다. 생활영어 영역은 **실생활과 밀접한 주제**의 대화가 주로 출제되고, 때로는 **직무 관련 대화**도 출제됩 니다.

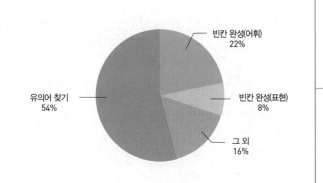

📁 **2025년 대비 학습 전략**

실생활에서 자주 쓰이는 활용도 높은 문법 포인트 위주로 반복 학습합니다.

- 기존에 출제되던 단문형 문제의 비율이 점차 줄어드는 대신, 묻는 문법 포인트가 명확한 지문형 또는 빈칸형 문제들이 출제될 수 있습니다.
- 기본 개념을 탄탄히 한 다음 세부적인 문법 요소를 학습해 나가며 실력을 쌓는 것이 중요합니다. 문법 영역은 이론을 알고 있더라도 실전에서 혼동하기 쉬우므로, 반복적인 문제풀이를 통해 빈출 포인트들을 확실하게 확인합니다.

📁 **2025년 대비 학습 전략**

기존 문제 유형들에 대한 감을 유지하면서 다문항·실용문 등의 신유형에 대비합니다.

- 문제 유형에는 변화가 거의 없지만, 한 지문에서 두 개의 문항이 출제되는 다문항과, 이메일·안내문·웹페이지 등 새로운 형태의 지문에 익숙해질 필요가 있습니다. 유형별 문제풀이 전략을 완벽하게 숙지하고, 실제 문제풀이에 전략을 적용해 보는 연습을 하는 것이 중요합니다.
- 특히 실용문에 대비하여 공무원 직무와 관련된 어휘를 학습하고, 정부 관련 정책들에 대해서도 알아 둡니다.

📁 **2025년 대비 학습 전략**

문맥을 통해 빈칸에 적절한 어휘 또는 대화를 추론하여 정답을 찾습니다.

- 정답에 대한 단서가 문맥 속에서 명확하게 주어지며, 난이도가 높지 않으면서 활용도 높은 어휘 위주의 출제가 예상됩니다.
- 비대면 의사소통 상황을 비롯한 직무 관련 내용의 대화가 출제되는 경우에 대비하여, 관련 상황 속에서 쓰일 수 있는 빈출 표현들을 미리 정리해 둡니다.

:합격을 위한 학습 플랜

	1일	2일	3일	4일	5일	6일
1주 차	**DAY 01** 하프모의고사 01회 풀이 및 해설 확인	**DAY 02** 하프모의고사 02회 풀이 및 해설 확인	**DAY 03** 하프모의고사 03회 풀이 및 해설 확인	**DAY 04** 하프모의고사 04회 풀이 및 해설 확인	**DAY 05** 하프모의고사 05회 풀이 및 해설 확인	**DAY 06** 하프모의고사 06회 풀이 및 해설 확인

	7일	8일	9일	10일	11일	12일
2주 차	**DAY 07** 하프모의고사 07회 풀이 및 해설 확인	**DAY 08** 하프모의고사 08회 풀이 및 해설 확인	**DAY 09** 하프모의고사 09회 풀이 및 해설 확인	**DAY 10** 하프모의고사 10회 풀이 및 해설 확인	**DAY 11** 하프모의고사 11회 풀이 및 해설 확인	**DAY 12** 하프모의고사 12회 풀이 및 해설 확인

	13일	14일	15일	16일	17일	18일
3주 차	**DAY 13** 하프모의고사 13회 풀이 및 해설 확인	**DAY 14** 하프모의고사 14회 풀이 및 해설 확인	**DAY 15** 하프모의고사 15회 풀이 및 해설 확인	**DAY 16** 하프모의고사 16회 풀이 및 해설 확인	**DAY 17** 하프모의고사 17회 풀이 및 해설 확인	**DAY 18** 하프모의고사 18회 풀이 및 해설 확인

	19일	20일	21일	22일	23일	24일
4주 차	**DAY 19** 하프모의고사 19회 풀이 및 해설 확인	**DAY 20** 하프모의고사 20회 풀이 및 해설 확인	**DAY 21** 하프모의고사 21회 풀이 및 해설 확인	**DAY 22** 하프모의고사 22회 풀이 및 해설 확인	**DAY 23** 하프모의고사 23회 풀이 및 해설 확인	**DAY 24** 하프모의고사 24회 풀이 및 해설 확인

하프모의고사 학습 방법

01. 각 회차 하프모의고사를 풀고 <출제예상 핵심 어휘리스트> 암기하기

(1) 실제 시험처럼 제한 시간(15분)을 지키며 하프모의고사를 풉니다.
(2) 매회 제공되는 <출제예상 핵심 어휘리스트>를 통해 부족한 어휘를 암기하고, 잘 외워지지 않는 어휘는 체크하여 반복 학습합니다.

02. 취약점 보완하기

채점 후 틀린 문제를 중심으로 해설을 꼼꼼히 확인합니다. 해설을 확인할 때에는 틀린 문제에 쓰인 포인트를 정리하면서 '포인트를 몰라서' 틀린 것인지, 아니면 '아는 것이지만 실수로' 틀린 것인지를 확실하게 파악합니다. 하프모의고사는 회차를 거듭하면서 반복되는 실수와 틀리는 문제 수를 줄여 나가며 취약점을 완벽하게 극복하는 것이 중요합니다. 또한, '이것도 알면 합격'과 '구문 분석'에서 제공되는 심화 개념까지 빠짐없이 익혀 둡니다.

03. 하프모의고사 총정리하기

(1) 틀린 문제를 다시 풀어 보고, 계속해서 틀리는 문제가 있다면 포인트 해설을 몇 차례 반복하여 읽어 모르는 부분이 없을 때까지 확실하게 학습합니다.
(2) <출제예상 핵심 어휘리스트>에서 체크해 둔 어휘가 완벽하게 암기되었는지 최종 점검합니다.

■ **하프모의고사 회독별 학습 Tip!**

1회독 [실전 문제 풀이 단계]
- <학습 플랜>에 따라 매일 모의고사 1회분 집중 문제 풀이
- 포인트 해설, 오답 분석을 정독하여 틀린 이유 파악
- Self Check List 작성
- <출제예상 어휘 리스트> 암기
- 학습 기간: 24일

2회독 [영역별 심화학습 단계]
- 매일 2회분 모의고사 반복 풀이
- '이것도 알면 합격'의 유의어 및 표현, 문법 이론 심화 학습
- '구문 분석'을 통해 공무원 영어 시험 필수구문 정리
- 학습 기간: 12일

3회독 [취약점 보완 단계]
- 매일 4회분씩 1~2차 회독 시 틀린 문제 위주로 점검
- 시험 직전 최종 점검을 위한 본인만의 오답노트 정리
- <출제예상 어휘 리스트>에 수록된 모든 어휘를 완벽하게 암기했는지 최종 확인
- 학습 기간: 6일

*3회독을 진행하며 반복해서 틀리는 문제들은 반드시 별도로 표시해 두었다가 [해커스공무원 영어 기출 불편의 패턴], [해커스공무원 실전동형모의고사 영어] 교재를 통해 추가로 학습하여 실전에 대비할 수 있도록 합니다.

공무원 영어 직렬별 시험 출제 영역

■ 문법　■ 독해　■ 어휘

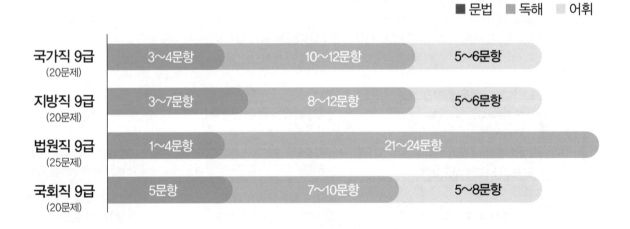

	문법	독해	어휘
국가직 9급 (20문제)	3~4문항	10~12문항	5~6문항
지방직 9급 (20문제)	3~7문항	8~12문항	5~6문항
법원직 9급 (25문제)	1~4문항	21~24문항	
국회직 9급 (20문제)	5문항	7~10문항	5~8문항

공무원 영어 시험은 직렬에 따라 20문항 또는 25문항으로 구성되며, 크게 문법/독해/어휘 3개의 영역으로 나눌 수 있습니다.

국가직·지방직·국회직 9급 영어 시험은 총 20문항이며, 독해 영역이 약 50%를 차지하고 나머지 50%는 문법과 어휘 영역으로 구성됩니다. 이때 어휘 영역의 경우 세부적으로 어휘 및 표현, 생활영어로 구분됩니다. (법원직의 경우 독해 약 80%, 문법 및 어휘 약 20%)

한편, 출제기조 전환은 2025년 국가직·지방직·지역인재 9급 공채 시험부터 적용되며, 개편 시험에 앞서 인사혁신처에서 공개한 예시문제는 문법 3문제, 독해 13문제, 어휘 4문제로 구성되어 있습니다.

공무원 영어 시험의 영역별 출제 문항 수는 변동이 적은 편이므로, 영역별 문항 수에 따라 풀이 시간을 적정하게 배분하는 연습을 할 수 있습니다.

DAY 01~24

: 하프모의고사 01~24회

잠깐! 하프모의고사 전 확인사항

하프모의고사도 실전처럼 문제를 푸는 연습이 필요합니다.

✔ 휴대전화는 전원을 꺼 주세요.
✔ 연필과 지우개를 준비하세요.
✔ 제한 시간 15분 내 최대한 많은 문제를 정확하게 풀어 보세요.

매 회 하프모의고사 전, 위 상황을 점검하고 시험에 임하세요.

01 밑줄 친 부분에 들어갈 말로 가장 적절한 것은?

The coach thinks the young athlete shows _____, so he decided to train her as a future representative athlete.

① vulnerability
② reluctance
③ potential
④ suspicion

02 밑줄 친 부분 중 어법상 옳지 않은 것은?

Freezing temperatures ① are required for the formation of snow and ice, but the existence of frozen precipitation is ② possible at temperatures above freezing. Drier conditions ③ allowing snow to reach the ground in temperatures slightly higher than freezing, whereas snow is likely to evaporate if there is ④ enough humidity.

03 밑줄 친 부분에 들어갈 말로 가장 적절한 것은?

As soon as the meeting _____, we will distribute the agenda to all attendees.

① will have begun
② will begin
③ has begun
④ begins

04 밑줄 친 부분에 들어갈 말로 가장 적절한 것은?

 Rachel Carter
Hi, Thomas. Did you check the recent notice about the training session?
10:13

Thomas Gray
No, I haven't seen it yet. What's it about?
10:13

 Rachel Carter
It's the final list of participants. I saw that you're on the list for the second day of training.
10:14

Thomas Gray
Really? I actually signed up for the first day.
10:14

 Rachel Carter
You can change the date if you need to.
10:14

Thomas Gray
How can I do that?
10:15

Rachel Carter
_____
_____
10:15

① You can cancel your business trip during the training period.
② The training coordinator will change starting this month.
③ Log into the registration portal to change your session details.
④ This training is optional, so you can skip it.

05~06 다음 글을 읽고 물음에 답하시오.

Natural Resources Conservation Service

Objective

We address conservation issues by continuously improving the quality of resources necessary for agriculture. We also provide financial support to rural communities so that they can preserve air, water, and soil health. This, in turn, <u>sustains</u> agricultural output, which is the foundation of economic stability in these areas.

Vision

We share extensive data and advanced technology from a national network of agricultural research institutions and serve as mentors for individual agricultural producers at no cost to help them select the right crops, determine optimal planting times, and manage volumes that support both business and environmental sustainability.

Key Values

- Professional Excellence: We strive to provide the highest quality information in our profession.
- Community-Focused: We are dedicated to enhancing the country's agricultural sector with a community-first approach.

05 윗글에서 Natural Resources Conservation Service에 관한 내용과 일치하는 것은?

① It redistributes funds collected from local communities.

② It offers free mentorships to particular farm operators.

③ It determines what crops agricultural producers can grow.

④ It is committed to a country-first agricultural approach.

06 밑줄 친 sustains의 의미와 가장 가까운 것은?

① monitors   ② controls

③ maintains   ④ affects

07 다음 글의 목적으로 가장 적절한 것은?

To	subscribers@falumag.com
From	renewals@falumag.com
Date	December 15
Subject	Exciting news!

Dear *Falu* Subscribers,

We hope you are enjoying your subscription to *Falu*, your source for the latest in fashion, culture, and lifestyle. We're pleased to announce a new way to manage your magazine subscription. In addition to our existing renewal options, you can now renew directly through our mobile app.

Follow these simple instructions to renew using the mobile app:

1. Download the *Falu* app.
2. Access your account using your subscription email and password.
3. Navigate to the **My Account** section and select "Renew Subscription."
4. Choose a renewal option, including the delivery type (print, digital, or both) and duration.
5. Input your payment details and submit. You'll receive an email confirming your renewal within a matter of minutes.

It's that easy! Thank you for supporting *Falu*. We look forward to continuing to deliver the very best of the content that matters to you.

Sincerely,
The *Falu* Team

① to provide instructions on renewing a subscription via an app

② to announce the release of a digital edition of a magazine

③ to explain how to purchase a subscription as a gift for someone else

④ to reveal new options for subscription payment plans

08 다음 글의 흐름상 어색한 문장은?

A host of smartphone producers have created the next wave of mobile devices: phones that can be used in any environment. ① This new generation of phones has a multitude of advanced features—they are waterproof, scratchproof, and extra sturdy. ② It is unknown whether the high costs of the new phones will discourage consumers from purchasing them. ③ These phones still work after being underwater for half an hour, which is invaluable for those such as commercial divers, who make their living in the ocean. ④ Rock climbers will also find these phones handy as they can be dropped from a great height without suffering any damage. In addition, the phones repel dust, which can be a lifesaver in the desert. The versatility of these features is sure to have many outdoor enthusiasts purchasing these phones in the next few years.

09 다음 글의 제목으로 가장 적절한 것은?

Pristine Seas is a campaign directed by the National Geographic Society that aims to preserve the most species-rich areas of the ocean. Those involved in the project aspire to keep untouched regions of the ocean clean and protected by establishing underwater marine reserves. They also hope to restore the health of unique ecosystems that have been affected by human populations. They intend to do this through better management of fisheries and through the development of ecotourism plans that will have minimal impact on the ocean. Their current objective is to convince governments to officially endorse the project in areas where they wish to establish the proposed marine reserve. Doing so would ensure that further damage to various ocean locales would be mitigated and that *Pristine Seas* would receive the financial and technical support it ultimately needs to succeed. If all goes according to plan, it is anticipated that approximately 10 percent of the world's oceans will be protected.

① Strategies to Gain Government Support for *Pristine Seas*

② The Goals of the National Geographic Society's *Pristine Seas* Project

③ The National Geographic Society's Push to Promote Ecotourism

④ Obstacles Surrounding the Establishment of New Marine Reserves

10 다음 글의 요지로 가장 적절한 것은?

Biotechnology Regulatory Services

Strict regulation of biotechnologies is the main priority for the Animal and Plant Health Inspection Service (APHIS). Each organism that has been biologically modified must receive an APHIS permit that authorizes its importation, movement, and use in nature.

Compliance and Inspection

APHIS personnel conduct thorough evaluations of facilities, equipment, and records to identify incidents of noncompliance (INCs), which involve non-regulated biotechnologies that could pose a risk if released or spread in the environment.

To protect the health of plants and crops, the APHIS can implement a range of procedures depending on the severity of the INC and whether the INC was self-reported. These measures can include mandatory quarantines, improvements to facilities, or financial penalties exceeding one million dollars.

① APHIS seeks to eliminate INC risk through training.

② APHIS is primarily concerned with importation facilities and procedures.

③ APHIS concentrates on developing a self-report system.

④ APHIS's top objective is to tightly manage biotechnologies.

정답·해석·해설 p. 2

하프모의고사 01회
출제예상 핵심 어휘리스트
바로 다운받기 (gosi.Hackers.com)

QR코드를 이용해 핵심 어휘리스트를 다운받아, 언제 어디서든 공무원 출제예상 어휘를 암기하세요!

Self Check List

이번 테스트는 어땠나요?
다음 체크리스트로 자신의 테스트 진행 내용을 점검해 볼까요?

01 나는 15분 동안 완전히 테스트에 집중하였다.
☐ YES ☐ NO

02 나는 주어진 15분 동안 10문제를 모두 풀었다.
☐ YES ☐ NO

03 유난히 어렵게 느껴지는 지문이 있었다.
☐ YES ☐ NO

04 유난히 어렵게 느껴지는 문제가 있었다.
☐ YES ☐ NO

05 모르는 어휘가 있었다.
☐ YES ☐ NO

06 개선해야 할 점과 이를 위한 구체적인 학습 계획

_____

_____

01 밑줄 친 부분에 들어갈 말로 가장 적절한 것은?

Unfortunately, my first customer turned out to be dissatisfied with my service. But instead of letting myself get _____, I met the challenge without trouble, applying what I had learned during my training session about handling such people.

① rude

② amused

③ discouraged

④ obedient

02 밑줄 친 부분 중 어법상 옳지 않은 것은?

Despite continual improvements to communications technology, most of the delays in news media ① are caused by signal transmission time remaining a problem that on-site reporters have to ② contend. When there is an especially long period of dead air between a reporter and a studio newscaster, both are instructed ③ to remain calm and patient until the signal from one finally reaches ④ the other.

03 밑줄 친 부분에 들어갈 말로 가장 적절한 것은?

The company's recent product launch would not have achieved much success without sensational marketing. Along with competitive pricing, aggressive marketing is likely to _____ the success.

① lead to

② be led to

③ have led to

④ have been led to

04 밑줄 친 부분에 들어갈 말로 가장 적절한 것은?

A: This is a difficult song, but you're getting better at it.

B: I don't know. I can't seem to get the middle part right.

A: Why don't you start over and try playing it from the beginning?

B: I'm exhausted. I've already practiced for two hours today. Can we continue tomorrow?

A: Sure. _____. See you tomorrow.

① It depends on how long it takes

② There's only an hour left to go

③ I'm on my way to practice

④ It'll sound even better after a break

05~06 다음 글을 읽고 물음에 답하시오.

To	Department of Public Safety
From	Angela Simons
Date	May 8
Subject	Unauthorized Drone Use in Valleybrook

To Whom It May Concern:

I am writing to express my deep concern regarding the increasing presence of drones in Valleybrook, which is a residential neighborhood.

As a community member, I find the wide use of these devices highly unsettling, given their <u>capacity</u> to hover near windows and over private properties and children's play areas. These drones not only violate privacy but also the peace and quiet residents expect since they generate a distinctive buzzing sound.

I urge you to address this situation as soon as possible by implementing stricter regulations and penalties for unauthorized drone operation in residential areas. Your prompt response will be instrumental in ensuring the safety and privacy of our community.

Best regards,
Angela Simons

05 윗글의 목적으로 가장 적절한 것은?

① 드론 전용의 비행 지역의 신설을 제안하려고

② 자율 방범대에서의 드론 사용 가능성을 문의하려고

③ 무단으로 돌아다니는 드론에 대한 조치를 요청하려고

④ 마을에서 드론을 사용하는 것의 유용함을 주장하려고

06 밑줄 친 "capacity"의 의미와 가장 가까운 것은?

① role

② volume

③ qualification

④ ability

07 Sloane Innovation and Technology Expo에 관한 다음 글의 내용과 일치하는 것은?

SLOANE INNOVATION AND TECHNOLOGY EXPO (SITE)

Early-bird admission ticket for the Sloane Innovation and Technology Expo

Friday Pass: $30
Saturday Pass: $40
Sunday Pass: $40
3-Day Pass: $65

Opening hours:
12:00 p.m. – 5:00 p.m. on Friday
9:00 a.m. – 5:00 p.m. on Saturday and Sunday

An extra $10 will be charged for all passes purchased at the door.

Tickets purchased in advance must be picked up by the person who purchased them. Please present a valid ID and your ticket receipt, which has a barcode on it. We are able to scan barcodes from mobile devices or paper if you choose to print your receipt out.

① Admission is the same each day.

② The event hours are longer on Friday.

③ On-site pass purchases require an added fee.

④ Priority entry is limited to advance tickets.

08 밑줄 친 부분에 들어갈 말로 가장 적절한 것은?

Children who are gifted generally have exceptional talents or abilities in certain artistic or academic fields, and many countries offer special education programs to help them develop to their fullest potential. However, these children often face a variety of social challenges that can be easily overlooked. For instance, they usually realize that they are different from their peers starting at a very early age, which may upset them. Their advanced reasoning abilities could also be misunderstood by their classmates, who may reject or even bully them. Additionally, teachers of special education programs are increasingly being required to undergo additional training to handle these types of students, as _____.
This likely stems from the fact that these children tend to be perfectionists and set high, nearly impossible expectations for themselves.

① they usually need much less supervision than other students

② they may have problems keeping up with their classmates

③ their parents continue to demand better quality instruction

④ they are likely to have lower self-esteem than average children

09 다음 글의 주제로 가장 적절한 것은?

While globalization has improved the overall quality of life in many developing nations, critics have a negative view of its impact on cultural identity. The pessimistic view comes not from the fact that cooking styles, languages, and fashions are being shared, but from the notion that old cultural values are being replaced with new, foreign ones. Some have even compared globalization to a form of imperialism, or cultural conquest, given that much of the popular culture that is imported is from the wealthy, Western world. There is a perception that as the acceptance of Western culture grows, whether it is through learning English or the adoption of Christianity, for example, people will begin to view the old cultural values of their nations as flawed and in need of replacement. Ultimately, globalization could be a threat to cultural diversity.

① The relevance of Western values to developing nations

② The problem with cultural diversity in the developing world

③ An adverse consequence of globalization

④ The loss of traditional culture due to imperialism

10 주어진 글 다음에 이어질 글의 순서로 가장 적절한 것은?

According to recent reports, climate change has negatively affected global food supplies. Though the severity of effects varies from region to region, there are two "hunger hotspots" that have been hit the hardest.

(A) While the unpredictable rainfall has made the biggest impact in these two areas, developed nations are not exempt from the effects of climate change either. Food supplies are threatened even there, as extreme weather continues to damage crops.

(B) In Africa, on the other hand, lack of rain has been a serious problem. Intense droughts and rising temperatures have been responsible for as much as a 50 percent reduction in the output of corn, which is a staple crop.

(C) One of these encompasses South and Southeast Asia, where half of the world's malnourished live. Many important crops including rice and wheat have already been devastated by frequent flooding events.

① (A) – (B) – (C)

② (A) – (C) – (B)

③ (C) – (A) – (B)

④ (C) – (B) – (A)

정답 · 해석 · 해설 p. 8

하프모의고사 02회
출제예상 핵심 어휘리스트
바로 다운받기 (gosi.Hackers.com)

QR코드를 이용해 핵심 어휘리스트를 다운받아, 언제 어디서든 공무원 출제예상 어휘를 암기하세요!

01 밑줄 친 부분에 들어갈 말로 가장 적절한 것은?

The vet did his best to _____ the condition of the ailing puppy but failed to figure out the nature of its illness.

① stretch

② ascertain

③ sponsor

④ renounce

02 밑줄 친 부분에 들어갈 말로 가장 적절한 것은?

Success is achieving personal goals and aspirations or _____ fulfillment through meaningful relationships and experiences.

① find

② finding

③ to finding

④ being found

03 밑줄 친 부분 중 어법상 옳지 않은 것은?

Life is ① full of unexpected surprises, not all of them good. But when you're thrown off balance, it is a warm and ② comforted thought to know that the people ③ who love you will be there to help you ④ find your way back to solid ground.

04 밑줄 친 부분에 들어갈 말로 가장 적절한 것은?

 Lisa Thompson

Hi, I'd like to reserve the venue for a civic event next month.

2:05 pm

Mark Johnson

We appreciate your interest. We have availability on December 10 and 11. We have a large hall and two small rooms.

2:05 pm

 Lisa Thompson

_____
_____

2:08 pm

Mark Johnson

The large hall can hold up to 100 people, while each small room can hold up to 50 people.

2:08 pm

Lisa Thompson

That sounds perfect! Can I book the hall and the two small rooms for both days?

2:09 pm

Mark Johnson

Absolutely. If you provide your contact information, I will send you the reservation details.

2:09 pm

① Are the microphone and speakers provided for free?

② How many people can each space accommodate?

③ What is the typical size of an event?

④ Are there other events taking place at the same time on that day?

05~06 다음 글을 읽고 물음에 답하시오.

(A)

There has been a rise in illegal activity in Chesterfield. It's time to do something to protect our neighborhood.

Local law enforcement is aware of the situation, but our help is needed. By forming a neighborhood watch group, we can report incidents that may avoid the police's detection.

Several members of the community have already expressed interest in bringing this plan into action. They will be meeting to discuss how the group will operate. If you would like to join or are interested in learning more, you'll be there.

Don't you want to keep Chesterfield safe?

Sponsored by the Chesterfield Community Action Group

- Location: Sandford Elementary School, Room 108 (if attendance exceeds capacity, we'll relocate to the auditorium)
- Date: Monday, October 15
- Time: 7:00 p.m. – 9:00 p.m.

If you have any questions, please visit our website at www.communityaction.org/neighborhoodwatch or contact us at (313) 880-3243.

05 (A)에 들어갈 윗글의 제목으로 가장 적절한 것은?

① Chesterfield Neighborhood Protection Plan
② Neighborhood Watch Group Guidelines
③ Security Measures at Sandford Elementary
④ Appreciation for Civilian Patrols

06 위 안내문의 내용과 일치하지 않는 것은?

① 경찰은 마을 내 불법 활동 증가에 대해 알고 있다.
② 방범대를 결성하려는 마을 사람들이 있다.
③ 참석 인원이 많으면 회의는 시청각실에서 열릴 수 있다.
④ 회의는 2시간 동안 진행될 것이다.

07 다음 글의 내용과 일치하는 것은?

To: sfcustomers@sherfinancial.com
From: sherfinancial@sfmail.com
Date: March 18
Subject: Welcome Notice

Dear New Customers,

Thank you for opening a checking account with Sherwood Financial. We understand you have many options when it comes to financial service providers, and we appreciate your choice. In order to take full advantage of your checking account, we recommend following these tips:

1. Download the Sherwood Financial mobile banking app for around-the-clock access to your account.
2. Turn on notifications to receive pertinent alerts regarding account activity and security.
3. Set up automatic deposits for bills and other payments to avoid late fees.
4. Use the free transfer service to send money between personal accounts and to other Sherwood Financial account holders.
5. Keep a lookout for opportunities to earn points by using your check card.

If you have any questions or would like to receive financial advice from qualified and trustworthy professionals, please visit a Sherwood Financial branch. Our advisors will be on hand to assist you.

Sincerely,
Sherwood Financial

① Each branch has different operating hours for the mobile banking app.
② Money transfers between personal accounts are free of charge.
③ Users can earn points by using the Sherwood Financial credit card.
④ Customers can receive expert financial advice on the banking app.

08 다음 글의 내용과 일치하지 않는 것은?

Archaeologists working in Africa have discovered the remains of an administrative building built by the ancient Egyptian people near Tel Habuwa, Egypt. It was built around 1550 BC. The building is a two-story structure with several rooms and courtyards separated by brick walls. Inside, a collection of skeletons displaying deep scars and battle wounds was found. The discovery of the remains will certainly increase historians' understanding of the nature of the battle between the soldiers led by Egypt's King Ahmose and the Hyksos invaders of Western Asia for control over the Egyptian city of Thebes. Written accounts found in the building describe King Ahmose's strategies to liberate the Egyptians from the Hyksos, attacking their capital and blocking all contact with their allies in the East.

① An Egyptian administrative building was built in 1550 BC.

② The building is divided into a number of separate rooms.

③ The Hyksos invaded the Egyptians during the rule of King Ahmose.

④ The Hyksos were liberated by attacking the Egyptian city of Thebes.

09 다음 글의 흐름상 가장 어색한 문장은?

It is generally believed that motion sickness is induced when what we see does not correspond to what we feel in our bodies. ① For example, on a plane we perceive things as stable yet our bodies are almost constantly moving. ② Some medical professionals promote the use of natural remedies rather than medication to relieve certain symptoms. This dispute between the senses confuses the brain and seems to trigger nausea. ③ But Dr. Thomas Stoffregen who has studied motion sickness for decades suggests a different reason for feeling queasy. He found that everybody had a "postural sway," a natural constant movement of the body on a firm surface. ④ He discovered that people who had the most sway were also the ones who were more prone to experience motion sickness.

10 다음 글의 요지로 가장 적절한 것은?

Technology has advanced considerably, and it's only getting better each year. But, that doesn't mean the devices we use don't malfunction from time to time. A computer error at a bank added 900 million dollars to more than 800 customers' bank accounts. Luckily, no one left the country with their newfound wealth and the financial institute was able to fix the mistake. In another incident, software used to calculate sentence reductions for prisoners made a mistake. In prison, inmates can earn time off their basic sentence for good behavior. However, when their crimes are more serious, they receive extra prison time that shouldn't be eligible for these reductions. The software erroneously applied good behavior reductions to both basic sentences as well as the extra time given for serious crimes, which allowed more than 1,000 inmates to be released too early.

① The more technology advances, the more serious the problems it creates when it malfunctions.

② Technological errors can occasionally lead to unintended positive effects.

③ Although technology is improving, it is still sometimes flawed.

④ Technological malfunctions have dangerous societal consequences.

정답·해석·해설 p. 14

하프모의고사 03회
출제예상 핵심 어휘리스트
바로 다운받기 (gosi.Hackers.com)

QR코드를 이용해 핵심 어휘리스트를 다운받아, 언제 어디서든 공무원 출제예상 어휘를 암기하세요!

Self Check List

이번 테스트는 어땠나요?
다음 체크리스트로 자신의 테스트 진행 내용을 점검해 볼까요?

01 나는 15분 동안 완전히 테스트에 집중하였다.
☐ YES   ☐ NO

02 나는 주어진 15분 동안 10문제를 모두 풀었다.
☐ YES   ☐ NO

03 유난히 어렵게 느껴지는 지문이 있었다.
☐ YES   ☐ NO

04 유난히 어렵게 느껴지는 문제가 있었다.
☐ YES   ☐ NO

05 모르는 어휘가 있었다.
☐ YES   ☐ NO

06 개선해야 할 점과 이를 위한 구체적인 학습 계획

_____

_____

DAY 04 하프모의고사 04회

제한 시간 : 15분 시작 시 분~ 종료 시 분 점수 확인 개/ 10개

01 밑줄 친 부분에 들어갈 말로 가장 적절한 것은?

The manager was _____ about the effectiveness of such small ads, so the marketer tried to assure him that their accumulative impact would be significant.

① skeptical

② enthusiastic

③ relieved

④ compassionate

02 밑줄 친 부분에 들어갈 말로 가장 적절한 것은?

Once they began preparing for the banquet, they realized that arranging the seats _____ much more time-consuming than they had anticipated.

① were

② are

③ is

④ was

03 밑줄 친 부분이 어법상 옳지 않은 것은?

① No other animal on the planet is taller than the giraffe.

② Young as he is, he is mature and full of wisdom.

③ Despite of the economic crisis, experts predicted that consumers would not reduce their spending.

④ He was told to think carefully before choosing the correct response.

04 밑줄 친 부분에 들어갈 말로 가장 적절한 것은?

A: I was wondering if you'd like to come to my birthday party this Saturday.

B: Of course! Why wouldn't I?

A: Well… that's the thing. I invited Colin too, and I know you two aren't on great terms.

B: Yeah, we used to argue a lot because our personalities clashed so much.

A: _____

B: Not really. But he is the way he is, and I am the way I am. It doesn't bother me anymore.

① I need to rewrite the guest list.

② In that case, I should decide not to invite Colin.

③ Did you let Colin know that you're coming, too?

④ Have things improved between you two?

05~06 다음 글을 읽고 물음에 답하시오.

> **Vehicle Safety & Licensing Office**
> http://vslo.gov/about-us
>
> **Vehicle Safety & Licensing Office**
> INTRODUCTION   ABOUT US   POLICIES   CONTACT   🔍 SEARCH
> HOME > INTRODUCTION
>
> ### Vehicle Safety & Licensing Office
>
> #### Role
> We are responsible for conducting driving tests and issuing licenses and for carrying out inspections of large vehicles like trucks and buses to confirm they are safe to operate on the roads. Our office also monitors vehicle recalls to help guarantee that faulty vehicles are repaired and performs random roadside checks of drivers and vehicles.
>
> #### Aim
> We aim to ensure that drivers are skilled and responsible on the nation's roads and that all vehicles meet the safety standards necessary to protect the public. We also seek to improve operational processes to achieve greater cost and time savings for both the public and the agency, without compromising safety.
>
> #### Core Values
> • Public Safety Commitment: Our <u>ultimate</u> goal is to safeguard the wellbeing of all road users.
> • Continuous Improvement: We focus on refining our processes and services.

05 윗글에서 Vehicle Safety & Licensing Office에 관한 내용과 일치하는 것은?

① It sets the operational safety standards for trucks and buses.

② It notifies drivers when there has been a recall on faulty vehicles.

③ It stops motorists unannounced to check on them and their vehicles.

④ It focuses on devising operating processes for the public rather than the agency.

06 밑줄 친 ultimate의 의미와 가장 가까운 것은?

① constant   ② primary

③ shared   ④ ambitious

07 다음 글의 내용과 일치하지 않는 것은?

> **Operating Hours:** The National Center for Science and Culture (NCSC) operates from 10:00 a.m. to 5:30 p.m., Tuesday to Sunday. On Mondays, it opens from 12:00 p.m. to 5:30 p.m. The center remains closed on federal holidays.
>
> **Admission:** While general admission is free, visitors are required to reserve timed entry passes online to help manage crowd capacity. Visitors may present either a digital or printed confirmation pass upon entry. Please note that all groups larger than nine must use the group reservation link <u>here</u>.
>
> For the safety of all visitors, the NCSC conducts security screenings upon entry. Visitors will be required to pass through metal detectors, and bags may be inspected for prohibited items, including sharp objects, aerosol cans, and selfie sticks.
>
> Large bags are not permitted in exhibit areas and must be stored in a locker.
>
> For more information, call 1 (800) 229-4291.

① The NCSC opens later on Mondays.

② Online reservations are needed for free admission.

③ Visitors must have a printed ticket to enter the NCSC.

④ Large bags must not be taken into exhibit areas.

08 밑줄 친 부분에 들어갈 말로 가장 적절한 것은?

The tradition of epic poetry in Europe began around 800 BC with the classic works of Homer. Literature of this genre can be recognized by a few distinguishing features. First of all, they are written in a particular rhythm called dactylic hexameter, which is a form of meter in poetry. The plot includes a hero, who symbolizes the culture's ideal, almost superhuman, figure. Bound by his strong morals, the hero must seek to _____. For example, in Homer's *The Iliad*, Achilles must endure an ordeal that is mentally demanding, whereas *The Odyssey* centers on the hero Odysseus's physically challenging expedition.

① convince others to do what is right as well

② prove their value to other members of society

③ make a connection between their ideals and the real world situation

④ accomplish a seemingly overwhelming task of mind or body

09 다음 글의 제목으로 가장 적절한 것은?

The lavish court of King Louis XIV, which was located in Versailles, was constantly populated by those of high status. Depending on the occasion, anywhere from 3,000 to 10,000 nobles could be found in the Sun King's opulent home. But no matter the event, they always followed the countless guidelines that dictated how they should behave during their visit. Rules governed who could speak to whom, where they were allowed to do so, and even who should use an armchair, a chair with a back, or a stool, depending on rank. Knocking on the ruler's door was forbidden; visitors were instructed to lightly scratch at it with their finger. Ladies were forbidden from holding hands or linking arms with any gentlemen. Instead, men were expected to bend their arms so ladies could gently place their hands on them.

① King Louis' Contempt for Nobles

② Strict Court Etiquette at Versailles

③ The French Hierarchy of Aristocracy

④ The Privileged Life of France's Wealthy

10 밑줄 친 부분에 들어갈 말로 가장 적절한 것은?

It's summertime, which means it's time to take out the shorts, apply some sunscreen, and make sure our ears are plugged. That's right. It's mating season for the cicadas, and people are realizing just how much these little creatures can affect us. Cicadas are the loudest insects in the world. Male cicadas have noisemakers called tymbals located on their abdomens. They use these muscles to make loud clicking sounds, which are mating calls. Some species of cicadas produce sounds that are over 100 decibels, which is louder than a freight train. Therefore, during the summer, medical experts recommend using earplugs or noise cancellation headphones when possible to prevent any lasting damage to our ears. Living in a city already entails facing a stream of background noise. _____.

*cicada: 매미

① Adding the cicadas' calls on top of this could cause permanent hearing loss
② Listening to this noise can become an exhausting experience
③ Moving to the countryside makes the cicadas' noise more prominent
④ Finding a quiet place to relax can be very difficult, if not impossible

정답·해석·해설 p. 20

하프모의고사 04회
출제예상 핵심 어휘리스트
바로 다운받기 (gosi.Hackers.com)

QR코드를 이용해 핵심 어휘리스트를 다운받아, 언제 어디서든 공무원 출제예상 어휘를 암기하세요!

이번 테스트는 어땠나요?
다음 체크리스트로 자신의 테스트 진행 내용을 점검해 볼까요?

01 나는 15분 동안 완전히 테스트에 집중하였다.
☐ YES   ☐ NO

02 나는 주어진 15분 동안 10문제를 모두 풀었다.
☐ YES   ☐ NO

03 유난히 어렵게 느껴지는 지문이 있었다.
☐ YES   ☐ NO

04 유난히 어렵게 느껴지는 문제가 있었다.
☐ YES   ☐ NO

05 모르는 어휘가 있었다.
☐ YES   ☐ NO

06 개선해야 할 점과 이를 위한 구체적인 학습 계획

_____

_____

DAY 05 하프모의고사 05회

제한 시간 : 15분 | 시작 시 분 ~ 종료 시 분 | 점수 확인 | 개 / 10개

01 밑줄 친 부분에 들어갈 말로 가장 적절한 것은?

The _____ aroma from the pizza place was what drew in many customers that passed by.

① excessive

② proficient

③ annual

④ irresistible

02 밑줄 친 부분 중 어법상 옳지 않은 것은?

Concerns from worried parents about the credentials of ① those who watch over their children ② have been laid to rest. The educational board of directors introduced a new review protocol. Faculty members for grade schools, high schools, and universities are required ③ undergoing extensive background checks at ④ regular intervals after being hired.

03 밑줄 친 부분에 들어갈 말로 가장 적절한 것은?

Most of the information _____ during the survey was used to improve community services.

① is gathered

② gathering

③ gathered

④ are gathered

04 밑줄 친 부분에 들어갈 말로 가장 적절한 것은?

Ashly

Hello, I have some questions about the city's shared bicycles.
2:30 pm

City bike
Hello. What would you like to know?
2:31 pm

Ashly

_____
_____
2:31 pm

City bike
First, could you tell me what condition the bike is in?
2:32 pm

Ashly

Everything else is fine, but the brakes aren't working well.
2:32 pm

City bike
Got it. Do you have the bike app on your phone?
2:33 pm

Ashly

Yes. I can access it right now.
2:33 pm

City bike
Please click on "Report a Problem" in the top right corner of the app and scan the bike's QR code.
2:33 pm

① Is there a discount for purchasing a monthly pass?

② Where do I return the bike I used?

③ Where should I report a broken bike?

④ Are there bikes available for young children to rent?

05~06 다음 글을 읽고 물음에 답하시오.

(A)

Join us for the upcoming Mushroom Foraging Festival hosted by the National Forestry Agency. Whether you're a seasoned mushroom forager or a complete novice, this festival is the perfect opportunity to learn more about the diverse fungi found within the region's woodlands.

Details
• **Dates**: Saturday,
 October 14 – Sunday, October 15
• **Times**: 9:00 a.m. – 5:00 p.m. (both days)
• **Meeting Spot**: Clearwood National Park Visitor Center
• **Admission**: $15

What to Expect
You'll have the opportunity to join guided tours led by our knowledgeable staff, who will help you identify various species of mushrooms and distinguish between edible and toxic varieties.

Important Information
• Remember to dress appropriately for the weather. Tours will proceed rain or shine.
• Participants may keep all the mushrooms they collect. Baskets will be provided.

To learn more about the event and to register for it, please visit www.nationalforestryagency.gov/mushroomfestival. Registration is required and spots are limited, so sign up early to secure your place.

05 (A)에 들어갈 윗글의 제목으로 가장 적절한 것은?

① Learn to Cook with Mushrooms

② Explore Forest Fungi

③ Help Harvest Seasonal Crops

④ Grow Your Own Mushrooms at Home

06 Mushroom Foraging Festival에 관한 윗글의 내용과 일치하지 않는 것은?

① It will take place over a weekend.

② The tours will occur even if it rains.

③ Participants must turn in the mushrooms they find.

④ The number of people who can register is limited.

07 밑줄 친 부분에 들어갈 말로 가장 적절한 것은?

Trying to take a tougher stance on crime, numerous states in the US instituted the Three Strikes Law between 1994 and 1995. The law mandated that lengthy sentences be handed down for a criminal's third offense. This meant that even those found guilty of petty acts like shoplifting would face decades or a lifetime behind bars if it happened to be their third arrest. The hope was that the extended terms would dissuade prior offenders from committing unlawful acts again. Unfortunately, there were unexpected consequences of implementing such strict guidelines. The new legislation resulted in a huge _____ of inmates. Prison systems had neither the manpower nor the space to be able to properly accommodate the overflow. Furthermore, it put a strain on local budgets. The high number of convictions increased court costs significantly, as many more cases were processed and appealed.

① influx

② release

③ transfer

④ immigration

08 밑줄 친 부분에 들어갈 말로 가장 적절한 것은?

Sometimes it feels like I can't get anything done or nothing I do works out. When I am feeling low like this, I think about what my father taught me to help boost my self-esteem. He told me to remember _____.
It seems easy enough, but usually it is our failed attempts and abandoned pursuits that remain at the forefront of our minds. So I look back and recall all the things I was able to pull off. I remind myself that I started waking up 15 minutes earlier every day, finished reading a difficult book, and learned how to play chess. Perhaps these past triumphs are not particularly extravagant or monumental, but they are my victories nonetheless.

① the smaller pleasures that life offers

② things in my life I take for granted

③ the importance of following my dreams

④ everything I've accomplished so far

09 주어진 문장이 들어갈 위치로 가장 적절한 것은?

This is because the self-imposed restrictions result in an extremely limited dietary intake, and sufferers often develop malnutrition and other medical issues.

Orthorexia nervosa is a condition in which a person becomes overly preoccupied with consuming "clean" food. (①) Those with this excessive fixation limit themselves to foods that are completely uncontaminated, with no artificial ingredients, colors, or preservatives. (②) In addition, they also refrain from eating anything genetically modified or which may have come into contact with pesticides. (③) While limiting oneself to such foods may seem like a harmless obsession, experts warn that it is just as unhealthy as any other eating disorder. (④)

10 다음 글의 내용과 일치하지 않는 것은?

By examining human brain size along with data on group size, anthropologist Robin Dunbar discovered that the maximum number of social connections the average person can manage is 150. But that does not necessarily mean that one can realistically maintain 150 genuine relationships. After all, nurturing strong bonds with others requires a certain amount of time, effort, and resources. Dunbar further observed that people form the closest relationships with a mere 3 percent of their entire network. What does this imply for the average Facebook user who has hundreds of online friends? While our social networks have seemingly expanded across the online universe, our brains have not grown as quickly. Therefore, one should theoretically be able to count on one hand the number of Facebook "friends" who are true friends.

① Maintaining more than 150 relationships is biologically difficult for human beings.

② The number of genuine connections a person possesses depends on brain size.

③ Social networks are growing faster than our brains have been able to keep up with.

④ An intimate relationship is most likely not forged with a majority of one's Facebook friends.

정답·해석·해설 p. 26

하프모의고사 05회
출제예상 핵심 어휘리스트
바로 다운받기 (gosi.Hackers.com)

QR코드를 이용해 핵심 어휘리스트를 다운받아, 언제 어디서든 공무원 출제예상 어휘를 암기하세요!

Self Check List

이번 테스트는 어땠나요?
다음 체크리스트로 자신의 테스트 진행 내용을 점검해 볼까요?

01 나는 15분 동안 완전히 테스트에 집중하였다.
□ YES   □ NO

02 나는 주어진 15분 동안 10문제를 모두 풀었다.
□ YES   □ NO

03 유난히 어렵게 느껴지는 지문이 있었다.
□ YES   □ NO

04 유난히 어렵게 느껴지는 문제가 있었다.
□ YES   □ NO

05 모르는 어휘가 있었다.
□ YES   □ NO

06 개선해야 할 점과 이를 위한 구체적인 학습 계획

_____

_____

01 밑줄 친 부분에 들어갈 말로 가장 적절한 것은?

Thanks to his _____ sales techniques, the man was able to get the couple to buy more souvenirs than they planned.

① vague
② clumsy
③ persuasive
④ inadequate

03 밑줄 친 부분에 들어갈 말로 가장 적절한 것은?

_____ the weather turn severe, we may need to postpone the outdoor event for safety reasons.

① If
② Because
③ Should
④ That

02 밑줄 친 부분 중 어법상 옳지 않은 것은?

Schizophrenia is a psychological disorder that has long ① been misunderstood, puzzling scientists. Now studies have proposed ② that schizophrenia may not be a condition ③ in itself but rather a combination of multiple disorders acting at the same time to ④ result the symptoms that complicate its treatment.

04 밑줄 친 부분에 들어갈 말로 가장 적절한 것은?

A: Did you have a good time last Saturday night?
B: I did, until I wanted to go home. It took a long time.
A: What do you mean? Did you have trouble?
B: My brother said he would pick me up, but he forgot and fell asleep. I was left alone.
A: Oh no. _____
B: I appreciate the offer. But it would have been too late to wake you up.

① If you had contacted me, I would have come to help.
② You must advise your brother to keep his promises.
③ You should have thought of a way to get home by yourself.
④ It's better not to make plans at such a late hour.

05~06 다음 글을 읽고 물음에 답하시오.

To	Reservations@HorizonTours.com
From	StevenHolt@CentervilleCity.com
Date	June 22
Subject	Trip to Osaka

Dear Sir,

I am writing to inquire about travel options for a conference in Osaka.

We will need to make airline and hotel reservations for ten city officials. They will depart on August 10 and return on August 16. Any class of seating for the flights will be suitable. They will also require hotel rooms for this period. Two people will share each room, so five double rooms are needed.

Because they will be conducting city business while there, the hotel must have meeting rooms available, as well as a business center with access to printers. In addition, we would like to offer some types of tours or activities to the travelers on the weekend.

Could you please create a list of options and an <u>estimate</u> for each?

I thank you in advance for your help.

Regards,
Steven Holt, City Administrator

05 위 이메일의 목적으로 가장 적절한 것은?

① 오사카에서 열리는 축제에 대한 정보를 요청하려고

② 예약 가능한 항공편과 숙소의 견적을 확인하려고

③ 회의를 위해 비즈니스 센터 대관이 가능한지 문의하려고

④ 해외 컨퍼런스 초청에 참석 의사를 전달하려고

06 밑줄 친 "estimate"의 의미와 가장 가까운 것은?

① projection

② judgment

③ guess

④ measurement

07 Department of Audit and Review에 관한 다음 글의 내용과 일치하는 것은?

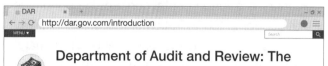

Department of Audit and Review: The Nation's Financial Oversight Authority

The DAR is the national agency in charge of monitoring the performance of government institutions. It periodically reviews the revenue and spending records of these entities. When potential discrepancies are detected, the DAR can request audits of financial records from the previous five years. Based on the results of the audit, the DAR may require corrections to forms or administer disciplinary actions, which include fines or employee dismissal. The other core function of the DAR is the evaluation of the operational performance of employees and management in government organizations. The DAR maintains the authority to hold additional training seminars when improvements are deemed necessary.

① It reviews the sources of expenditures upon request.

② It can request financial statements from any year.

③ It has the power to pause hiring new employees as a punishment.

④ It has the right to organize training sessions when required.

08 밑줄 친 (A), (B)에 들어갈 말로 가장 적절한 것은?

Scarcity is a fundamental concept in economics that concerns the limitation of resources in a way that the diverse needs and wants of humans cannot be adequately fulfilled. It has a direct influence on the market in addition to consumer purchasing. ___(A)___ , a scarce product in the winter can be cherries because they cannot be grown in cold weather. If shoppers want them when they are scarce, their value will rise accordingly. Those who sell cherries also know this and increase prices to take advantage of the situation. Consumers will then have to decide whether they are willing to purchase the fruit at a higher price. ___(B)___ , shoppers may opt not to buy them at all and get something else. Cherries are a simple illustration, but economists apply the idea of scarcity to all resources that cannot be obtained easily.

(A)	(B)
① For this reason	Specifically
② Above all	Generally
③ For instance	Conversely
④ As a result	Otherwise

09 다음 글의 내용과 일치하지 않는 것은?

The Black Death was one of the most catastrophic pandemics in documented human history, killing roughly 25 million people in Europe alone during the 14th century. Scientists now know that it was caused by an airborne bacterium that can be transmitted from person to person. But back then, the lack of a medical explanation, much less a cure, led to people trying anything to avoid illness. Some carried around sweet-smelling flowers or herbs, thinking it would help keep the disease away. Meanwhile, a group believed that God was punishing them for their sins, so they whipped themselves in public for 33 days, hoping to receive forgiveness. After the outbreak subsided, societies were in chaos, and it took Europe more than a century to recover.

① The Black Death severely affected European societies during the 14th century.

② The disease could be transferred from one person to the next through the air.

③ Some people consumed sweet-smelling plants because it was believed to help.

④ A religious group practiced self-punishment in an attempt to avoid getting sick.

10 밑줄 친 부분에 들어갈 말로 가장 적절한 것은?

The Great Wall of China is considered to be one of the world's most magnificent structures. Parts of the wall date back to the 7th century BC. The wall extends across northern China from Shanhaiguan to Lop Lake, and is actually made up of several smaller ones that were combined to protect the Chinese from invasion, as well as to regulate trade. Today, tourists all over the world are drawn to one of mankind's greatest architectural achievements. However, erosion has damaged the structure, and it urgently needs _____. With large sections of the wall near Beijing being almost completely destroyed, they will require extensive maintenance to be restored to their former glory.

① fame

② adaptation

③ repair

④ liberty

정답 · 해석 · 해설 p. 32

하프모의고사 06회
출제예상 핵심 어휘리스트
바로 다운받기 (gosi.Hackers.com)

QR코드를 이용해 핵심 어휘리스트를 다운받아, 언제 어디서든 공무원 출제예상 어휘를 암기하세요!

01 밑줄 친 부분에 들어갈 말로 가장 적절한 것은?

A lot of the bank's issues _____ the struggling economy, but the main reason was actually mismanagement of finances by its administrators.

① were entitled to
② were attributed to
③ were distinguished from
④ were substituted with

02 밑줄 친 부분에 들어갈 말로 가장 적절한 것은?

_____ the economy is recovering faster than expected gives hope to many small business owners.

① If
② Which
③ What
④ That

03 밑줄 친 부분 중 어법상 옳지 않은 것은?

Theater operators may well ① rely on a film's popularity when deciding which movies to screen. If there is strong demand for it when it opens, theaters prepare ② for demand to continue over the next several weeks, and so it remains in theaters. Conversely, if a film ③ will do poorly at first, it will soon be replaced by a more profitable ④ one.

04 밑줄 친 부분에 들어갈 말로 가장 적절한 것은?

Sarah Johnson
Hello. I received your email about installing banners near Centennial Park.
10:05

James Lee
Yes. Could you let me know the exact steps for installation?
10:05

Sarah Johnson
Certainly. Could you share what kind of banners you plan to install?
10:06

James Lee
We'd like to put up banners for a public library event. They'd be up just for October.
10:07

Sarah Johnson
For October, you'll be able to install them from the South Gate to the West Gate of the park.
10:07

James Lee
That sounds perfect.
10:07

Sarah Johnson
Please send me the application and banner design via email. Also, you will need to pay a filing fee.
10:08

James Lee
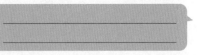
_____
10:09

Sarah Johnson
There are fees based on the size and number of banners, regardless of the event type.
10:09

① Understood. When will we know if the permit is approved?

② There is no entry fee for our event.

③ I thought there wouldn't be any extra cost if it's a public event.

④ Are there any restrictions on the banner size or design?

06 밑줄 친 부분에 들어갈 말로 가장 적절한 것은?

Franz Kafka was a 20th-century German writer whose prose is considered some of the most important in literature. His surrealist style and exemplary use of symbolism have been studied and admired for years, continuing to influence authors and scholars to this day. Yet despite being one of the best writers of our time, Kafka himself regarded his writing as extremely poor and published next to nothing. In fact, his masterpieces only survived because _____.
Convinced that he had little talent as a writer and ashamed of the stories and essays he penned, Kafka asked for his manuscripts to be burned upon his death. He left this task to his companion, Max Brod, who promised to carry out Kafka's last wish. After the great author's death, though, Brod turned around and printed everything he had written. It was thanks to the betrayal of Brod that society was able to secure some incredible literary treasures.

① he made the wrong request

② he kept trying to improve

③ he was praised after he died

④ he had a faithless friend

05 다음 글의 주제로 가장 적절한 것은?

Language Skills: An Underappreciated Ability?
Knowing another language is undoubtedly a plus on a résumé, yet you may still have trouble finding a good position despite speaking two or more languages. This is because business owners need to know in what way this ability realistically puts you above the rest.

Highlighting Your Value
Cite where and how your expertise proves valuable. Use specific situations and examples to make your point. Remind businesses that a global corporation requires employees who can function on an international level. Overall, they should feel that hiring someone like you will be a good investment for them. You need to learn to dress up your skill if you want to stay ahead of the pack.

① why being bilingual is important in the job market

② how to sell your multilingualism to employers

③ the benefits of learning to speak other languages

④ types of companies that employ multilingual workers

07~08 다음 글을 읽고 물음에 답하시오.

(A) _____

We are excited to invite you to Sewardville's Bicentennial Treasure Hunt, a citywide event organized by the City Archives and Historical Society. Seek out historical attractions, landmark plaques, and specially crafted items that tell the story of our city's 200-year history, and aim to check off each item on the list before anyone else!

Details
- **Date:** Saturday, September 7
- **Time:** 10:00 a.m. – 5:00 p.m.
- **Starting Point:** Sewardville City Hall

Registration and Team Information
There is a $50 registration fee per team, and all teams must consist of between two and six members. At least one member of each team must have access to a vehicle and be licensed to drive as treasure hunt locations span various parts of the city.

Closing Ceremony
The event will culminate with a ceremony back at Sewardville City Hall, where refreshments will be available and the winners will be announced. Prizes include tickets to upcoming city events and official Sewardville-inspired merchandise.

To register your team, please visit www.seward villebicentennialhunt.org/register. The Treasure Hunt Item List will be provided to participants at City Hall at the start of the event.

07 (A)에 들어갈 윗글의 제목으로 가장 적절한 것은?

① Take Part in a Walking Tour of Sewardville
② Celebrate Our City's 200th Birthday
③ Recover Your Lost Items
④ Help Preserve Our City's History

08 Sewardville's Bicentennial Treasure Hunt에 관한 윗글의 내용과 일치하지 않는 것은?

① 보물찾기 팀의 최소 구성 인원은 2명이다.
② 각각의 팀은 자동차로 이동할 수 있어야 한다.
③ 폐막식 장소는 출발 지점과 동일하다.
④ 보물의 목록은 온라인으로 확인 가능하다.

09 다음 글의 내용과 일치하는 것은?

Characterized by strong winds, a tropical cyclone is a powerful meteorological phenomenon that occurs over tropical seas with surface temperatures exceeding 26.5 degrees Celsius. It is composed of thunderstorms arranged in a spiral pattern as well as a low-pressure center. The center of the cyclone, which is referred to as the eye and usually measures approximately 40 kilometers across, has weather that is clear with light winds. The eye is surrounded by a vertical wall of cold clouds called the eyewall, where severe wind and rain make it the cyclone's most destructive region. The entire cyclone can be anywhere from 100 to 4,000 kilometers in diameter. Because it derives most of its energy from the ocean, it usually gets weaker once it makes landfall or passes over colder areas of water.

① The eyewall is characterized by thunderstorms in a spiral formation.
② The eyewall has weather that is clear and cold.
③ Tropical cyclones can span up to 4,000 kilometers in diameter.
④ Tropical cyclones tend to increase in strength when they reach land.

10 다음 글의 흐름상 가장 어색한 문장은?

Many people praise Canada's universal healthcare system because they mistakenly believe it is free and efficient. ① Everyone is able to attain the care they need in a timely manner. ② The reality is that taxpayers pay a lot of money to fund the country's health insurance program, and citizens aren't really getting very good value for their spending. More specifically, wait times for health services are out of hand. ③ Not only can patients typically expect about a four-and-a-half-month delay before it is possible to see a specialist, but it takes an average of two months just to get an MRI. ④ Far from a minor inconvenience, prolonging physical pain—and consequently mental suffering—can cause serious conditions to worsen significantly.

정답 · 해석 · 해설 p. 38

하프모의고사 07회
출제예상 핵심 어휘리스트
바로 다운받기 (gosi.Hackers.com)

QR코드를 이용해 핵심 어휘리스트를 다운받아, 언제 어디서든 공무원 출제예상 어휘를 암기하세요!

01 밑줄 친 (A), (B), (C)에 들어갈 말로 가장 적절한 것은?

Most people say that they would help a stranger in trouble because it is the ____(A)____ thing to do. However, this is only true when they are the only ones ____(B)____ . The obligation to help seems to disappear when other people are around. In this case, they become mere ____(C)____ waiting for someone else to act first.

	(A)	(B)	(C)
①	deserving	prepared	byproducts
②	decent	present	bystanders
③	decent	prepared	bystanders
④	deserving	present	byproducts

02 밑줄 친 부분 중 어법상 옳지 않은 것은?

As a lawyer, I spent seven years ① pouring all my energy into my work. Many would find this kind of dedication ② admirably. But it wasn't until I finally made it as a partner in an esteemed law firm that I realized I had no one ③ to share the celebration. In my quest for the career I wanted, I'd neglected everything else that life had to offer. So, ④ whatever path you choose to take, strive for balance in your life.

03 밑줄 친 부분이 어법상 옳지 않은 것은?

① The acceleration of an object is the rate <u>at which</u> that object increases in speed.

② Evidence of the crime had been distorted <u>so that</u> it was no longer reliable.

③ The benefits of a healthy diet outweigh <u>those</u> of merely exercising.

④ She forgot <u>writing</u> the book report on the novel that is due tomorrow.

04 밑줄 친 부분에 들어갈 말로 가장 적절한 것은?

A: I'm going to sign up for some private driving lessons next week.

B: I thought you already knew how to drive. How come you don't have a license?

A: Well, _____.

B: Ah, I see. It is pretty tough. I just barely got through it myself.

A: Yes, but I think the lessons and some practice will help. Hopefully, I'll have better luck the second time around.

① I don't have much time to practice driving

② I couldn't afford to get driving lessons

③ I learned when I was younger, so I forgot

④ I took the test once before but didn't pass

05~06 다음 글을 읽고 물음에 답하시오.

National Sports Authority

Purpose
The National Sports Authority promotes the development of sports in the country, sponsoring national teams and hosting international sporting events. We also support non-traditional sports, such as e-gaming and breakdancing that bolster the country's international reputation.

Vision
We see sports as a major tool in expanding the country's soft power, advancing the spread and appreciation of national culture around the world, which <u>manifests</u> a sense of goodwill and creates opportunities for domestic athletes to show off their talents on the international stage.

Values
- Diplomacy through Sports: We build international opportunities for dialogue and positive relationships in a non-political setting.
- Empowering Success: We encourage athletes to be their best and give them the support necessary to achieve their goals.

05 윗글에서 National Sports Authority에 관한 내용과 일치하는 것은?

① It creates non-traditional sports.

② It develops international sports locally.

③ It builds relationships with politicians.

④ It helps athletes achieve their potential.

06 밑줄 친 manifests의 의미와 가장 가까운 것은?

① simplifies

② mediates

③ demonstrates

④ exaggerates

07 밑줄 친 부분에 들어갈 말로 가장 적절한 것은?

To	AllPatients@CedarMedical.com
From	Information@CedarMedical.com
Date	September 12
Subject	Flu Season

Dear Patients,

With flu season approaching, staying healthy is becoming a major concern. As your medical care provider, Cedar Medical would like to help you protect your health. Here are some tips for preventing being infected with the flu virus:

1. Get the flu vaccine as soon as possible.
2. Wash your hands often with soap and warm water.
3. Avoid close contact with others and large gatherings at which the virus is likely to spread more easily.
4. Strengthen your immune system by eating a healthy diet high in vitamins and minerals and getting daily exercise to keep your body at peak performance.
5. Wear a mask if you take public transportation.

To learn more about protecting yourself from the virus, visit the Flu Season Resource Center on our website. Remember, by _____ _____, you not only help yourself but also others in the community.

Sincerely,
Cedar Medical Center

① updating your medical insurance plan

② getting regular checkups

③ slowing the spread of the virus

④ being aware of your medical history

08 다음 글의 요지로 가장 적절한 것은?

The cost of taking a flight falls lower each year as major US airlines continue to break down a package of services into individual components. Nearly every aspect of traveling by air, like checking bags, has become an additional privilege that customers have the option to purchase or not. One would think not having to pay anything extra would be welcome to many households living on a tight budget, but recent polls show otherwise. Passengers resent their flying experiences more than ever before because cheaper tickets have coincided with a marked decrease in quality of service. Respondents have reported encounters with surly, rushed, and sometimes rude workers. Instead of economical fares, flyers said they would much prefer more courteous staff and friendly assistance.

① Passengers do not think the reduced customer service justifies the lower price of tickets.

② Low-income families have embraced the airlines' policy to sell air travel individually.

③ The poor service quality of US airlines started before airfares were lowered.

④ Most flyers choose which airline to take solely depending on the attitude of employees.

09 주어진 글 다음에 이어질 글의 순서로 가장 적절한 것은?

Linguists often argue about whether speaking or writing is more useful for humanity.

(A) Those who believe that the former is more important emphasize that verbal communication just comes to us more naturally. After all, speaking dates back to the origins of human civilization, whereas writing was invented much later.

(B) They also point to the fact that many nonliterate societies still exist today. For generations, these groups have survived perfectly well without having to learn how to read and write.

(C) On the other hand, people who think that writing is more valuable say that literacy has helped humans advance more quickly throughout the ages. They argue that without written texts, humans would not be able to leave behind records, let alone pass on important facts and ideas.

① (A) – (B) – (C)

② (A) – (C) – (B)

③ (B) – (A) – (C)

④ (B) – (C) – (A)

10 다음 글의 흐름상 가장 어색한 문장은?

Heredity is the process by which certain genetic qualities are passed on from parents to their children. When this occurs, specific genes from parents are included in their offspring's DNA. ① Typically, two genes for each trait are present in the child, although certain genes are dominant over others and will be the one to be expressed in the offspring while the other remains recessive. ② Attributes like eye color are a prime example, wherein if the child has one blue-eyed and one brown-eyed gene, he or she will be born with brown eyes, as the latter is dominant. ③ The hereditary form predominantly remains the primary structure among extant monarchies because it possesses the advantage of stability through continuous patronage of offspring, passing down from generation to generation. ④ However, it's important to understand that it's not the traits themselves that are inherited, but the genes that determine the traits.

*recessive: 열성의

정답 · 해석 · 해설 p. 44

하프모의고사 08회
출제예상 핵심 어휘리스트
바로 다운받기 (gosi.Hackers.com)

QR코드를 이용해 핵심 어휘리스트를 다운받아, 언제 어디서든 공무원 출제예상 어휘를 암기하세요!

이번 테스트는 어땠나요?
다음 체크리스트로 자신의 테스트 진행 내용을 점검해 볼까요?

01 나는 15분 동안 완전히 테스트에 집중하였다.
　　☐ YES　　　　　☐ NO

02 나는 주어진 15분 동안 10문제를 모두 풀었다.
　　☐ YES　　　　　☐ NO

03 유난히 어렵게 느껴지는 지문이 있었다.
　　☐ YES　　　　　☐ NO

04 유난히 어렵게 느껴지는 문제가 있었다.
　　☐ YES　　　　　☐ NO

05 모르는 어휘가 있었다.
　　☐ YES　　　　　☐ NO

06 개선해야 할 점과 이를 위한 구체적인 학습 계획

_____

_____

01 밑줄 친 부분에 들어갈 말로 가장 적절한 것은?

The public's belief that the politician was dishonest changed after the press conference, where his comments regarding the scandal were deemed _____.

① controversial

② trustworthy

③ fake

④ disgraceful

02 밑줄 친 부분에 들어갈 말로 가장 적절한 것은?

The Vikings heavily relied on farming and fishing as their primary food sources. In that sense, the failure to adapt to changing climate conditions appears to _____ their demise.

① have been brought about

② have brought about

③ be brought about

④ bring about

03 밑줄 친 부분 중 어법상 옳지 않은 것은?

Some languages do not have the future tense. Interestingly, people who speak a language without it tend to be ① more prudent with money than those who ② speak a language with it. People ③ who native tongue uses the tense subconsciously think of the future as something far-off and indefinite. As a result, they have less hesitation about overspending today because they can't really visualize ④ how it will affect them later on.

04 밑줄 친 부분에 들어갈 말로 가장 적절한 것은?

Emily Brooks
Do you know Mr. Park's extension number?
14:00

Daniel Morgan
You mean Mr. Park from HR, right?
14:00

Emily Brooks
Yes. The intranet won't load properly on my phone, so I can't search for extension numbers.
14:01

Daniel Morgan
I see. Mr. Park's number is 2560.
14:01

Emily Brooks
Thank you. By the way, are you able to access the intranet on your phone?
14:02

Daniel Morgan
Yes. It's working fine for me. If you'd like, I can give you the contact for IT support.
14:02

Emily Brooks
_____
14:02

Daniel Morgan
The IT support contact is Robert Mitchell, and his extension is 5530.
14:03

① One moment, please. I heard that the manager of the IT support team is off today.

② I'd appreciate it, as I'll need to look up some other numbers later.

③ Please inform the IT support team about the intranet issue.

④ Could you call Mr. Park for me?

05~06 다음 글을 읽고 물음에 답하시오.

(A)

If you live in Junespur, you have a loved one in Junespur. Please drive like it.

Despite being a town filled with families, young children, and the elderly, there has been a rise in the number of speeding incidents, even in residential neighborhoods.

Some safety-conscious people do make the effort to drive slowly in these areas. While we appreciate them, more acknowledgement of this issue is needed. Please attend the road safety meeting to see how speeding is impacting everyone in Junespur.

Who wants to worry about their safety in their own neighborhood?

Supported by the Citizens for Safety Commission

• Location: Gracey Elementary School Auditorium
• Date: Thursday, November 3
• Time: 6:30 p.m.

For more information about the meeting or to view speeding statistics, please visit our website at www.speedsafetycommission.com.

05 (A)에 들어갈 윗글의 제목으로 가장 적절한 것은?

① Speeding Poses Risk in Junespur
② Importance of Family in Junespur
③ Gratitude for Town Safety Solutions
④ Poor Road Conditions in Junespur Need Attention

06 위 안내문의 내용과 일치하지 않는 것은?

① Junespur is a town that is home to many families.
② There has been an increasing number of speeding reports.
③ The meeting takes place on a weekday evening.
④ The safety commission will send speeding statistics to residents.

07 다음 글의 요지로 가장 적절한 것은?

Medical Pandemic Response
Preventing the spread of diseases is the number one aim of the Bureau for the Control of Communicable Diseases (BCCD). The emergence of a pandemic threatens the health of the nation as well as its economy and overall security.

Emerging Infectious Diseases
An emerging infectious disease (EID) is a new infection that has recently appeared and is rapidly spreading to new areas or has the potential of causing widespread illness throughout the country.

Epidemiologists with the BCCD are constantly on the lookout for signs of EIDs both domestically and internationally. Reports of hospital admissions for patients with uncommon or previously unknown conditions prompt a full investigation by the BCCD and may result in announcements and warnings for the general public and quarantine conditions in cases of extreme danger.

① BCCD focuses on developing treatments for EIDs.
② BCCD aims to prevent new diseases from spreading.
③ BCCD researches the economic impact of illnesses.
④ BCCD must obtain prior consent to issue a quarantine order.

08 다음 글의 흐름상 가장 어색한 문장은?

It's not climate change or pollution but rather cultural superstition that is endangering the aye-aye, a small mammal found in Madagascar. ① The harmless creature frightens the natives because of an unusual feature it possesses—an extremely long finger that helps it dig out insects inside tree trunks to eat. ② Even though the extra-long finger is helpful to the furry creature, fearful tribes believe that an aye-aye pointing at them means that they are fated to die soon. ③ Many of the island's inhabitants choose to simply shoot the animal as soon as they see one, before it has the opportunity to "doom" them. ④ Therefore, the aye-aye has been forced to survive in more cultivated areas because of the continued deforestation carried out by the villagers.

09 밑줄 친 부분에 들어갈 말로 가장 적절한 것은?

In North America, it is customary for students to repeat a grade if the teacher believes that they are lagging behind the other students. However, more and more education experts are voicing their concerns about this practice, known as retention. Research has revealed that students who are held back tend to suffer emotionally, believing that they are inferior to their peers and incapable of succeeding academically. They may also develop social and behavioral issues that stem from being overage and are up to 11 times more prone to quitting school altogether. Hence, many education experts argue that _____. Not only do the costs outweigh any potential benefits, but statistics show that countries that do not retain students, such as Korea and Japan, have much higher academic performance on average.

① it is essential for parents to help their underperforming children

② it is time to abandon the practice of retention in North America

③ students should only be allowed to repeat a grade at the elementary school level

④ teachers need to support students so that they can catch up with their peers

10 다음 글의 내용과 일치하지 않는 것은?

Worriers look on with concern and warn knuckle-crackers that they will wind up getting arthritis if they keep up the loud habit. In fact, cracking knuckles has nothing to do with a person's joints. The popping sound comes from small gas bubbles that are trapped in the fluid where the bones connect. When the knuckle is bent, the little pockets of air burst and make a snapping noise. Despite what most think, the act does little more than annoy those who can hear it. Multiple studies have failed to turn up any correlation between knuckle-cracking and developing a joint disorder. One scientist even went so far as to conduct an incredible 50-year study wherein he cracked the knuckles of only his left hand every day. In the end, he found both hands to remain unaffected.

① Finger joints are not associated with the act of cracking one's knuckles.

② The sound that knuckles make when cracked is caused by air bubbles bursting.

③ Research fails to support the notion that cracking knuckles causes arthritis.

④ The hands of a researcher who did a knuckle-cracking study were weakened.

정답·해석·해설 p. 50

하프모의고사 09회
출제예상 핵심 어휘리스트
바로 다운받기 (gosi.Hackers.com)

QR코드를 이용해 핵심 어휘리스트를 다운받아, 언제 어디서든 공무원 출제예상 어휘를 암기하세요!

DAY 10 하프모의고사 10회

제한 시간 : 15분 시작 시 분 ~ 종료 시 분 점수 확인 개 / 10개

01 밑줄 친 부분에 들어갈 말로 가장 적절한 것은?

He is normally quite _____ when it comes to expressing his true thoughts and opinions, so his insincerity towards Marsha was rather uncharacteristic of him.

① changeable

② authentic

③ hesitant

④ hypocritical

03 밑줄 친 부분에 들어갈 말로 가장 적절한 것은?

After the discussion _____, we will gather feedback from the participants.

① will have ended

② will end

③ ends

④ has ended

02 밑줄 친 부분 중 어법상 옳지 않은 것은?

The IT industry is one ① when, over the last decade, ② has seen tremendous growth and demand for skilled workers. Because of the ever increasing number of services ③ being offered over the Internet, more IT jobs with competitive salaries ④ are being created.

04 밑줄 친 부분에 들어갈 말로 가장 적절한 것은?

A: Hello, this is Mercy Hospital. How can I help you?

B: I'm calling because I have an appointment at 1 p.m., but something has come up. Would it be possible to push it back a couple of hours?

A: I'm afraid _____.

B: Oh, that's a shame. I guess I'll need to reschedule it for a different day, then.

A: Sure. Let me tell you when the doctor's available.

① we are fully booked this afternoon

② the test results will not be ready until later

③ the treatment will take about an hour

④ it appears more tests will be needed

05~06 다음 글을 읽고 물음에 답하시오.

To	Passport Processing Services
From	Julius Walsh
Date	July 19
Subject	Passport Renewal Delay

B I U ¶▾ ✂ A T▾ 🔗 🖼 ✎ ☰ ☰ ☰ ☰ ↺ ↻ </>

To Whom It May Concern:

I am writing with regard to my passport application, which I submitted in person on May 15. According to the information on your website, it should take 20 business days to renew a passport. However, it has now been about two months, and I have not received a new passport or any updates about the status of my application.

I understand that delays can happen due to various reasons, but I purposely applied for a new passport well in advance of an upcoming trip I have planned for next month and was assured that I would have it in time. This trip is very important to me, and not being able to go on it will affect me both personally and financially.

I kindly ask that you process my application as soon as possible. Thank you for your attention to this matter.

Sincerely,
Julius Walsh

05 윗글의 목적으로 가장 적절한 것은?

① For inquiring about the procedure for renewing a passport

② For explaining the cause of a delay concerning passport applications

③ For complaining about having to cancel an upcoming international trip

④ For reporting not receiving a new passport within the expected time frame

06 밑줄 친 "process"의 의미와 가장 가까운 것은?

① refine

② integrate

③ analyze

④ handle

07 DUELING VIOLINS에 관한 다음 글의 내용과 일치하는 것은?

DUELING VIOLINS

Presented by the Lexington Symphony Orchestra at Palais Theatre

Admission Info for August 10

Tickets range from $69 to $99, with a limited number of VIP tables for two available for $250. Click the link to see vacant seats and buy tickets now or contact the box office by telephone at (555) 934-2456.

The doors and VIP lounge open at 6:45 p.m. The concert begins at 8:00 p.m. and ends at 10:00 p.m., with one 20-minute intermission midway.

Please note: Wheelchair seating can be purchased through the ticketing website only. There is a wheelchair ramp at the side entrance to the building.

① Individual VIP seats are available for $250 each.

② The concert starts at 6:45 p.m.

③ There will be a break halfway through the concert.

④ Wheelchair users can book tickets through the box office.

08 다음 글의 주제로 가장 적절한 것은?

Jim Crow laws, which were implemented in 1876 and mandated racial segregation in the US, were finally declared unconstitutional in 1967. Although these laws remained in place for so long, previous attempts were made to resist them. One such example occurred in 1890. At that time, laws forbade Black and white people from riding in the same train cars. A biracial man named Homer Plessy challenged this rule by riding in the "whites only" railcar of a train from New Orleans. He was arrested when he refused to leave. Plessy took the case to court but ultimately lost. The verdict bolstered many more decades of sanctioned discrimination against Black people. However, after several attempts like the Plessy case, racial discrimination was finally brought to an end.

① how a court verdict reversed racial segregation in the US

② the long history of racial discrimination in New Orleans

③ a public transportation policy that violated Jim Crow laws

④ an example of an early effort to defy Jim Crow laws

09 주어진 글 다음에 이어질 글의 순서로 가장 적절한 것은?

In her numerous studies on learning, psychologist Carol Dweck demonstrated just how much impact, be it positive or negative, praise can have on a student. Different types of approval foster different attitudes about learning.

(A) The former consider their abilities to be innate and unchanging, and they see success as the natural result of inborn skills. Namely, fixed-mindset kids interpret struggle and working for something as failure. They give up on challenging assignments because such tasks threaten their self-image as smart.

(B) Children who are complimented on their intelligence tend to develop what Dweck calls a fixed mindset, whereas those congratulated on their effort are more likely to have a growth mindset.

(C) Growth-mindset youths, conversely, recognize that intellect and capabilities evolve from the hours they spend laboring. They embrace difficult undertakings and see them as an opportunity to improve themselves.

① (A) – (C) – (A)

② (B) – (A) – (C)

③ (B) – (C) – (A)

④ (C) – (A) – (C)

10 다음 글의 흐름상 가장 어색한 문장은?

First-time readers of Shakespeare are often so overwhelmed by his dense, poetic language that they fail to notice how comical the playwright's plays actually are. ① He slipped jokes into his work just about everywhere he could, being particularly fond of using wordplay that relied on the meaning, usage, and pronunciation of words. ② In addition to enjoying wordplay, often with up to 50 witty remarks in a single scene, Shakespeare also used humor deliberately and strategically. ③ This is most notable in his tragedies, such as *Hamlet*, which feature various moments of comic relief that are utilized to offer the audience a break from the overall gloomy and depressing tone. ④ Despite any moments of black comedy Shakespearean tragedy may possess, the elements that make it tragic are far more noticeably felt and are strongly present throughout the work.

정답·해석·해설 p. 56

하프모의고사 10회
출제예상 핵심 어휘리스트
바로 다운받기 (gosi.Hackers.com)

QR코드를 이용해 핵심 어휘리스트를 다운받아, 언제 어디서든 공무원 출제예상 어휘를 암기하세요!

이번 테스트는 어땠나요?
다음 체크리스트로 자신의 테스트 진행 내용을 점검해 볼까요?

01 나는 15분 동안 완전히 테스트에 집중하였다.
  ☐ YES   ☐ NO

02 나는 주어진 15분 동안 10문제를 모두 풀었다.
  ☐ YES   ☐ NO

03 유난히 어렵게 느껴지는 지문이 있었다.
  ☐ YES   ☐ NO

04 유난히 어렵게 느껴지는 문제가 있었다.
  ☐ YES   ☐ NO

05 모르는 어휘가 있었다.
  ☐ YES   ☐ NO

06 개선해야 할 점과 이를 위한 구체적인 학습 계획

_____

_____

01 밑줄 친 부분에 들어갈 말로 가장 적절한 것은?

Conservancy groups attach small GPS devices to white rhinos that track and _____ the endangered animals' locations, allowing the group to monitor their movements.

① disguise

② localize

③ transmit

④ allocate

02 밑줄 친 부분에 들어갈 말로 가장 적절한 것은?

This project is the one _____ our success depends most, so we must invest sufficient resources.

① those which

② on which

③ what

④ which

03 밑줄 친 부분 중 어법상 옳지 않은 것은?

Spectators showed up ① at the stadium expecting the home team to lose the game, since its record for the previous year ② had been disastrous. Everyone was ③ surprised when their team won the game by a large margin, ④ demonstrated how much they had improved in the intervening months.

04 밑줄 친 부분에 들어갈 말로 가장 적절한 것은?

Sara Carter

 How is the report on the housing survey results coming along?

15:40

Michael Johnson

It's about 70 percent done. I've finished categorizing the responses, and I'm currently working on the statistical analysis.

15:41

Sara Carter

 I see. Do you think it could be completed by this Tuesday?

15:41

Michael Johnson

It should be possible at the current pace.

15:42

Sara Carter

 Great. Could I get a copy of what you've done so far today? I'd like to check if we're on the right track.

15:42

Michael Johnson

Of course. How would you like me to send it over?

15:43

Sara Carter

 _____
_____

15:44

① Can you delete the file you attached just now?

② Please upload the files to our online shared folder.

③ The contact information of survey participants will be deleted later.

④ Let me know which analysis tool you are using.

05~06 다음 글을 읽고 물음에 답하시오.

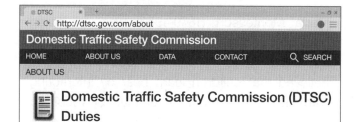

ABOUT US

📄 Domestic Traffic Safety Commission (DTSC) Duties

The DTSC is the leading government agency responsible for traffic safety. The DTSC develops national safety protocols and guidelines covering road safety, vehicle safety and pedestrian safety. Regional agencies tailor their local laws to fit these guidelines within their communities. Furthermore, the DTSC maintains a comprehensive record of recalls related to the automotive industry. Users can access this free resource to look up recalls for automotive parts, car seats, or tire brands. While the DTSC currently allows regional agencies to create their own laws regarding autonomous vehicles, it reserves the right to enforce federal laws related to the licensing and use of these vehicles as the technology becomes more <u>prevalent</u>.

05 Domestic Traffic Safety Commission에 관한 다음 글의 내용과 일치하는 것은?

① It develops safety processes for automobile manufacturers.

② It tailors laws to suit local communities.

③ It provides users a record of recalled products at no cost.

④ It does not allow states to create laws regarding autonomous vehicles.

06 밑줄 친 prevalent의 의미와 가장 가까운 것은?

① outdated

② commonplace

③ sophisticated

④ affordable

07 다음 글의 목적으로 가장 적절한 것은?

To	ghcpatients@gearyhealth.com
From	ghc@.com
Date	August 6
Subject	Health checkup

Dear Valued Patients,

If you are receiving this email, your requested appointment time has been accepted. Before your visit, please keep the following in mind:

1. Get at least six to eight hours of sleep the night before your checkup. Inadequate sleep may lead to irregular results regarding blood pressure, heart rate, etc.
2. Avoid eating or drinking anything for eight hours before a blood test.
3. Wear clothes that can be taken off easily.
4. Bring your identification card and insurance information. If this is your first visit to the Geary Health Center, arrive 30 minutes before your appointment.
5. Inform your doctor of any medications you are taking.

These tips should make your upcoming medical checkup as smooth and effective as possible.

Kind regards,
Geary Health Center

① to advise patients of the importance of quality sleep and diet

② to advise patients of what items to bring to an annual checkup

③ to advise patients of the fastest way to make medical appointments

④ to advise patients of how to prepare for a health checkup

08 주어진 글 다음에 이어질 글의 순서로 가장 적절한 것은?

Neal had been sick for a while, so we were prepared for the end. In his final few weeks, we decided to rent a cabin by the lake.

(A) During the afternoons, if he wasn't too tired, we'd go down closer to the lake and reminisce quietly about our youth. We laughed aloud about the times we got in trouble at school and cried a little as we fondly recalled lost loves.

(B) We spent several days following this routine and the weeks went by, still and serene. The sadness and weariness he had carried with him in the hospital had finally taken their leave.

(C) Each morning we sat on the porch overlooking the peaceful waters. The sun filtered through the trees and warmed us as we sat drinking coffee in the silence.

① (A) – (B) – (C)
② (B) – (C) – (A)
③ (C) – (A) – (B)
④ (C) – (B) – (A)

09 다음 글의 내용과 일치하지 않는 것은?

Maria Montessori (1870-1952) was an Italian physician and teacher who formulated a unique approach toward primary education. She believed that children learn best by interacting with their environment rather than by receiving direct instruction from teachers. Moreover, Montessori was convinced that when children are allowed to learn independently, they are more likely to become autonomous and responsible adults. Thus, under her system, students are presented with a list of activities they may freely choose from, and they are then provided with the materials they need to perform these tasks on their own. Although teachers are considered important components in the Montessori system, they serve primarily as observers and facilitators of children's innate development. Many experts regarded this educational model highly, and several schools throughout Europe soon adopted the philosophy.

① Montessori schools aim to teach children how to become more independent and trustworthy.

② The Montessori system grants children the authority to decide which tasks they will perform.

③ Montessori was of the opinion that teachers occupied undervalued roles in primary education.

④ The educational philosophy of Montessori has been employed in several European schools.

10 밑줄 친 부분에 들어갈 말로 가장 적절한 것은?

As the power of the Ottoman Empire continued to decline during the first half of the nineteenth century, Russia increasingly began to consider overtaking the empire as a way of expanding its borders. In 1853, it invaded Ottoman territory. Fearful of Russia's growing power, Great Britain and France quickly declared war on it. The Crimean War was fought over a vast stretch of territory, with the majority of the battles occurring on a large land mass called the Crimean peninsula, where a key Russian naval base was located. The first step to winning the war involved attacking an important Russian marine base. Realizing that

_____,
French and British forces first attacked and later took it over. The war ended in 1856, altering the balance of power in Europe.

① their countries were also at risk of invasion
② Russian naval officers were highly qualified
③ capturing the site would mean gaining control of the region
④ The Ottoman Empire was not a threat to their safety

정답·해석·해설 p. 62

하프모의고사 11회
출제예상 핵심 어휘리스트
바로 다운받기 (gosi.Hackers.com)

QR코드를 이용해 핵심 어휘리스트를 다운받아, 언제 어디서든 공무원 출제예상 어휘를 암기하세요!

이번 테스트는 어땠나요?
다음 체크리스트로 자신의 테스트 진행 내용을 점검해 볼까요?

01 나는 15분 동안 완전히 테스트에 집중하였다.
☐ YES   ☐ NO

02 나는 주어진 15분 동안 10문제를 모두 풀었다.
☐ YES   ☐ NO

03 유난히 어렵게 느껴지는 지문이 있었다.
☐ YES   ☐ NO

04 유난히 어렵게 느껴지는 문제가 있었다.
☐ YES   ☐ NO

05 모르는 어휘가 있었다.
☐ YES   ☐ NO

06 개선해야 할 점과 이를 위한 구체적인 학습 계획

_____

_____

01 밑줄 친 부분에 들어갈 말로 가장 적절한 것은?

> It was the public's lack of interest in the film's subject matter, rather than its shortcomings, that caused it to _____ with audience turnout.

① shift

② dominate

③ rebound

④ struggle

02 밑줄 친 부분 중 어법상 옳지 않은 것은?

> ① As though sophisticated equipment and blood tests are useful for medical diagnoses, ② they are usually expensive for patients. Therefore, it can be preferable ③ for doctors to diagnose a malady based on a patient's testimony. Patients need to describe where the pain is coming from and ④ what symptoms they have.

03 밑줄 친 부분에 들어갈 말로 가장 적절한 것은?

> She requested that he _____ the presentation early to allow for questions at the end.

① is beginning

② begins

③ began

④ begin

04 밑줄 친 부분에 들어갈 말로 가장 적절한 것은?

> A: Excuse me. Is there a bookstore in this shopping mall?
> B: Yes. It's on the second floor. Just take the escalator by the coffee shop.
> A: But there's more than one coffee shop on this floor, isn't there?
> B: You're right. Take the east corridor and then use the escalator next to the second coffee shop.
> A: I'm a bit confused about the corridors.
> B: _____
> A: That would make it much easier to find. Thank you!

① Couldn't you just take the stairs?

② Let me give you a map of this floor.

③ Anyway you'll end up at the central plaza.

④ Renovation work in the corridor will begin next week.

05~06 다음 글을 읽고 물음에 답하시오.

(A)

We are pleased to inform you of the upcoming Food Safety Seminar, an event for those who work in the food industry. It will increase your awareness of food safety issues and help you take measures to make certain that food sold or served to consumers is safe to eat.

Details
- **Date:** June 15
- **Time:** 10:00 a.m. – 5:00 p.m. with a one-hour break for lunch
- **Venue:** Muldoon Conference Center, Emerald Street

Overview
- **Food Safety Incidents**

This report will enlighten the audience about the frequency and types of food safety incidents that are occurring around the world.

- **Technology and Education in Food Safety**

These presentations and videos will show how food safety incidents can be reduced not only through advances in technology but also by being mindful of the causes of food poisoning and ways to prevent it.

You may register for this event online at seminarsgov.org. Discounted rates are offered to groups. The deadline for registration is June 8. More details are available on the website.

05 (A)에 들어갈 윗글의 제목으로 가장 적절한 것은?

① Importance of Safety in Food Delivery

② Educate the Public about Healthy Foods

③ Make Food Safety a Priority Everywhere

④ Technology Use in Food Production

06 Food Safety Seminar에 관한 윗글의 내용과 일치하지 않는 것은?

① It has a scheduled one-hour lunch break.

② The report shows types of global food safety incidents.

③ It has reduced food safety incidents.

④ Group entry is provided at a lower cost.

07 AccessPath 웹페이지에 관한 다음 글의 내용과 일치하는 것은?

AccessPath provides visitors with information on national policy regarding the disabled.

Visit the AccessPath webpage to learn the crucial role the government plays in strengthening the rights of disabled persons in the country. There are various physical and mental disabilities that the country recognizes, and its adoption of the Convention on the Rights of Disabled Persons provides families with assurance of support and resources. Moreover, a number of laws and regulations have been enacted to enhance accessibility in everyday activities, including travel, employment, and government services, for those with disabilities. An app for mobile devices will soon be available to make it easier for persons with disabilities to obtain information and utilize services related to newly announced national policies.

① 신체적 또는 정신적 장애의 종류를 보여 준다.

② 채택된 협약에 따라 장애인들을 직접 지원한다.

③ 여행 및 고용 서비스를 선착순으로 제공한다.

④ 관련 모바일 어플이 출시를 앞두고 있다.

08 주어진 글 다음에 이어질 글의 순서로 가장 적절한 것은?

Lydia was interested in purchasing a particular handbag for quite some time. But after it was photographed on the arm of a famous actress, the bag sold out in stores, and Lydia's desire for it disappeared.

(A) Yet there is another category of consumers that display the reverse behavior, the bandwagon effect. These individuals desire particular goods, usually trendy clothing, more if others have it too; this stems from their desire to "fit in" with the crowd.

(B) Consumers who are affected by this effect value exclusivity and uniqueness, so their interest in a good diminishes by knowing that others possess the same item.

(C) This is an example of the snob effect, a phenomenon that occurs when one is no longer attracted to a good that others have. It typically applies to highly priced but relatively rare items with little practical value.

① (A) – (B) – (C)

② (A) – (C) – (B)

③ (C) – (A) – (B)

④ (C) – (B) – (A)

09 밑줄 친 부분에 들어갈 말로 가장 적절한 것은?

Rain and wind can sweep away the top layer of earth on a piece of land in a process known as soil erosion. Erosion should be dealt with swiftly and effectively, since it can take lush, thriving landscapes and turn them barren, sometimes alarmingly fast. Although the indicators of soil erosion vary somewhat from region to region, there are a few that are common to all types of terrain that _____.
The first is the occurrence of dry patches on the land where there is no plant life. This is especially notable if the particular patch of land had greenery on it before. Another is exposed rocks and roots, which is a symptom of receding soil. Finally, the formation of channels and ditches in the land after rainfall is a fairly conspicuous and certain way to determine that soil erosion is occurring.

*ditch: 도랑

① can serve as evidence that an area has not been affected by erosion

② should facilitate the detection of the problem as soon as possible

③ will signify the presence of adequate amounts of high-quality soil

④ can be used as proof that a heavy rainstorm has recently occurred

10 주어진 문장이 들어갈 위치에 가장 적절한 것은?

Beatboxers are now able to mimic the sounds of several different instruments.

Fashion, language, art, and dance have all been infiltrated by hip-hop over the years, but nowhere has its presence been more felt than in contemporary music. Not only is hip-hop a genre in itself, but it has also given rise to a completely new type of music called beatboxing. (①) Beatboxing is a style of vocal manipulation that consists of creating drum beats and rhythms by using only one's mouth. (②) It originated as just a vocal style of imitating the sounds of drum machines, yet over time it has become incredibly complicated. (③) They have also developed the ability to layer a variety of these instrument-like sounds over each other to create more complex rhythms that sound like actual bands playing. (④) What started as a variation of hip-hop has become an individual style of music.

정답·해석·해설 p. 68

하프모의고사 12회
출제예상 핵심 어휘리스트
바로 다운받기 (gosi.Hackers.com)

QR코드를 이용해 핵심 어휘리스트를 다운받아, 언제 어디서든 공무원 출제예상 어휘를 암기하세요!

Self Check List

이번 테스트는 어땠나요?
다음 체크리스트로 자신의 테스트 진행 내용을 점검해 볼까요?

01 나는 15분 동안 완전히 테스트에 집중하였다.
☐ YES   ☐ NO

02 나는 주어진 15분 동안 10문제를 모두 풀었다.
☐ YES   ☐ NO

03 유난히 어렵게 느껴지는 지문이 있었다.
☐ YES   ☐ NO

04 유난히 어렵게 느껴지는 문제가 있었다.
☐ YES   ☐ NO

05 모르는 어휘가 있었다.
☐ YES   ☐ NO

06 개선해야 할 점과 이를 위한 구체적인 학습 계획

_____

_____

DAY 13 하프모의고사 13회

정답·해석·해설 _해설집 p.74

제한 시간 : 15분 | 시작 시 분 ~ 종료 시 분 | 점수 확인 | 개/ 10개

01 밑줄 친 부분에 들어갈 말로 가장 적절한 것은?

Some of the professors in the math department wanted to _____ midterm exams, but opponents felt they provided valuable feedback on students' progress.

① constitute

② reinforce

③ eliminate

④ duplicate

02 밑줄 친 부분 중 어법상 옳지 않은 것은?

The building of the Interstate Highway System was ① powerfully backed by Dwight D. Eisenhower, the 34th president of the United States. Construction ② began in 1956, and the network of highways eventually spanned over seventy-seven thousand kilometers. At the time of its construction, the system ③ considered to be a means of stimulating business. But it became ④ evident that the system's impact also led to the destruction of smaller cities.

03 밑줄 친 부분에 들어갈 말로 가장 적절한 것은?

You have two options for free time during the group tour: you can choose to spend time _____ on the beach or exploring local markets.

① relax

② relaxing

③ relaxed

④ to relax

04 밑줄 친 부분에 들어갈 말로 가장 적절한 것은?

Olivia Green
Has the location for the upcoming town hall meeting been confirmed?
2:30 pm

James Parker
Yes, we're planning to hold it in the city council conference room. It can accommodate over 50 people, and it's easily accessible by public transport.
2:31 pm

Olivia Green
_____
_____
2:31 pm

James Parker
It has a projector, two microphones, a laptop, and a large screen.
2:32 pm

Olivia Green
That should be sufficient. It would also be helpful to have printed materials and pens for the attendees.
2:32 pm

James Parker
Got it. I'll look for the best deals on them online and email you.
2:33 pm

① Have you checked the total number of participants?

② Should we prepare a device to record the meeting?

③ Will we need staff to test the room's equipment?

④ Does the conference room have all the necessary equipment?

05~06 다음 글을 읽고 물음에 답하시오.

To	c_rosenbaum@hogan_u.edu
From	carolyn_tate@parrishfallshc.org
Date	January 30
Subject	Participation in a Lecture Series

Dear Dr. Rosenbaum,

I hope this message finds you well. I am writing to invite you to take part in a lecture series that Parrish Falls Historical Center has been holding for the past year now.

The series is called "History in the Making," and twice a month, a historian comes to the Center to discuss their area of expertise or their latest research. Each talk is two hours long, with an additional 15 minutes for audience questions. I am aware of your recently published book *The Golden Age of Journalism* and think a discussion of it by someone as dynamic as you would certainly engage our typical audience of university students and educators. We currently have openings on March 1 and May 15, both at 7:00 p.m. If either date is convenient for you, we would be delighted to have you.

I look forward to your reply.

Sincerely,

Carolyn Tate
Public Programs Curator

05 위 이메일의 목적으로 가장 적절한 것은?

① 최근에 책을 출간한 작가에게 축하 인사를 전하려고

② 한 역사학자의 교육 행사 참여 가능 여부를 문의하려고

③ 역사적 전문 지식에 대한 글의 연재를 부탁하려고

④ 예정된 대담 일정의 연기를 요청하려고

06 밑줄 친 "engage"의 의미와 가장 가까운 것은?

① appoint

② commit

③ absorb

④ connect

07 National Media Standards Authority에 관한 다음 글의 내용과 일치하는 것은?

Guiding Media Standards: Duties of the National Media Standards Authority

The National Media Standards Authority (NMSA) is a public organization that is responsible for overseeing media content. Its primary duty is to classify films and television programs, both domestic and foreign, into age-based ratings, with the goal of protecting younger audiences from material that may be inappropriate. It also ensures that publicly displayed advertisements promoting such media content is suitable for all audiences. The NMSA is committed to understanding the ever-evolving media landscape in order to shape policies that support healthy media consumption. To achieve this, it sponsors studies on media trends, partnering with academic institutions and market research firms. Furthermore, it issues licenses to all broadcasters and monitors their content to encourage compliance with national regulations.

① It does not yet have the authority to set age restrictions on foreign content.

② It makes sure public ads for media contents suit all audiences.

③ It conducts market research on ongoing media trends.

④ It is limited in the number of broadcasting licenses it can issue.

08 밑줄 친 부분에 들어갈 말로 가장 적절한 것은?

Large galaxies are not very efficient at increasing their size by creating new stars. This is because the gases at their centers do not cool enough to allow stars to form. That does not mean, however, that _____. Large groups of stars have more gravity than smaller ones, so they can use their pull to suck in their more diminutive neighbors, which then get merged into the whole. Scientists refer to this process as one galaxy "eating" another, and it is the main way that already-massive galaxies grow. In fact, most of our own Milky Way's anticipated expansion over the next several billion years is expected to occur through the eating of two dwarf galaxies that are nearby.

① all galaxies diminish eventually

② large galaxies cannot enlarge in size

③ small galaxies form stars poorly

④ some galaxies are very powerful

09 다음 글의 흐름상 어색한 문장은?

Energy drinks have become extremely popular in the past decade, with students, workers, and partygoers of all ages using them to stay awake. But before reaching for your next boost, it would be wise to listen to the advice of medical professionals. ① Their major concern is that these drinks have excessively high doses of caffeine. ② In fact, a single serving may contain the equivalent of three cups of coffee. ③ Consuming caffeine late in the day can disrupt your natural sleep cycle. ④ This amount provides the system with a jolt that can negatively affect heart rate, blood pressure, and brain function in some individuals, which can become even more hazardous with long-term consumption.

10 주어진 글 다음에 이어질 글의 순서로 가장 적절한 것은?

I used to be crazy about taking photographs. I'd sometimes snap hundreds of them at a time.

(A) Because that habit was taking away the happiness of each moment, I limited myself to taking no more than one photograph per day.

(B) One day, I realized something alarming about my photo habit. It was standing in the way of my relaxing and enjoying myself. I was so obsessed with capturing every little thing wherever I went that I barely took any time to actually experience the places.

(C) For instance, I would go through the trouble of getting just the right angle and lighting on a plate of food when I went to a restaurant. But then I would barely enjoy eating it because I'd already be thinking about how to photograph the coffee I would have after my meal.

① (B) – (A) – (C)

② (B) – (C) – (A)

③ (C) – (A) – (B)

④ (C) – (B) – (A)

정답·해석·해설 p. 74

하프모의고사 13회
출제예상 핵심 어휘리스트
바로 다운받기 (gosi.Hackers.com)

QR코드를 이용해 핵심 어휘리스트를 다운받아, 언제 어디서든 공무원 출제예상 어휘를 암기하세요!

DAY 14

하프모의고사 14회

정답·해석·해설 _해설집 p.80

제한 시간 : 15분 시작 시 분 ~ 종료 시 분 점수 확인 개/ 10개

01 밑줄 친 부분에 들어갈 말로 가장 적절한 것은?

The disruption of ecological environments due to desertification caused by urban development is already severe, but the issue is being further _____ by the effects of global warming.

① countered

② relieved

③ investigated

④ exacerbated

02 밑줄 친 부분에 들어갈 말로 가장 적절한 것은?

Once the orientation _____, the new employees will be assigned to their departments.

① will have completed

② will be completed

③ is completed

④ is completing

03 밑줄 친 부분 중 어법상 옳지 않은 것은?

Companies ① trying a variety of ② ways to combat the health problems of their overweight employees. A number of businesses ③ are offering healthier meals and snacks in their cafeteria, and one company has even created an incentive program for employees ④ who lose weight.

04 밑줄 친 부분에 들어갈 말로 가장 적절한 것은?

A: I heard you're staying at Tom's place these days.

B: He's letting me stay with him while I look for a new apartment.

A: That's really nice of him. By the way, did you know the city has a low-cost temporary housing program, too? It might be worth a look.

B: I didn't know there was such a thing. _____

_____

A: All citizens over 19 years old can apply. It's much cheaper than regular accommodation.

B: I feel bad about staying with Tom for such a long time, so I think I should apply.

① I have already filed the application for it.

② Can anyone apply for it?

③ But I also need to check if long-term stays are possible.

④ Where can I apply for that service?

05~06 다음 글을 읽고 물음에 답하시오.

(A)

As a coastal resident, the health of the shoreline should be of significant concern.

Although local beaches are in relatively good condition today, evidence suggests they are suffering from major erosion. So, action must be taken soon.

A group of concerned citizens has been doing that for several years. They will be holding an information session to tell the community about their work. Come out to learn more about their activities, and how you can help. It's important for the community and your personal interests.

Can you imagine living without our beautiful beach?

Sponsored by Friends of Brigg's Beach

• Location: Heartwood Community Center
          184 Lincoln Drive
• Date: Thursday, July 10
• Time: 6:30 p.m.

To learn more about the group and volunteer opportunities, please visit our website www.Save BriggsBeach.com or call group president Maye Revi at 555-2810.

05 (A)에 들어갈 윗글의 제목으로 가장 적절한 것은?

① Brigg's Beach Needs Your Help
② Enjoy Brigg's Beach This Summer
③ Best Local Beachfront Properties
④ Fun Beach Activities to Try

06 위 안내문의 내용과 일치하지 않는 것은?

① The beach is being affected by erosion.
② Local residents are trying to save the beach.
③ The meeting will take place at the beach.
④ A website has information about volunteering.

07 밑줄 친 부분에 들어갈 말로 가장 적절한 것은?

American presidents can serve a maximum of two terms in office. This limitation was created in the late 1940s after Franklin D. Roosevelt was elected to the presidency four terms in a row. After he died, Congress decided that limiting the presidency to two terms was the safest course of action to prevent a monarchical state. People have debated whether or not this decision was a mistake. Some feel that it is _____. They believe that voters should be entitled to elect whomever they want, including someone who has already served twice. To forbid that is to unfairly impose on voters' rights.

① undemocratic
② outdated
③ political
④ sensible

08 다음 글의 내용과 일치하지 않는 것은?

The philosopher Plato illustrated the vast difference between ignorance and awareness when he wrote his theory of the cave. In it, he describes a group of people who have spent their lives chained to the inside of a cave. They face a blank wall, and behind them is a fire. Things that pass in front of the fire are projected as shadows onto the wall. The shadows are all the people know of reality. These prisoners represent people who have not been enlightened by philosophy. The philosopher, by contrast, is someone who manages to free himself and go outside the cave, where the real world truly resides. The philosopher comes to realize the shadows were not reality in their actual form and that true knowledge, which is much richer and more complex, can only be found by leaving the cave.

① Plato made a hypothesis about knowledge and ignorance by using a metaphor.

② The people who are chained inside the caves are not fully aware of reality.

③ A philosopher is one who teaches the people in the cave how to free themselves.

④ Plato believes it is only possible to understand real knowledge by leaving the cave.

09 주어진 문장 다음에 이어질 글의 순서로 가장 적절한 것은?

When I think about that long-gone summer, I find that my memory brings everything back to me in the most vibrant detail.

(A) As the sound of my dusty sandals slapping against the pavement comes to me, I am overwhelmed with a strange combination of joy and sorrow. I wish I could roll back the hands of time and reclaim my former vitality and cheer. All my troubles would vanish.

(B) As my mind wanders to the past, I am no longer an arthritic, old woman. Instead, I am a girl with braids in her hair running down the sidewalk to meet friends for all sorts of adventures.

(C) This sounds like a great thing, but I get the feeling that all the pleasure I've experienced since then would probably disappear as well.

① (B) – (A) – (C)

② (B) – (C) – (A)

③ (C) – (A) – (B)

④ (C) – (B) – (A)

10 다음 글의 주제로 가장 적절한 것은?

Having a diverse range of plant and animal life is crucial to a healthy planet and humanity's survival. Unfortunately, human activity is causing the planet's biodiversity to decrease. Urban development, pollution, and overconsumption of natural resources are just some of the reasons that so many plants and animals are vanishing. This destruction of ecosystems affects the human population in countless ways. To begin with, it threatens food security. As the number of species falls, our food sources dwindle. Furthermore, species that do survive become more susceptible to pests and disease. Lacking sufficient genetic variety, entire crops can be wiped out by a single virus. Diminishing biodiversity also puts human health at risk. Right now, we use about 50,000 to 70,000 different types of plants in modern and traditional medicine. If this vegetation dies out, we may have no recourse to treat certain illnesses and diseases.

① recording the number of species alive today and their uses
② methods of increasing wildlife in urban environments
③ analysis of attempts to protect endangered species
④ impact of species loss due to ecosystem damage

정답·해석·해설 p. 80

하프모의고사 14회
출제예상 핵심 어휘리스트
바로 다운받기 (gosi.Hackers.com)

QR코드를 이용해 핵심 어휘리스트를 다운받아, 언제 어디서든 공무원 출제예상 어휘를 암기하세요!

DAY 15

하프모의고사 15회

정답·해석·해설 _해설집 p.86

제한 시간 : 15분 시작 시 분 ~ 종료 시 분 점수 확인 개/ 10개

---

01 밑줄 친 부분에 들어갈 말로 가장 적절한 것은?

The accident on the freeway _____ a traffic jam that lasted for hours, so drivers had to spend a tedious time in their cars.

① postponed

② withstood

③ triggered

④ resisted

---

02 밑줄 친 부분에 들어갈 말로 가장 적절한 것은?

Drought is believed to _____ a significant role in the decline of the ancient Indus Valley civilization. Changes in the monsoon patterns, which the civilization relied upon for water, may have led to severe agricultural challenges.

① be played

② play

③ have been played

④ have played

---

03 밑줄 친 부분 중 어법상 옳지 않은 것은?

The mining of minerals and oil from the earth ① cause the production of toxic waste mixtures that ② consist of rock particles, the chemicals that were used to obtain the resources, and water. ③ Due to their hazardous nature, they are usually stored in special reservoirs. Yet, there is a concern that the reservoirs can malfunction. Also, the contents of some reservoirs are so toxic ④ that people simply do not know what to do with them.

---

04 밑줄 친 부분에 들어갈 말로 적절한 것은?

 Zoey

Could I ask about the autumn festival flea market?
11:07 am

City Event

Of course! What information are you looking for?
11:07 am

 Zoey

Could you tell me about the eligibility requirements for participating in the market as a vendor?
11:08 am

City Event

Anyone whose address is registered in our city can join.
11:08 am

 Zoey

_____
_____?
11:08 am

City Event

Food items, excluding alcohol, and handmade crafts are allowed.
11:09 am

 Zoey

I see. I'd like to apply as a vendor. Where can I submit the application?
11:09 am

City Event

Please fill out the form linked at the bottom of the announcement on our webpage.
11:09 am

① Should I operate the booth for all five days of the event

② What kinds of items can be sold

③ Do I need a certification to sell food and beverages

④ Can I rent the flea market booth for free

05~06 다음 글을 읽고 물음에 답하시오.

RURAL DEVELOPMENT AGENCY

Commitment

The Rural Development Agency oversees programs to address food security, population issues, and climate change in the country's agricultural areas. It also works to reduce the damage caused by agricultural activity through the implementation of innovative farming techniques.

Vision

We envision a future of sustainable agriculture, leveraging science and technology to ensure the long-term stability of the nation's food supply and improve the livelihoods of farmers and rural inhabitants facing challenges because of their remote locations.

Guiding Principles

- **Responsibility & Growth:** We work to create programs that are responsive to the changing environment and foster opportunities for people.
- **Innovation & Creativity:** We harness the power of technology and new ideas to come up with solutions before issues arise.

05 윗글에서 Rural Development Agency에 관한 내용과 일치하는 것은?

① It helps teach new farming techniques to farmers around the world.

② It uses science and technology to reduce the amount of farming needed.

③ It aims to enhance the livelihoods of farmers.

④ It implements solutions to problems right after they come up.

06 밑줄 친 remote의 의미와 가장 가까운 것은?

① unknown   ② withdrawn

③ distant   ④ detached

07 다음 글의 내용과 일치하지 않는 것은?

The Benjamin Foster Birthplace Museum offers visitors a unique glimpse into the life of one of the founding fathers of the country. Open from 9:00 a.m. to 5:00 p.m., Monday through Saturday, the museum provides both guided and unguided tours, as well as special services for larger groups. Tickets can be purchased on site, but due to the limited number of guests allowed per day, online reservations are recommended.

- **Reservations:** tickets.FosterHouse.com

Tickets to the Benjamin Foster Birthplace Museum are $7 for adults, and $4 for children under 10 and senior citizens. The cost of tour services is additional. Discounted rates are available for groups and include tour fees.

- **Please note:** The museum is closed for all national holidays.

Special events like the Founders' Day Fireworks Show may require an additional fee.

To learn more about the museum and available services, call 1 (888) 555-3333.

① The museum is open six days a week.

② Tickets must be purchased online.

③ Tours are not included in the general ticket price.

④ Some events require a higher payment.

08 다음 글의 요지로 가장 적절한 것은?

It may not be wise to throw out your old technology even though today's devices seem to have rendered just about everything else obsolete. Yesterday's gadgets continue to have relevance despite the blinding pace of technological evolution. The fax machine, for example, may appear hopelessly out-of-date. The truth is, though, it performs a function that newer devices have not yet mastered: reproducing hard copies of handwritten documents across significant physical distance. This is not trivial, considering how many organizations still rely on paper in their daily operations. What is more, even though better technologies exist, not every sector rushes to adopt them, which indicates that the technologies of the past will be in use well into the future.

① Technologies go obsolete too quickly.

② Fax machines now have more functions.

③ Future technologies will be even more convenient.

④ Past devices remain useful for a few reasons.

09 주어진 문장이 들어갈 위치로 가장 적절한 것은?

It's only recently that scientists have begun to figure out that puzzle.

Bears are one of the many animals that hibernate to endure the winter, when conditions are harsh and food is insufficient. (①) But unlike with other mammals, how these large omnivores are able to achieve this has always been somewhat of a mystery. (②) Observing five bears in a controlled environment, experts discovered that bears do not conserve energy by lowering their body temperature as other hibernators do. (③) Instead, the bears in the study used a number of other tricks to pull off overwintering. (④) Their breathing slowed down considerably, to a rate of about one to two breaths per minute, and their bodies adjusted the metabolic rate so that it functioned at only about a quarter of the normal rate.

*omnivore: 잡식 동물

10 밑줄 친 부분에 들어갈 말로 가장 적절한 것은?

The oceans contain countless fish, which, because of the incomprehensible size of the oceans and the number of individual fish they contain, are mindlessly taken for granted and assumed to be in endless supply. As a result, many humans employ methods of fishing that _____ _____. One of the most prevalent of these methods is "blast fishing," or fishing by using dynamite and other explosives to kill fish, then collect them when they float to the surface. Unfortunately, this process is incredibly wasteful and damages surrounding land and sea creatures. Most notably, this process proves harmful to coral reefs, which provide homes to numerous animals. Coral reefs damaged in this fashion do not naturally grow back, and their absence limits both the numbers and variety of fish in the area. Although it is illegal in much of the world, enforcement of laws that ban it is difficult, and the practice remains widespread in Southeast Asia.

① have become unnecessarily complicated

② are dangerous to the ecosystem

③ are insufficient for feeding populations

④ fail to recognize potential in other species

정답·해석·해설 p. 86

하프모의고사 15회
출제예상 핵심 어휘리스트
바로 다운받기 (gosi.Hackers.com)

QR코드를 이용해 핵심 어휘리스트를 다운받아, 언제 어디서든 공무원 출제예상 어휘를 암기하세요!

Self Check List

이번 테스트는 어땠나요?
다음 체크리스트로 자신의 테스트 진행 내용을 점검해 볼까요?

01 나는 15분 동안 완전히 테스트에 집중하였다.
☐ YES   ☐ NO

02 나는 주어진 15분 동안 10문제를 모두 풀었다.
☐ YES   ☐ NO

03 유난히 어렵게 느껴지는 지문이 있었다.
☐ YES   ☐ NO

04 유난히 어렵게 느껴지는 문제가 있었다.
☐ YES   ☐ NO

05 모르는 어휘가 있었다.
☐ YES   ☐ NO

06 개선해야 할 점과 이를 위한 구체적인 학습 계획

_____

_____

DAY 16

정답·해석·해설 _해설집 p.92

하프모의고사 16회

제한 시간 : 15분 | 시작 시 분 ~ 종료 시 분 | 점수 확인 | 개 / 10개

01 밑줄 친 부분에 들어갈 말로 가장 적절한 것은?

> The school was unable to repair the outdated gym because of _____ funds.

① immense

② handy

③ requisite

④ insufficient

02 밑줄 친 부분에 들어갈 말로 가장 적절한 것은?

> Conflict management aims to recognize emotional factors leading to increased tensions and _____ skills for open communication.

① developed

② to develop

③ to developing

④ that develops

03 밑줄 친 부분 중 어법상 옳지 않은 것은?

> The tiger fish have been observed displaying ① that scientists label as passive selfish behavior. When confronted with an enemy, most of the members deliberately ② bite the smaller members ③ in order to weaken them. The injured fish give others enough time to escape by ④ becoming easier targets for a hungry killer.

04 밑줄 친 부분에 들어갈 말로 가장 적절한 것은?

> A: I'm a bit worried about Ted.
> B: Did something happen to him?
> A: He's struggling to complete the deal with Central Inc.
> B: He's still pretty new at the company, but he got an important task.
> A: Yeah. That's why it looks like he's feeling the pressure.
> B: _____
> A: It would be great if you could share what you know about Central Inc. with him.

① I'm not too worried because Ted is smart.

② Is there something I can do to help?

③ I think he set his goals too high.

④ Are you in charge of the same tasks as Ted?

05~06 다음 글을 읽고 물음에 답하시오.

To	Kerrville City Council
From	Oscar Atkins
Date	September 18
Subject	Light Pollution from Digital Billboards

Dear Kerrville city councilmembers,

I am writing because I am frustrated with the light coming from the digital billboards located at the intersection of Lynch Street and Carr Avenue.

I happen to live in an apartment near this corner. When the billboards were first installed back in March, the lights shut off at about 11:00 p.m., and I had no problem with that. However, for almost two months now, the billboards have remained illuminated until at least 2:00 a.m., disrupting my sleep considerably. Since these billboards display advertisements for city events, I believe you have the power to make sure they are turned off at a reasonable time.

Please look into this matter. I'm sure that the city's advertising needs can still be met if the lights are deactivated earlier.

Regards,
Oscar Atkins

05 윗글의 목적으로 가장 적절한 것은?

① To complain about the content displayed on digital billboards

② To ask that light pollution caused by digital billboards be addressed

③ To demand the removal of digital billboards from a specific intersection

④ To explain how keeping lights on at night wastes energy resources

06 위 이메일의 내용과 일치하는 것은?

① 광고판은 교차로에서 광고 효과가 가장 컸다.

② 광고판은 두 달 전에 처음 설치되었다.

③ 광고판은 8월 한 달간 새벽 2시까지 켜져 있었다.

④ 광고판은 현지 기업들을 홍보한다.

07 EatRight 앱에 관한 다음 글의 내용과 일치하지 않는 것은?

Get Customized Dining Recommendations with EatRight.

The EatRight app can help you find the right restaurant. The app's Food-for-Me feature enables users to discover restaurants that accommodate specific diets and allergies. This feature also allows users to find restaurants within their budget. The EatRight app provides restaurant and food reviews, ratings, and the ability to view photos and menus. Users who leave reviews will be entered into raffles for the chance to win discounts and coupons at their favorite restaurants. Directly through the app, users can make reservations and place orders for delivery and pickup. To access these features, users must create a free account on the app.

① Its dining recommendations consider dietary restrictions.

② It sorts eateries according to price.

③ Reviewers automatically receive restaurant vouchers.

④ Users must register for free to use certain features.

08 다음 글의 흐름상 어색한 문장은?

Endangered languages are those that are at risk of disappearing forever. Of the more than 6,000 languages that exist in the world today, approximately half may go extinct within this century. ① Languages vanish when all of their speakers transition to a different language for external or internal reasons. ② Outside factors may include suppression by cultural, religious, or educational groups. ③ In 2008, the Canadian government issued an official apology for compelling indigenous children in residential schools to abandon their languages. ④ Sometimes, however, members within a group adopt a negative perspective toward their own language and decide to stop using it. This would be an example of a reason that arises internally.

09 밑줄 친 부분에 들어갈 말로 가장 적절한 것은?

The Arctic polar vortex is a system of prevailing winds that normally travels from west to east around the North Pole. When the vortex is strong, it keeps extremely frigid air circulating near the pole. However, it may occasionally become weaker and break down, allowing some of the cold air to move south down to Canada and the United States or Eastern Europe. This is precisely what happened in the winter of 2013 to 2014, when a part of the polar vortex traveled across the entire United States. As a consequence, many parts of North America experienced _____.
Some scientists think that climate change could make polar vortex events more common in the future. As Arctic sea ice continues to melt and the surrounding ocean gradually becomes warmer, much of the extra heat may be emitted back into the atmosphere, disturbing the vortex's usual pattern on a more frequent basis.

* vortex: 소용돌이

① weaker winter conditions than normal

② temperatures colder than Alaska

③ more open skies in the winter

④ extra heat due to warmer waters

10 다음 글의 주제로 가장 적절한 것은?

The key to a species' survival is reproduction, and it is significantly affected by the sex ratio, which is the number of males to females within a population. Some frog species have evolved unique ways to avert the problem of unbalanced sex ratios. In the case of African reed frogs, young are born with both male and female sexual tissue. If males in the population are in short supply, females can sense it through chemical triggers and specific genes become activated, causing their sexual organs to disintegrate and male organs to develop. Once this physical transformation occurs, the former females begin assuming male behaviors like fighting and calling for mates.

① the significance of sex ratio to animal population size

② the unique courting behavior of male African reed frogs

③ toxicity of chemicals in frog skin

④ biological changes in a frog species that permit reproduction

정답·해석·해설 p. 92

하프모의고사 16회
출제예상 핵심 어휘리스트
바로 다운받기 (gosi.Hackers.com)

QR코드를 이용해 핵심 어휘리스트를 다운받아, 언제 어디서든 공무원 출제예상 어휘를 암기하세요!

✎ Self Check List

이번 테스트는 어땠나요?
다음 체크리스트로 자신의 테스트 진행 내용을 점검해 볼까요?

01 나는 15분 동안 완전히 테스트에 집중하였다.
　　□ YES　　　　□ NO

02 나는 주어진 15분 동안 10문제를 모두 풀었다.
　　□ YES　　　　□ NO

03 유난히 어렵게 느껴지는 지문이 있었다.
　　□ YES　　　　□ NO

04 유난히 어렵게 느껴지는 문제가 있었다.
　　□ YES　　　　□ NO

05 모르는 어휘가 있었다.
　　□ YES　　　　□ NO

06 개선해야 할 점과 이를 위한 구체적인 학습 계획

_____

_____

DAY 17

하프모의고사 17회

정답·해석·해설 _해설집 p.98

제한 시간 : 15분 시작 시 분 ~ 종료 시 분 점수 확인 개/ 10개

---

01 밑줄 친 부분에 들어갈 말로 가장 적절한 것은?

> He thoroughly prepared materials to defend his proposal, knowing that stockholders would try to _____ his efforts at reform.

① uphold

② undermine

③ oversee

④ deceive

---

02 밑줄 친 부분 중 어법상 옳지 않은 것은?

> My cousin once had a job with a well-known tobacco company. He was not a smoker himself, so he felt no risk of exposing ① himself to an environment that promoted cigarettes, nor ② did he feel any guilt in being in this line of work. However, I would ③ send to him articles that reported the increase in cases of lung cancer among smokers. This made him think seriously about the company ④ where he was working and eventually he resigned.

---

03 밑줄 친 부분에 들어갈 말로 가장 적절한 것은?

> Half of the paintings _____ landscapes from the 19th century will be replaced with contemporary artworks.

① is featuring

② are featuring

③ featured

④ featuring

---

04 밑줄 친 부분에 들어갈 말로 적절한 것은?

 Jennifer Evans
We will renovate the community center from June 1 to 30.
09:00

David Lee
That's good news. Could you tell me which areas of the building will be affected?
09:01

 Jennifer Evans
The renovation is limited to the east wing, so people will still be able to use the other areas.
09:01

David Lee
I see. Is there anything else we should be aware of?
09:01

 Jennifer Evans
Only two of the three elevators will be operating normally.
09:02

David Lee

09:02

 Jennifer Evans
The one next to the lounge will be out of service from 6 a.m. to 3 p.m.
09:02

① Two elevators will likely be insufficient.

② All the elevators in the community center need repairs.

③ Can you tell me more about the unavailable elevator?

④ Understood. Could you please post the notice near the elevator?

05~06 다음 글을 읽고 물음에 답하시오.

(A)

We're thrilled to announce the return of the award-winning Piedmont Fireworks Festival for its ninth consecutive year. Everyone is invited to this family-friendly event, where you can take in the beautiful sights of fireworks. And this year, we have a special surprise: a drone show!

Details
- **Date:** Saturday, October 5
- **Time:** 6 p.m. − 8 p.m.
- **Location:** Piedmont Beach and surrounding areas

Highlights
- **Fireworks**
Experience the biggest, brightest, and most colorful fireworks show in the country from various locations, including Piedmont Beach, Turtle Hill, Bell Island, and Sandside Coastal Park.

- **Drone Show**
Before the fireworks, enjoy a 15-minute drone show featuring over 1,000 drones equipped with LED lights creating amazing scenes in the sky.

For driving directions and parking options for this free event, please visit the "Location" page of our website at www.piedmontfireworksfest.com.

05 (A)에 들어갈 윗글의 제목으로 가장 적절한 것은?

① Piedmont's Most Popular Tourist Locations
② Meet Other Families at a Beach Event
③ A Fireworks Industry Awards Ceremony
④ View Incredible Shows in the Sky

06 Piedmont Fireworks Festival에 관한 윗글의 내용과 일치하지 않는 것은?

① 9년 연속으로 개최되었다.
② 축제 규모가 국내에서 가장 크다.
③ 불꽃놀이 후에 드론 쇼가 진행된다.
④ 행사는 무료로 참여 가능하다.

07 다음 글의 목적으로 가장 적절한 것은?

To	customers@conisp.com
From	connect@conisp.com
Date	July 6
Subject	Important information for subscribers

Dear Customer,

We value you as a subscriber. We hope to give you the kind of service that you expect from one of the country's top Internet service providers (ISPs), and this includes safety for your family on the Net.

As the World Wide Web grows bigger and more complex, we find that children are going online at a younger age. Therefore, we would like to provide some practical suggestions:

1. Please keep our safety monitors enabled to ensure safe surfing on the Web.
2. Talk to your children about online safety and decide together how they should use the Internet.
3. Set up parental controls to determine what your child can and cannot view online.
4. Encourage your children to share their online experiences with you so you can guide them in navigating the digital world safely.

We hope your family stays happy and safe online. If you have any questions, please visit our FAQ page and type "safety online" in the search box.

Sincerely,
Connect ISP

① to recommend ways to keep children safe when they use the Internet
② to recommend special services the ISP provides to its customers
③ to recommend measures to make surfing simpler and faster
④ to recommend the use of digital maps for navigation

08 주어진 글 다음에 이어질 글의 순서로 가장 적절한 것은?

A man went to visit a spiritual advisor. The advisor asked the man to prepare some tea. The man boiled a pot of water and brought it over to his advisor with two empty cups.

(A) "If you're already full, then there's no room for new ideas. You'll have to get rid of your old ideas in order to make room for new ones before I can teach you anything."

(B) "The cup is already full. Why do you keep pouring tea into it?" the man asked, confused. "It's an analogy for you," the advisor replied.

(C) The advisor then picked up one cup and began to fill it with tea. He continued pouring the tea until it began to overflow onto the table.

① (A) – (C) – (B)

② (B) – (C) – (A)

③ (C) – (A) – (B)

④ (C) – (B) – (A)

09 다음 글의 주제로 가장 적절한 것은?

Headaches, which are characterized by pain in the head or neck, are typically treated with over-the-counter medicine. But because so many people suffer from them on a prolonged and recurring basis, a considerable amount of research is being conducted in order to find nontraditional methods for combating this ailment. Scientists have found that implanting electrotherapy devices in a patient's brain could alleviate some of the symptoms suffered by people who experience frequent headaches. Researchers are also looking for natural remedies that may help relieve headache pain. Findings indicate that techniques like foot massages and needle-based therapy could be effective in easing severe headaches or migraines.

① Research into the treatment of a common health problem

② Causes of the widespread occurrence of headaches

③ Different types of headaches people experience

④ Natural remedies for minor ailments

10 다음 글의 내용과 일치하는 것은?

Investors in a large technology firm have recently begun demanding that it increase stock dividends. Although corporate funds have reached an all-time high, the company returned only 7.2 percent of its total profits to shareholders last year. This is a 40 percent decrease from the percentage it paid out in 2007. The tech giant says its declining return rate is the result of diminishing profits following a lag in smartphone sales. Investors are quick to point out that the slowdown is negatively affecting the profits of the firm's closest rivals as well; yet their dividends remain nearly double those of the company's. The stockholders, a growing number of whom are prominent foreign investors with large shares in the company, feel that this is unacceptable. Representatives have promised to review the corporation's policies. However, they have not yet announced any plans for change, saying that more continuous growth is needed to raise the rate of return.

① The company returned 40 percent of its profits to shareholders in 2007.

② The slowdown of smartphone sales is affecting the company more than its competitors.

③ Stock yields for competing tech companies are greater than the corporation's.

④ Corporate representatives have refused to consider raising the rate of return.

정답·해석·해설 p. 98

하프모의고사 17회
출제예상 핵심 어휘리스트
바로 다운받기 (gosi.Hackers.com)

QR코드를 이용해 핵심 어휘리스트를 다운받아, 언제 어디서든 공무원 출제예상 어휘를 암기하세요!

이번 테스트는 어땠나요?
다음 체크리스트로 자신의 테스트 진행 내용을 점검해 볼까요?

01 나는 15분 동안 완전히 테스트에 집중하였다.
☐ YES   ☐ NO

02 나는 주어진 15분 동안 10문제를 모두 풀었다.
☐ YES   ☐ NO

03 유난히 어렵게 느껴지는 지문이 있었다.
☐ YES   ☐ NO

04 유난히 어렵게 느껴지는 문제가 있었다.
☐ YES   ☐ NO

05 모르는 어휘가 있었다.
☐ YES   ☐ NO

06 개선해야 할 점과 이를 위한 구체적인 학습 계획

_____

_____

01 밑줄 친 부분에 들어갈 말로 가장 적절한 것은?

Regarding skeletal changes in snakes through evolution, biologists believe that this indicates that snakes likely once had limbs, but that they were _____ over time.

① exaggerated

② circulated

③ discarded

④ penetrated

02 밑줄 친 부분에 들어갈 말로 가장 적절한 것은?

Volunteering is one of the activities _____ people can feel the satisfaction of making a positive impact in their community.

① that

② what

③ in which

④ which

03 밑줄 친 부분 중 어법상 옳지 않은 것은?

One of the most common forms of diabetes, type 2 diabetes, ① tends to occur in overweight adults who are more than 30 years of age and is ② often caused by poor diet and lack of exercise. In contrast, the onset of type 1 diabetes usually occurs early in childhood, and the causes of ③ it are not yet understood ④ enough well.

04 밑줄 친 부분에 들어갈 말로 가장 적절한 것은?

A: Congratulations, Nick! I heard you're in charge of the new project.

B: Thanks! I'm excited but I have to say, it's also a bit stressful.

A: _____

B: That's right. I used to only handle promotions; for this project, though, I'll be dealing with sales as well.

A: That sounds challenging. Even so, if you do well, it will be great for your career prospects.

① You should mind your own business.

② Are you not getting along with the team members?

③ You can apply for a transfer to a different department.

④ Has the scope of your work expanded?

05~06 다음 글을 읽고 물음에 답하시오.

National Disaster Management Agency

Purpose

We coordinate national disaster response and preparedness efforts, ensuring that communities are equipped to handle natural and man-made disasters. Our agency works with local, regional, and international partners to deliver rapid, effective relief operations and long-term recovery initiatives.

Vision

We hope to build a <u>strong</u> nation where individuals, businesses, and communities can effectively respond to and recover from any disaster. We aim to reduce disaster-related deaths and injuries through the planned implementation of early warning systems, improved evacuation protocols, and nationwide disaster preparedness training programs.

Core Values

- Efficiency: We prioritize rapid and well-organized responses.
- Empathy: We provide relief with a deep commitment to understanding the needs of affected parties.

05 윗글에서 National Disaster Management Agency 에 관한 내용과 일치하는 것은?

① It makes sure the public is ready in the event of a major disaster.

② It works independently when conducting relief operations.

③ It has new systems that have reduced disaster-related casualties.

④ It offers counseling to provide relief to the victims.

06 밑줄 친 strong의 의미와 가장 가까운 것은?

① developed   ② unified

③ diverse   ④ stable

07 다음 글의 내용과 일치하지 않는 것은?

The National Public Broadcasting Service operates two major channels: NPBS-1, which focuses on news, as well as art, history, and science content, and NPBS-2, which is dedicated to high-quality children's educational programming. Both channels broadcast content 24 hours a day, year-round, and include a mixture of new and repeated segments that are accessible via traditional television, online streaming, and NPBS Mobile, a free app that allows users to enjoy various interactive features and archived content. NPBS does not air commercials. It is instead supported through a combination of viewer donations, fundraising drives, and grants. NPBS membership is available starting at 50 dollars annually and comes with various perks such as free or discounted tickets to special events.

For information about programming and to make a donation or become a member, please visit www.npbs.gov/viewer_services.

① Some of the programming shown during the 24-hour broadcast period has already aired.

② Users of NPBS Mobile can access old content free of charge.

③ NPBS generates some of its revenue from television commercials.

④ Some people pay more than 50 dollars for an annual NPBS membership.

08 밑줄 친 부분에 들어갈 말로 가장 적절한 것은?

As human populations have expanded and claimed much of the landscape once occupied by native plants and animals, many ecosystems have fallen out of _____. In an attempt to counteract this, some wildlife managers advocate the act of rewilding. Missing flora may be planted where it once existed, while fauna that is scarce or no longer exists in the wild can be bred in aquariums or zoos and transferred back to its original habitat. While not all reintroduced species thrive, there have been numerous successful cases across Europe, including beavers, bison, and wolves. Experts hope that these measures will eventually restore the natural equilibrium.

① balance

② preference

③ consideration

④ sight

09 다음 글의 흐름상 어색한 문장은?

Due to a variety of reasons, an increasing number of older adults are making the decision to go back to school. ① Those who return to learn stand out from their younger counterparts in many ways. One of the most pronounced differences is that they have much more life experience, giving them a richer understanding of any given topic. ② Their past experiences may have also set them in their ways and can be an obstacle to rapid learning. Furthermore, adult students tend to possess more discipline and have specific goals in mind. ③ Both are helpful motivators that eventually lead to a higher rate of success once their education is over. Their part as a role model in the classroom is also invaluable to teachers. ④ Older students influence the learning environment in positive ways by setting a more mature example for younger classmates.

10 밑줄 친 부분에 들어갈 말로 가장 적절한 것은?

Disruptive innovation is a business trajectory that can upend the marketplace. It starts out by focusing on low-end or new markets. The products themselves are often of low quality and garner few consumers. However, if they gain a foothold, disruptive innovations can develop until they _____. Once they accomplish this goal, they have the advantage of becoming highly profitable and even replacing established industries in some cases. One example of this is the personal computer. Prior to their adoption, large, expensive mainframes and minicomputers were the only machines available for computing. Then, Apple introduced smaller personal computers. Advertised as toys, they were cheap and could do little. But consumers did not care. Little by little, the PCs improved and got more refined to cater to what common people wanted. They became "good enough" for the public and eventually emerged as the primary product in the computer industry.

① improve existing services

② catch up to current trends

③ meet mainstream needs

④ make computing devices

정답·해석·해설 p. 104

하프모의고사 18회
출제예상 핵심 어휘리스트
바로 다운받기 (gosi.Hackers.com)

QR코드를 이용해 핵심 어휘리스트를 다운받아, 언제 어디서든 공무원 출제예상 어휘를 암기하세요!

Self Check List

이번 테스트는 어땠나요?
다음 체크리스트로 자신의 테스트 진행 내용을 점검해 볼까요?

01 나는 15분 동안 완전히 테스트에 집중하였다.
  □ YES   □ NO

02 나는 주어진 15분 동안 10문제를 모두 풀었다.
  □ YES   □ NO

03 유난히 어렵게 느껴지는 지문이 있었다.
  □ YES   □ NO

04 유난히 어렵게 느껴지는 문제가 있었다.
  □ YES   □ NO

05 모르는 어휘가 있었다.
  □ YES   □ NO

06 개선해야 할 점과 이를 위한 구체적인 학습 계획

_____

_____

01 밑줄 친 부분에 들어갈 말로 가장 적절한 것은?

> The company had no choice but to _____
> some employees due to a downturn in the
> economy.

① discharge

② align

③ mimic

④ discipline

02 밑줄 친 부분에 들어갈 말로 가장 적절한 것은?

> _____ she decides to accept the job offer
> will significantly impact her career path.

① What

② If

③ Whether

④ Where

03 밑줄 친 부분 중 어법상 옳지 않은 것은?

> You should stay away from prepackaged
> processed food, which tends ① to cost more on
> account of the convenience it offers. However,
> ② considering the reduced consumption of
> processed foods from multiple perspectives, a
> fatter wallet isn't the only benefit; it also contributes
> to ③ build a healthier body. Skipping processed
> foods prevents you ④ from consuming the added
> fat, salt, and sugar they typically contain, which
> can lead to additional health benefits.

04 밑줄 친 부분에 들어갈 말로 적절한 것은?

Samuel Harris
Was the official letter for the city festival
sent to the security department?
15:00

Mia Clark
The manager approved it,
but it hasn't been sent yet.
15:00

Samuel Harris
Oh, that's good. I have to revise it.
15:00

Mia Clark
Really? What part needs
to be changed?
15:01

Samuel Harris
The date and time of the
event are incorrect.
15:01

Mia Clark
Then we should ask the manager to
cancel the confirmation. The problem
is, he will be out this afternoon.
15:01

Samuel Harris
_____
_____
15:02

Mia Clark
All right. I'll inform her of the situation
and ask her to cancel the letter.
15:03

① Why isn't the manager in the office this afternoon?

② Let's submit a new official letter without canceling
the previous one.

③ He usually approves press releases between 4 p.m.
and 5 p.m.

④ Susan, the assistant manager, can withdraw the
approval on his behalf.

05~06 다음 글을 읽고 물음에 답하시오.

To	Food and Drug Administration
From	Anne Reardon
Date	December 2
Subject	Inaccurate nutritional information

Dear Sir or Madam,

I am writing about a problem I have found with many juice products today, specifically the claim that they have zero sugar.

As a diabetic, I have to <u>watch</u> my sugar intake, so I always look for products that have low-sugar content. However, I have found that many juice bottles have large notices on their labels that say "zero sugar," but small letters on the back of the bottle say "no additional sugar even if none is added." In fact, the juices do contain natural sugars. This is misleading and dangerous for people like me.

I ask that you look into this inaccurate marketing and enforce proper labeling standards for juice manufacturers. I look forward to being able to more easily know the sugar content of products.

Sincerely,
Anne Reardon

05 윗글의 목적으로 가장 적절한 것은?

① 당 함량을 줄인 신제품들에 대해 자세히 알아보려고
② 라벨에 신뢰할 수 있는 정보를 포함해야 함을 강조하려고
③ 당뇨병 환자들에게 좋은 음료를 추천하려고
④ 무설탕 제품의 위험성에 대해 경고하려고

06 밑줄 친 "watch"의 의미와 가장 가까운 것은?

① witness
② mind
③ tend
④ protect

07 Military Staffing Administration에 관한 다음 글의 내용과 일치하는 것은?

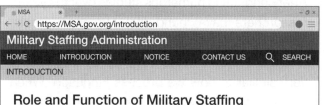

Role and Function of Military Staffing Administration (MSA)

The MSA is in charge of ensuring the readiness of the country's military. The MSA oversees all matters related to securing military personnel. In addition to managing the country's draft for mandatory military service, it recruits soldiers looking to enlist for permanent military careers. The MSA is also responsible for assessing the capabilities of newly enlisted soldiers and determining where they will be most successful during their service. This includes both written entrance exams and tests of physical endurance. The administration also conducts annual training sessions to ensure former service members are prepared to return to service in case of war. Due to its efforts, the country remains ready to activate its military at a moment's notice.

① It secures equipment for military personnel.
② It is not involved in the country's military draft.
③ It conducts ongoing tests to check soldiers' skills.
④ It provides training courses to former soldiers.

08 다음 글의 요지로 가장 적절한 것은?

After conducting numerous studies over the years, researchers have found that humans possess innate tonal comprehension capabilities. They also discovered that the way we process music is very similar to how we process language. When we are young, we hear the speech patterns, accents, and vocabulary of those around us and begin to imitate them. This method by which we learn language as children is akin to the way we comprehend music. Most children are able to listen to a melody and sing it back even though they have never been taught how to differentiate notes or even how to sing. It seems that as newborn babies, we have an innate understanding of pitch and rhythm that is not taught. This finding has been remarkably consistent, in spite of generational gaps or differences in culture and economic status.

① Language learning capabilities influence music learning capabilities.

② Children learn language through listening and imitation.

③ Human beings possess a natural ability to process music.

④ Culture and economic status influence how we learn music.

09 주어진 문장이 들어갈 위치로 가장 적절한 것은?

This theory is backed by the fact that, unlike their contemporaries, their city walls were unfortified.

The Harappan people of the ancient Indus Valley civilization are somewhat elusive to archaeologists. (①) What is known, based on archeological digs in the area, is that the people were settled enough to develop a sophisticated sanitation system before disappearing from the region in about 1800 BC. (②) The general notion among experts is that the Harappans lived a life of tranquility and were ill-prepared to fight against invaders. (③) Furthermore, archeological excavations have not unearthed a single weapon to date. (④) The Harappans, it seems, devoted their resources to creating a cleaner city than they did to armed conflict.

10 다음 글의 내용과 일치하지 않는 것은?

In the winter, sea turtles travel to the tropics to breed, and in the summer, they swim to colder waters in search of food. Scientists have a theory about how they are able to sense the seasonal changes that prompt them to make this commute. Turtles have a pale spot of skin on their foreheads. Underneath it, the skull and tissues are thin compared to other parts of the head. It is believed that sunlight is able to pass through this area and directly reach a turtle's pineal gland, a gland that normally compels us to sleep when it is dark and awaken when it is light. Essentially, turtles may be able to detect the lengthening of the days in the summer and the shortening of the days in the winter based on the amount of light passing through. They might use this information to determine when to migrate.

*pineal gland: 솔방울샘(멜라토닌을 만들고 분비하는 내분비기관)

① Sea turtles search for food in cooler environments during the summer months.

② The migration patterns of sea turtles are influenced by changes in the seasons.

③ Researchers think sunlight passes through the sea turtle's skull to its pineal gland.

④ The pale spot on the foreheads of sea turtles regulates their sleep-wake cycles.

Self Check List

이번 테스트는 어땠나요?
다음 체크리스트로 자신의 테스트 진행 내용을 점검해 볼까요?

01 나는 15분 동안 완전히 테스트에 집중하였다.
☐ YES   ☐ NO

02 나는 주어진 15분 동안 10문제를 모두 풀었다.
☐ YES   ☐ NO

03 유난히 어렵게 느껴지는 지문이 있었다.
☐ YES   ☐ NO

04 유난히 어렵게 느껴지는 문제가 있었다.
☐ YES   ☐ NO

05 모르는 어휘가 있었다.
☐ YES   ☐ NO

06 개선해야 할 점과 이를 위한 구체적인 학습 계획

_____

_____

정답·해석·해설 p. 110

하프모의고사 19회
출제예상 핵심 어휘리스트
바로 다운받기 (gosi.Hackers.com)

QR코드를 이용해 핵심 어휘리스트를 다운받아, 언제 어디서든 공무원 출제예상 어휘를 암기하세요!

01 밑줄 친 부분에 들어갈 말로 가장 적절한 것은?

> Because of the contestant's _____ singing ability, viewers had no doubt that she would win.

① faulty

② equivalent

③ exceptional

④ temporary

02 밑줄 친 부분 중 어법상 옳지 않은 것은?

> Sometimes the onset of coughing, sneezing, and a sore throat is merely the result of not taking ① proper care of oneself, rather than any particularly nasty virus infecting the body. Getting an insufficient amount of sleep ② on a regular basis weakens the immune system, ③ leading to lethargy and exhaustion. Proper eating makes a difference as well, as the body requires sufficient nutrients to stay energized and ④ functioned well.

03 밑줄 친 부분에 들어갈 말로 가장 적절한 것은?

> Until he _____ the necessary paperwork, his application will not be processed.

① will have submitted

② will submit

③ submits

④ submitted

04 밑줄 친 부분에 들어갈 말로 가장 적절한 것은?

> A: Welcome back! How was your vacation?
> B: It was a mess. I'll never fly with that airline again.
> A: What happened?
> B: The seat was really uncomfortable, and my luggage cover got torn.
> A: _____
> B: They said it doesn't qualify for compensation.
> A: Why? It's their fault.
> B: Because it happened during normal luggage handling.

① Try buying a refundable ticket next time.

② Was your luggage over the size limit?

③ Can't you file a claim for damages?

④ Maybe there was a lot of turbulence.

05~06 다음 글을 읽고 물음에 답하시오.

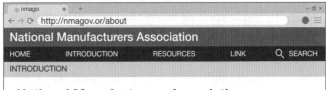

National Manufacturers Association

Mission

We support the manufacturing sector with the assistance and resources they need to become successful. For the thousands of companies that have become members of the NMA, we provide needed representation, insights, and analysis to ensure free enterprise, equal opportunity, and the livelihoods of millions of people who work for manufacturers.

Advocacy

We work directly with Congress and the media to promote the agenda of manufacturers. We have cultivated relationships with government members who have become important partners for <u>positive</u> change in manufacturing. In addition, we boost awareness of the needs of manufacturing through information campaigns.

Workforce Development

• We implement programs to close the skills gap in workforces across the country.
• We train manufacturers to learn to identify and attract talent that manufacturers need to improve operations, innovation, and production.

05 윗글에서 National Manufacturers Association 에 관한 내용과 일치하는 것은?

① It aims to attract successful companies to join as members.
② It collects information on the livelihoods of manufacturing employees.
③ It interacts with Congress and the media to advance manufacturing priorities.
④ It seeks the best talent to fill roles in the manufacturing industry.

06 밑줄 친 positive의 의미와 가장 가까운 것은?

① extensive
② impartial
③ appreciative
④ constructive

07 밑줄 친 부분에 들어갈 말로 가장 적절한 것은?

The public education systems of France and Canada take two very different approaches to teaching. The French system is based on a national curriculum of strict standards that are regularly tested through rigorous exams, and students must be well-versed in subjects like philosophy, history, and math. Although the system has recently been criticized for producing overly anxious students, they do graduate with a remarkably comprehensive knowledge base. In contrast, the Canadian model of education encourages inquiry, discussion, and critical thinking. In addition to coursework, many students participate in extracurricular activities. This style of education—which is often considered too unstructured by international standards—tends to result in young adults who are independent and well-rounded. While neither approach is perfect, this comparison illustrates that _____ _____.

① participation in extracurricular activities should be made mandatory
② Canadians do not value subjects in the humanities as much as they should
③ the education system of a nation tends to be a reflection of its history
④ students may be highly influenced by their country's education system

08 다음 글의 내용과 일치하지 않는 것은?

Personal drones, which are lightweight, unmanned aircraft that can be equipped with GPS, cameras, and other data-gathering devices, are becoming increasingly widespread and affordable. Recognizing this, the Federal Aviation Administration recently passed a bill stating that drone use in US airspace is permitted, provided that their operators do not fly them recklessly. This has sparked concern among many Americans who wish to protect their rights to privacy. They believe that the lack of laws governing recreational drones could lead to a rise in inappropriate activity. For example, a man was recently accused of snapping photos of women on the beach. The laws for drone use should thus be amended to avoid similar incidents in the future.

① The Federal Aviation Administration generally allows the use of drones.

② Current drone legislation does not fully protect citizens against privacy infringements.

③ The public wants drones to be used only for commercial, not recreational purposes.

④ Personal drones can be used to capture images and collect information.

09 다음 글의 주제로 가장 적절한 것은?

With its depictions of imaginary worlds blending fantasy and reality, science fiction became popular following the Civil War, when literacy rates, along with interest in technology, rose among young males. Short science fiction novels were their reading material of choice, and the genre rapidly evolved into a mainstream form of entertainment for the masses. But with increased popularity came disapproval. Critics of science fiction began labeling it as "subliterary," or inferior to standard literature, for its perceived crudeness and immaturity. While some brilliant examples of early science fiction did exist, they tended to get prejudged by detractors as unsophisticated, poorly written works that offered little more than a cheap thrill.

① the impact a war had on a genre's popularity

② the historical perception of science fiction literature

③ contributions of important science fiction writers

④ popular forms of entertainment after the Civil War

10 밑줄 친 부분에 들어갈 말로 가장 적절한 것은?

After humanity traveled to the moon in 1969, the next step was naturally to voyage to Mars, which is the closest planet to Earth. However, numerous setbacks and pitfalls have prevented mankind from achieving this mission. The distance is not so much an issue; while Mars is roughly one year's worth of travel time away, it is not an unmanageable period. But a major dilemma is the lengthy exposure to radiation that the astronauts would experience on the journey. Scientists estimate that a single trip there would result in exposure to a lifetime's worth of radiation, which would be a serious health risk for astronauts. _____, evidence shows that sustained activity in low-gravity environments worsens the health of the human body by weakening the spinal cord and deteriorating the eyesight. And one cannot discount the immense psychological burden of living in a cramped living space with a few other humans, away from terrestrial comforts.

① Moreover

② In conclusion

③ Contrarily

④ To illustrate

정답·해석·해설 p. 116

하프모의고사 20회
출제예상 핵심 어휘리스트
바로 다운받기 (gosi.Hackers.com)

QR코드를 이용해 핵심 어휘리스트를 다운받아, 언제 어디서든 공무원 출제예상 어휘를 암기하세요!

Self Check List

이번 테스트는 어땠나요?
다음 체크리스트로 자신의 테스트 진행 내용을 점검해 볼까요?

01 나는 15분 동안 완전히 테스트에 집중하였다.
  □ YES   □ NO

02 나는 주어진 15분 동안 10문제를 모두 풀었다.
  □ YES   □ NO

03 유난히 어렵게 느껴지는 지문이 있었다.
  □ YES   □ NO

04 유난히 어렵게 느껴지는 문제가 있었다.
  □ YES   □ NO

05 모르는 어휘가 있었다.
  □ YES   □ NO

06 개선해야 할 점과 이를 위한 구체적인 학습 계획

_____

_____

DAY 21

하프모의고사 21회

정답·해석·해설 _해설집 p.122

제한 시간 : 15분 시작 시 분 ~ 종료 시 분 점수 확인 개/ 10개

---

01 밑줄 친 부분의 의미와 가장 가까운 것은?

> The makers of smartphone applications should not share classified data, such as personal identification numbers and the locations of users.

① personal

② offensive

③ sensitive

④ confidential

02 밑줄 친 부분에 들어갈 말로 가장 적절한 것은?

> She suggested the documents _____ carefully before submission.

① review

② reviewed

③ be reviewed

④ to review

03 밑줄 친 부분 중 어법상 옳지 않은 것은?

> The time when physical currency becomes obsolete is quickly approaching, and some economists say it causes them ① to worry. Nations ② where tipping culture abounds will be forced to completely reorganize their economic structure. Moreover, a society that records every electronic transaction will be one where ③ maintain privacy will be all but impossible. That ④ in itself is enough for many to wonder whether going cashless is a good idea.

04 밑줄 친 부분에 들어갈 말로 가장 적절한 것은?

Jessica
Did the event company respond to our proposal by email?
10:15

Ethan
I haven't received an email from them yet.
10:15

Jessica
Got it. Please check your junk mail folder.
10:16

Ethan
Will do. Did they mention a deadline for their response?
10:16

Jessica
They said they'd get back to us by tomorrow morning at the latest.
10:17

Ethan
I see. What should we do if we don't hear back by then?
10:18

Jessica
_____
_____
10:18

① We can't push back the deadline any further.

② I know someone well at that company.

③ Please update the contact information to the latest version.

④ In that case, you should contact them directly by phone.

05~06 다음 글을 읽고 물음에 답하시오.

(A)

As a resident of Marksville, the health of the local wetlands should be of utmost importance.

The marshes between the city and the coast act as a natural buffer for flooding and storms. Protecting them keeps everyone in the city safe.

For the last few years, we have worked to preserve the wetlands. And now, we need your help. Come to our upcoming public hearing to see what you can do to make sure that the marshes thrive.

After all, if they're destroyed, the city may be next.

Sponsored by the Marksville Marsh Monitors group

• Location: Central Park Community Center
- Room 151 (The public hearing will move to the auditorium in case of a large turnout)
• Date: Thursday, April 10
• Time: 7:00 p.m.

To learn more about the group and its work or to volunteer, please visit our website at www.marksvillemarshmonitors.org or call (825) 555-2024.

05 (A)에 들어갈 윗글의 제목으로 가장 적절한 것은?

① The Wetlands Ensures Our Shared Future

② Enjoy the Unique Local Ecosystem

③ Learn about Marksville's Marsh System

④ Causes of Damage to the Wetlands

06 위 안내문의 내용과 일치하지 않는 것은?

① 습지는 자연재해로부터 도시를 보호한다.

② 참가자 수에 따라 회의 장소는 변동될 수 있다.

③ 공청회는 4월 한 달간 정기적으로 진행된다.

④ 주최 단체에 대한 정보는 웹사이트에서 확인할 수 있다.

07 다음 글의 목적으로 가장 적절한 것은?

To	AllClients@GuardianInvest.com
From	MarkJones@GuardianInvest.com
Date	August 29
Subject	Investment advice

Dear Valued Customers,

In today's struggling economy, it's important to adopt strategies to maintain your financial security. As your financial services partner, we want to share five tactics that can help you protect your investments and get through these tough times.

1. Spread your investments across diverse assets, such as stocks, bonds, and real estate.
2. Remember that your investments are for the long term and avoid making impulsive changes.
3. Review your portfolio regularly to ensure that your assets and investments maintain the right balance of growth and risk.
4. Keep an emergency fund covering three to six months of living expenses in case of a setback to ensure that you do not have to sell your assets.
5. Seek professional advice when needed.

We are committed to assisting you during this difficult time. Please visit our website to learn more about the services we offer or to set up a meeting with one of our investment counselors.

Sincerely,
Guardian Investment Partners

① to inform customers about a new investment plan

② to inform customers of the services that help navigate financial challenges

③ to inform customers of an expected downturn in the economy

④ to inform customers of ways to keep their investments safe

08 다음 글의 내용과 일치하는 것은?

Although Marco Polo was not one of the first Europeans to explore Asia, his journeys were among the earliest to be chronicled, translated, and preserved. He wrote at length about his experiences visiting what is modern-day China; an adventure that included a harrowing return to Italy, where he was imprisoned for a year. It was here that he narrated his travel stories to a fellow inmate who happened to be a writer. However, no single unified collection of Polo's own writings exists, as he only penned and published limited accounts of individual aspects of his journeys at different times in his life. Despite historians' efforts to piece together all of his available accounts, the full narrative remains incomplete. Yet, enough information made it into circulation so that a new generation of explorers became inspired to seek out opportunities in the East, one notable example of whom was Christopher Columbus.

① The travel diaries of explorer Marco Polo were initially translated into Chinese.

② Marco Polo wrote an autobiography while temporarily being held in an Italian prison.

③ A comprehensive account of Marco Polo's adventures is still not available.

④ The tales of Marco Polo influenced other European writers to travel to the East.

09 다음 글의 요지로 가장 적절한 것은?

Many people in the UK feel as though the government is not doing enough to respond to rapidly rising rates of immigration. The most pressing concerns are that immigrants are not being properly integrated into British society and that their numbers are causing overcrowding in some communities. Critics say that the government should establish a settlement support fund to help new arrivals find jobs and housing, among other things. The money for this could be provided by the high citizenship fees immigrants have to pay. It could be used to establish support networks that provide job and house-seeking counsel.

① Rapid immigration is putting a strain on public services.

② Citizenship fees are not being used for their intended purpose.

③ Immigrants largely stay within their own communities.

④ The government should help immigrants integrate into society.

10 주어진 글 다음에 이어질 글의 순서로 가장 적절한 것은?

Identifying a story's topic is far more straightforward than identifying its theme. This is due to the fact that a story's topic is simply a brief explanation of the story's subject.

(A) In other words, it is easily arrived at by answering the questions who, what, when, and how, which is basic information that is usually clearly spelled out within the first few paragraphs.

(B) That being said, to detect a story's theme, it is necessary to first recognize a recurring idea, such as the inevitability of fate or good triumphing over evil, and then reach a conclusion about the story's fundamental message, which may not be the same for everyone.

(C) Theme, by contrast, is generally more subtle. Unlike topic, a story's theme is implied so there is not always a direct and definitive way of explaining what it is.

① (A) – (B) – (C)

② (A) – (C) – (B)

③ (C) – (A) – (B)

④ (C) – (B) – (A)

정답·해석·해설 p. 122

하프모의고사 21회
출제예상 핵심 어휘리스트
바로 다운받기 (gosi.Hackers.com)

QR코드를 이용해 핵심 어휘리스트를 다운받아, 언제 어디서든 공무원 출제예상 어휘를 암기하세요!

---

01 밑줄 친 부분에 들어갈 말로 가장 적절한 것은?

The director said she needed another day to _____ the proposed plans because she wanted to ensure every detail was reviewed.

① mislead
② recommend
③ contemplate
④ strengthen

02 밑줄 친 부분에 들어갈 말로 가장 적절한 것은?

_____ she known about the meeting earlier, she would have been better prepared to present her ideas.

① If
② Had
③ Should
④ When

03 밑줄 친 부분 중 어법상 옳지 않은 것은?

An experimental therapy offers ① people new hope for treating advanced leukemia. The therapy extracts T-cells from the patient and genetically engineers them to kill cancer cells. ② After transfusing the engineered cells, the researchers wait for them to multiply. Each one is programmed to produce ③ as much as 1,000 more cells that attack cancer. So far, the therapy has kept 23 out of the 30 patients involved in the trial ④ alive.

*leukemia: 백혈병

04 밑줄 친 부분에 들어갈 말로 가장 적절한 것은?

A: Where did you put the concert tickets?
B: I think I saw them on the shelf in the living room.
A: No, I've looked there already. Could you have put them back in your purse?
B: I checked there too. _____
_____
A: I just remembered that we don't need tickets if we show our booking details on the venue's app.
B: Oh, really? Then downloading the app sounds good. Let's do it right now.

① Do you know what time the concert starts?
② What will we do without them?
③ Do you still have the receipt for the ticket purchase?
④ Have you looked up how to get there?

05~06 다음 글을 읽고 물음에 답하시오.

To	Television and Radio Commission
From	Karl Banks
Date	May 14
Subject	Inappropriate content on television

B I U ¶ / A▾ T▾ ⊖ ▣ ◆ ≣ ≣ ≣ ↺ ↻ </>

To whom it may concern,

I hope you are well. I am writing about the amount of inappropriate content on television shows today, specifically the use of bad language.

As a parent of three young children, I only let them watch TV shows that are appropriate for their ages. However, recently, many shows that are supposed to be family-friendly contain inappropriate language. I have even noticed that swear words are being said on news programs and community interest shows that people often watch with their children.

I would like your agency to require programs to include a warning about bad language. I think this would help many parents protect their children. I hope that you are able to make this happen.

Respectfully,
Karl Banks

05 윗글의 목적으로 가장 적절한 것은?

① 유아들을 위한 프로그램이 부족함을 상기시키려고

② 가족 친화적인 프로그램의 개설을 제안하려고

③ TV 프로그램이 자녀 교육에 미치는 영향을 강조하려고

④ 비속어가 포함된 프로그램에 경고 표시를 요청하려고

06 위 이메일의 내용과 일치하는 것은?

① Family-friendly programming has become harder to find.

② Shows that children often watch contain swear words.

③ News and community-related programs take young viewers into consideration.

④ There is a department for monitoring bad language in programs.

07 다음 글의 내용과 일치하지 않는 것은?

Edison Healthcare's medical clinic is open from Monday to Saturday, from 8:00 a.m. – 8:00 p.m. on weekdays and 8:00 a.m. – 4:00 p.m. on Saturdays. Depending on your health needs, our healthcare team will let you know whether you require an in-person visit or a phone or video visit.

- **Appointment (and scheduling) Hotline:** call (650) 555- 2111.

We provide a wide variety of services, including primary care for adults and children, pre- and post-natal care, nutrition programs, and senior care. We can also send patients to specialists at larger hospitals.

- We will assist you with your current health coverage or help you apply for it.
- If you need an in-person interpreter, we can arrange for one. You can also request this service on phone and video visits.

For more information on our services and medical tests, please visit edisonhealth.org.

① The Edison Healthcare medical clinic is open till 4 p.m. on Saturdays.

② Various types of appointments can be made over the phone.

③ The clinic accepts referrals for specialists from other hospitals.

④ A patient can request the assistance of an interpreter.

08 밑줄 친 부분에 들어갈 말로 가장 적절한 것은?

Parents today remain largely divided regarding _____ _____ when it comes to using the Internet. The safety of children online is of great concern due to the abundance of unsuitable web content, which seems to be quite easy to access. Many parents agree that they should limit their children's access to the Internet. However, they may find it difficult to decide on the extent to which boundaries should be imposed. Some people believe that it is wrong to engage in digital spying, like keeping track of all the websites their children visit. Others believe that it is fine and don't feel that anyone under the age of eighteen should have privacy rights.

① how much screen time should be allowed

② whether cyberbullying ought to be punishable

③ how much freedom they should give their children

④ what scope of children's personal information could be shared

09 밑줄 친 부분에 들어갈 말로 가장 적절한 것은?

Erosion is nature's slow process of removing soil and rock by wind or water, and dispersing it to other areas. Some of the most beautiful rock structures in nature, including the Delicate Arch in the US, are the result of rocks being eroded away. However, there are also negative consequences of erosion. It can remove layers of soil that are rich in nutrients. This can lead to ecological disaster by rendering land unusable and causing crop shortages. Unfortunately, human activities such as logging, agriculture, and road construction increase and stimulate erosion. For this reason, erosion is now considered _____ _____.

① a major global problem that needs to be addressed

② a consequence of farming practices replenishing crop shortages

③ an unsustainable method of enriching naturally depleted resources

④ a natural process that contributed to the formation of rock structures

10 다음 글의 흐름상 어색한 문장은?

Upon arriving in New York City in 1957, Japanese contemporary artist Yayoi Kusama became a powerful force in the city's avant-garde scene along with contemporary artists like Andy Warhol and Eva Hesse. She is perhaps best known for her multimedia installations. ① They involve the use of mirrors to create an illusion of infinite space and include repetitive motifs such as polka dots. ② Polka dots are usually only seen on playful garments rather than in formalwear. ③ Despite her early success, Kusama faded into obscurity when she moved back to Japan in 1977 and chose to live in a psychiatric institution. ④ It wasn't until the 1990s that she returned to the spotlight, drawing renewed interest from art enthusiasts worldwide.

정답 · 해석 · 해설 p. 128

하프모의고사 22회
출제예상 핵심 어휘리스트
바로 다운받기 (gosi.Hackers.com)

QR코드를 이용해 핵심 어휘리스트를 다운받아, 언제 어디서든 공무원 출제예상 어휘를 암기하세요!

01 밑줄 친 부분에 들어갈 말로 가장 적절한 것은?

> He has been under a lot of stress, so telling him more bad news might make him _____.

① mature
② flourish
③ exert
④ despair

02 밑줄 친 부분에 들어갈 말로 가장 적절한 것은?

> As face-to-face interactions foster better communication and creativity, I prefer collaborating with my team in person to _____ through emails all day.

① communicating
② communicate
③ than communicate
④ be communicated

03 밑줄 친 부분 중 어법상 옳지 않은 것은?

> Shortly after the United States won its independence from Britain, American reformists decided ① that the spelling of English words needed to be made easier. This was because British English ② featured unnecessary double consonants and silent vowels that were ③ confused and led to spelling inconsistencies. Some of these excess letters were removed ④ to make American English more straight forward.

04 밑줄 친 부분에 들어갈 말로 가장 적절한 것은?

Lily Lewis
Is it possible to book a field trip on March 10? There will be 30 people, including me.
14:30 pm

Matthew White
Yes. We have a permanent exhibition, and in March, we will have a special exhibition on international cultures. Both would be very educational for students.
14:30 pm

Lily Lewis
Do you provide docent-led tours as well?
14:31 pm

Matthew White
Yes. The docent guides students through the main exhibits, providing detailed explanations. We can add that to your booking.
14:31 pm

Lily Lewis
_____
_____
14:31 pm

Matthew White

We offer a morning session from 10 to 11 a.m. and an afternoon session from 2 to 3 p.m.
14:32 pm

Lily Lewis
Please reserve a docent for the morning session.
14:32 pm

① Do you offer discounts for group tours?
② What are the exact time slots for this service?
③ When does the special exhibition end?
④ Can students volunteer for docent activities?

05~06 다음 글을 읽고 물음에 답하시오.

_____(A)_____

The Everton Community Center is pleased to once again host the Mid-Autumn Festival, a traditional event in the local Chinese community celebrating the harvest, families, and the autumn moon. Come out and enjoy a night of unique cultural experiences.

Details
- **Date:** Wednesday, September 15
- **Time:** 6:00 p.m. – 11:00 p.m.
- **Location:** Everton Community Center Parking Lot (The event will be moved into the center's auditorium in case of rain)

Highlights
- **Cultural Performances**
Watch a performance of a lion dance complete with traditional music and folk dancing.

- **Mooncake Tasting**
Sample a variety of mooncakes, the iconic Chinese pastry served during the holiday time.

- **Lantern-making Class**
Learn how to make the traditional lanterns that are used to decorate Chinese homes and temples for the festival.

For more information, please visit www.Everton CommunityCenter.com/festival.

05 (A)에 들어갈 윗글의 제목으로 가장 적절한 것은?

① Visit China for the Mid-Autumn Festival
② Experience Chinese Traditions in Everton
③ Support the Local Community Center
④ Enjoy the Bounty of the Annual Harvest

06 Mid-Autumn Festival에 관한 윗글의 내용과 일치하지 않는 것은?

① 이전에 주민 센터에서 주최한 적이 있다.
② 수요일 저녁에 개최된다.
③ 월병을 직접 만들고 맛볼 수 있다.
④ 참석자들은 전통 장식품을 만드는 방법을 배울 수 있다.

07 Office of Commercial Development and Entrepreneurship에 관한 다음 글의 내용과 일치하는 것은?

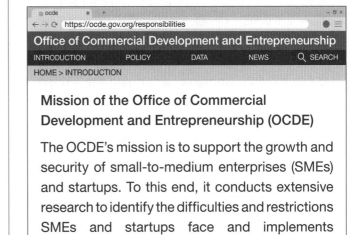

Mission of the Office of Commercial Development and Entrepreneurship (OCDE)

The OCDE's mission is to support the growth and security of small-to-medium enterprises (SMEs) and startups. To this end, it conducts extensive research to identify the difficulties and restrictions SMEs and startups face and implements measures to address these challenges. In addition to providing grants to promising new businesses and ensuring that universities have programs in place to assist students considering creating their own startups, the OCDE helps businesses expand into international markets. This benefits the national economy by creating domestic employment and generating income from exports. Furthermore, it advocates for lower taxes on SMEs and regulates the growth of large enterprises to prevent monopolies from developing.

① It creates university courses to encourage people to become entrepreneurs.
② It establishes export quotas to ensure sufficient domestic supply.
③ It sets the rate at which small-to-medium enterprises are taxed.
④ It prevents large businesses from gaining complete control over a commodity.

08 다음 글의 주제로 가장 적절한 것은?

In stark contrast to the old mythological-based views of the cosmos, logic and fact were the twin pillars on which Greek philosophy came to be built. Despite this departure from the established thinking of the era, the Greeks' ideology had little trouble thriving. Certainly, employing the written word to spread their ideas helped matters. The spoken word is a powerful ambassador, but the written word helped to achieve the proliferation of the new doctrines. And the geopolitical location of Greek city-states on the coasts of the Mediterranean Sea, the "information highway" of its time, only aided their expansion. The trade conducted at the ports with cultured neighbors was an ideal conduit for Greek philosophy to spread its roots.

① The reasons for the decline of traditional mythological views

② The Mediterranean's role in shaping Greek philosophy

③ The development and spread of Greek philosophy

④ The contribution of Greek philosophy to the written word

09 밑줄 친 부분에 들어갈 말로 가장 적절한 것은?

Twenty-five million children around the world are currently displaced due to war. Making matters worse, a great many of these children are orphans without a legal name or nationality. This increases their vulnerability greatly. Not only are they singled out and exploited before anyone can help them, but it is incredibly difficult for them to be adopted by families in peaceful countries. This is because governments are usually reluctant to adopt children if there is a chance that they have any living family members. However, whether or not they do is sometimes impossible to ascertain, since children born during times of war are often not registered at birth. In other words, there is no way of _____.

① contacting their adoptive families

② preventing their departure

③ analyzing their well-being

④ knowing their actual identity

10 다음 글의 내용과 일치하지 않는 것은?

Early languages were important markers of communal identity. They helped people know who belonged to a group and who did not. Of course, it would have been possible for an outsider to gain access to the group and learn the language well enough to communicate with some degree of fluency. However, native speakers would have likely been able to detect shortcomings such as an accent and the outsider's confusion over idiomatic expressions unique to the group. The new language learner would have always been considered somewhat of an intruder due to his or her inability to grasp these various linguistic nuances. The same is true to some extent today. People are able to identify much more with those who share their speech patterns, even within the same language. This is because using the same expressions and having the same accent as someone else suggests that that person belongs to the same geographic area and therefore has had relatable life experiences.

① Sharing a mother tongue gave people in early societies a sense of belonging.

② It is more difficult to master linguistic nuances today than it was in the past.

③ Even subtle differences in pronunciation can affect how relatable someone is.

④ The way people speak can be an indicator of the regions that they come from.

정답·해석·해설 p. 134

하프모의고사 23회
출제예상 핵심 어휘리스트
바로 다운받기 (gosi.Hackers.com)

QR코드를 이용해 핵심 어휘리스트를 다운받아, 언제 어디서든 공무원 출제예상 어휘를 암기하세요!

01 밑줄 친 부분의 의미와 가장 가까운 것은?

> Job opportunities in this town are scarce, so city council members are trying to attract new businesses.

① ideal

② deliberate

③ limited

④ steady

02 밑줄 친 부분에 들어갈 말로 가장 적절한 것은?

> Had the ancient Egyptians recognized the signs of climate change, their agricultural output might have increased, as the timing of planting and harvesting seems to _____ by the Nile's seasonal changes.

① influence

② be influenced

③ have influenced

④ have been influenced

03 밑줄 친 부분 중 어법상 옳지 않은 것은?

> Many of us ① drink a cup of coffee in the morning to wake up, but we sometimes forget that there ② are many other drinks that can also do the job ③ of stimulating our senses. For example, tea as well as soft drinks ④ contain caffeine, too. Yet, we remain loyal to coffee for its rich taste and fragrant aroma.

04 밑줄 친 부분에 들어갈 말로 가장 적절한 것은?

> A: That was delicious! We should definitely visit the local cuisine festival again!
> B: I agree. Are you all done?
> A: Actually, I was thinking about getting a dessert. How about you?
> B: They do look pretty good, but I've already used up all my festival vouchers.
> A: _____
> _____
> B: That would be great. I should make sure to bring enough vouchers next time.

① How about we buy dessert with the vouchers I have left?

② When can we start purchasing additional vouchers?

③ I thought you were on a diet nowadays.

④ Can we only use vouchers when purchasing items?

05~06 다음 글을 읽고 물음에 답하시오.

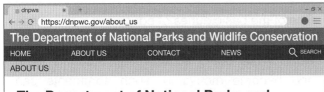

The Department of National Parks and Wildlife Conservation

Obligation & Vision

We are responsible for managing all the national parks and wildlife reserves in the country, ensuring that natural habitats are maintained, animal populations remain stable, and recreational spaces are sustainable. To this end, we closely monitor areas within our purview to deter illegal activities such as habitat destruction and poaching.

We strive to broaden the scope of protected areas and to enhance public involvement in our environmental conservation efforts. Furthermore, we endeavor to expand our data collection efforts and better implement preservation strategies, with the goal of making species more resilient to climate change.

Guiding Values

- Stewardship / Conservation:
  We are committed to preserving the natural landscapes, ecosystems, and wildlife populations entrusted to our care.
- Collaboration / Public Education:
  We cultivate partnerships with local communities and private organizations while providing educational programming to the public.

05 윗글에서 The Department of National Parks and Wildlife Conservation에 관한 내용과 일치하는 것은?

① It restricts public access to protected areas.

② It punishes those who engage in illegal activities in national parks.

③ It aspires to increase the amount of land that is protected.

④ It relies on its partners to deliver educational programming to the public.

06 밑줄 친 involvement의 의미와 가장 가까운 것은?

① awareness

② suggestion

③ participation

④ integration

07 다음 글의 내용과 일치하지 않는 것은?

The Science World Museum is open weekdays from 9:00 a.m. to 5:00 p.m. and weekends from 9:00 a.m. to 6:00 p.m. It offers a variety of exhibits, films, and planetarium shows. Tickets may be purchased on the web or via an app on your mobile device. A smart voucher will be sent to your email address, which must be presented when you visit the museum.

- Before purchasing a ticket, please check the museum calendar on the app or website at tickets.swm.org/calendar to see which events you are interested in. Simply click on a date for shows, tours, films, and exhibits being offered on that day.

- Membership entitles members to free entrance to most events on the calendar.

- Please note that the museum is closed on the following holidays: Thanksgiving and Christmas.

You may obtain additional information by visiting the website swm.org.

① The museum closes at 6:00 p.m. on weekends.

② Tickets may be purchased through the museum app or the website.

③ Checking the calendar for events before buying tickets is recommended.

④ Membership grants members discounted rates to all shows, films and exhibits.

08 다음 글의 요지로 가장 적절한 것은?

For citizens of Belgium, Australia, and most of Latin America countries, voting is mandatory. In fact, the failure to cast a ballot can lead to fines or punitive community service. While there are many arguments against compulsory voting, research has shown that it is the only policy capable of boosting a nation's voter turnout to over 90 percent. Thus, countries that have problems with low voter turnout, like the US and Canada, should think about implementing similar measures. In these nations, partisan voters tend to be overrepresented, while the reverse is true for moderates and independents. Making citizens exercise their democratic right to vote would ensure that everyone's voice is heard.

① Laws for mandatory voting should be considered in nations with low voter turnout.

② Biased voting is a major issue that must be fixed in countries with low voter turnout.

③ Making voting mandatory could create more problems than it would solve.

④ Threatening disciplinary action for not voting is the act of an oppressive government.

09 다음 글의 흐름상 어색한 문장은?

One of the basic duties of educators is to provide students with constructive comments about their work. While doing so can help students learn and become motivated, such comments can also be harmful if given the wrong way. So, what constitutes helpful feedback? ① First of all, it is important to be specific. ② A simple "X" does not provide clear information on where or how it is necessary to improve. ③ Providing overly detailed guidance can cause students to lose their motivation to learn. Moreover, a teacher's thoughts on submitted assignments should be provided in a prompt manner. ④ Several studies have demonstrated that students who receive immediate feedback exhibit improvements in their performance, while those who must wait for days or weeks show little progress.

10 주어진 글 다음에 이어질 글의 순서로 가장 적절한 것은?

In linguistics, natural languages are those used by groups of people as their native tongues. As the world has become more globalized, however, many have contemplated the idea of creating an artificial language that can be used universally.

(A) The main reason is that Esperanto would require substantial effort to learn, and adults generally find it difficult to pick up a second language. And neither is it likely for babies to be taught Esperanto from birth because their native languages remain vital parts of their cultural identity.

(B) But critics have argued that it is not actually a neutral form of communication since it was based on the Indo-European languages. Moreover, it is hardly practical for people to adopt Esperanto as their main language.

(C) So far, Esperanto has been the most notable language devised as an international medium of communication. Developed in 1887, it was seen as a viable alternative that would help improve foreign relations due to its supposed impartiality.

① (A) – (B) – (C)
② (B) – (C) – (A)
③ (C) – (A) – (B)
④ (C) – (B) – (A)

정답 · 해석 · 해설 p. 140

하프모의고사 24회
출제예상 핵심 어휘리스트
바로 다운받기 (gosi.Hackers.com)

QR코드를 이용해 핵심 어휘리스트를 다운받아, 언제 어디서든 공무원 출제예상 어휘를 암기하세요!

Self Check List

이번 테스트는 어땠나요?
다음 체크리스트로 자신의 테스트 진행 내용을 점검해 볼까요?

01 나는 15분 동안 완전히 테스트에 집중하였다.
　□YES　　　　□NO

02 나는 주어진 15분 동안 10문제를 모두 풀었다.
　□YES　　　　□NO

03 유난히 어렵게 느껴지는 지문이 있었다.
　□YES　　　　□NO

04 유난히 어렵게 느껴지는 문제가 있었다.
　□YES　　　　□NO

05 모르는 어휘가 있었다.
　□YES　　　　□NO

06 개선해야 할 점과 이를 위한 구체적인 학습 계획

_____

_____

MEMO

MEMO

MEMO

해커스 한국사능력검정시험
교재 시리즈

빈출 개념과 기출 분석으로
기초부터 문제 해결력까지
꽉 잡는 기본서

해커스 한국사능력검정시험
심화 [1·2·3급]

스토리와 마인드맵으로 개념잡고!
기출문제로 점수잡고!

해커스 한국사능력검정시험
2주 합격 **심화 [1·2·3급]** **기본 [4·5·6급]**

시대별/회차별 기출문제로
한 번에 합격 달성!

해커스 한국사능력검정시험
시대별/회차별 기출문제집 **심화 [1·2·3급]**

개념 정리부터 실전까지!
한권완성 기출문제집

해커스 한국사능력검정시험
한권완성 기출 500제 **기본 [4·5·6급]**

빈출 개념과 기출 선택지로
빠르게 합격 달성!

해커스 한국사능력검정시험
초단기 5일 합격 **심화 [1·2·3급]**
기선제압 막판 3일 합격 **심화 [1·2·3급]**

20대 마지막
기회라 생각했던
박*묵님도

적성에 맞지는 않는 전공으로
진로에 고민이 많았던
박*훈님도

군 전역 후 노베이스로
수험 생활을 시작한
박*란님도

해커스공무원으로 자신의 꿈에 한 걸음 더 가까워졌습니다.

당신의 꿈에 가까워지는 길
해커스공무원이 함께합니다.

해커스공무원

매일
하프모의고사
영어 1

해커스공무원

해커스 공무원시험연구소 총평

난이도	눈에 띄는 고난도 문제가 출제되지 않아, 전반적으로 평이한 난이도의 회차였습니다.
어휘·생활영어 영역	4번과 같은 비대면 상황 속 대화에서는 공무원 직무 관련 소재가 중심이 될 가능성이 높고, 때때로 길이가 긴 대화문이 출제될 수 있음을 알아 둡니다.
문법 영역	최근 단문형 문제의 비율이 줄어드는 반면, 밑줄을 그어 어떤 것을 묻는지 보여 주는 빈칸형/지문형 문제가 주로 출제되는 추세임을 확인합니다.
독해 영역	정부 및 공공 기관을 소재로 한 지문에 자주 등장하는 단어 및 표현을 정리해 두면, 유사한 소재의 지문을 접할 때 보다 수월하게 해석할 수 있을 것입니다.

정답

01	③	어휘	06	③	독해
02	③	문법	07	①	독해
03	④	문법	08	②	독해
04	③	생활영어	09	②	독해
05	②	독해	10	④	독해

취약영역 분석표

영역	맞힌 답의 개수
어휘	/ 1
생활영어	/ 1
문법	/ 2
독해	/ 6
TOTAL	/ 10

---

01 어휘 potential · 난이도 중 ●●○

밑줄 친 부분에 들어갈 말로 가장 적절한 것은?

> The coach thinks the young athlete shows _____, so he decided to train her as a future representative athlete.

① vulnerability
② reluctance
③ potential
④ suspicion

해석

그 코치는 어린 선수가 장래성을 보인다고 생각해서, 그녀를 미래의 대표 선수로 훈련시키기로 결심했다.

① 취약성
② 거리낌
③ 장래성
④ 의심

정답 ③

어휘

representative 대표적인; 대표   vulnerability 취약성, 상처받기 쉬움
reluctance 거리낌, 마지못해 함   potential 장래성, 가능성   suspicion 의심

이것도 알면 합격!

'장래성'의 의미를 갖는 유의어
= capability, promise, prospect

---

02 문법 동사 | 수동태 | 보어 | 어순 · · · · · · · · · 난이도 중 ●●○

밑줄 친 부분 중 어법상 옳지 않은 것은?

> Freezing temperatures ① are required for the formation of snow and ice, but the existence of frozen precipitation is ② possible at temperatures above freezing. Drier conditions ③ allowing snow to reach the ground in temperatures slightly higher than freezing, whereas snow is likely to evaporate if there is ④ enough humidity.

해석

눈과 얼음의 형성을 위해서는 빙점이 요구되지만, 얼어붙은 강수는 빙점 이상의 온도에서 존재하는 것이 가능하다. 건조한 날씨는 빙점보다 약간 더 높은 온도에서 눈이 지면에 도달하게 해 주는 반면, 충분한 습기가 있는 경우 눈은 증발하기 쉽다.

포인트 해설

③ 동사 자리   동사 자리에 '동사원형 + ing' 형태는 올 수 없고, 주어 자리에 복수 명사 Drier conditions가 왔으므로 allowing을 복수 동사 allow로 고쳐야 한다.

[오답 분석]

① 능동태·수동태 구별   주어 Freezing temperatures와 동사가 '빙점이 요구된다'라는 의미의 수동 관계이므로 수동태 are required가

올바르게 쓰였다.

② 보어 자리　be동사(is)는 주격 보어를 취하는데, 보어 자리에는 명사나 형용사 역할을 하는 것이 올 수 있으므로 동사 is 뒤에 형용사 possible이 올바르게 쓰였다.

④ 혼동하기 쉬운 어순　형용사 enough는 명사(humidity)를 앞에서 수식하므로 enough humidity가 올바르게 쓰였다.

정답 ③

freezing 빙점; 영하의, 꽁꽁 얼게 추운　temperature 온도
formation 형성　existence 존재, 현존　precipitation 강수, 강우
slightly 약간　evaporate 증발하다　humidity 습기, 습도

이것도 알면 합격!

enough는 형용사·부사 뒤에 온다는 것도 함께 알아 두자.

형용사 + enough	He isn't **tall enough** to reach the shelf. 그는 그 선반에 닿을 만큼 충분히 키가 크지 않다.
부사 + enough	You have waited **long enough**. 당신은 충분히 오래 기다렸습니다.

03　문법 시제　　난이도 하 ●○○

밑줄 친 부분에 들어갈 말로 가장 적절한 것은?

> As soon as the meeting _____, we will distribute the agenda to all attendees.

① will have begun
② will begin
③ has begun
④ begins

해석

회의가 시작하자마자, 우리는 모든 참석자들에게 안건 목록을 배포할 것이다.

포인트 해설

④ 현재 시제　빈칸은 부사절의 동사 자리이다. 시간을 나타내는 부사절(As soon as ~)에서는 미래를 나타내기 위해 현재 시제를 사용하므로, 현재 시제가 쓰인 ④ begins가 정답이다.

정답 ④

어휘

distribute 배포하다, 분배하다　agenda 안건 (목록)

이것도 알면 합격!

미래를 나타내기 위해 현재 시제를 쓰는 시간/조건의 부사절 접속사를 알아 두자.

시간	when until	before by the time	after
조건	if once	unless in case	as long as

04　생활영어　Log into the registration portal to change your session details.　난이도 중 ●●○

밑줄 친 부분에 들어갈 말로 가장 적절한 것은?

Rachel Carter
Hi, Thomas. Did you check the recent notice about the training session?
10:13

Thomas Gray
No, I haven't seen it yet. What's it about?
10:13

Rachel Carter
It's the final list of participants. I saw that you're on the list for the second day of training.
10:14

Thomas Gray
Really? I actually signed up for the first day.
10:14

Rachel Carter
You can change the date if you need to.
10:14

Thomas Gray
How can I do that?
10:15

Rachel Carter
_____
_____
10:15

① You can cancel your business trip during the training period.
② The training coordinator will change starting this month.
③ Log into the registration portal to change your session details.
④ This training is optional, so you can skip it.

해석

Rachel Carter:	안녕하세요, Thomas. 교육 과정에 대한 최근 공지를 확인했나요?
Thomas Gray:	아니요, 아직 안 봤어요. 무슨 내용인가요?
Rachel Carter:	최종 참가자 명단이에요. 저는 당신이 교육 이튿날의 명단에 오른 걸 봤어요.
Thomas Gray:	정말요? 사실 저는 첫날을 등록했는데요.
Rachel Carter:	필요하다면 당신은 날짜를 변경할 수 있어요.
Thomas Gray:	어떻게 변경할 수 있나요?
Rachel Carter:	<u>당신의 (교육) 과정 세부 사항을 바꾸기 위해 등록 포털 사이트에 로그인하세요.</u>

① 교육 기간에는 출장을 취소할 수 있어요.
② 교육 담당자가 이번 달부터 바뀔 거예요.
③ 당신의 (교육) 과정 세부 사항을 바꾸기 위해 등록 포털 사이트에 로그

인하세요.

④ 이번 교육은 선택적인 것이라, 당신은 건너뛸 수 있어요.

포인트 해설

최종 참가자 명단 속 자신의 교육 날짜가 등록했던 날짜와 다르다는 Thomas의 말에 대해 Rachel이 날짜 변경이 가능하다고 알려 주고, 빈칸 앞에서 다시 Thomas가 How can I do that?(어떻게 변경할 수 있나요?) 이라고 묻고 있으므로, '당신의 (교육) 과정 세부 사항을 바꾸기 위해 등록 포털 사이트에 로그인하세요'라는 의미의 ③ 'Log into the registration portal to change your session details'가 정답이다.

정답 ③

어휘

sign up for ~에 등록하다, 신청하다 coordinator 담당자, 편성자
optional 선택적인 skip 건너뛰다

이것도 알면 합격!

일정에 대해 말할 때 쓸 수 있는 다양한 표현들을 알아 두자.

• Can we do this at a later date? 이것을 나중에 해도 될까요?
• I've rescheduled it for a different day. 일정을 다른 날로 변경했어요.
• I'm tied up until Wednesday. 저는 수요일까지 바빠요.
• We should plan our vacation ahead of time.
  우리는 휴가를 미리 계획해야 해.

05~06 다음 글을 읽고 물음에 답하시오.

Natural Resources Conservation Service

Objective

We address conservation issues by continuously improving the quality of resources necessary for agriculture. We also provide financial support to rural communities so that they can preserve air, water, and soil health. This, in turn, sustains agricultural output, which is the foundation of economic stability in these areas.

Vision

We share extensive data and advanced technology from a national network of agricultural research institutions and serve as mentors for individual agricultural producers at no cost to help them select the right crops, determine optimal planting times, and manage volumes that support both business and environmental sustainability.

Key Values

• Professional Excellence: We strive to provide the highest quality information in our profession.
• Community-Focused: We are dedicated to enhancing the country's agricultural sector with a community-first approach.

해석

천연자원 보존 사업

목적

저희는 농업에 필요한 자원의 품질을 지속적으로 개선함으로써 (천연자원) 보존 문제를 해결합니다. 저희는 또한 농촌 지역 사회가 공기, 물, 그리고 토양의 건강을 보전할 수 있도록 재정적 지원을 제공합니다. 이는 결국 농업 생산량을 유지시킬 것인데, 이는 이 지역 내 경제적인 안정의 기초입니다.

미래상

농업 연구 기관의 전국적인 네트워크로부터 광범위한 데이터와 첨단 기술을 공유하고, 개인 농업 생산자가 적절한 작물을 선택하고, 최적의 재배 시기를 결정하며, 사업체와 환경 모두의 지속 가능성을 뒷받침하는 생산량을 관리하도록 돕기 위해 무료로 멘토로서의 역할을 합니다.

핵심 가치

• 전문적인 우수함: 저희의 분야에서 최고 품질의 정보를 제공하기 위해 노력합니다.
• 지역 사회 중심: 지역 사회를 우선하는 접근 방식으로 국가의 농업 부문을 강화하는 데 전념합니다.

어휘

conservation 보존, 보호 objective 목적; 객관적인
continuously 지속적으로 agriculture 농업 rural 농촌의, 시골의
preserve 보전하다, 지키다 soil 토양, 땅 sustain 유지시키다
output 생산량 foundation 기초, 토대, 재단 stability 안정(성)
extensive 광범위한 individual 개인의, 각각의 optimal 최적의
volume 생산량, 용량 sustainability 지속 가능성 strive 노력하다
dedicate 전념하다 enhance 강화하다

05 독해 내용 일치 파악 난이도 중 ●●○

윗글에서 Natural Resources Conservation Service에 관한 내용과 일치하는 것은?

① It redistributes funds collected from local communities.
② It offers free mentorships to particular farm operators.
③ It determines what crops agricultural producers can grow.
④ It is committed to a country-first agricultural approach.

해석

① 그것은 지역 사회로부터 모금된 자금을 재분배한다.
② 그것은 특정한 농장 운영자들에게 무료 멘토링을 제공한다.
③ 그것은 농업 생산자가 어떤 작물을 재배할 수 있는지를 결정한다.
④ 그것은 국가를 우선하는 농업 접근 방식을 약속한다.

포인트 해설

②번의 키워드인 mentorships(멘토링)을 바꾸어 표현한 지문의 serve as mentors(멘토로서의 역할을 하다) 주변의 내용에서 천연자원 보존 사업은 개인 농업 생산자를 돕기 위해 무료로 멘토로서의 역할을 한다고 했으므로, ② '그것은 특정한 농장 운영자들에게 무료 멘토링을 제공한다'가 지문의 내용과 일치한다.

[오답 분석]

① 천연자원 보존 사업에서는 농촌 지역 사회가 환경을 보전할 수 있도록 재정적 지원을 제공한다고는 했지만, 그것이 지역 사회로부터 모금된 자금을 재분배하는지는 알 수 없다.

③ 천연자원 보존 사업에서는 개인 농업 생산자가 적절한 작물을 선택하고 재배 시기를 결정하도록 돕는다고 했으므로, 그것이 농업 생산자가 어떤 작물을 재배할 수 있는지를 결정한다는 것은 지문의 내용과 다르다.

④ 천연자원 보존 사업은 지역 사회를 우선하는 접근 방식으로 국가의 농업 부문을 강화한다고 했으므로, 그것이 국가를 우선하는 농업 접근 방식을 약속한다는 것은 지문의 내용과 다르다.

정답 ②

어휘

redistribute 재분배하다 commit 약속하다, 저지르다

---

06 독해 유의어 파악 난이도 하 ●○○

밑줄 친 sustains의 의미와 가장 가까운 것은?

① monitors
② controls
③ maintains
④ affects

해석

① 감시한다
② 통제한다
③ 유지한다
④ 영향을 미친다

포인트 해설

밑줄 친 부분이 포함된 문장에서 sustains는 농업 생산량을 '유지시킬' 것이라는 의미로 쓰였으므로, '유지한다'라는 의미의 ③번이 정답이다.

정답 ③

---

07 독해 목적 파악 난이도 중 ●●○

다음 글의 목적으로 가장 적절한 것은?

To	subscribers@falumag.com
From	renewals@falumag.com
Date	December 15
Subject	Exciting news!

B I U ¶ A T ⊙ ⊡ ◆ ≣ ≣ ≣ ↺ ↻ ⟨⟩

Dear *Falu* Subscribers,

We hope you are enjoying your subscription to *Falu*, your source for the latest in fashion, culture, and lifestyle. We're pleased to announce a new way to manage your magazine subscription. In addition to our existing renewal options, you can now renew directly through our mobile app.

Follow these simple instructions to renew using the mobile app:

1. Download the *Falu* app.
2. Access your account using your subscription email and password.
3. Navigate to the **My Account** section and select "Renew Subscription."
4. Choose a renewal option, including the delivery type (print, digital, or both) and duration.
5. Input your payment details and submit. You'll receive an email confirming your renewal within a matter of minutes.

It's that easy! Thank you for supporting *Falu*. We look forward to continuing to deliver the very best of the content that matters to you.

Sincerely,
The *Falu* Team

① to provide instructions on renewing a subscription via an app
② to announce the release of a digital edition of a magazine
③ to explain how to purchase a subscription as a gift for someone else
④ to reveal new options for subscription payment plans

해석

수신: subscribers@falumag.com
발신: renewals@falumag.com
날짜: 12월 15일
제목: 흥미로운 뉴스!

〈Falu〉 구독자 여러분께,

최신 패션, 문화 및 생활 방식에 대한 여러분의 정보의 원천인 〈Falu〉의 구독을 즐기시기를 바랍니다. 저희는 여러분이 잡지 구독을 관리할 새로운 방법을 발표하게 되어 기쁩니다. 기존의 갱신 선택지 외에도, 여러분은 이제 모바일 앱을 통해 직접 갱신하실 수 있습니다.

모바일 앱을 사용하여 갱신하시려면 이 간단한 설명을 따라 주세요.

1. 〈Falu〉 앱을 다운로드하세요.
2. 구독 이메일과 비밀번호를 사용하여 계정에 접속하세요.
3. **나의 계정** 항목으로 이동하여 '구독 갱신'을 선택하세요.
4. 배송 유형(인쇄물, 디지털 또는 두 가지 모두)과 기간을 포함하여, 갱신 선택지를 고르세요.
5. 결제 세부 정보를 입력하고 제출하세요. 몇 분 이내로 여러분의 갱신을 확인하는 이메일을 받으시게 될 겁니다.

너무나 간단합니다! 〈Falu〉를 후원해 주신 데 감사드려요. 저희는 여러분께 중요한, 가장 최고의 콘텐츠를 계속해서 전해 드리기를 고대합니다.

진심을 담아,
〈Falu〉팀

① 앱을 통한 구독 갱신에 대한 설명을 제공하려고
② 잡지의 디지털판 출간을 발표하려고
③ 다른 사람을 위한 선물로 구독을 구매하는 방법을 설명하려고

④ 구독 요금제에 대한 새로운 선택지들을 밝히려고

포인트 해설

지문 앞부분에서 잡지 〈Falu〉의 새로운 구독 갱신 방법으로 모바일 앱을 통한 갱신을 발표하게 되어 기쁘다고 하고, 지문 중간에서 모바일 앱으로 구독을 갱신하는 5단계 절차에 대해 설명하고 있으므로, ① '앱을 통한 구독 갱신에 대한 설명을 제공하려고'가 이 글의 목적이다.

정답 ①

어휘

subscriber 구독자 announce 발표하다, 알리다 renewal 갱신, 재개
instruction 설명, 지시 navigate 이동하다, 길을 찾다 duration 기간
input 입력하다 release 출시; 출시하다, 개봉하다, 공개하다
reveal 밝히다, 폭로하다

---

08 독해 무관한 문장 삭제 난이도 중 ●●○

다음 글의 흐름상 어색한 문장은?

A host of smartphone producers have created the next wave of mobile devices: phones that can be used in any environment. ① This new generation of phones has a multitude of advanced features—they are waterproof, scratchproof, and extra sturdy. ② It is unknown whether the high costs of the new phones will discourage consumers from purchasing them. ③ These phones still work after being underwater for half an hour, which is invaluable for those such as commercial divers, who make their living in the ocean. ④ Rock climbers will also find these phones handy as they can be dropped from a great height without suffering any damage. In addition, the phones repel dust, which can be a lifesaver in the desert. The versatility of these features is sure to have many outdoor enthusiasts purchasing these phones in the next few years.

해석

다수의 스마트폰 제조사들은 차세대 모바일 기기를 만들어냈는데, 이것은 어떤 환경에서도 사용될 수 있는 휴대전화이다. ① 이 신형 휴대전화는 아주 많은 진보된 기능을 갖추고 있는데, 그것들은 방수가 되고, 흠집이 방지되며, 매우 견고하다. ② 신형 휴대전화의 높은 가격이 소비자들로 하여금 구매를 단념하게 할지 여부는 알 수 없다. ③ 이 휴대전화는 물속에 30분간 있고 난 후에도 여전히 작동하며, 이것은 바다에서 생계를 이어가는 상업 잠수부와 같은 사람들에게 매우 유용하다. ④ 그것은 어떠한 손상 없이 아주 높은 곳에서 떨어질 수 있기 때문에 암벽 등반가들 역시 이 휴대전화가 유용하다고 생각할 것이다. 게다가, 그 휴대전화는 먼지가 접근하지 못하게 하는데, 이는 사막에서 생명의 은인이 될 수 있다. 이러한 다용도의 기능들은 많은 야외 활동 애호가들이 앞으로 몇 년 이내에 이 휴대전화를 반드시 구입하게 할 것이다.

포인트 해설

첫 문장에서 '어떤 환경에서도 사용될 수 있는 휴대전화의 발명'을 언급한 뒤, ①번은 '신형 휴대전화의 개괄적인 특성', ③, ④번은 '신형 휴대전화의

장점이 활용되는 상황의 예시'에 대해 설명하고 있다. 그러나 ②번은 '신형 휴대전화의 높은 가격이 소비자들에게 미치는 영향'에 대한 내용으로, 첫 문장의 내용과 관련이 없다.

정답 ②

어휘

a host of 다수의 a multitude of 아주 많은, 다수의 waterproof 방수의
scratchproof 흠집 방지의 sturdy 견고한, 튼튼한
discourage 단념시키다, 좌절시키다 invaluable 매우 유용한
commercial 상업의 handy 유용한 repel 접근하지 못하게 하다, 쫓아 버리다
dust 먼지 desert 사막 versatility 다용도, 다재다능 enthusiast 애호가

---

09 독해 제목 파악 난이도 중 ●●○

다음 글의 제목으로 가장 적절한 것은?

Pristine Seas is a campaign directed by the National Geographic Society that aims to preserve the most species-rich areas of the ocean. Those involved in the project aspire to keep untouched regions of the ocean clean and protected by establishing underwater marine reserves. They also hope to restore the health of unique ecosystems that have been affected by human populations. They intend to do this through better management of fisheries and through the development of ecotourism plans that will have minimal impact on the ocean. Their current objective is to convince governments to officially endorse the project in areas where they wish to establish the proposed marine reserve. Doing so would ensure that further damage to various ocean locales would be mitigated and that *Pristine Seas* would receive the financial and technical support it ultimately needs to succeed. If all goes according to plan, it is anticipated that approximately 10 percent of the world's oceans will be protected.

① Strategies to Gain Government Support for *Pristine Seas*
② The Goals of the National Geographic Society's *Pristine Seas* Project
③ The National Geographic Society's Push to Promote Ecotourism
④ Obstacles Surrounding the Establishment of New Marine Reserves

해석

'Pristine Seas'는 생물종이 가장 풍부한 해역을 보호하는 것을 목표로 미국 지리학 협회에 의해 지휘되는 운동이다. 그 계획에 관련된 사람들은 수중 해양 보호 구역을 설정함으로써 바다의 훼손되지 않은 부분이 계속해서 깨끗하고 보호받기를 열망한다. 그들은 또한 인간에 의해 영향받아 온 고유 생태계의 건강을 회복시키기를 희망한다. 그들은 더 나은 어업 관리와 바다에 최소한의 영향을 미칠 생태 관광 계획의 개발을 통해 그것을 실현할 예정이다. 그들의 현재 목표는 제안된 해양 보호 구역을 설정하기를 자신들이 바라는 지역에 대해 정부가 공식적으로 그 계획을 지지하도록 설득하는 것

이다. 그렇게 하는 것은 여러 해양 현장에 대한 추가적인 피해가 완화되고, 'Pristine Seas'가 성공하기 위해 궁극적으로 필요한 재정적, 기술적 도움을 받게 할 것이다. 모든 일이 계획대로 된다면, 전 세계 바다의 약 10퍼센트가 보호될 것으로 예상된다.

① 'Pristine Seas'에 대한 정부의 지지를 얻으려는 전략
② 미국 지리학 협회의 'Pristine Seas' 운동의 목표
③ 생태 관광을 장려하기 위한 미국 지리학 협회의 분투
④ 새로운 해양 보호 구역 설정을 둘러싼 장애물

포인트 해설

지문 전반에 걸쳐 'Pristine Seas'는 미국 지리학 협회가 생물종이 가장 풍부한 해역을 보호하는 것을 목적으로 추진하는 운동인데, 그것은 어업 관리와 생태 관광 계획 개발을 통해 그것을 실현할 예정이며, 현재는 정부가 공식적으로 그들의 계획을 지지하도록 설득하는 것을 목표하고 있다고 설명하고 있다. 따라서 ② '미국 지리학 협회의 'Pristine Seas' 운동의 목표'가 이 글의 제목이다.

정답 ②

어휘

direct 지휘하다, 지도하다 preserve 보호하다 aspire 열망하다
untouched 훼손되지 않은 reserve 보호 구역; 남겨 두다 fishery 어업
objective 목표 endorse 지지하다 locale 현장 mitigate 완화하다
obstacle 장애물

구문 분석

Their current objective is to convince governments / to officially endorse the project in areas / where they wish to establish the proposed marine reserve.
: 이처럼 관계부사가 이끄는 절(where ~ reserve)이 명사(areas)를 꾸며주는 경우, '주어가 동사하는 명사'라고 해석한다.

---

10 독해 요지·파악 난이도 중 ●●○

다음 글의 요지로 가장 적절한 것은?

Biotechnology Regulatory Services
Strict regulation of biotechnologies is the main priority for the Animal and Plant Health Inspection Service (APHIS). Each organism that has been biologically modified must receive an APHIS permit that authorizes its importation, movement, and use in nature.

Compliance and Inspection
APHIS personnel conduct thorough evaluations of facilities, equipment, and records to identify incidents of noncompliance (INCs), which involve non-regulated biotechnologies that could pose a risk if released or spread in the environment.

To protect the health of plants and crops, the APHIS can implement a range of procedures depending on the severity of the INC and whether the INC was self-reported. These measures can include mandatory quarantines, improvements to facilities, or financial penalties exceeding one million dollars.

① APHIS seeks to eliminate INC risk through training.
② APHIS is primarily concerned with importation facilities and procedures.
③ APHIS concentrates on developing a self-report system.
④ APHIS's top objective is to tightly manage biotechnologies.

해석

생명 공학 규제 서비스
생명 공학에 대한 엄격한 규제는 동식물 건강 검사 서비스(APHIS)의 최우선 과제입니다. 생물학적으로 변형된 각 유기체는 수입, 이동 그리고 실제 사용을 승인하는 동식물 건강 검사 서비스의 허가를 받아야 합니다.

규정 준수 및 검사
동식물 건강 검사 서비스의 직원들은 시설, 장비 및 (규정) 불이행의 사건들을 식별하는 기록들에 대한 철저한 평가를 수행하는데, 이 사건들은 환경에 방출되거나 확산될 경우 위험을 초래할 수 있는, 규제되지 않은 생명 공학 기술을 수반합니다.

식물과 농작물의 건강을 보호하기 위해, 동식물 건강 검사 서비스는 (규정) 불이행 사건의 심각성과 (규정) 불이행이 자체 신고되었는지 여부에 따라 다양한 절차를 시행할 수 있습니다. 이러한 조치들은 의무적인 격리, 시설의 개선, 또는 100만 달러를 초과하는 벌금을 포함할 수 있습니다.

① 동식물 건강 검사 서비스는 교육을 통해 (규정) 불이행 사건의 위험을 제거하고자 한다.
② 동식물 건강 검사 서비스는 수입 시설 및 절차와 주로 관련 있다.
③ 동식물 건강 검사 서비스는 자체 신고 시스템 개발에 집중한다.
④ 동식물 건강 검사 서비스의 최고 목표는 생명 공학을 철저히 관리하는 것이다.

포인트 해설

지문 처음에서 생명 공학에 대한 엄격한 규제가 동식물 건강 검사 서비스의 최우선 과제라고 하고, 지문 뒷부분에서 동식물 건강 검사 서비스는 생명 공학 기술을 수반한 (규정) 불이행 사건에 대한 평가를 수행하고, 평가 결과에 따라 다양한 조치를 취할 수 있음을 알려 주고 있다. 따라서 ④ '동식물 건강 검사 서비스의 최고 목표는 생명 공학을 철저히 관리하는 것이다'가 이 글의 요지이다.

정답 ④

어휘

biotechnology 생명 공학 regulatory 규제의 priority 우선(권)
inspection 검사, 점검 organism 유기체 biologically 생물학적으로
modify 변형시키다, 수정하다 authorize 승인하다 importation 수입
compliance 규정 준수 thorough 철저한 noncompliance (규정) 불이행
pose a risk 위험을 초래하다 severity 심각성 mandatory 의무적인
quarantine 격리 penalty 벌금, 처벌 exceeding 초과하는

▶ 해커스 공무원시험연구소 총평

난이도 문법 영역에 까다로운 문제가 등장하기는 했지만, 지문을 꼼꼼히 확인해야 하는 독해 문제가 다소 무난하게 출제되면서 주어진 시간 안에 수월하게 풀어낼 수 있었을 것입니다.

어휘·생활영어 영역 빈칸에 적절한 어휘를 찾는 유형의 경우, 정답의 단서가 문맥 속에서 명확하게 주어지고, 보기는 활용도 높은 어휘 위주로 구성될 가능성이 높음을 알아 둡니다.

문법 영역 2번 문제의 자동사·부정대명사 포인트는 다소 지엽적일 수 있지만 두 가지 모두 최신 출제경향이므로, 관련 기출 문제까지 다시 한번 확인해 봅니다.

독해 영역 목적 파악 유형은 정답의 단서가 대개 지문 처음이나 마지막에 제시되어 있습니다. 그러므로 세부 내용은 빠르게 훑어보고 단서가 예상되는 부분을 집중하여 읽음으로써 풀이 시간을 단축할 수 있습니다.

▶ 정답

01	③	어휘	06	④	독해
02	②	문법	07	③	독해
03	③	문법	08	④	독해
04	④	생활영어	09	③	독해
05	③	독해	10	④	독해

▶ 취약영역 분석표

영역	맞힌 답의 개수
어휘	/ 1
생활영어	/ 1
문법	/ 2
독해	/ 6
TOTAL	**/ 10**

---

01 어휘 discouraged 난이도 하 ●○○

밑줄 친 부분에 들어갈 말로 가장 적절한 것은?

Unfortunately, my first customer turned out to be dissatisfied with my service. But instead of letting myself get _____, I met the challenge without trouble, applying what I had learned during my training session about handling such people.

① rude
② amused
③ discouraged
④ obedient

해석

유감스럽게도, 나의 첫 번째 손님이 내 서비스에 불만족스러워하는 것으로 드러났다. 그러나 스스로 낙담하는 대신에, 나는 그 문제를 어려움 없이 마주했고, 그러한 사람들을 다루는 법에 대해 교육 과정에서 배웠던 것을 적용했다.

① 무례한
② 즐거워하는
③ 낙담하는
④ 순종적인

정답 ③

어휘

dissatisfied 불만족스러운 rude 무례한 amused 즐거워하는
discouraged 낙담한 obedient 순종적인

🖋 **이것도 알면 합격!**

'낙담한'의 의미를 갖는 유의어
= disheartened, frustrated, dismayed

---

02 문법 동사의 종류 | 수 일치 | 수동태 | 대명사 난이도 상 ●●●

밑줄 친 부분 중 어법상 옳지 않은 것은?

Despite continual improvements to communications technology, most of the delays in news media ① are caused by signal transmission time remaining a problem that on-site reporters have to ② contend. When there is an especially long period of dead air between a reporter and a studio newscaster, both are instructed ③ to remain calm and patient until the signal from one finally reaches ④ the other.

해석

통신 기술의 끊임없는 발달에도 불구하고, 신호 전송 시간에 의해 야기되는 뉴스 매체의 지연은 여전히 현장의 기자들이 싸워야 하는 문제이다. 기자와 스튜디오의 뉴스 진행자 사이에 유달리 긴 침묵 시간이 있을 때에는, 양쪽 모두 한쪽의 신호가 다른쪽에 마침내 닿을 때까지 침착하고 느긋하게

있으라는 지시를 받는다.

포인트 해설

② **자동사** 선행사 a problem이 관계절(that ~ contend) 내에서 동사 have to contend의 목적어 역할을 하는데, 동사 contend는 전치사 (with) 없이 목적어(a problem)를 취할 수 없는 자동사이므로 contend를 contend with로 고쳐야 한다.

[오답 분석]

① **부분 표현의 수 일치** 부분을 나타내는 표현(most of)을 포함한 주어는 of 뒤 명사(the delays)에 동사를 수 일치시켜야 하므로 복수 동사 are가 올바르게 쓰였다.

③ **5형식 동사의 수동태** to 부정사를 목적격 보어로 취하는 5형식 동사(instruct)가 수동태가 되면, to 부정사는 수동태 동사(are instructed) 뒤에 그대로 남아야 하므로 are instructed 뒤에 to 부정사 to remain이 올바르게 쓰였다.

④ **부정대명사** 문맥상 '기자와 스튜디오의 뉴스 진행자 중 남은 한 명'이라는 의미가 되어야 자연스러우므로, '정해진 것 중 남은 사람[것] 전부'라는 의미의 부정대명사 the other가 올바르게 쓰였다.

정답 ②

어휘

continual 끊임없는, 거듭되는 improvement 발달 transmission 전송 on-site 현장의, 현지의 contend 싸우다 dead air (방송 중의) 침묵 시간 instruct 지시하다 patient 느긋한, 참을성 있는; 환자

이것도 알면 합격!

other는 '이미 언급한 것 이외의'란 뜻의 형용사로 복수 명사 앞에 쓰이는 반면, others는 '이미 언급한 것 이외의 것들 중 몇몇'이란 뜻의 대명사로 쓰인다는 것을 알아 두자.

형용사 other + 복수 명사	I enjoy talking to **other photographers**. 나는 다른 사진작가들과 이야기하는 것을 즐긴다.
대명사 others	He doesn't work well with **others**. 나는 다른 이들과 함께 잘 일하지 못한다.

---

03 문법 to 부정사 난이도 중 ●●○

밑줄 친 부분에 들어갈 말로 가장 적절한 것은?

> The company's recent product launch would not have achieved much success without sensational marketing. Along with competitive pricing, aggressive marketing is likely to _____ the success.

① lead to
② be led to
③ have led to
④ have been led to

해석

그 회사의 최근 제품 출시는 선풍적인 마케팅이 아니었다면 큰 성공을 달성하지 못했을 것이다. 경쟁력 있는 가격 책정과 함께, 적극적인 마케팅이 성공을 이끌었던 것으로 보인다.

포인트 해설

③ **to 부정사의 형태** to 부정사가 가리키는 명사(aggressive marketing) 와 to 부정사가 '적극적인 마케팅이 성공을 이끌다'라는 의미의 능동 관계이므로 to 부정사의 능동태를 완성하는 ① lead to, ③ have led to가 정답 후보이다. 이때 '성공을 이끈' 시점이 '(성공을 이끌었던) 것으로 보인'(is likely to) 시점보다 이전이므로, to 부정사의 능동태 완료형 ③ have led to가 정답이다.

정답 ③

어휘

launch 출시; 시작하다, 출시하다 sensational 선풍적인, 세상을 놀라게 하는 competitive 경쟁력 있는 aggressive 적극적인, 공격적인

이것도 알면 합격!

3번 지문의 'would not have achieved'처럼 과거 사실에 대한 추측을 나타내는 조동사 관련 표현들을 알아 두자.

> • cannot[couldn't] have p.p. ~했을 리가 없다
> • could have p.p. ~했을 수 있었다
> • must have p.p. ~했음에 틀림없다
> • may[might] have p.p. ~했을지 모른다

---

04 생활영어 It'll sound even better after a break. 난이도 하 ●○○

밑줄 친 부분에 들어갈 말로 가장 적절한 것은?

> A: This is a difficult song, but you're getting better at it.
> B: I don't know. I can't seem to get the middle part right.
> A: Why don't you start over and try playing it from the beginning?
> B: I'm exhausted. I've already practiced for two hours today. Can we continue tomorrow?
> A: Sure. _____. See you tomorrow.

① It depends on how long it takes
② There's only an hour left to go
③ I'm on my way to practice
④ It'll sound even better after a break

해석

> A: 이건 어려운 곡이지만 너는 점점 더 잘하고 있어.
> B: 난 잘 모르겠어. 내가 중간 부분을 제대로 연주한다고 볼 수 없는걸.
> A: 다시 시작해서 곡을 처음부터 연주해 보는 게 어때?
> B: 나는 진이 다 빠졌어. 오늘 이미 2시간 동안이나 연습했다고. 우리 내일 이어서 해도 될까?
> A: 물론이지. 쉬고 나면 음이 더 좋을 거야. 내일 봐.

① 그것이 얼마나 오래 걸리는지에 달려 있어
② 한 시간밖에 안 남았어
③ 나는 지금 연습하러 가는 중이야
④ 쉬고 나면 음이 더 좋을 거야

포인트 해설

오늘 이미 2시간을 연습했으니 내일 이어서 하자는 B의 제안에 대해 빈칸 앞에서 A가 Sure(물론이지)라고 대답하고 있으므로, '쉬고 나면 음이 더 좋을 거야'라는 의미의 ④ 'It'll sound even better after a break'가 정답이다.

정답 ④

어휘

start over 다시 시작하다 exhausted 진이 다 빠진

05~06 다음 글을 읽고 물음에 답하시오.

To	Department of Public Safety
From	Angela Simons
Date	May 8
Subject	Unauthorized Drone Use in Valleybrook

To Whom It May Concern:

I am writing to express my deep concern regarding the increasing presence of drones in Valleybrook, which is a residential neighborhood.

As a community member, I find the wide use of these devices highly unsettling, given their capacity to hover near windows and over private properties and children's play areas. These drones not only violate privacy but also the peace and quiet residents expect since they generate a distinctive buzzing sound.

I urge you to address this situation as soon as possible by implementing stricter regulations and penalties for unauthorized drone operation in residential areas. Your prompt response will be instrumental in ensuring the safety and privacy of our community.

Best regards,
Angela Simons

해석

수신: 공공안전관리부
발신: Angela Simons
날짜: 5월 8일
제목: Valleybrook에서의 무단 드론 사용

관계자분께,

저는 주거 지역인 Valleybrook에서 증가하고 있는 드론의 존재에 대해 깊은 우려를 표하려 이 글을 씁니다.

지역 사회 구성원으로서, 저는 창문 근처와 사유지 및 어린이들의 놀이 공간 위를 맴도는 이 장치들의 성능을 고려할 때, 그것들의 광범위한 사용이 매우 불안하다고 생각합니다. 이 드론들은 그것들이 독특한 윙윙거리는 소리를 내기 때문에 사생활뿐만 아니라 주민들이 기대하는 평화

로움과 조용함 역시 침해합니다.

저는 귀하가 주거 지역에서의 무단 드론 운영에 대해 더 엄격한 규제와 처벌을 시행함으로써 가능한 한 빨리 이 상황을 해결해 줄 것을 촉구합니다. 귀하의 신속한 대응은 우리 지역 사회의 안전과 사생활을 보장하는 데 중요할 것입니다.

안부를 전하며
Angela Simons

어휘

unauthorized 무단의, 승인되지 않은 presence 존재, 주둔
residential 주거의 unsettling 불안하게 만드는
capacity 성능, 능력, 용량, 역할 hover 맴돌다 property 부지, 부동산
violate 침해하다, 위반하다 distinctive 독특한, 특색 있는
buzzing 윙윙거리는 urge 촉구하다 address 해결하다, 연설하다
implement 시행하다 penalty 처벌, 벌금 prompt 신속한
instrumental 중요한, 도움이 되는

---

05 독해 목적 파악   난이도 중 ●●○

윗글의 목적으로 가장 적절한 것은?

① 드론 전용의 비행 지역의 신설을 제안하려고
② 자율 방범대에서의 드론 사용 가능성을 문의하려고
③ 무단으로 돌아다니는 드론에 대한 조치를 요청하려고
④ 마을에서 드론을 사용하는 것의 유용함을 주장하려고

포인트 해설

지문 앞부분에서 주거 지역에서 증가하고 있는 드론에 대해 우려를 표한다고 하고, 지문 뒷부분에서 주거 지역에서의 무단 드론 운영에 대해 더 엄격한 규제와 처벌을 시행하여 상황을 해결해 줄 것을 촉구하고 있으므로, ③ '무단으로 돌아다니는 드론에 대한 조치를 요청하려고'가 이 글의 목적이다.

정답 ③

---

06 독해 유의어 파악   난이도 중 ●●○

밑줄 친 "capacity"의 의미와 가장 가까운 것은?

① role   ② volume
③ qualification   ④ ability

해석

① 역할   ② 용량
③ 자격   ④ 능력

포인트 해설

밑줄 친 부분이 포함된 문장에서 capacity는 문맥상 창문 근처와 사유지 및 어린이 놀이 공간 위를 맴도는 이 장치들의 '성능'이라는 의미로 쓰였으므로, '능력'이라는 의미의 ④ ability가 정답이다.

정답 ④

volume 용량, 부피   qualification 자격, 조건

---

07 독해 내용 일치 파악   난이도 하 ●○○

Sloane Innovation and Technology Expo에 관한 다음 글의 내용과 일치하는 것은?

SLOANE INNOVATION AND TECHNOLOGY EXPO (SITE)

Early-bird admission ticket for the Sloane Innovation and Technology Expo

Friday Pass: $30
Saturday Pass: $40
Sunday Pass: $40
3-Day Pass: $65

Opening hours:
12:00 p.m. – 5:00 p.m. on Friday
9:00 a.m. – 5:00 p.m. on Saturday and Sunday

An extra $10 will be charged for all passes purchased at the door.

Tickets purchased in advance must be picked up by the person who purchased them. Please present a valid ID and your ticket receipt, which has a barcode on it. We are able to scan barcodes from mobile devices or paper if you choose to print your receipt out.

① Admission is the same each day.
② The event hours are longer on Friday.
③ On-site pass purchases require an added fee.
④ Priority entry is limited to advance tickets.

해석

SLOANE 혁신 기술 엑스포(SITE)

Sloane 혁신 기술 엑스포를 위한 얼리버드 입장권

금요일권: 30달러
토요일권: 40달러
일요일권: 40달러
3일권: 65달러

운영 시간:
금요일 오후 12시 – 5시
토요일 및 일요일 오전 9시 – 오후 5시

현장에서 구매되는 모든 입장권에는 10달러가 추가로 청구될 것입니다.

사전에 구매한 입장권은 그것을 구매한 사람에 의해 수령되어야 합니다. 유효한 신분증과 바코드가 찍힌 입장권 영수증을 제시해 주세요. 저희는 모바일 기기 또는 영수증 인쇄를 선택하신 경우 (영수증) 용지에서 바코드를 스캔할 수 있습니다.

① 입장료는 매일 동일하다.
② 행사 시간은 금요일에 더 길다.
③ 현장 입장권 구매는 추가 요금을 필요로 한다.
④ 우선 입장은 사전 구매 입장권으로 제한된다.

포인트 해설

③번의 키워드인 On-site(현장의)를 바꾸어 표현한 지문의 at the door(현장에서) 주변 내용에서 현장에서 구매되는 모든 입장권에는 10달러가 추가로 청구될 것이라고 했으므로, ③ '현장 입장권 구매는 추가 요금을 필요로 한다'가 지문의 내용과 일치한다.

[오답 분석]
① 금요일권은 30달러인 반면 토요일과 일요일권은 40달러라고 했으므로, 입장료가 매일 동일하다는 것은 지문의 내용과 다르다.
② 운영 시간은 금요일은 오후 12시부터 오후 5시까지, 주말은 오전 9시부터 오후 5시까지라고 했으므로, 행사 시간이 금요일에 더 길다는 것은 지문의 내용과 다르다.
④ 사전 구매된 입장권이 그것을 구매한 사람에 의해 수령되어야 한다고 하기는 했지만, 우선 입장이 사전 구매 입장권으로 제한되는지는 알 수 없다.

정답 ③

어휘

charge 청구하다; 요금   at the door 현장에서, 입구에서
in advance 사전에, 미리   valid 유효한   on-site 현장의

---

08 독해 빈칸 완성 – 절   난이도 중 ●●○

밑줄 친 부분에 들어갈 말로 가장 적절한 것은?

Children who are gifted generally have exceptional talents or abilities in certain artistic or academic fields, and many countries offer special education programs to help them develop to their fullest potential. However, these children often face a variety of social challenges that can be easily overlooked. For instance, they usually realize that they are different from their peers starting at a very early age, which may upset them. Their advanced reasoning abilities could also be misunderstood by their classmates, who may reject or even bully them. Additionally, teachers of special education programs are increasingly being required to undergo additional training to handle these types of students, as _____.
This likely stems from the fact that these children tend to be perfectionists and set high, nearly impossible expectations for themselves.

① they usually need much less supervision than other students
② they may have problems keeping up with their classmates
③ their parents continue to demand better quality instruction
④ they are likely to have lower self-esteem than average children

[해석]

타고난 재능이 있는 아이들은 일반적으로 특정 예술이나 학문 분야에 특출한 재능이나 능력이 있으며, 많은 나라들은 그들이 최대한의 잠재력을 계발하도록 도와주는 특수 교육 프로그램을 제공한다. 하지만, 이 아이들은 쉽게 간과될 수 있는 여러 가지 사회적 어려움에 종종 직면한다. 예를 들어, 그들은 대개 매우 이른 나이에 그들이 또래들과 다르다는 것을 깨닫게 되는데, 이것은 그들을 당황하게 할지도 모른다. 그들의 발달한 추론 능력 또한 그들의 반 친구들에게 제대로 이해받지 못할 수 있는데, 이들(반 친구들)은 그들을 거부하거나 심지어 괴롭힐지도 모른다. 게다가, 특수 교육 프로그램의 교사들은 이러한 유형의 아이들을 다루기 위한 추가적인 교육을 받을 것이 갈수록 더 요구되는데, 이는 그들이 평범한 아이들보다 자존감이 더 낮을 가능성이 있기 때문이다. 이것은 이 아이들이 완벽주의자인 경향이 있어서 자신들에 대해 높고, 거의 불가능한 기대치를 설정한다는 사실에서 기인할 가능성이 있다.

① 그들이 대개 다른 학생들보다 관리가 훨씬 덜 필요하다
② 그들이 반 친구들을 따라잡는 데 문제가 있을 수도 있다
③ 그들의 부모가 계속해서 더 나은 수준의 교육을 요구한다
④ 그들이 평범한 아이들보다 자존감이 더 낮을 가능성이 있다

[포인트 해설]

빈칸 앞 문장에 타고난 재능이 있는 아이들은 특수한 능력 때문에 반 친구들에게 거부당하거나 괴롭힘을 당할 수 있다는 내용이 있고, 빈칸 뒤 문장에 재능이 있는 아이들은 완벽주의자인 경향이 있어서 자신에 대해 높고 거의 불가능한 기대치를 설정한다는 내용이 있으므로, '그들이 평범한 아이들보다 자존감이 더 낮을 가능성이 있다'고 한 ④번이 정답이다.

정답 ④

[어휘]

gifted 타고난 재능이 있는   exceptional 특출한, 예외적인   academic 학문의
potential 잠재력, 가능성   challenge 어려움   overlook 간과하다
peer 또래, 동료   upset 당황하게 하다, 속상하게 하다   reasoning 추론
bully 괴롭히다   undergo 받다, 겪다   stem from ~에서 기인하다
perfectionist 완벽주의자   supervision 관리, 감독
keep up with ~을 따라잡다   instruction 교육   self-esteem 자존감

09 독해 주제 파악   난이도 중 ●●○

다음 글의 주제로 가장 적절한 것은?

While globalization has improved the overall quality of life in many developing nations, critics have a negative view of its impact on cultural identity. The pessimistic view comes not from the fact that cooking styles, languages, and fashions are being shared, but from the notion that old cultural values are being replaced with new, foreign ones. Some have even compared globalization to a form of imperialism, or cultural conquest, given that much of the popular culture that is imported is from the wealthy, Western world. There is a perception that as the acceptance of Western culture grows, whether it is through learning English or the adoption of Christianity, for example, people will begin to view the old cultural values of their nations as flawed and in need of replacement. Ultimately, globalization could be a threat to cultural diversity.

① The relevance of Western values to developing nations
② The problem with cultural diversity in the developing world
③ An adverse consequence of globalization
④ The loss of traditional culture due to imperialism

[해석]

세계화가 많은 개발 도상국에서 전반적인 삶의 질을 개선하기는 했지만, 비판하는 사람들은 이것이 문화적 정체성에 미치는 영향에 대해 부정적인 견해를 가지고 있다. 그 비관적인 견해는 요리 방식, 언어, 그리고 패션이 공유되고 있다는 사실에서가 아니라, 오래된 문화적 가치들이 새로운 외국의 것들로 대체되고 있다는 생각에서 비롯된다. 일부 사람들은 수입되는 대부분의 대중문화가 부유한 서양 국가에서 온다는 것을 고려하여, 세계화를 제국주의의 한 형태, 또는 문화적 정복에 비교하기까지 했다. 서양 문화의 수용이, 예를 들어 영어를 학습하는 것을 통해서든 기독교의 채택을 통해서든 늘어남에 따라, 사람들은 자국의 옛 문화적 가치가 결함이 있고 대체할 필요성이 있다고 보기 시작할 것이라는 인식이 있다. 결국, 세계화는 문화적 다양성에 대한 위협이 될 수 있다.

① 개발 도상국과 서양적 가치의 관련성
② 개발 도상국 내 문화적 다양성의 문제
③ 세계화의 부정적인 결과
④ 제국주의로 인한 전통문화의 상실

[포인트 해설]

지문 앞부분에서 오래된 문화적 가치들이 서양 국가의 대중문화들로 대체되고 있다는, 세계화를 비판하는 사람들의 견해를 언급하고, 지문 마지막에서 세계화가 문화적 다양성에 대한 위협이 될 수 있다고 주장하고 있다. 따라서 ③ '세계화의 부정적인 결과'가 이 글의 주제이다. 참고로, ②번은 새로운 외국의 것들이 개발 도상국에 영향을 미치는 세계화를 설명하지 않으므로 정답이 될 수 없고, ④번은 세계화를 제국주의로 보는 일부 사람들에 대한 견해이므로 정답이 될 수 없다.

정답 ③

[어휘]

globalization 세계화   overall 전반적인   developing nation 개발 도상국
critic 비평가, 평론가   pessimistic 비관적인   notion 생각
replace 대체하다   imperialism 제국주의   conquest 정복
import 수입하다, 들여오다   perception 인식   acceptance 수용, 받아들임
adoption 채택, 입양   Christianity 기독교   flawed 결함이 있는
diversity 다양성   relevance 관련성, 타당성   adverse 부정적인, 불리한
consequence 결과

구문 분석

The pessimistic view comes not from the fact / that cooking styles, languages, and fashions are being shared, / but from the notion / that old cultural values are being replaced with new, foreign ones.

: 이처럼 that이 이끄는 절이 fact, notion, opinion, idea, news, belief, statement 등의 명사 뒤에 와서 명사와 동격을 이루는 경우, '~한다는 명사' 또는 '~라는 명사'라고 해석한다.

---

10 독해 문단 순서 배열　　난이도 중 ●●○

주어진 글 다음에 이어질 글의 순서로 가장 적절한 것은?

> According to recent reports, climate change has negatively affected global food supplies. Though the severity of effects varies from region to region, there are two "hunger hotspots" that have been hit the hardest.

> (A) While the unpredictable rainfall has made the biggest impact in these two areas, developed nations are not exempt from the effects of climate change either. Food supplies are threatened even there, as extreme weather continues to damage crops.

> (B) In Africa, on the other hand, lack of rain has been a serious problem. Intense droughts and rising temperatures have been responsible for as much as a 50 percent reduction in the output of corn, which is a staple crop.

> (C) One of these encompasses South and Southeast Asia, where half of the world's malnourished live. Many important crops including rice and wheat have already been devastated by frequent flooding events.

① (A) – (B) – (C)　　② (A) – (C) – (B)
③ (C) – (A) – (B)　　④ (C) – (B) – (A)

해석

> 최근의 보고에 따르면, 기후 변화는 세계의 식량 공급에 부정적인 영향을 미쳐 왔다. 그 영향의 심각성은 지역마다 다르지만, 가장 큰 타격을 입은 두 곳의 '기아 위험 지대'가 있다.

(A) 예측할 수 없는 강우량이 이 두 지역에 가장 큰 타격을 준 한편, 선진 국도 기후 변화의 영향에서 면제되지 않는다. 식량 공급은 심지어 이곳에서도 위협받고 있는데, 이는 극단적인 기후가 계속해서 작물을 손상시키기 때문이다.

(B) 반면, 아프리카에서는 강우 부족이 심각한 문제가 되어 왔다. 극심한 가뭄과 상승하는 기온은 주식 작물인 옥수수의 생산량이 50퍼센트만큼이나 많이 감소한 원인이 되어 왔다.

(C) 이곳들 중 한 곳은 남아시아와 동남아시아를 포함하는데, 세계 영양실조 인구의 절반이 여기에서 살고 있다. 쌀과 밀을 포함한 많은 중요한 농작물들은 이미 잦은 홍수 사건으로 완전히 파괴되었다.

포인트 해설

주어진 문장에서 기후 변화로 인해 식량 공급에 큰 타격을 입은 두 곳의 '기아 위험 지대'가 있다고 언급한 뒤, (C)에서 이곳들(these) 중 한 곳이 남아시아와 동남아시아를 포함하는데, 이 지역에서는 홍수로 인해 중요 농작물이 파괴되었다는 것을 알려 주고 있다. 이어서 (B)에서 반면(on the other hand) 다른 한 곳인 아프리카에서는 극심한 가뭄으로 주식 작물인 옥수수의 생산량이 거의 50퍼센트까지 감소되었다고 하고, (A)에서 예측할 수 없는 강우량이 이 두 지역(these two areas)에 큰 타격을 주었지만 선진국 역시 기후 변화로 인한 작물 손상의 영향에서 면제되지 않는다고 설명하고 있다. 따라서 ④ (C) - (B) - (A)가 정답이다.

정답 ④

어휘

climate 기후　severity 심각성　vary 다르다　unpredictable 예측할 수 없는
rainfall 강우량, 강수량　exempt 면제되는; 면제되다　intense 극심한
drought 가뭄　temperature 기온　output 생산량　staple crop 주식 작물
encompass 포함하다, 아우르다　malnourished 영양실조의
devastate 완전히 파괴하다　frequent 잦은, 빈번한　flooding 홍수, 침수

해커스 공무원시험연구소 총평

난이도	각각의 문제들에 정답의 단서가 명확하여, 고득점을 노려 볼 수 있는 회차입니다.
어휘·생활영어 영역	1번 문제와 같이 빈칸에 적절한 어휘를 찾는 문제에서 보기가 동사로 구성되어 있다면, 문맥에서 앞서 나온 주어의 행동 또는 상황을 부연 설명하는 단서를 찾아 봅니다.
문법 영역	감정을 나타내는 분사의 경우 3형식 동사의 수동태 형태로도 출제될 수 있으므로, 3번 문제를 통해 기본 개념을 확실하게 정리하고 넘어 갑니다.
독해 영역	내용 일치/불일치 파악 유형은 모든 보기를 하나하나 지문과 대조해야 하므로, 자칫 시간을 지체하기 쉽습니다. 각각의 보기에서 키워드를 찾아 지문 속 정보와 빠르게 비교하며 읽는 훈련이 꾸준히 필요합니다.

정답

01	②	어휘	06	③	독해
02	②	문법	07	②	독해
03	②	문법	08	④	독해
04	②	생활영어	09	②	독해
05	①	독해	10	③	독해

취약영역 분석표

영역	맞힌 답의 개수
어휘	/ 1
생활영어	/ 1
문법	/ 2
독해	/ 6
TOTAL	/ 10

---

01 어휘 ascertain 난이도 중 ●●○

밑줄 친 부분에 들어갈 말로 가장 적절한 것은?

The vet did his best to _____ the condition of the ailing puppy but failed to figure out the nature of its illness.

① stretch
② ascertain
③ sponsor
④ renounce

해석

수의사는 병든 강아지의 상태를 <u>알아내기</u> 위해 최선을 다했지만 그것의 병의 특징을 파악하지 못했다.

① 잡아 늘이다
② 알아내다
③ 후원하다
④ 포기하다

정답 ②

어휘

vet 수의사　ailing 병든, 괴로워하는　figure out ~을 파악하다, 알아내다
stretch 잡아 늘이다, 왜곡하다　ascertain 알아내다, 확인하다
sponsor 후원하다; 후원자　renounce 포기하다

🏛️ 이것도 알면 **합격!**

'알아내다'의 의미를 갖는 표현
= determine, discover, find out

---

02 문법 병치 구문 | 동명사 난이도 중 ●●○

밑줄 친 부분에 들어갈 말로 가장 적절한 것은?

Success is achieving personal goals and aspirations or _____ fulfillment through meaningful relationships and experiences.

① find
② finding
③ to finding
④ being found

해석

성공은 개인의 목표와 포부를 달성하거나 의미 있는 관계와 경험을 통해 성취감을 찾는 것이다.

포인트 해설

② 병치 구문 | 동명사의 형태　빈칸은 등위접속사(or) 뒤에 오는 것의 자리이다. 등위접속사(or)로 연결된 병치 구문에서는 같은 구조끼리 연결되어야 하는데, or 앞에 동명사(achieving)가 왔으므로 동명사로 쓰인 ②, ④번이 정답 후보이다. 이때 빈칸 뒤에 목적어(fulfillment)가 있고 문맥상 '성취감을 찾다'라는 의미의 능동 관계가 되어야 자연스러우므로 동명사의 능동형으로 쓰인 ② finding이 정답이다.

정답 ②

어휘

aspiration 포부, 열망　fulfillment 성취(감)

한편, to 부정사구 병치 구문에서 두 번째 나온 to는 생략될 수 있다는 것을 함께 알아 두자.

· The speaker continued to talk and **(to) show** slides from the presentation.
그 강연자는 강연하면서 프레젠테이션으로 슬라이드를 보여 주기를 계속했다.

---

03 문법 분사 | 전치사 | 관계절 | to 부정사 　 난이도 중 ●●○

밑줄 친 부분 중 어법상 옳지 않은 것은?

> Life is ① <u>full of</u> unexpected surprises, not all of them good. But when you're thrown off balance, it is a warm and ② <u>comforted</u> thought to know that the people ③ <u>who</u> love you will be there to help you ④ <u>find</u> your way back to solid ground.

해석

인생은 예기치 않은 놀라운 사건들로 가득하고, 그것들이 전부 좋은 것은 아니다. 하지만 당신이 균형을 잃게 되었을 때, 당신을 사랑하는 사람들이 당신이 단단한 땅으로 돌아갈 길을 찾도록 돕기 위해 있어 줄 것임을 아는 것은 따뜻하고 기운을 북돋우는 생각이다.

포인트 해설

② **현재분사 vs. 과거분사** 감정을 나타내는 분사가 보충 설명하는 대상이 감정을 일으키는 주체인 경우 현재분사를, 감정을 느끼는 대상인 경우 과거분사를 쓰는데, thought가 '기운을 북돋우는 생각'이라는 의미로 감정을 일으키는 주체이므로 과거분사 comforted를 현재분사 comforting으로 고쳐야 한다.

[오답 분석]

① **기타 전치사** 형용사 full은 전치사 of와 함께 쓰여 '~로 가득한'이라는 의미를 나타낼 수 있으므로 full of가 올바르게 쓰였다.

③ **관계대명사** 선행사 people이 사람이고, 관계절 내에서 동사 love의 주어 역할을 하므로 사람을 나타내는 주격 관계대명사 who가 올바르게 쓰였다.

④ **원형 부정사를 목적격 보어로 취하는 동사** 준 사역동사 help는 원형 부정사와 to 부정사를 목적격 보어로 취할 수 있으므로 원형 부정사 find가 올바르게 쓰였다.

정답 ②

어휘

throw off balance 균형을 잃게 만들다　comfort 기운을 북돋우다, 격려하다
solid 단단한, 견고한

②번 보기가 있는 문장의 thought와 같이 to 부정사를 취하는 명사를 알아 두자.

· time to ~할 시간	· way to ~할 방법
· right to ~할 권리	· chance/opportunity to ~할 기회

---

04 생활영어 How many people can each space accommodate? 　 난이도 중 ●●○

밑줄 친 부분에 들어갈 말로 가장 적절한 것은?

Lisa Thompson

Hi, I'd like to reserve the venue for a civic event next month.
2:05 pm

Mark Johnson

We appreciate your interest. We have availability on December 10 and 11. We have a large hall and two small rooms.
2:05 pm

Lisa Thompson

_____
_____
2:08 pm

Mark Johnson

The large hall can hold up to 100 people, while each small room can hold up to 50 people.
2:08 pm

Lisa Thompson

That sounds perfect! Can I book the hall and the two small rooms for both days?
2:09 pm

Mark Johnson

Absolutely. If you provide your contact information, I will send you the reservation details.
2:09 pm

① Are the microphone and speakers provided for free?
② How many people can each space accommodate?
③ What is the typical size of an event?
④ Are there other events taking place at the same time on that day?

해석

> Lisa Thompson: 안녕하세요, 저는 다음 달의 시 행사를 위해 장소를 예약하고 싶습니다.
> Mark Johnson: 관심을 가져 주셔서 감사합니다. 12월에는 10일과 11일이 이용 가능한데요. 큰 홀 하나와 작은 방 두 개가 있습니다.
> Lisa Thompson: <u>각각의 공간은 얼마나 많은 사람들을 수용할 수 있나요?</u>
> Mark Johnson: 큰 홀은 100명까지 수용할 수 있고, 반면 각각의 작은 방은 50명까지 수용할 수 있습니다.
> Lisa Thompson: 좋네요! 두 날짜 모두 그 홀과 작은 방 두 개를 예약할 수 있을까요?
> Mark Johnson: 물론입니다. 연락처를 알려 주시면, 예약 세부 정보를 보내 드릴게요.

① 마이크와 스피커가 무료로 제공되나요?

② 각각의 공간은 얼마나 많은 사람들을 수용할 수 있나요?

③ 행사의 일반적인 규모는 어느 정도인가요?

④ 그날 동시에 진행되는 다른 행사들도 있나요?

포인트 해설

이용 가능한 장소로 큰 홀 하나와 작은 방 두 개가 있다는 Mark의 안내에 대해 Lisa가 말하고, 빈칸 뒤에서 다시 Mark가 The large hall can hold up to 100 people, while each small room can hold up to 50 people(큰 홀은 100명까지 수용할 수 있고, 반면 각각의 작은 방은 50명까지 수용할 수 있습니다)이라고 대답하고 있으므로, '각각의 공간은 얼마나 많은 사람들을 수용할 수 있나요?'라는 의미의 ② 'How many people can each space accommodate?'가 정답이다.

정답 ②

어휘

reserve 예약하다 venue 장소 availability 이용 가능성
hold 수용하다, 유지하다, 갖고 있다 accommodate 수용하다, 숙박시키다

이것도 알면 합격!

행사를 준비할 때 사용할 수 있는 다양한 표현들을 알아 두자.
• Tell me what time suits you best. 언제가 가장 좋은지 저에게 말해 주세요.
• The meeting was called off. 그 회의는 취소되었어요.
• Please put my name in the appointment book.
  예약 명단에 제 이름을 넣어 주세요.

05~06 다음 글을 읽고 물음에 답하시오.

_____(A)_____

There has been a rise in illegal activity in Chesterfield. It's time to do something to protect our neighborhood.

Local law enforcement is aware of the situation, but our help is needed. By forming a neighborhood watch group, we can report incidents that may avoid the police's detection.

Several members of the community have already expressed interest in bringing this plan into action. They will be meeting to discuss how the group will operate. If you would like to join or are interested in learning more, you'll be there.

Don't you want to keep Chesterfield safe?

Sponsored by the Chesterfield Community Action Group

• Location: Sandford Elementary School, Room 108 (if attendance exceeds capacity, we'll relocate to the auditorium)
• Date: Monday, October 15
• Time: 7:00 p.m. – 9:00 p.m.

If you have any questions, please visit our website at www.communityaction.org/neighborhoodwatch or contact us at (313) 880-3243.

해석

(A) **Chesterfield 마을 보호 계획**

Chesterfield에서 불법적인 활동이 증가해 왔습니다. 이제 우리 마을을 보호하기 위해 무언가를 해야 할 때입니다.

현지 사법 당국은 그 상황을 알고 있지만, 우리의 도움이 필요합니다. 마을 방범대를 결성함으로써, 우리는 경찰의 적발을 피할 수도 있는 사건들을 신고할 수 있습니다.

지역 사회의 몇몇 구성원들은 이 계획을 실행에 옮기는 데 이미 관심을 표현했습니다. 그들은 그 단체가 어떻게 운영될지에 대해 논의하기 위해 모일 것입니다. 참여하고 싶으시거나 더 많은 것을 알고 싶으시다면, 그곳으로 와 주세요.

Chesterfield를 안전하게 지키고 싶지 않으신가요?

Chesterfield 지역 사회 행동 단체 주관

• 장소: Sandford 초등학교, 108호(참석자 수가 수용 인원을 초과하는 경우, 강당으로 이동할 것입니다)
• 날짜: 10월 15일 월요일
• 시간: 오후 7시 – 9시

궁금한 점이 있다면 저희 웹사이트 www.communityaction.org/neighborhoodwatch를 방문하시거나 (313) 880-3243으로 문의 바랍니다.

어휘

illegal 불법적인 law enforcement 사법 당국
neighborhood watch group 마을 방범대 incident 사건
detection 적발, 발견, 탐지 operate 운영되다, 작동하다, 수술하다
sponsor 주관하다, 후원하다 exceed 초과하다 capacity 수용 인원, 용량
auditorium 강당

05 독해 제목 파악 난이도 중 ●●○

(A)에 들어갈 윗글의 제목으로 가장 적절한 것은?

① Chesterfield Neighborhood Protection Plan
② Neighborhood Watch Group Guidelines
③ Security Measures at Sandford Elementary
④ Appreciation for Civilian Patrols

해석

① Chesterfield 마을 보호 계획
② 마을 방범대 안내 지침
③ Sandford 초등학교의 보안 조치
④ 민간인 순찰대에 대한 감사

포인트 해설

지문 앞부분에서 Chesterfield에서 증가해 온 불법적인 활동으로부터 마을을 보호하기 위해 마을 방범대를 결성하여 신고 활동을 할 수 있는데, 이 단체의 운영 방법에 대한 논의가 예정되어 있다고 알리고 있다. 따라서 ① 'Chesterfield 마을 보호 계획'이 이 글의 제목이다.

정답 ①

어휘

appreciation 감사, 공감   civilian 민간인; 일반인의   patrol 순찰(대)

---

06   독해 내용 불일치 파악   난이도 하 ●○○

위 안내문의 내용과 일치하지 않는 것은?

① 경찰은 마을 내 불법 활동 증가에 대해 알고 있다.
② 방범대를 결성하려는 마을 사람들이 있다.
③ 참석 인원이 많으면 회의는 시청각실에서 열릴 수 있다.
④ 회의는 2시간 동안 진행될 것이다.

포인트 해설

③번의 키워드인 '참석 인원'을 바꾸어 표현한 지문의 attendance(참석자 수) 주변의 내용에서 참석자 수가 예정된 회의 장소의 수용 인원을 초과하는 경우 강당으로 이동할 것이라고 했으므로, ③ '참석 인원이 많으면 회의는 시청각실에서 열릴 수 있다'는 지문의 내용과 다르다.

정답 ③

---

07   독해 내용 일치 파악   난이도 중 ●●○

다음 글의 내용과 일치하는 것은?

To	sfcustomers@sherfinancial.com
From	sherfinancial@sfmail.com
Date	March 18
Subject	Welcome Notice

Dear New Customers,

Thank you for opening a checking account with Sherwood Financial. We understand you have many options when it comes to financial service providers, and we appreciate your choice. In order to take full advantage of your checking account, we recommend following these tips:

1. Download the Sherwood Financial mobile banking app for around-the-clock access to your account.
2. Turn on notifications to receive pertinent alerts regarding account activity and security.
3. Set up automatic deposits for bills and other payments to avoid late fees.
4. Use the free transfer service to send money between personal accounts and to other Sherwood Financial account holders.
5. Keep a lookout for opportunities to earn points by using your check card.

If you have any questions or would like to receive financial advice from qualified and trustworthy professionals, please visit a Sherwood Financial branch. Our advisors will be on hand to assist you.

Sincerely,
Sherwood Financial

① Each branch has different operating hours for the mobile banking app.
② Money transfers between personal accounts are free of charge.
③ Users can earn points by using the Sherwood Financial credit card.
④ Customers can receive expert financial advice on the banking app.

해석

수신: sfcustomers@sherfinancial.com
발신: sherfinancial@sfmail.com
날짜: 3월 18일
제목: 환영 공지

신규 고객 여러분께,

Sherwood Financial에 당좌 예금 계좌를 개설해 주셔서 고맙습니다. 금융 서비스 제공 업체에 관한 한, 귀하께서 많은 선택지들을 가진다는 것을 알고 있기에, 저희는 여러분의 선택에 감사드립니다. 당좌 예금 계좌를 최대한 활용하기 위해서는, 다음 조언들을 따르시는 것을 권장합니다.

1. 24시간 내내 계좌에 접근하기 위해 Sherwood Financial 모바일 뱅킹 앱을 다운로드 하세요.
2. 계정 활동 및 보안에 대해 적절한 소식을 받기 위해 알림을 켜 두세요.
3. 연체료를 피하기 위해 청구서 및 기타 결제에 대한 자동 입금을 설정하세요.
4. 무료 이체 서비스를 사용하여 개인 계좌 간에 그리고 다른 Sherwood Financial 계좌 보유자에게 송금을 하세요.
5. 체크카드를 사용하여 포인트를 얻을 수 있는 기회를 계속 주목하세요.

질문이 있으시거나 자격을 갖추고 신뢰할 수 있는 전문가로부터 재정적 조언을 받고 싶으시다면, Sherwood Financial 지점을 방문하세요. 저희의 자문 위원들이 여러분을 돕기 위해 준비되어 있을 것입니다.

진심을 담아,
Sherwood Financial

① 각각의 지점은 모바일 뱅킹 앱에 대해 서로 다른 운영 시간을 가지고 있다.
② 개인 계좌 간의 이체는 무료이다.
③ 사용자는 Sherwood Financial 신용카드를 이용함으로써 포인트를 얻을 수 있다.
④ 고객은 뱅킹 앱에서 전문가의 재정적인 조언을 받을 수 있다.

포인트 해설

②번의 키워드인 Money transfers between personal accounts(개인 계좌 간의 이체)를 바꾸어 표현한 지문의 send money between personal accounts(개인 계좌 간에 송금을 하다) 주변의 내용에서 무료 이체 서비스를 사용하여 개인 계좌 간에 송금을 할 수 있다고 했으므로, ② '개인 계좌 간의 이체는 무료이다'가 지문의 내용과 일치한다.

[오답 분석]

① 모바일 뱅킹 앱을 다운로드함으로써 24시간 내내 계좌에 접근 가능하다고 했으므로, 각각의 지점이 모바일 뱅킹 앱에 대해 서로 다른 운영 시간을 가지고 있다는 것은 지문의 내용과 다르다.

③ 체크카드를 사용하여 포인트를 얻을 기회를 주목하라고 했으므로, 사용자가 Sherwood Financial 신용카드를 이용함으로써 포인트를 얻을 수 있다는 것은 지문의 내용과 다르다.

④ 전문가로부터 재정적 조언을 받고 싶다면 지점을 방문하라고 했으므로, 고객이 뱅킹 앱에서 전문자의 재정적인 조언을 받을 수 있다는 것은 지문의 내용과 다르다.

정답 ②

어휘

checking account 당좌 예금 계좌 take advantage of ~을 활용하다
around-the-clock 24시간 내내 notification 알림 pertinent 적절한
deposit 입금, 보증금; 예금하다 transfer 이체, 이동; 이체하다, 이동시키다
qualified 자격을 갖춘 trustworthy 신뢰할 수 있는 branch 지점, 나뭇가지
free of charge 무료로

해석

아프리카에서 작업하는 고고학자들이 이집트의 Tel Habuwa 근처에서 고대 이집트 사람들에 의해 지어진 행정 건물의 유적을 발견했다. 그것은 기원전 1550년경에 지어졌다. 그 건물은 여러 개의 방과 벽돌로 된 벽으로 분리된 안뜰이 있는 2층 건물이다. 내부에서는, 깊은 흉터와 전투의 상처가 보이는 해골 더미가 발견되었다. 그 유적의 발견은 이집트 도시 Thebes의 지배권을 두고 이집트 왕 Ahmose가 이끈 병사들과 서아시아의 힉소스 침략군 사이에 있었던 전투의 본질에 대한 역사가들의 이해를 확실히 증진시킬 것이다. 건물에서 발견된 문헌 기록은 힉소스 족으로부터 이집트인들을 해방시키기 위해, 힉소스 족의 수도를 공격하고 동쪽에 있는 그들의 동맹국과의 모든 접촉을 막아 버린 Ahmose 왕의 전략을 기술한다.

① 이집트의 한 행정 건물은 기원전 1550년에 지어졌다.

② 건물은 다수의 분리된 방으로 나뉘어 있다.

③ 힉소스 족은 Ahmose 왕의 통치 기간 동안 이집트인들을 침략했다.

④ 힉소스 족은 이집트 도시 Thebes를 공격함으로써 해방되었다.

포인트 해설

④번의 키워드인 liberated(해방된)가 그대로 언급된 지문 주변의 내용에서 이집트 왕 Ahmose는 힉소스 족으로부터 이집트인들을 해방시키기 위해 힉소스 족의 수도를 공격했다고 했으므로, ④ '힉소스 족은 이집트 도시 Thebes를 공격함으로써 해방되었다'는 지문의 내용과 다르다.

정답 ④

어휘

archaeologist 고고학자 remains 유적 administrative 행정상의
ancient 고대의 story 층, 이야기 courtyard 안뜰
separate 분리하다 brick 벽돌 skeleton 해골 scar 흉터
invader 침략군 account 기록, 계좌 strategy 전략 liberate 해방시키다
capital 수도, 자본 ally 동맹국 rule 통치, 지배

08 독해 내용 불일치 파악 난이도 중 ●●○

다음 글의 내용과 일치하지 않는 것은?

Archaeologists working in Africa have discovered the remains of an administrative building built by the ancient Egyptian people near Tel Habuwa, Egypt. It was built around 1550 BC. The building is a two-story structure with several rooms and courtyards separated by brick walls. Inside, a collection of skeletons displaying deep scars and battle wounds was found. The discovery of the remains will certainly increase historians' understanding of the nature of the battle between the soldiers led by Egypt's King Ahmose and the Hyksos invaders of Western Asia for control over the Egyptian city of Thebes. Written accounts found in the building describe King Ahmose's strategies to liberate the Egyptians from the Hyksos, attacking their capital and blocking all contact with their allies in the East.

① An Egyptian administrative building was built in 1550 BC.

② The building is divided into a number of separate rooms.

③ The Hyksos invaded the Egyptians during the rule of King Ahmose.

④ The Hyksos were liberated by attacking the Egyptian city of Thebes.

09 독해 무관한 문장 삭제 난이도 중 ●●○

다음 글의 흐름상 가장 어색한 문장은?

It is generally believed that motion sickness is induced when what we see does not correspond to what we feel in our bodies. ① For example, on a plane we perceive things as stable yet our bodies are almost constantly moving. ② Some medical professionals promote the use of natural remedies rather than medication to relieve certain symptoms. This dispute between the senses confuses the brain and seems to trigger nausea. ③ But Dr. Thomas Stoffregen who has studied motion sickness for decades suggests a different reason for feeling queasy. He found that everybody had a "postural sway," a natural constant movement of the body on a firm surface. ④ He discovered that people who had the most sway were also the ones who were more prone to experience motion sickness.

positive effects.

③ Although technology is improving, it is still sometimes flawed.

④ Technological malfunctions have dangerous societal consequences.

해석

기술은 상당히 발전해 왔고, 매년 더 나아지고만 있다. 그러나, 그 사실이 우리가 쓰는 기계들이 가끔씩 오작동을 하지 않는다는 것을 의미하지는 않는다. 한 은행의 컴퓨터 오류는 800명이 넘는 고객들의 계좌에 9억 달러를 추가했다. 다행스럽게도, 자신의 새로 얻은 재산을 가지고 나라를 떠난 사람은 아무도 없었고, 그 금융 기관은 실수를 바로잡을 수 있었다. 또 다른 사건에서는, 수감자들의 감형을 계산하는 데 사용되는 소프트웨어가 실수를 저질렀다. 교도소에서, 수감자들은 선한 행동에 대해 자신들의 기본 형에서 시간을 깎을 수 있다. 하지만, 그들의 범죄가 더 심각한 경우, 그들은 이러한 감형의 대상이 되어서는 안 되는 추가 징역형을 받는다. 그 소프트웨어는 심각한 범죄에 대해 주어지는 그 추가 징역형뿐만 아니라 기본 형에 대해서도 선한 행동 감형을 잘못 적용했고, 이것은 1천 명 이상의 수감자들이 너무 일찍 석방되게 했다.

① 기술이 더 많이 발전할수록, 그것은 오작동할 때 더 심각한 문제를 만들어낸다.

② 기술적인 오류는 의도하지 않은 긍정적인 결과를 가끔 불러일으킬 수 있다.

③ 비록 기술이 개선되고 있기는 하지만, 그것은 여전히 때때로 결함이 있다.

④ 기술적 오작동은 위험한 사회적 결과를 초래한다.

포인트 해설

지문 전반에 걸쳐 기술의 진보가 기계들이 오작동하지 않음을 의미하지는 않는데, 한 은행에서는 컴퓨터 오류로 고객들의 계좌에 큰 액수의 돈이 입금되었고, 한 교도소에서는 소프트웨어의 오류로 수많은 수감자들이 너무 일찍 석방된 적 있다고 설명하고 있다. 따라서 ③ '비록 기술이 개선되고 있기는 하지만, 그것은 여전히 때때로 결함이 있다'가 이 글의 요지이다.

정답 ③

어휘

considerably 상당히, 많이   malfunction 오작동을 하다
newfound 새로 얻은, 새로 발견된   wealth 재산, 부   institute 기관; 도입하다
calculate 계산하다   sentence 형(벌), 선고, 문장   reduction 감형, 감소
inmate 수감자, 재소자   eligible ~의 대상이 되는, 자격이 있는
erroneously 잘못되게, 틀리게   release 석방하다, 발표하다, 공개하다
occasionally 가끔   flawed 결함이 있는

구문 분석

The software erroneously applied good behavior reductions to both basic sentences / as well as the extra time / given for serious crimes, / which allowed more than 1,000 inmates to be released / too early.

: 이처럼 '콤마 + which'가 이끄는 절이 문장을 꾸며주는 경우, which는 앞에 나온 문장 전체를 의미하며 '이것은'이라고 해석한다.

해석

일반적으로 멀미는 우리가 보는 것과 몸에서 느끼는 것이 일치하지 않을 때 유발되는 것이라고 여겨졌다. ① 예를 들어, 비행기에서 우리는 사물들이 안정되어 있다고 인지하지만 우리의 몸은 거의 끊임없이 움직이고 있다. ② 몇몇 의학 전문가들은 특정 증상들을 완화시키기 위해서 약물보다는 자연적 치료법의 사용을 권장한다. 이 감각들 간의 불일치는 뇌를 혼란스럽게 하고 메스꺼움을 유발하는 것으로 보인다. ③ 그러나 수십 년 동안 멀미에 대해 연구해 온 Thomas Stoffregen 박사는 메스껍게 느끼는 것에 대한 다른 이유를 제시한다. 그는 모든 사람에게는 흔들리지 않는 지면 위에서 몸이 자연적으로 끊임없이 움직이는 '자세의 흔들림'이 있다는 것을 알아냈다. ④ 그는 흔들림이 가장 심한 사람이 멀미를 경험하기 더 쉬운 사람이기도 하다는 것을 발견했다.

포인트 해설

첫 문장에서 '멀미는 보는 것과 신체가 느끼는 것의 불일치로 유발된다는 일반적인 이론'을 언급한 뒤, ①번은 이 이론에 대한 예시를, ③번과 ④번은 Thomas Stoffregen 박사에 의해 제기된 멀미의 원인에 대한 새로운 가설을 설명하고 있다. 그러나 ②번은 '멀미 증상 완화를 위해 권장되는 자연적 치료법'에 대한 내용으로, 첫 문장의 내용과 관련이 없다.

정답 ②

어휘

motion sickness 멀미   induce 유발하다, 초래하다
correspond 일치하다, 부합하다   perceive 인지하다, 감지하다
promote 권장하다, 홍보하다   remedy 치료법, 의료   medication 약물, 약
relieve 완화시키다   symptom 증상   dispute 불일치, 논란
trigger 유발하다, 촉발시키다   nausea 메스꺼움   queasy 메스꺼운, 불쾌한
postural 자세의   sway 흔들림, 진동   prone to ~하기 쉬운

---

10   독해 요지 파악   난이도 중 ●●○

다음 글의 요지로 가장 적절한 것은?

Technology has advanced considerably, and it's only getting better each year. But, that doesn't mean the devices we use don't malfunction from time to time. A computer error at a bank added 900 million dollars to more than 800 customers' bank accounts. Luckily, no one left the country with their newfound wealth and the financial institute was able to fix the mistake. In another incident, software used to calculate sentence reductions for prisoners made a mistake. In prison, inmates can earn time off their basic sentence for good behavior. However, when their crimes are more serious, they receive extra prison time that shouldn't be eligible for these reductions. The software erroneously applied good behavior reductions to both basic sentences as well as the extra time given for serious crimes, which allowed more than 1,000 inmates to be released too early.

① The more technology advances, the more serious the problems it creates when it malfunctions.

② Technological errors can occasionally lead to unintended

해커스 공무원시험연구소 총평

난이도	일부 독해 문제에서 전문적인 소재가 활용되어, 영역별로 전략적인 시간 분배가 요구되었습니다.
어휘·생활영어 영역	빈칸에 대한 보기로 감정이나 태도를 나타내는 형용사가 주어질 경우, 빈칸에 대한 원인 또는 결과가 정답의 단서로 지문에서 제시되고 있을 가능성이 높습니다.
문법 영역	비교 구문은 특히 암기가 필요한 세부 포인트들이 많으므로, 3번 문제 ①번 보기와 함께 '이것도 알면 합격!'에서 설명하고 있는 표현들을 확인해 둡니다.
독해 영역	빈칸 완성 유형에서는 빈칸 주변의 내용뿐만 아니라 전반적인 문맥의 흐름을 함께 파악해야 하는 경우도 있으므로, 빈칸 주변 내용만 읽고 성급히 답을 고르지 않도록 합니다.

▶ 정답

01	①	어휘	06	②	독해
02	④	문법	07	③	독해
03	③	문법	08	④	독해
04	④	생활영어	09	②	독해
05	③	독해	10	①	독해

▶ 취약영역 분석표

영역	맞힌 답의 개수
어휘	/ 1
생활영어	/ 1
문법	/ 2
독해	/ 6
TOTAL	**/ 10**

---

01 어휘 skeptical 난이도 중 ●●○

밑줄 친 부분에 들어갈 말로 가장 적절한 것은?

The manager was _____ about the effectiveness of such small ads, so the marketer tried to assure him that their accumulative impact would be significant.

① skeptical
② enthusiastic
③ relieved
④ compassionate

해석
관리자가 그렇게 소규모인 광고의 유효성에 대해 회의적이어서, 마케팅 전문가는 그것들의 누적되는 영향력이 상당할 것이라고 그를 확신시키기 위해 노력했다.

① 회의적인
② 열정적인
③ 안도하는
④ 동정하는

정답 ①

어휘
effectiveness 유효성 accumulative 누적되는, 쌓이는
skeptical 회의적인 enthusiastic 열정적인 relieved 안도하는
compassionate 동정하는

🖋 이것도 알면 **합격!**

'회의적인'의 의미를 갖는 유의어
= doubtful, suspicious, unconvinced

---

02 문법 수 일치 | 시제 난이도 중 ●●○

밑줄 친 부분에 들어갈 말로 가장 적절한 것은?

Once they began preparing for the banquet, they realized that arranging the seats _____ much more time-consuming than they had anticipated.

① were
② are
③ is
④ was

해석
연회 준비를 시작하자마자, 그들은 좌석을 배열하는 것이 자신들이 예상했었던 것보다 훨씬 더 많은 시간이 걸리는 일임을 깨달았다.

포인트 해설
④ 주어와 동사의 수 일치 | 시제 일치 빈칸은 that절(that arranging ~ anticipated)의 동사 자리인데, 주어 자리에 단수 취급하는 동명사구 (arranging the seats)가 왔으므로 단수 동사 ③, ④번이 정답 후보이다. 이때 주절의 시제가 과거(realized)일 경우 종속절에는 주로 과거나 과거완료 시제가 오므로 과거 시제 ④ was가 정답이다.

정답 ④

어휘
banquet 연회, 만찬 arrange 배열하다, 준비하다
time-consuming 시간이 걸리는 anticipate 예상하다

한편, 부사 much와 같이 비교급 표현 앞에 써서 비교급을 강조하는 부사로는 even/still/far/a lot/by far도 있다는 것을 알아 두자.

---

03 문법 전치사 | 비교 구문 | 부사절 | 도치 구문 | 수동태
난이도 상 ●●●

밑줄 친 부분이 어법상 옳지 않은 것은?

① No other animal on the planet is <u>taller than</u> the giraffe.

② <u>Young as he is</u>, he is mature and full of wisdom.

③ <u>Despite of</u> the economic crisis, experts predicted that consumers would not reduce their spending.

④ He <u>was told</u> to think carefully before choosing the correct response.

해석

① 지구상에 다른 어떤 동물도 기린보다 키가 더 크지 않다.

② 어리기는 하지만, 그는 성숙하고 지혜가 넘친다.

③ 경제 위기에도 불구하고, 전문가들은 소비자들이 지출을 줄이지 않을 것이라고 예상했다.

④ 그는 올바른 답을 선택하기 전에 신중하게 생각하라는 말을 들었다.

포인트 해설

③ **전치사** 문맥상 '경제 위기에도 불구하고'라는 의미가 되어야 자연스러운데, '~에도 불구하고'는 전치사 in spite of나 despite를 사용해서 나타낼 수 있으므로 Despite of를 In spite of나 Despite로 고쳐야 한다.

[오답 분석]

① **비교급 형태로 최상급 의미를 만드는 표현** '다른 어떤 동물도 기린보다 키가 더 크지 않다'라는 의미가 되어야 자연스러우므로, 비교급 형태로 최상급 의미를 만드는 표현 'no other + 단수 명사(animal) ~ 비교급(taller) + than'(다른 어떤 -도 ~보다 더 ~하지 않다)을 완성하는 taller than이 올바르게 쓰였다.

② **부사절 접속사 | 도치 구문** 양보를 나타내는 부사절 접속사 as(비록 ~이지만)는 양보의 부사절 내의 보어(Young)가 as 앞에 와서 '보어 + as + 주어 + 동사'의 어순으로 쓸 수 있으므로 Young as he is가 올바르게 쓰였다.

④ **능동태·수동태 구별** 주어 He와 동사가 '그가 말을 듣다'라는 의미의 수동 관계이므로 수동태 was told가 올바르게 쓰였다.

정답 ③

①번 보기의 'no other + 단수 명사 ~ 비교급 + than'(다른 어떤 -도 ~보다 더 ~하지 않다)와 같이 비교급 형태로 최상급 의미를 만드는 표현들을 알아 두자.

· 비교급 + than any other + 단수 명사 다른 어떤 -보다 더 ~한
  ex) History is **more boring** to him **than any other subject**.
    역사는 그에게 다른 어떤 과목보다도 더 지루하다.

· nothing ~ 비교급 + than 다른 어떤 -도 ~보다 더 ~하지 않다
  ex) **Nothing** is **more boring** to him **than** history.
    다른 어떤 것도 그에게 역사보다 더 지루하지는 않다.

---

04 생활영어 Have things improved between you two?
난이도 하 ●○○

밑줄 친 부분에 들어갈 말로 가장 적절한 것은?

> A: I was wondering if you'd like to come to my birthday party this Saturday.
> B: Of course! Why wouldn't I?
> A: Well… that's the thing. I invited Colin too, and I know you two aren't on great terms.
> B: Yeah, we used to argue a lot because our personalities clashed so much.
> A: _____
> B: Not really. But he is the way he is, and I am the way I am. It doesn't bother me anymore.

① I need to rewrite the guest list.

② In that case, I should decide not to invite Colin.

③ Did you let Colin know that you're coming, too?

④ Have things improved between you two?

해석

> A: 나는 네가 이번 주 토요일 내 생일 파티에 오고 싶은지 궁금해.
> B: 물론이지! 왜 아니겠어?
> A: 음… 문제가 있어. 내가 Colin도 초대했거든, 그리고 너희 둘이 사이가 좋지 않다는 걸 알고 있어.
> B: 맞아, 우리는 성격이 너무 많이 안 맞아서 말다툼을 많이 하곤 했어.
> A: 둘 사이에 뭔가 개선된 게 있어?
> B: 그다지. 그렇지만 그는 그다운 거고, 나는 나다운 거지. 그게 나를 더 이상 신경 쓰이게 하지는 않아.

① 손님 명단을 다시 작성해야겠어.

② 그 경우라면, 나는 Colin을 초대하지 않기로 결정해야 해.

③ Colin에게 너도 올 거라는 걸 알렸니?

④ 둘 사이에 뭔가 개선된 게 있어?

포인트 해설

A가 자신의 생일 파티에 B와 사이가 좋지 않은 Colin도 초대했다고 하자 B가 그와는 성격이 안 맞아 말다툼을 많이 했다고 하고, 빈칸 뒤에서 다시 B가 Not really. But he is the way he is, and I am the way I am. It doesn't bother me anymore(그다지. 그렇지만 그는 그다운 거고, 나는 나다운 거지. 그게 나를 더 이상 신경 쓰이게 하지는 않아)라고 대답하고 있으므로, '둘 사이에 뭔가 개선된 게 있어?'라는 의미의 ④ 'Have things improved between you two?'가 정답이다.

정답 ④

어휘

term 사이, 관계, 용어 **personality** 성격, 개성 **clash** 맞지 않다, 충돌하다 **bother** 신경 쓰이게 하다, 괴롭히다

✎ 🗹 이것도 알면 **합격!**

의견이 일치하지 않을 때 쓸 수 있는 다양한 표현들을 알아 두자.
• I doubt it. 그렇지 않을 거예요.
• I'm against it. 저는 그것에 반대해요.
• That makes no sense. 그건 말도 안 돼요.
• I'd like to take a different stance. 저는 다른 입장이에요.

05~06 다음 글을 읽고 물음에 답하시오.

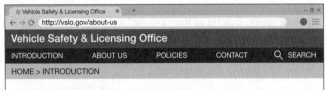

■ Vehicle Safety & Licensing Office   + — □ ×
← → C http://vslo.gov/about-us   ● ≡

Vehicle Safety & Licensing Office

INTRODUCTION   ABOUT US   POLICIES   CONTACT   🔍 SEARCH

HOME > INTRODUCTION

Vehicle Safety & Licensing Office

Role

We are responsible for conducting driving tests and issuing licenses and for carrying out inspections of large vehicles like trucks and buses to confirm they are safe to operate on the roads. Our office also monitors vehicle recalls to help guarantee that faulty vehicles are repaired and performs random roadside checks of drivers and vehicles.

Aim

We aim to ensure that drivers are skilled and responsible on the nation's roads and that all vehicles meet the safety standards necessary to protect the public. We also seek to improve operational processes to achieve greater cost and time savings for both the public and the agency, without compromising safety.

Core Values

• Public Safety Commitment: Our <u>ultimate</u> goal is to safeguard the wellbeing of all road users.
• Continuous Improvement: We focus on refining our processes and services.

해석

차량 안전 및 면허 사무소

역할

저희는 운전 시험과 면허 발급을 시행하고, 트럭과 버스와 같은 대형 차량이 도로에서 운행되기에 안전한지를 확인하기 위해 그것들의 검사를 수행할 책임이 있습니다. 저희 사무소는 또한 결함 있는 차량이 수리되는 것을 보장하도록 돕기 위해 차량 리콜을 감시하고, 운전자와 차량에 대한 무작위 도로변 점검을 실행합니다.

목표

저희는 운전자가 국내 도로에서 숙련되고 책임감을 가지며 모든 차량이 대중을 보호하는 데 필요한 안전 기준을 충족시키는 것을 확실히 함을 목표로 합니다. 저희는 또한 안전을 타협하지 않으면서, 대중과 기관 모두를 위해 비용과 시간의 더 큰 절약을 달성하는 운영 프로세스를

개선시키려고 합니다.

핵심 가치

• 대중의 안전 약속: 저희의 <u>기본적인</u> 목표는 모든 도로 사용자들의 안녕을 보호하는 것입니다.
• 지속적인 개선: 저희는 프로세스와 서비스를 개선하는 데 주력합니다.

어휘

conduct 시행하다 **issue** 발급하다, 발표하다; 문제 **carry out** ~을 수행하다
inspection 검사, 점검 **confirm** 확인하다
operate 운행하다, 운영하다, 수술하다 **recall** 리콜, 회수; 생각해내다
guarantee 보장하다 **faulty** 결함 있는 **skilled** 숙련된
compromise 타협하다 **ultimate** 기본적인, 궁극적인 **safeguard** 보호하다
wellbeing 안녕, 행복 **refine** 개선하다

05 독해 내용 일치 파악   난이도 중 ●●○

윗글에서 Vehicle Safety & Licensing Office에 관한 내용과 일치하는 것은?

① It sets the operational safety standards for trucks and buses.
② It notifies drivers when there has been a recall on faulty vehicles.
③ It stops motorists unannounced to check on them and their vehicles.
④ It focuses on devising operating processes for the public rather than the agency.

해석

① 그것은 트럭과 버스의 운영 안전 기준을 설정한다.
② 그것은 결함이 있는 차량들에 대한 리콜이 있을 때 운전자들에게 알린다.
③ 그것은 운전자들과 그들의 차량을 점검하기 위해 예고 없이 그들을 멈춰 세운다.
④ 그것은 기관보다 대중을 위한 운영 프로세스를 고안하는 데 주력한다.

포인트 해설

③번의 키워드인 unannounced(예고 없이)를 바꾸어 표현한 지문의 random(무작위의) 주변의 내용에서 차량 안전 및 면허 사무소는 운전자와 차량에 대한 무작위 도로변 점검을 실행한다고 했으므로, ③ '그것은 운전자들과 그들의 차량을 점검하기 위해 예고 없이 그들을 멈춰 세운다'가 지문의 내용과 일치한다.

[오답 분석]

① 차량 안전 및 면허 사무소는 트럭과 버스와 같은 대형 차량의 안전 운행을 위해 그것들의 검사를 수행할 책임이 있다고는 했지만, 그것이 트럭과 버스의 운영 안전 기준을 설정하는지는 알 수 없다.
② 차량 안전 및 면허 사무소는 결함이 있는 차량이 수리되는 것을 보장하도록 돕기 위해 차량 리콜을 감시한다고는 했지만, 그것이 결함이 있는 차량들에 대한 리콜이 있을 때 운전자들에게 알리는지는 알 수 없다.

④ 차량 안전 및 면허 사무소는 대중과 기관 모두를 위해 운영 프로세스를 개선시키려 한다고 했으므로, 그것이 기관보다 대중을 위한 운영 프로세스를 고안하는 데 주력한다는 것은 지문의 내용과 다르다.

정답 ③

어휘

operational 운영의, 경영의, 사용 중인 notify 알리다 motorist 운전자
unannounced 예고 없는, 미리 알리지 않은

---

06 독해 유의어 파악 난이도 하 ●○○

밑줄 친 ultimate의 의미와 가장 가까운 것은?

① constant ② primary
③ shared ④ ambitious

해석

① 변함없는 ② 기본적인
③ 공유의 ④ 야심찬

포인트 해설

밑줄 친 부분이 포함된 문장에서 ultimate는 문맥상 우리의 '기본적인' 목표는 모든 도로 사용자들의 안녕을 보호하는 것이라는 의미로 쓰였으므로, '기본적인'이라는 의미의 ② primary가 정답이다.

정답 ②

어휘

constant 변함없는 primary 기본적인, 주된 ambitious 야심찬

---

07 독해 내용 불일치 파악 난이도 중 ●●○

다음 글의 내용과 일치하지 않는 것은?

Operating Hours: The National Center for Science and Culture (NCSC) operates from 10:00 a.m. to 5:30 p.m., Tuesday to Sunday. On Mondays, it opens from 12:00 p.m. to 5:30 p.m. The center remains closed on federal holidays.

Admission: While general admission is free, visitors are required to reserve timed entry passes online to help manage crowd capacity. Visitors may present either a digital or printed confirmation pass upon entry. Please note that all groups larger than nine must use the group reservation link here.

For the safety of all visitors, the NCSC conducts security screenings upon entry. Visitors will be required to pass through metal detectors, and bags may be inspected for prohibited items, including sharp objects, aerosol cans, and selfie sticks.

Large bags are not permitted in exhibit areas and must be stored in a locker.

For more information, call 1 (800) 229-4291.

① The NCSC opens later on Mondays.
② Online reservations are needed for free admission.
③ Visitors must have a printed ticket to enter the NCSC.
④ Large bags must not be taken into exhibit areas.

해석

운영 시간: 국립과학문화센터(NCSC)는 화요일부터 일요일 오전 10시부터 오후 5시 30분까지 문을 열며, 월요일은 오후 12시부터 5시 30분까지 문을 엽니다. 모든 연방 공휴일에는 휴무입니다.

입장: 일반 입장은 무료이지만, 방문객 여러분께서는 관중 수용 인원을 관리하도록 돕기 위해 온라인으로 시간이 정해진 입장권을 예약하실 것이 요구됩니다. 방문객분들은 입장 시 디지털 또는 출력된 확인 입장권을 보여 주실 수 있습니다. 9명 이상의 모든 단체 방문객께서는 여기에서 단체 예약 링크를 사용하셔야 합니다.

모든 방문객분들의 안전을 위해, 국립과학문화센터는 입장 시 보안 검사를 실시합니다. 방문객분들은 금속 탐지기를 지나가실 것이 요구되며, 날카로운 물체, 에어로졸 캔 및 셀카봉을 포함하는 금지된 품목들에 대해 가방이 검사될 수 있습니다.

대형 가방은 전시 공간에는 허용되지 않으며 사물함에 보관되어야 합니다.

자세한 내용은 1 (800) 229-4291로 문의하세요.

① 국립과학문화센터는 월요일에 더 늦게 문을 연다.
② 무료 입장을 위해서는 온라인 예약이 필요하다.
③ 방문객들은 국립과학문화센터에 입장하기 위해 출력된 티켓을 가지고 있어야 한다.
④ 대형 가방은 전시 공간에 반입되어서는 안 된다.

포인트 해설

③번의 키워드인 a printed ticket(출력된 티켓)을 바꾸어 표현한 지문의 printed confirmation pass(출력된 확인 입장권) 주변의 내용에서 방문객들은 입장 시 디지털 또는 출력된 확인 입장권을 보여 주어야 한다고 했으므로, ③ '방문객들은 국립과학문화센터에 입장하기 위해 출력된 티켓을 가지고 있어야 한다'는 지문의 내용과 다르다.

정답 ③

어휘

operating hour 운영 시간 timed 시간이 정해진 crowd 관중
capacity 수용 인원, 수용력 confirmation 확인(서) screening 검사, 상영
pass through ~을 지나가다, 빠져 나가다 metal detector 금속 탐지기
inspect 검사하다, 점검하다 prohibit 금지하다 permit 허용하다; 허가증

08 독해 빈칸 완성 - 구   난이도 상 ●●●

밑줄 친 부분에 들어갈 말로 가장 적절한 것은?

The tradition of epic poetry in Europe began around 800 BC with the classic works of Homer. Literature of this genre can be recognized by a few distinguishing features. First of all, they are written in a particular rhythm called dactylic hexameter, which is a form of meter in poetry. The plot includes a hero, who symbolizes the culture's ideal, almost superhuman, figure. Bound by his strong morals, the hero must seek to _____. For example, in Homer's *The Iliad*, Achilles must endure an ordeal that is mentally demanding, whereas *The Odyssey* centers on the hero Odysseus's physically challenging expedition.

① convince others to do what is right as well
② prove their value to other members of society
③ make a connection between their ideals and the real world situation
④ accomplish a seemingly overwhelming task of mind or body

해석

유럽 서사시의 전통은 Homer의 고전 작품들과 함께 기원전 800년경에 시작되었다. 이 장르의 문학은 몇 가지 두드러진 특징들에 의해 알아볼 수 있다. 첫째로, 그것들은 장단단격의 6보격이라고 불리는 특정 리듬으로 쓰였는데, 이것은 시 운율의 한 형식이다. 줄거리는 그 문화의 이상을 상징하는, 거의 초인적인 인물인 영웅을 포함한다. 자기 자신의 견고한 도덕률에 얽매여 있기 때문에, 그 영웅은 압도적으로 보이는 정신이나 육체의 임무를 달성하려고 시도해야 한다. 예를 들어, Homer의 『일리아드』에서 Achilles는 정신적으로 고된 시련을 견뎌내야 하는 데 반해, 『오디세이』는 영웅인 Odyssey의 육체적으로 힘든 여정에 중점을 둔다.

① 다른 이들도 옳은 일을 하도록 설득하다
② 사회의 다른 구성원들에게 그들의 가치를 증명하다
③ 자신들의 이상과 현실 세계의 상황 사이 연결점을 만들다
④ 압도적으로 보이는 정신이나 육체의 임무를 달성하다

포인트 해설

빈칸이 있는 문장에서 유럽 서사시 속 영웅은 자기 자신의 견고한 도덕률에 얽매여 있다고 하고, 빈칸 뒤 문장에서 Homer의 『일리아드』에서 Achilles는 정신적인 시련을 견뎌내야 하는 반면, 『오디세이』는 Odyssey의 육체적으로 힘든 여정에 중점을 둔다고 했으므로, 영웅은 '압도적으로 보이는 정신이나 육체의 임무를 달성'하려고 시도해야 한다고 한 ④번이 정답이다.

정답 ④

어휘

epic poetry 서사시   distinguishing 두드러진, 구별되는   meter 운율, 계량
plot 줄거리   symbolize 상징하다   superhuman 초인적인
figure 인물, 수치; 중요하다   moral 도덕(률); 도덕적인   endure 견디다
ordeal 시련, 경험   demanding 고된, 힘든   center on ~에 중점을 두다
challenging 힘든, 도전적인   expedition 여정, 탐험   convince 설득하다
overwhelming 압도적인

---

09 독해 제목 파악   난이도 하 ●○○

다음 글의 제목으로 가장 적절한 것은?

The lavish court of King Louis XIV, which was located in Versailles, was constantly populated by those of high status. Depending on the occasion, anywhere from 3,000 to 10,000 nobles could be found in the Sun King's opulent home. But no matter the event, they always followed the countless guidelines that dictated how they should behave during their visit. Rules governed who could speak to whom, where they were allowed to do so, and even who should use an armchair, a chair with a back, or a stool, depending on rank. Knocking on the ruler's door was forbidden; visitors were instructed to lightly scratch at it with their finger. Ladies were forbidden from holding hands or linking arms with any gentlemen. Instead, men were expected to bend their arms so ladies could gently place their hands on them.

① King Louis' Contempt for Nobles
② Strict Court Etiquette at Versailles
③ The French Hierarchy of Aristocracy
④ The Privileged Life of France's Wealthy

해석

베르사유에 위치한 루이 14세의 호화로운 궁전은 신분이 높은 사람들로 끊임없이 채워졌다. 때에 따라, 태양왕의 화려한 저택에서는 어디서나 3,000명에서 10,000명에 이르는 귀족들을 찾아볼 수 있었다. 그러나 행사와 상관없이, 그들은 방문하는 동안 어떻게 행동해야 하는지를 지시하는 셀 수 없이 많은 지침들을 늘 따랐다. 규칙들은 누가 누구에게 말할 수 있고, 어디에서 그들이 그렇게 할 수 있으며, 그리고 심지어는 신분에 따라 누가 안락의자, 등받이가 있는 의자, 또는 등받이와 팔걸이가 없는 의자를 사용해야 하는지까지 통제했다. 통치자의 문을 두드리는 것은 금지되었고, 방문자들은 그것을 손가락으로 가볍게 긁으라고 교육받았다. 여성들은 어떤 남성과도 손을 잡거나 팔짱을 끼는 것이 금지되었다. 대신, 남성들은 여성들이 손을 그 위에 품위 있게 놓을 수 있도록 팔을 구부릴 것으로 예상되었다.

① 귀족에 대한 루이 왕의 경멸
② 베르사유의 엄격한 궁중 예법
③ 프랑스의 귀족 계급
④ 프랑스 부자들의 특권을 가진 삶

포인트 해설

지문 중간에서 베르사유의 궁궐을 방문하는 귀족은 행사와 상관없이 방문하는 동안 어떻게 행동해야 하는지를 지시하는 많은 지침들을 늘 따랐다고 하고, 지문 뒷부분에서 베르사유 궁전의 방문 지침의 구체적인 사례들을 소개하고 있으므로, ② '베르사유의 엄격한 궁중 예법'이 이 글의 제목이다.

정답 ②

lavish 호화로운   constantly 끊임없이, 자주
populate 채우다, 차지하다, 거주시키다   noble 귀족; 숭고한, 고귀한
opulent 화려한   countless 셀 수 없이 많은   dictate 지시하다
behave 행동하다   govern 통제하다, 통치하다   rank 신문, 지위
instruct 교육하다, 지시하다   scratch 긁다   forbid 금지하다   bend 구부리다
contempt 경멸   hierarchy 계급   aristocracy 귀족
privilege 특권을 주다

구문 분석

(생략), men were expected to bend their arms / so ladies could gently place their hands / on them.
: 이처럼 동사가 be + p.p.(were expected)의 형태로 쓰여 수동의 의미를 가지는 경우, '~되다', '~받다' 또는 '~해지다'라고 해석한다.

---

10 독해 빈칸 완성 – 절   난이도 중 ●●○

밑줄 친 부분에 들어갈 말로 가장 적절한 것은?

It's summertime, which means it's time to take out the shorts, apply some sunscreen, and make sure our ears are plugged. That's right. It's mating season for the cicadas, and people are realizing just how much these little creatures can affect us. Cicadas are the loudest insects in the world. Male cicadas have noisemakers called tymbals located on their abdomens. They use these muscles to make loud clicking sounds, which are mating calls. Some species of cicadas produce sounds that are over 100 decibels, which is louder than a freight train. Therefore, during the summer, medical experts recommend using earplugs or noise cancellation headphones when possible to prevent any lasting damage to our ears. Living in a city already entails facing a stream of background noise. _____.

*cicada: 매미

① Adding the cicadas' calls on top of this could cause permanent hearing loss
② Listening to this noise can become an exhausting experience
③ Moving to the countryside makes the cicadas' noise more prominent
④ Finding a quiet place to relax can be very difficult, if not impossible

해석

반바지를 꺼내고, 선크림을 듬뿍 바르고, 우리의 귀를 틀어막아야 할 때라는 것을 의미하는 여름철이 왔다. 그렇다. 그것은 매미들의 교미기이며, 사람들은 이 작은 생명체가 우리에게 얼마나 많은 영향을 미칠 수 있는지 깨닫고 있을 뿐이다. 매미는 세상에서 가장 시끄러운 곤충이다. 수컷 매미는 복부에 진동막이라고 불리는 소리를 내는 부위를 가지고 있다. 그것들은 시끄러운 딸깍대는 소리를 만드는 데 이 근육을 이용하는데, 이것은 짝짓기 소

리이다. 몇몇 매미 종은 100 데시벨이 넘는 소리를 내며, 이것은 화물 열차보다 더 시끄러운 것이다. 따라서, 의학 전문가들은 여름에 귀에 대한 어떠한 지속적인 손상이라도 방지하기 위해 가능하면 귀마개나 소음 제거 헤드폰을 사용할 것을 권장한다. 도시에서 산다는 것은 끊임없이 이어지는 배경 소음을 맞닥뜨리는 일을 이미 수반한다. <u>이것뿐만 아니라 매미의 소리를 추가하는 것은 영구적인 청력 손실을 야기할 수 있다.</u>

① 이것뿐만 아니라 매미의 소리를 추가하는 것은 영구적인 청력 손실을 야기할 수 있다
② 이 소음을 듣는 것은 견디기에 진 빠지는 경험이 될 수 있다
③ 시골로 이사하는 것은 매미의 소음이 더욱 두드러지게 만든다
④ 조용한 휴식처를 찾는 것은 매우 어렵지만, 불가능하지는 않다

포인트 해설

지문 중간에서 매미는 짝짓기를 위해 시끄러운 소리를 내는데, 몇몇 매미 종의 소리는 화물 열차보다 더 시끄러워서 귀에 대한 손상을 방지할 방법이 필요하다고 하고, 빈칸 앞 문장에 도시에서 산다는 것은 끊임없는 배경 소음을 맞닥뜨리는 일을 수반한다는 내용이 있으므로, '이것뿐만 아니라 매미의 소리를 추가하는 것은 영구적인 청력 손실을 야기할 수 있다'고 한 ①번이 정답이다.

정답 ①

어휘

take out ~을 꺼내다   apply 바르다, 신청하다   plug 틀어막다
mating season 교미기   abdomen 복부   click 딸깍대다   freight 화물
cancellation 제거, 취소   entail 수반하다   on top of ~뿐만 아니라, ~ 외에
permanent 영구적인   exhausting 진 빠지는, 지치는
prominent 두드러진, 눈에 띄는

해커스 공무원시험연구소 총평

난이도	일상에서 접할 수 있는 소재들이 등장하면서 비교적 평이하게 출제된 회차입니다.
어휘·생활영어 영역	생활영어 영역은 전반적으로 정답을 쉽게 찾을 수 있도록 출제되는 편이지만, 4번과 같이 때때로 대화 도중 화제가 전환되는 경우도 있음에 유의합니다.
문법 영역	지문형 문제에서는 밑줄이 적용되지 않은 부분에 의해 밑줄이 적용된 부분의 문법적 옳고 그름이 결정될 수 있음을 2번 문제 ③번 보기를 통해 알아 둡니다.
독해 영역	7번 문제에 사용된 법률 및 정책 관련 어휘들을 익혀 둠으로써 유사한 소재의 지문을 보다 수월하게 읽어 나갈 수 있을 것입니다.

정답

01	④	어휘	06	③	독해
02	③	문법	07	①	독해
03	③	문법	08	④	독해
04	③	생활영어	09	④	독해
05	②	독해	10	②	독해

취약영역 분석표

영역	맞힌 답의 개수
어휘	/ 1
생활영어	/ 1
문법	/ 2
독해	/ 6
TOTAL	**/ 10**

---

01 어휘 irresistible 난이도 중 ●●○

밑줄 친 부분에 들어갈 말로 가장 적절한 것은?

> The _____ aroma from the pizza place was what drew in many customers that passed by.

① excessive
② proficient
③ annual
④ irresistible

해석

피자 가게에서 나온 거부할 수 없는 냄새가 지나가던 많은 손님들을 끌어들인 바로 그것이었다.

① 지나친
② 능숙한
③ 매년의
④ 거부할 수 없는

정답 ④

어휘

pass by 지나가다   excessive 지나친, 과도한   proficient 능숙한
annual 매년의, 연간의   irresistible 거부할 수 없는, 유혹적인

📖 이것도 알면 합격!

'거부할 수 없는'의 의미를 갖는 유의어
= alluring, appealing, tempting

---

02 문법 수동태 | 대명사 | 수 일치 | 형용사 난이도 중 ●●○

밑줄 친 부분 중 어법상 옳지 않은 것은?

> Concerns from worried parents about the credentials of ① those who watch over their children ② have been laid to rest. The educational board of directors introduced a new review protocol. Faculty members for grade schools, high schools, and universities are required ③ undergoing extensive background checks at ④ regular intervals after being hired.

해석

그들의 자녀를 보살피는 사람들의 자격에 대해 걱정하는 부모들의 우려가 잠재워졌다. 교육 위원회 이사진은 새로운 검토 계획안을 도입했다. 초등학교, 고등학교, 그리고 대학교의 교직원들은 고용된 후 일정한 간격으로 대규모 신원 조사를 받도록 요구된다.

포인트 해설

③ 5형식 동사의 수동태   to 부정사를 목적격 보어로 취하는 5형식 동사 (require)가 수동태가 되면 to 부정사는 수동태 동사(are required) 뒤에 그대로 남아야 하므로, are required 뒤의 undergoing을 to 부정사 to undergo로 고쳐야 한다.

[오답 분석]
① 지시대명사   문맥상 '자녀를 보살피는 사람들'이라는 의미가 되어야

자연스러우므로 뒤에서 수식어구(who watch over their children)의 꾸밈을 받아 '～한 사람들'을 나타내는 지시대명사 those가 올바르게 쓰였다.

② 주어와 동사의 수 일치   주어 자리에 복수 명사 Concerns가 왔으므로 복수 동사 have가 올바르게 쓰였다. 참고로, 주어와 동사 사이의 수식어 거품(from worried ~ children)은 동사의 수 결정에 영향을 주지 않는다.

④ 형용사 자리   명사(intervals)를 수식하는 것은 형용사 역할을 하는 것이므로 명사 intervals 앞에 형용사 regular가 올바르게 쓰였다.

정답 ③

어휘

credential 자격; 자격증을 수여하다   watch over ～를 보살피다
protocol 계획안, 초안   faculty member 교직원, 교수진
grade school 초등학교

이것도 알면 합격!

④번 보기의 regular처럼 일반적인 형용사는 명사를 주로 앞에서 수식하지만, -able/-ible로 끝나는 형용사는 명사를 뒤에서 수식할 수 있다는 것도 알아 두자.

• The scientist tried every method available.
  그 과학자는 이용 가능한 모든 방법을 시도했다.

---

03   문법 수식어 | 분사   난이도 하 ●○○

밑줄 친 부분에 들어갈 말로 가장 적절한 것은?

> Most of the information _____ during the survey was used to improve community services.

① is gathered   ② gathering
③ gathered   ④ are gathered

해석

설문 조사 동안 수집된 대부분의 정보는 지역 사회 서비스를 개선하기 위해 사용되었다.

포인트 해설

③ 수식어 거품 자리 | 현재분사 vs. 과거분사   문장에 이미 주어(Most of the information)와 동사(was used)가 있으므로 빈칸은 명사 the information을 수식하는 수식어 거품 자리이다. 따라서 동사 형태의 ① is gathered와 ④ are gathered는 정답이 될 수 없고, 분사 형태의 ② gathering, ③ gathered가 정답 후보이다. 이때 수식받는 명사(the information)와 분사가 '정보가 수집되다'라는 의미의 수동 관계이므로 과거분사 ③ gathered가 정답이다.

정답 ③

이것도 알면 합격!

3번 문제 지문에 쓰인 'be used to + 동사원형'(～하기 위해 사용되다)과 헷갈리기 쉬운 'be used to -ing'/'used to + 동사원형' 형태를 구분하여 알아 두자.

be used to -ing ～에 익숙하다	She **is used to waking** up early for her morning workouts. 그녀는 아침 운동을 위해 일찍 일어나는 것에 익숙하다.
used to + 동사원형 ～하곤 했다	We **used to visit** a small village by the river often. 우리는 강 옆의 작은 마을을 자주 찾아가곤 했다.

---

04   생활영어 Where should I report a broken bike?   난이도 중 ●●○

밑줄 친 부분에 들어갈 말로 가장 적절한 것은?

Ashly
Hello, I have some questions about the city's shared bicycles.
2:30 pm

City bike
Hello. What would you like to know?
2:31 pm

Ashly
_____
_____
2:31 pm

City bike
First, could you tell me what condition the bike is in?
2:32 pm

Ashly
Everything else is fine, but the brakes aren't working well.
2:32 pm

City bike
Got it. Do you have the bike app on your phone?
2:33 pm

Ashly
Yes. I can access it right now.
2:33 pm

City bike
Please click on "Report a Problem" in the top right corner of the app and scan the bike's QR code.
2:33 pm

① Is there a discount for purchasing a monthly pass?
② Where do I return the bike I used?
③ Where should I report a broken bike?
④ Are there bikes available for young children to rent?

해석

> Ashly: 안녕하세요, 시의 공유 자전거에 대해 궁금한 것이 있습니다.
> City bike: 안녕하세요. 무엇이 궁금하신가요?
> Ashly: <u>고장 난 자전거는 어디에 신고해야 하나요?</u>
> City bike: 우선은, 자전거가 어떤 상태인지 말씀해 주시겠어요?
> Ashly: 모든 게 괜찮아요, 그런데 브레이크가 잘 작동하지 않습니다.
> City bike: 알겠습니다. 핸드폰에 자전거 앱을 갖고 있으신가요?
> Ashly: 네. 지금 바로 그것에 접속할 수 있어요.
> City bike: 앱 오른쪽 위 모퉁이에 있는 '문제 신고'를 클릭하신 뒤 자전거의 QR 코드를 스캔해 주시기 바랍니다.

① 한 달 정기권을 구매하면 할인 혜택이 있을까요?
② 사용했던 자전거는 어디에 반납하나요?
③ 고장 난 자전거는 어디에 신고해야 하나요?
④ 어린아이들이 빌려서 이용 가능한 자전거가 있나요?

포인트 해설

시의 공유 자전거에 대해 무엇이 궁금한지 묻는 City bike 직원의 질문에 Ashly가 대답하고, 빈칸 뒷부분에서 다시 Ashly가 공유 자전거의 브레이크가 잘 작동하지 않는다고 하자 City bike 직원이 Please click on "Report a Problem" in the top right corner of the app and scan the bike's QR code(앱 오른쪽 위 모퉁이에 있는 '문제 신고'를 클릭하신 뒤 자전거의 QR 코드를 스캔해 주시기 바랍니다)라고 안내하고 있으므로, '고장 난 자전거는 어디에 신고해야 하나요?'라는 의미의 ③ 'Where should I report a broken bike?'가 정답이다.

정답 ③

🎓 이것도 알면 합격!

고장이 발생하거나 수리가 필요한 상황에서 쓸 수 있는 다양한 표현들을 알아 두자.
- What is the root of the problem? 문제의 원인이 뭔가요?
- I don't have Internet access. 인터넷에 접속할 수 없어요.
- The monitor just went out. 모니터가 그냥 꺼졌어요.
- The bike is beyond repair. 자전거 상태가 수리할 수 없을 정도입니다.

05~06 다음 글을 읽고 물음에 답하시오.

(A)

Join us for the upcoming Mushroom Foraging Festival hosted by the National Forestry Agency. Whether you're a seasoned mushroom forager or a complete novice, this festival is the perfect opportunity to learn more about the diverse fungi found within the region's woodlands.

Details
- **Dates:** Saturday, October 14 – Sunday, October 15
- **Times:** 9:00 a.m. – 5:00 p.m. (both days)
- **Meeting Spot:** Clearwood National Park Visitor Center
- **Admission:** $15

What to Expect
You'll have the opportunity to join guided tours led by our knowledgeable staff, who will help you identify various species of mushrooms and distinguish between edible and toxic varieties.

Important Information
- Remember to dress appropriately for the weather. Tours will proceed rain or shine.
- Participants may keep all the mushrooms they collect. Baskets will be provided.

To learn more about the event and to register for it, please visit www.nationalforestryagency.gov/mushroomfestival. Registration is required and spots are limited, so sign up early to secure your place.

해석

> ### (A) 숲의 버섯들을 탐구하세요
>
> 국립 삼림청이 주최하는, 다가오는 버섯 채집 축제에 참여하세요. 여러분이 능숙한 채집가이든 완전한 초보이든, 이 축제는 지역의 삼림에서 발견되는 다양한 버섯들에 대해 더 많이 배울, 완벽한 기회입니다.
>
> **세부 사항**
> - **날짜:** 10월 14일 토요일 – 10월 15일 일요일
> - **시간:** 오전 9시 – 오후 5시(이틀 모두)
> - **만남의 장소:** Clearwood 국립 공원 방문자 센터
> - **입장료:** 15달러
>
> **기대할 만한 것**
> 여러분은 다양한 버섯 종을 식별하고 식용과 독성 품종을 구별하는 데 도움을 줄, 박식한 직원이 이끄는 가이드 투어에 참여할 기회를 얻게 될 것입니다.
>
> **중요 정보**
> - 날씨에 맞게 적절히 옷 차림을 하는 것을 잊지 마세요. 투어는 비가 오든 맑든 진행될 것입니다.
> - 참가자들은 수집한 모든 버섯을 가져가실 수 있습니다. 바구니가 제공될 것입니다.
>
> 행사에 대해 더 알아보고 등록하시려면, www.nationalforestryagency.gov/mushroomfestival을 방문하세요. 등록이 필요하며 자리가 제한되어 있으므로, 일찍 신청하셔서 자리를 확보하세요.

어휘

foraging (수렵) 채집 forestry 산림 (관리) seasoned 능숙한, 경험 많은
novice 초보, 신참 diverse 다양한 fungi 버섯, 곰팡이 (fungus의 복수형)
knowledgeable 박식한, 많이 아는 distinguish 구별하다
identify 식별하다, 확인하다 edible 식용의 toxic 독성의
variety 품종, 종류 appropriately 적절하게 proceed 진행되다, 나아가다
register 등록하다 sign up 신청하다 secure 확보하다; 안심하는

05 독해 제목 파악   난이도 하 ●○○

(A)에 들어갈 윗글의 제목으로 가장 적절한 것은?

① Learn to Cook with Mushrooms
② Explore Forest Fungi
③ Help Harvest Seasonal Crops
④ Grow Your Own Mushrooms at Home

해석

① 버섯으로 요리하는 것을 배우세요
② 숲의 버섯들을 탐구하세요
③ 제철 작물 수확을 도와주세요
④ 집에서 여러분만의 버섯을 키우세요

포인트 해설

지문 앞부분에서 버섯 채집 축제에 참여하여 지역의 삼림에서 발견되는 다양한 버섯들에 대해 배울 것을 제안하고 있으므로, ② '숲의 버섯들을 탐구하세요'가 이 글의 제목이다.

정답 ②

어휘

harvest 수확하다; 추수   crop 작물

06 독해 내용 불일치 파악   난이도 중 ●●○

Mushroom Foraging Festival에 관한 윗글의 내용과 일치하지 않는 것은?

① It will take place over a weekend.
② The tours will occur even if it rains.
③ Participants must turn in the mushrooms they find.
④ The number of people who can register is limited.

해석

① 그것은 주말 동안 개최될 것이다.
② 투어는 비가 오더라도 열릴 것이다.
③ 참가자들은 그들이 찾은 버섯을 반납해야 한다.
④ 등록할 수 있는 사람의 수가 제한되어 있다.

포인트 해설

③번의 키워드인 the mushrooms they find(그들이 찾은 버섯)를 바꾸어 표현한 지문의 all the mushrooms they collect(그들이 수집한 모든 버섯) 주변 내용에서 참가자들은 그들이 수집한 모든 버섯을 가져갈 수 있다고 했으므로, ③ '참가자들은 그들이 찾은 버섯을 반납해야 한다'는 지문의 내용과 다르다.

정답 ③

어휘

turn in ~을 반납하다, 돌려주다

07 독해 빈칸 완성 – 단어   난이도 상 ●●●

밑줄 친 부분에 들어갈 말로 가장 적절한 것은?

Trying to take a tougher stance on crime, numerous states in the US instituted the Three Strikes Law between 1994 and 1995. The law mandated that lengthy sentences be handed down for a criminal's third offense. This meant that even those found guilty of petty acts like shoplifting would face decades or a lifetime behind bars if it happened to be their third arrest. The hope was that the extended terms would dissuade prior offenders from committing unlawful acts again. Unfortunately, there were unexpected consequences of implementing such strict guidelines. The new legislation resulted in a huge _____ of inmates. Prison systems had neither the manpower nor the space to be able to properly accommodate the overflow. Furthermore, it put a strain on local budgets. The high number of convictions increased court costs significantly, as many more cases were processed and appealed.

① influx
② release
③ transfer
④ immigration

해석

범죄에 더 강경한 태도를 취하려는 노력으로, 1994년과 1995년 사이에 미국의 수많은 주들이 삼진 아웃제를 도입했다. 그 법은 범죄자의 세 번째 범죄에 대해 기간이 긴 형이 선고되도록 지시했다. 이것은 가게 좀도둑질과 같은 사소한 행위로 유죄 판결을 받은 사람들조차도 만약 그것이 그들의 세 번째 체포라면 철창 속에 갇힌 수십 년 또는 평생을 맞닥뜨리게 될 것을 의미했다. 늘어난 형기가 전과자들로 하여금 불법 행위를 다시 저지르는 것을 단념하게 하리라는 바람이었다. 안타깝게도, 그러한 엄격한 정책을 시행하는 것에 대한 예상치 못한 결과가 있었다. 새로운 제정법은 수감자들의 막대한 유입을 야기했다. 교도소 체계는 그 초과량을 제대로 수용할 수 있는 인력도 공간도 없었다. 게다가, 그것은 지역 예산에 부담을 주었다. 더 많은 사건들이 기소되고 항소됨에 따라, 많은 수의 유죄 선고가 소송 비용을 상당히 증가시켰다.

① 유입
② 석방
③ 이동
④ 이민

포인트 해설

빈칸 앞부분에서 범죄에 대한 삼진 아웃제는 늘어난 형기가 재범을 단념하게 하리라는 기대로 도입되었지만 예상치 못한 결과가 있었다고 하고, 빈칸 뒤 문장에 교도소 체계는 그 초과량을 수용할 수 없었다는 내용이 있으므로, 새로운 제정법이 수감자들의 막대한 '유입'을 야기했다고 한 ①번이 정답이다.

정답 ①

어휘

tough 강경한, 힘든   stance 태도, 입장   institute 도입하다, 제정하다
mandate 지시하다, 명령하다   lengthy (시간이) 긴
sentence 형(벌), 판결, 문장   hand down ~을 선고하다, 물려주다
offense 범죄, 위반   petty 사소한   shoplifting 가게 좀도둑질
behind bars 철창 속에 갇힌   arrest 체포; 체포하다   extend 늘이다, 뻗다
term 형기, 학기, 용어   dissuade 단념하게 하다   unlawful 불법의
consequence 결과   implement 시행하다   legislation 제정(법)

inmate 수감자, 재소자 accommodate 수용하다, 공간을 제공하다
overflow 초과량; 넘쳐 나오다 put a strain on ~에 부담을 주다
conviction 유죄 선고 significantly 상당히, 크게
appeal 항소하다, 간청하다 influx 유입
release 석방, 발표, 개봉, 출시; 풀어 주다, 발표하다 transfer 이동; 이동하다
immigration 이민

어휘

work out 잘되다 feel low 무기력하다 boost 북돋우다
self-esteem 자부심 abandon 포기하다, 버리다 pursuit 일, 추구
forefront 중심, 맨 앞 recall 기억해내다 pull off ~을 해내다, 벗어나다
triumph 성공, 업적 extravagant 엄청난, 화려한 monumental 기념비적인
nonetheless 그래도, 그럼에도 불구하고
take for granted ~을 당연하게 여기다

---

08 독해 빈칸 완성 - 구   난이도 하 ●○○

밑줄 친 부분에 들어갈 말로 가장 적절한 것은?

Sometimes it feels like I can't get anything done or nothing I do works out. When I am feeling low like this, I think about what my father taught me to help boost my self-esteem. He told me to remember _____ _____. It seems easy enough, but usually it is our failed attempts and abandoned pursuits that remain at the forefront of our minds. So I look back and recall all the things I was able to pull off. I remind myself that I started waking up 15 minutes earlier every day, finished reading a difficult book, and learned how to play chess. Perhaps these past triumphs are not particularly extravagant or monumental, but they are my victories nonetheless.

① the smaller pleasures that life offers
② things in my life I take for granted
③ the importance of following my dreams
④ everything I've accomplished so far

해석

나는 가끔 내가 아무것도 할 수 없다거나, 내가 하는 것마다 잘되지 않는 것처럼 느낀다. 내가 이렇게 무기력할 때에, 나는 우리 아버지가 나의 자부심을 북돋우기 위해 나에게 가르쳐 주었던 것에 대해 생각한다. 그는 나에게 내가 지금까지 이뤄낸 모든 것을 기억하라고 말했다. 이것은 충분히 쉬워 보이지만, 우리 마음의 중심에 남아 있는 것들은 보통 우리가 실패한 시도나 포기한 일들이다. 그래서 나는 과거를 돌아보며 내가 해낼 수 있었던 모든 일들을 기억해낸다. 내가 매일 아침 15분씩 일찍 일어나기 시작했던 것, 어려운 책 읽기를 끝냈던 것, 그리고 체스를 하는 방법을 배웠던 것을 스스로에게 상기시킨다. 아마 이러한 과거의 성공들이 특별히 엄청나거나 기념비적이지는 않겠지만, 그래도 그것들은 나의 승리들이다.

① 삶이 주는 작은 기쁨들
② 삶에서 내가 당연하게 여겼던 것들
③ 내 꿈을 좇는 것의 중요성
④ 내가 지금까지 이뤄낸 모든 것

포인트 해설

빈칸 뒷부분에서 우리 마음에 남아 있는 것들은 보통 우리가 실패한 시도나 포기한 일들이기 때문에, 화자는 과거를 돌아보며 해낼 수 있었던 모든 일들을 기억해내려고 한다고 했으므로, 아버지로부터 '자신이 지금까지 이뤄낸 모든 것'을 기억하라는 얘기를 들었다고 한 ④번이 정답이다.

정답 ④

---

09 독해 문장 삽입   난이도 중 ●●○

주어진 문장이 들어갈 위치로 가장 적절한 것은?

This is because the self-imposed restrictions result in an extremely limited dietary intake, and sufferers often develop malnutrition and other medical issues.

Orthorexia nervosa is a condition in which a person becomes overly preoccupied with consuming "clean" food. (①) Those with this excessive fixation limit themselves to foods that are completely uncontaminated, with no artificial ingredients, colors, or preservatives. (②) In addition, they also refrain from eating anything genetically modified or which may have come into contact with pesticides. (③) While limiting oneself to such foods may seem like a harmless obsession, experts warn that it is just as unhealthy as any other eating disorder. (④)

해석

이것은 자진해서 하는 제약이 극도로 제한된 음식물의 섭취를 초래하며, 환자들에게 종종 영양실조나 다른 의학적 문제들이 생기기 때문이다.

건강 식품 탐욕증이란 사람이 '깨끗한' 음식을 먹는 것에 과도하게 몰두하게 되는 질환이다. ① 이 지나친 집착증이 있는 사람들은 인공 재료, 색소, 또는 방부제가 들어 있지 않은, 완전히 오염되지 않은 음식들로 스스로를 제한한다. ② 게다가, 그들은 유전자가 조작되었거나 농약과 접촉했을 수도 있는 어떤 것도 먹는 것을 자제한다. ③ 이런 음식들로 스스로를 제한하는 것은 무해한 강박처럼 보일 수도 있지만, 전문가들은 이것이 다른 어떤 식이 장애만큼이나 건강에 해로울 뿐이라고 경고한다. ④

포인트 해설

④번 앞 문장에서 전문가들은 유전자가 조작되었거나 농약과 접촉했을 수도 있는 모든 음식들을 먹지 않으려고 하는 등의 강박이 다른 식이 장애만큼이나 건강에 해롭다고 경고한다고 했으므로, ④번 자리에 이것(This)은 환자들이 제한된 음식물만을 섭취함으로써 다른 의학적 문제가 생기기 때문이라는 내용, 즉 건강 식품 탐욕증을 전문가들이 건강에 해롭다고 생각하는 이유를 설명하는 주어진 문장이 들어가야 지문의 흐름이 자연스럽게 연결된다.

정답 ④

어휘

self-imposed 자진해서 하는 restriction 제약 dietary 음식물의
intake 섭취 malnutrition 영양실조 preoccupy 몰두하게 하다
consume 먹다, 소비하다 excessive 지나친, 과도한 fixation 집착증
uncontaminated 오염되지 않은 artificial 인공의, 인위적인
ingredient 재료 preservative 방부제; 보존력이 있는 refrain 자제하다
genetically modified 유전자가 조작된 pesticide 농약
obsession 강박, 집착 eating disorder 식이 장애

---

10 독해 내용 불일치 파악   난이도 중 ●●○

다음 글의 내용과 일치하지 않는 것은?

> By examining human brain size along with data on group size, anthropologist Robin Dunbar discovered that the maximum number of social connections the average person can manage is 150. But that does not necessarily mean that one can realistically maintain 150 genuine relationships. After all, nurturing strong bonds with others requires a certain amount of time, effort, and resources. Dunbar further observed that people form the closest relationships with a mere 3 percent of their entire network. What does this imply for the average Facebook user who has hundreds of online friends? While our social networks have seemingly expanded across the online universe, our brains have not grown as quickly. Therefore, one should theoretically be able to count on one hand the number of Facebook "friends" who are true friends.

① Maintaining more than 150 relationships is biologically difficult for human beings.

② The number of genuine connections a person possesses depends on brain size.

③ Social networks are growing faster than our brains have been able to keep up with.

④ An intimate relationship is most likely not forged with a majority of one's Facebook friends.

해석

인간의 뇌 크기를 집단 규모에 대한 자료와 함께 조사함으로써, 인류학자 Robin Dunbar는 평범한 사람이 감당할 수 있는 사회적 관계의 최대 수가 150명이라는 것을 발견했다. 그러나 그것이 꼭 한 사람이 현실적으로 150개의 진실한 관계를 유지할 수 있음을 의미하는 것은 아니다. 결국, 다른 사람들과의 강한 유대감을 키우는 것은 일정량의 시간, 노력, 그리고 자질을 필요로 한다. Dunbar는 더 나아가 사람들이 전체 관계망 중에서 단 3퍼센트와 가장 긴밀한 관계를 형성한다는 것을 알아냈다. 이것이 수백 명의 온라인 친구들이 있는 평범한 페이스북 사용자에게 시사하는 바는 무엇일까? 우리의 사회적 관계망이 온라인 세계 전반에 걸쳐 확장된 것처럼 보이지만, 우리의 뇌는 그렇게 빠르게 성장하지 못했다. 따라서, 이론상으로 진정한 친구인 페이스북 '친구'들의 수는 한 손으로 셀 수 있어야 한다.

① 150개 이상의 관계를 유지하는 것은 인간에게 생물학적으로 어렵다.

② 한 사람이 가진 진실한 관계의 수는 뇌의 크기에 달려 있다.

③ 사회적 관계망은 우리의 뇌가 따라잡을 수 있었던 것보다 더 빠르게 커지고 있다.

④ 친밀한 관계는 대다수의 페이스북 친구들과는 구축되지 않을 가능성이 높다.

포인트 해설

②번의 키워드인 genuine connections(진실한 관계)를 바꾸어 표현한 strong bonds with others(다른 사람들과의 강한 유대감) 주변의 내용에서 다른 사람들과의 강한 유대감을 키우는 것은 일정량의 시간, 노력, 자질을 필요로 한다고 했으므로, ② '한 사람이 가진 진실한 관계의 수는 뇌의 크기에 달려 있다'는 지문의 내용과 다르다.

정답 ②

어휘

anthropologist 인류학자 genuine 진실한, 진짜의
nurture 키우다, 조성하다 bond 유대감; 결합시키다
resource 자질, 정신적 능력 imply 시사하다, 포함하다
theoretically 이론상으로 keep up with ~을 따라잡다, 쫓아가다
intimate 친밀한 forge 구축하다

구문 분석

(생략) nurturing strong bonds with others / requires / a certain amount of time, effort, and resources.
: 이처럼 동명사구(nurturing ~ others)가 주어 자리에 온 경우, '~하는 것은' 또는 '~하기는'이라고 해석한다.

🢒 해커스 공무원시험연구소 총평

난이도	익숙하지 않은 가정법 문법 포인트와 '빈칸 완성 - 연결어' 유형이 등장하여, 다른 회차들보다 풀이 시간이 더 소요되었을 수 있습니다.
어휘·생활영어 영역	빈칸에 적절한 형용사를 찾는 문제에서는 빈칸이 수식하고 있는 대상과 어울릴 법한 형용사들이 오답 보기로 등장할 수 있으므로, 고른 정답을 빈칸에 넣어 보고 전체 문맥을 확인하는 훈련이 필요합니다.
문법 영역	가정법은 특히 9급 지방직에서 자주 등장해 온 문법 포인트입니다. 가정법 미래/과거/과거완료의 기본 형태에서부터 3번 문제에 쓰인 가정법 도치까지 암기가 꼭 필요한 포인트이므로, 확실하게 알고 있는지 확인하고 넘어 갑니다.
독해 영역	8번과 같이 빈칸에 적절한 연결어를 찾는 문제는 무엇보다 빈칸 앞뒤 문장 사이의 논리적 관계를 파악하는 것이 중요합니다. 또한 보기로 자주 등장하는 연결어들을 미리 파악해 두면, 보다 쉽게 정답을 고를 수 있습니다.

🢒 정답

01	③	어휘	06	①	독해
02	④	문법	07	④	독해
03	③	문법	08	③	독해
04	①	생활영어	09	③	독해
05	②	독해	10	③	독해

🢒 취약영역 분석표

영역	맞힌 답의 개수
어휘	/ 1
생활영어	/ 1
문법	/ 2
독해	/ 6
TOTAL	/ 10

---

01 | 어휘 persuasive 난이도 중 ●●○

밑줄 친 부분에 들어갈 말로 가장 적절한 것은?

> Thanks to his _____ sales techniques, the man was able to get the couple to buy more souvenirs than they planned.

① vague
② clumsy
③ persuasive
④ inadequate

해석

그의 설득력 있는 판매 기술 덕분에, 그 남자는 그 부부가 자신들이 계획했던 것보다 훨씬 더 많은 기념품을 구매하게 할 수 있었다.

① 모호한
② 서투른
③ 설득력 있는
④ 부적절한

정답 ③

어휘

souvenir 기념품 vague 모호한 clumsy 서투른 persuasive 설득력 있는
inadequate 부적절한

🖊️ **이것도 알면 합격!**

'설득력 있는'의 의미를 갖는 유의어
= convincing, compelling, credible

---

02 | 문법 동사의 종류 | 시제 | 수동태 | 대명사 난이도 중 ●●○

밑줄 친 부분 중 어법상 옳지 않은 것은?

> Schizophrenia is a psychological disorder that has long ① been misunderstood, puzzling scientists. Now studies have proposed ② that schizophrenia may not be a condition ③ in itself but rather a combination of multiple disorders acting at the same time to ④ result the symptoms that complicate its treatment.

해석

정신분열증은 오랫동안 오해받아 온 정신 장애로 과학자들을 어리둥절하게 만들었다. 오늘날 연구들은 정신분열증이 그 자체로 하나의 병이라기보다, 그것의 치료를 복잡하게 만드는 증상들을 야기하는 방식으로 동시에 작용하는, 다양한 장애들의 결합일지 모른다고 제안했다.

포인트 해설

④ **자동사** 동사 result는 전치사(in) 없이 목적어(the symptoms)를 취할 수 없는 자동사이므로 the symptoms 앞의 result를 result in으로 고쳐야 한다.

[오답 분석]

① 현재완료 시제 | 능동태·수동태 구별 문맥상 '정신분열증은 오랫동안 오해받아 왔다'라는 의미가 되어야 자연스러우므로 과거에 시작된

일이 현재까지 계속되고 있음을 표현하는 현재완료 시제가 쓰여야 한다. 이때 선행사(a psychological order)와 관계절의 동사가 '정신분열증이 오해받다'라는 의미의 수동 관계이므로 has와 함께 현재완료 수동태를 완성하는 been misunderstood가 올바르게 쓰였다.

② 타동사 3형식 동사 propose의 목적어 자리에 that절(that ~ treatment)을 이끄는 명사절 접속사 that이 올바르게 쓰였다.

③ 재귀대명사 '자체로'는 재귀대명사 관련 관용 표현 'in itself'를 사용하여 나타낼 수 있으므로 in itself가 올바르게 쓰였다.

정답 ④

어휘

psychological 정신의 disorder 장애, 무질서 misunderstand 오해하다
puzzle 어리둥절하게 만들다 symptom 증상 complicate 복잡하게 만들다
treatment 치료, 대우

이것도 알면 합격!

③번 문장의 in itself(자체로)와 같은 재귀대명사 관용 표현을 알아 두자.

- by oneself 홀로, 혼자 힘으로
- in spite of oneself 자기도 모르게
- by itself 저절로
- for oneself 자기를 위하여, 혼자 힘으로
- beside oneself 이성을 잃고, 흥분하여

---

03 문법 가정법 난이도 상 ●●●

밑줄 친 부분에 들어갈 말로 가장 적절한 것은?

_____ the weather turn severe, we may need to postpone the outdoor event for safety reasons.

① If
② Because
③ Should
④ That

해석

혹시라도 만약 날씨가 험해지면, 저희는 안전상의 이유로 야외 행사를 연기해야 할지도 모릅니다.

포인트 해설

③ 가정법 도치 문맥상 '혹시라도 만약 날씨가 험해지면'이라는 의미가 되어야 자연스럽고, 주절에 가능성이 희박한 미래의 상황을 가정하는 가정법 미래 '주어 + may + 동사원형'이 왔으므로 if절에도 가정법 미래 'If + 주어 + should + 동사원형' 형태가 와야 한다. 이때, if절에 if가 생략되면 주어와 동사의 자리가 바뀌므로 ③ Should가 정답이다. 참고로, 부사절 접속사인 ① If, ② Because도 주절 앞에서 부사절을 이끌 수 있지만, 그 경우 주어 자리에 온 단수 명사 the weather에 대해 복수 동사 turn이 올 수 없으므로 정답이 될 수 없다.

정답 ③

어휘

severe 험한, 가혹한 postpone 연기하다

이것도 알면 합격!

if절에서 if가 생략된 가정법 Were it not for와 Had it not been for도 함께 알아 두자.

가정법 과거	If it were not for(→ Were it not for) + 명사, 주어 + would/should/could/might + 동사원형 만약 ~가 없다면/~가 아니라면 -할 텐데
가정법 과거완료	If it had not been for(→ Had it not been for) + 명사, 주어 + would/should/could/might + have p.p 만약 ~가 없었다면/~가 아니었다면 -했을 텐데

---

04 생활영어 If you had contacted me, I would have come to help. 난이도 하 ●○○

밑줄 친 부분에 들어갈 말로 가장 적절한 것은?

A: Did you have a good time last Saturday night?
B: I did, until I wanted to go home. It took a long time.
A: What do you mean? Did you have trouble?
B: My brother said he would pick me up, but he forgot and fell asleep. I was left alone.
A: Oh no. _____
B: I appreciate the offer. But it would have been too late to wake you up.

① If you had contacted me, I would have come to help.
② You must advise your brother to keep his promises.
③ You should have thought of a way to get home by yourself.
④ It's better not to make plans at such a late hour.

해석

A: 지난 토요일 밤에 좋은 시간 보냈어?
B: 응, 집에 가려고 하기 전까지는. 집에 가는 데 정말 오래 걸렸거든.
A: 무슨 뜻이야? 무슨 문제가 있었어?
B: 남동생이 나를 태우러 오겠다고 했는데, 그가 잊어버리고 잠들었어. 나는 홀로 남겨졌지.
A: 저런. 내게 연락했더라면, 내가 도우러 갔을 텐데.
B: 제안 고마워. 그렇지만 너를 깨우기에는 너무 늦은 시간이었을 거야.

① 내게 연락했더라면, 내가 도우러 갔을 텐데.
② 너는 네 동생에게 약속을 지키라고 충고해야 해.
③ 너는 스스로 집에 갈 방법을 생각해내야 했어.
④ 그렇게 늦은 시간에는 약속을 잡지 않는 게 좋겠어.

포인트 해설

지난 토요일 밤 집에 데려다주기로 한 남동생이 오지 않아 약속 장소에 홀로 남겨졌다는 B의 설명에 대해 A가 말하고, 빈칸 뒤에서 다시 B가 I appreciate the offer. But it would have been too late to wake you up(제안 고마워. 그렇지만 너를 깨우기에는 너무 늦은 시간이었을 거야)이라고 말하고 있으므로, '내게 연락했더라면, 내가 도우러 갔을 텐데'라는

의미의 ① 'If you had contacted me, I would have come to help' 가 정답이다.

어휘

pick up (차에) 태우러 가다

05~06 다음 글을 읽고 물음에 답하시오.

To	Reservations@HorizonTours.com
From	StevenHolt@CentervilleCity.com
Date	June 22
Subject	Trip to Osaka

B I U T ✏ A T ⊕ 🔗 🖼 📋 ≣ ≡ ↺ ↻ ⟨⟩

Dear Sir,

I am writing to inquire about travel options for a conference in Osaka.

We will need to make airline and hotel reservations for ten city officials. They will depart on August 10 and return on August 16. Any class of seating for the flights will be suitable. They will also require hotel rooms for this period. Two people will share each room, so five double rooms are needed.

Because they will be conducting city business while there, the hotel must have meeting rooms available, as well as a business center with access to printers. In addition, we would like to offer some types of tours or activities to the travelers on the weekend.

Could you please create a list of options and an <u>estimate</u> for each?

I thank you in advance for your help.

Regards,
Steven Holt, City Administrator

해석

수신: Reservations@HorizonTours.com
발신: StevenHolt@CentervilleCity.com
날짜: 6월 22일
제목: 오사카로의 여정

담당자분께,

저는 오사카에서 열리는 회의를 위한 여정 선택지에 대해 문의하기 위해 이 글을 씁니다.

저희는 열 명의 시 공무원을 위한 항공사와 호텔을 예약해야 합니다. 그들은 8월 10일에 출발하여 8월 16일에 돌아올 예정입니다. 항공편에 대한 어떠한 좌석 등급도 괜찮을 것입니다. 그들은 또한 이 기간 동안 호텔 객실을 필요로 합니다. 두 명이 각 방을 공유할 것이기 때문에, 다섯 개의 2인실이 필요합니다.

그들이 그곳에 있는 동안 시의 업무를 수행하고 있을 것이기 때문에, 호텔에는 이용 가능한 회의실뿐만 아니라, 프린터에 접근이 가능한 비즈니스 센터도 있어야 합니다. 추가로, 저희는 출장 대상자들에게 주말에 몇 가지 종류의 투어나 활동을 제공하고자 합니다.

선택지 목록과 선택지 각각에 대한 견적을 작성해 주시겠습니까?

도움을 주신 데 미리 감사드립니다.

안부를 전하며,
Steven Holt, 시 관리자

어휘

inquire 문의하다   conference 회의, 학회   depart 출발하다, 떠나다
conduct 수행하다   estimate 견적, 평가; 예상하다, 추정하다, 평가하다

---

05 독해 목적 파악   난이도 하 ●○○

위 이메일의 목적으로 가장 적절한 것은?

① 오사카에서 열리는 축제에 대한 정보를 요청하려고
② 예약 가능한 항공편과 숙소의 견적을 확인하려고
③ 회의를 위해 비즈니스 센터 대관이 가능한지 문의하려고
④ 해외 컨퍼런스 초청에 참석 의사를 전달하려고

포인트 해설

지문 처음에서 오사카에서 열리는 회의를 위한 항공사와 호텔 선택지에 대해 문의한다고 하고, 지문 뒷부분에서 선택지 목록과 선택지 각각에 대한 견적 작성을 요청하고 있다. 따라서 ② '예약 가능한 항공편과 숙소의 견적을 확인하려고'가 이 글의 목적이다.

정답 ②

---

06 독해 유의어 파악   난이도 중 ●●○

밑줄 친 "estimate"의 의미와 가장 가까운 것은?

① projection   ② judgment
③ guess   ④ measurement

해석

① 견적   ② 판단
③ 추측   ④ 측정

포인트 해설

밑줄 친 부분이 포함된 문장에서 estimate는 문맥상 선택지 목록과 선택지 각각에 대한 '견적'이라는 의미로 쓰였으므로, '견적'이라는 의미의 ① projection이 정답이다.

정답 ①

어휘

projection 견적, 예상   judgment 판단, 심사   guess 추측; 추측하다
measurement 측정

07 독해 내용 일치 파악   난이도 중 ●●○

Department of Audit and Review에 관한 다음 글의 내용과 일치하는 것은?

Department of Audit and Review: The Nation's Financial Oversight Authority

---

The DAR is the national agency in charge of monitoring the performance of government institutions. It periodically reviews the revenue and spending records of these entities. When potential discrepancies are detected, the DAR can request audits of financial records from the previous five years. Based on the results of the audit, the DAR may require corrections to forms or administer disciplinary actions, which include fines or employee dismissal. The other core function of the DAR is the evaluation of the operational performance of employees and management in government organizations. The DAR maintains the authority to hold additional training seminars when improvements are deemed necessary.

① It reviews the sources of expenditures upon request.
② It can request financial statements from any year.
③ It has the power to pause hiring new employees as a punishment.
④ It has the right to organize training sessions when required.

해석

감사검토부: 국가의 재정 감독 당국

감사검토부는 정부 기관들의 성과의 추적 관찰을 담당하는 국가 기관입니다. 그것은 이러한 기관들의 세입 및 지출 기록을 주기적으로 검토합니다. 잠재적 불일치가 감지되면, 감사검토부는 이전 5년간의 재무 기록에 대한 감사를 요청할 수 있습니다. 감사 결과에 기반하여, 감사검토부는 양식에 시정을 요청하거나 벌금 또는 직원 해고를 포함하는 징계 조치를 집행할 수 있습니다. 감사검토부의 다른 핵심 기능은 정부 조직 내에서 직원과 경영진의 운영 성과에 대한 평가입니다. 감사검토부는 개선이 필요하다고 간주될 때 추가 교육 세미나를 개최할 권한을 보유합니다.

① 그것은 요청 시에 지출의 출처를 검토한다.
② 그것은 어느 해의 재무제표든지 요청할 수 있다.
③ 그것은 처벌로써 신규 직원의 고용을 중단할 권한을 가지고 있다.
④ 그것은 필요한 경우 교육 과정을 준비할 권리가 있다.

포인트 해설

④번의 키워드인 training sessions(교육 과정)를 바꾸어 표현한 지문의 training seminars(교육 세미나) 주변의 내용에서 감사검토부는 개선이 필요하다고 간주되는 경우 추가 교육 세미나를 개최할 권한을 보유한다고 했으므로, ④ '그것은 필요한 경우 교육 과정을 준비할 권리가 있다'가 지문의 내용과 일치한다.

[오답 분석]

① 감사검토부는 정부 기관들의 세입 및 지출 기록을 주기적으로 검토한다고 했으므로, 그것이 요청 시에 지출의 출처를 검토한다는 것은 지문의 내용과 다르다.
② 감사검토부는 이전 5년간의 재무 기록에 대한 감사를 요청할 수 있다고 했으므로, 그것이 어느 해의 재무제표든지 요청할 수 있다는 것은 지문의 내용과 다르다.
③ 감사검토부가 감사 결과에 따라 직원 해고를 포함하는 징계 조치를 집행할 수 있다고는 했지만, 그것이 처벌로써 신규 직원의 고용을 중단할 권한을 가지고 있는지는 알 수 없다.

정답 ④

어휘

audit 감사; 감사하다   oversight 감독   authority 당국, 권한
in charge of ~을 담당하는   periodically 주기적으로   revenue 세입, 수익
entity 기관, 주체   potential 잠재적인; 가능성   discrepancy 불일치
detect 감지하다, 발견하다   correction 시정, 정정   administer 집행하다
disciplinary 징계의   fine 벌금   dismissal 해고   evaluation 평가
operational 운영의   deem 간주하다   expenditure 지출
financial statement 재무제표   pause 중단하다   hire 고용하다
organize 준비하다, 조직하다

08 독해 빈칸 완성 – 연결어   난이도 중 ●●○

밑줄 친 (A), (B)에 들어갈 말로 가장 적절한 것은?

Scarcity is a fundamental concept in economics that concerns the limitation of resources in a way that the diverse needs and wants of humans cannot be adequately fulfilled. It has a direct influence on the market in addition to consumer purchasing. ___(A)___, a scarce product in the winter can be cherries because they cannot be grown in cold weather. If shoppers want them when they are scarce, their value will rise accordingly. Those who sell cherries also know this and increase prices to take advantage of the situation. Consumers will then have to decide whether they are willing to purchase the fruit at a higher price. ___(B)___, shoppers may opt not to buy them at all and get something else. Cherries are a simple illustration, but economists apply the idea of scarcity to all resources that cannot be obtained easily.

	(A)	(B)
①	For this reason	Specifically
②	Above all	Generally
③	For instance	Conversely
④	As a result	Otherwise

해석

희소성은 인간의 다양한 필요와 욕구가 충분히 충족될 수 없다는 면에서 자원의 한정과 관련 있는 경제학의 핵심적인 개념이다. 그것은 소비자의 구매뿐만 아니라 시장에 직접적인 영향을 미친다. (A) 예를 들어, 겨울에 희귀한 상품은 체리일 수 있는데, 이는 그것들이 추운 날씨에는 재배될 수 없기

때문이다. 만약 그것들이 희귀할 때 구매자들이 그것들을 원한다면, 그것들의 가치는 그에 따라 상승할 것이다. 체리를 판매하는 사람들 역시 이것을 알고 그 상황을 이용하기 위해 가격을 인상한다. 그렇게 되면 소비자들은 그 과일을 더 높은 가격에 기꺼이 구입할 것인지를 결정해야 할 것이다. (B) 반대로, 구매자들은 그것을 아예 구입하지 않는 것을 선택하고 다른 것을 살 수도 있다. 체리는 간단한 예이지만, 경제학자들은 희소성의 개념을 쉽게 얻어질 수 없는 모든 재화에 적용한다.

	(A)	(B)
①	이런 이유 때문에	구체적으로 말하면
②	무엇보다도	일반적으로
③	예를 들어	반대로
④	결과적으로	그렇지 않으면

포인트 해설

(A) 빈칸 앞 문장은 희소성이 소비자와 시장에 직접적인 영향을 미친다는 내용이고, 빈칸 뒷부분은 체리가 희귀한 겨울에 그것을 원하는 구매자들이 늘어난다면 체리의 가치는 상승할 것이라는, 자원의 희소성에 대한 예를 보여주는 내용이다. 따라서 빈칸에는 예시를 나타내는 연결어인 For instance(예를 들어)가 들어가야 한다.
(B) 빈칸 앞 문장은 판매자가 체리의 가격을 인상하면 소비자는 그것을 더 높은 가격에 구입할지 여부를 결정해야 한다는 내용이고, 빈칸 뒤 문장은 구매자들이 체리를 구입하지 않고 다른 것을 살 수 있다는 대조적인 내용이다. 따라서 빈칸에는 대조를 나타내는 연결어인 Conversely(반대로)가 들어가야 한다.

정답 ③

어휘

scarcity 희소성, 결핍 fundamental 핵심적인 limitation 한정, 제한
diverse 다양한 adequately 충분히, 적절히 fulfill 충족시키다, 실현하다
accordingly 그에 따라 take advantage of ~을 이용하다
be willing to 기꺼이 ~하다 opt 선택하다 illustration 예, 보기
obtain 얻다, 획득하다 specifically 구체적으로 말하면
generally 일반적으로 conversely 반대로

구문 분석

Those / who sell cherries / also know this and increase prices / to take advantage of the situation.
: 이처럼 지시대명사 those가 뒤에서 수식어(관계절, 전치사구, 분사)의 꾸밈을 받는 경우 '~한 사람들'이라는 뜻으로 해석할 수 있다.

---

09 독해 내용 불일치 파악   난이도 중 ●●○

다음 글의 내용과 일치하지 않는 것은?

The Black Death was one of the most catastrophic pandemics in documented human history, killing roughly 25 million people in Europe alone during the 14th century. Scientists now know that it was caused by an airborne bacterium that can be transmitted from person to person. But back then, the lack of a medical explanation, much less a cure, led to people trying anything to avoid illness. Some carried around sweet-smelling flowers or herbs, thinking it would help keep the disease away. Meanwhile, a group believed that God was punishing them for their sins, so they whipped themselves in public for 33 days, hoping to receive forgiveness. After the outbreak subsided, societies were in chaos, and it took Europe more than a century to recover.

① The Black Death severely affected European societies during the 14th century.
② The disease could be transferred from one person to the next through the air.
③ Some people consumed sweet-smelling plants because it was believed to help.
④ A religious group practiced self-punishment in an attempt to avoid getting sick.

해석

14세기 동안 유럽에서만 대략 2,500만 명의 목숨을 앗아간 흑사병은 기록된 인류의 역사상 가장 비극적인 전 세계적 유행병 중 하나였다. 오늘날 과학자들은 그것이 사람에서 사람으로 전염될 수 있는, 공기로 운반되는 세균에 의해 야기되었다는 것을 알고 있다. 그러나 당시에는 치료법은커녕, 의학적 설명의 부족은 사람들이 질병을 피하기 위해 무엇이든 시도하게 했다. 어떤 사람들은 달콤한 향이 나는 꽃이나 약초가 질병을 멀리하는 데 도움이 될 것이라고 생각하며 그것을 들고 다녔다. 한편, 한 집단은 신이 그들의 죄 때문에 그들을 벌하고 있는 것이라고 믿어서, 용서를 받길 바라며 33일 동안 사람들이 있는 곳에서 스스로를 채찍질했다. 발병이 진정된 후, 사회는 혼란에 빠졌고 유럽이 회복하는 데는 한 세기 이상의 시간이 걸렸다.

① 흑사병은 14세기 동안 유럽 사회에 큰 영향을 주었다.
② 그 질병은 공기를 통해 한 사람에게서 옆 사람으로 전염될 수 있었다.
③ 어떤 사람들은 달콤한 향의 식물이 도움이 된다고 믿어서 그것을 먹었다.
④ 한 종교 집단은 병에 걸리는 것을 피하려는 시도로 자기 체벌을 행했다.

포인트 해설

③번의 키워드인 sweet-smelling plants(달콤한 향의 식물)을 바꾸어 표현한 지문의 sweet-smelling flowers or herbs(달콤한 향이 나는 꽃이나 약초) 주변의 내용에서 어떤 사람들은 달콤한 향이 나는 꽃이나 약초가 질병을 멀리하는 데 도움이 될 것이라고 생각하며 그것을 들고 다녔다고는 했지만, ③ '어떤 사람들은 달콤한 향의 식물이 도움이 된다고 믿어서 그것을 먹었'는지는 알 수 없다.

정답 ③

어휘

catastrophic 비극적인, 파멸의 pandemic 전 세계적인 유행병
document 기록하다; 기록 roughly 대략, 거칠게 airborne 공기로 운반되는
transmit 전염시키다, 전송하다 explanation 설명 cure 치료(법); 치료하다
keep away ~을 멀리하다 sin 죄 whip 채찍질하다, 홱 잡아채다
forgiveness 용서 outbreak 발병, 발생, 발발 subside 진정되다, 가라앉다
severely 크게, 심각하게 transfer 전염시키다, 이동시키다
consume 먹다, 소비하다

어휘

magnificent 웅장한, 훌륭한 date back to 역사가 ~까지 거슬러 올라가다
extend 뻗다 be made up of ~으로 구성되다 combine 결합하다
invasion 침략, 침입 regulate 규제하다, 조절하다 architectural 건축상의
erosion 부식, 침식 urgently 신속하게 extensive 대규모의, 광범위한
maintenance 보수, 유지 restore 회복시키다, 되찾게 하다 fame 명성
adaptation 적응, 각색 liberty 자유

---

10 독해 빈칸 완성 – 단어 난이도 하 ●○○

밑줄 친 부분에 들어갈 말로 가장 적절한 것은?

The Great Wall of China is considered to be one of the world's most magnificent structures. Parts of the wall date back to the 7th century BC. The wall extends across northern China from Shanhaiguan to Lop Lake, and is actually made up of several smaller ones that were combined to protect the Chinese from invasion, as well as to regulate trade. Today, tourists all over the world are drawn to one of mankind's greatest architectural achievements. However, erosion has damaged the structure, and it urgently needs _____. With large sections of the wall near Beijing being almost completely destroyed, they will require extensive maintenance to be restored to their former glory.

① fame
② adaptation
③ repair
④ liberty

해석

중국의 만리장성은 세계에서 가장 웅장한 건축물 중 하나로 여겨진다. 성벽의 일부는 그 역사가 기원전 7세기까지 거슬러 올라간다. 성벽은 Shanhaiguan부터 Lop 호수까지 중국 북부에 걸쳐 뻗어 있고, 실제로는 중국인들을 침략으로부터 지키기 위해서뿐만 아니라, 무역을 규제하기 위해 결합된 여러 개의 더 작은 성벽들로 구성되어 있다. 오늘날 전 세계의 관광객들은 인류의 가장 위대한 건축상의 업적 중 하나(만리장성)에 끌린다. 하지만, 부식이 그 구조물에 손상을 주었고, 그것은 수리를 신속하게 필요로 한다. 베이징 인근에 있는 성벽의 많은 부분이 거의 완전히 부서지면서, 그것이 이전의 영광을 회복하기 위해서는 대규모의 보수가 필요할 것이다.

① 명성
② 적응
③ 수리
④ 자유

포인트 해설

빈칸이 있는 문장에서 부식이 그 구조물에 손상을 주었다고 하고, 빈칸 뒤 문장에 만리장성이 이전의 영광을 되찾기 위해서는 대규모의 보수가 필요할 것이라는 내용이 있으므로, 만리장성이 '수리'를 필요로 한다고 한 ③번이 정답이다.

정답 ③

◈ 해커스 공무원시험연구소 총평

난이도	표현이 출제된 1번 어휘 문제를 제외하고는 평이하게 풀어낼 수 있는 회차였습니다.
어휘·생활영어 영역	생활영어 영역에서는 전체 대화의 길이가 길어지는 추세이므로, 보다 집중하여 대화의 흐름을 놓치지 않고 읽는 것이 중요합니다.
문법 영역	2번 문제의 명사절 접속사 포인트는 기본 이론을 잘 정리해 두면 독해 영역에서의 해석에도 크게 도움될 것입니다.
독해 영역	5, 7번과 같이 두 개 이상의 단락으로 구성된 지문에서 주제·제목·목적·요지 등을 찾는 문제의 경우, 지문 앞부분에 중심 내용이 있을 가능성이 높으므로 이에 유의하여 읽습니다.

◈ 정답

01	②	어휘	06	④	독해
02	④	문법	07	②	독해
03	③	문법	08	④	독해
04	③	생활영어	09	③	독해
05	②	독해	10	①	독해

◈ 취약영역 분석표

영역	맞힌 답의 개수
어휘	/ 1
생활영어	/ 1
문법	/ 2
독해	/ 6
TOTAL	/ 10

01 　어휘 attribute A to B 　　난이도 상 ●●●

밑줄 친 부분에 들어갈 말로 가장 적절한 것은?

A lot of the bank's issues _____ the struggling economy, but the main reason was actually mismanagement of finances by its administrators.

① were entitled to
② were attributed to
③ were distinguished from
④ were substituted with

해석

그 은행의 수많은 문제들은 경기 침체의 <u>탓으로 여겨졌</u>지만, 주된 원인은 사실 관리자들의 잘못된 재정 운영이었다.

① ~의 자격을 얻었다
② ~의 탓으로 여겨졌다
③ ~와 구별되었다
④ ~로 대체되었다

정답 ②

어휘

struggling economy 경기 침체 　mismanagement 잘못된 운영
administrator 관리자, 행정인 　entitle A to B A에게 B의 자격을 주다
attribute A to B A를 B의 탓으로 돌리다
distinguish A from B A와 B를 구별하다
substitute A with B A를 B로 대체하다

🖋 이것도 알면 **합격!**

전치사 to와 함께 쓰이는 숙어 표현

· appeal to ~에 호소하다
· identical to ~와 똑같은
· sensitive to ~에 민감한
· exposure to ~에의 노출

02 　문법 명사절 　　난이도 중 ●●○

밑줄 친 부분에 들어갈 말로 가장 적절한 것은?

_____ the economy is recovering faster than expected gives hope to many small business owners.

① If
② Which
③ What
④ That

해석

예상되었던 것보다 경제가 더 빠르게 회복하고 있다는 것은 다수의 소상공인들에게 희망을 준다.

포인트 해설

④ **명사절 접속사** 빈칸은 완전한 절(the economy ~ expected)을 이끌면서 문장의 동사 gives의 주어 자리에 올 수 있는 명사절 접속사의

자리이다. 불완전한 절을 이끄는 의문사 ② Which와 명사절 접속사 ③ What은 정답이 될 수 없고, if가 이끄는 명사절은 문장의 주어로 쓰일 수 없으므로 ① If도 정답이 될 수 없다. 따라서 완전한 절을 이끌면서 문장에서 주어 역할을 할 수 있는 명사절 접속사 ④ That이 정답이다.

정답 ④

이것도 알면 합격!

한편, that이 이끄는 명사절의 경우 전치사의 목적어로는 쓰일 수 없다는 것도 함께 알아 두자.

· I didn't know (**that**, ~~about that~~) the train had been delayed.
나는 그 열차가 지연되었다는 것을 알지 못했다.

---

03 문법 시제 | 조동사 | to 부정사 | 대명사 난이도 중 ●●○

밑줄 친 부분 중 어법상 옳지 않은 것은?

> Theater operators may well ① <u>rely on</u> a film's popularity when deciding which movies to screen. If there is strong demand for it when it opens, theaters prepare ② <u>for demand</u> to continue over the next several weeks, and so it remains in theaters. Conversely, if a film ③ <u>will do</u> poorly at first, it will soon be replaced by a more profitable ④ <u>one</u>.

해석

극장 운영자는 어떤 영화를 상영할지 결정할 때 영화의 인기에 의존하는 게 당연하다. 영화가 개봉했을 때 그것에 대한 상당한 수요가 있다면, 극장들은 수요가 다음 몇 주 동안은 계속될 것을 준비하고, 그래서 그 영화는 극장에 계속 남게 된다. 반대로, 어떤 영화가 초반에 잘 되지 않는다면, 그것은 보다 수익성이 있는 영화들에 의해 곧 대체될 것이다.

포인트 해설

③ 현재 시제 조건을 나타내는 부사절(if a film ~ at first)에서는 미래를 나타내기 위해 미래 시제 대신 현재 시제를 써야 하므로 미래 시제 will do를 현재 시제 does로 고쳐야 한다.

[오답 분석]

① 조동사 관련 표현 조동사 관련 숙어 may well(~하는 게 당연하다) 뒤에는 동사원형이 와야 하므로 동사원형 rely on이 올바르게 쓰였다.

② to 부정사의 의미상 주어 문장의 주어(theaters)와 to 부정사(to continue)의 행위 주체(demand)가 달라서 to 부정사의 의미상 주어가 필요할 경우 'for + 명사'를 to 부정사 앞에 써야 하므로, to 부정사 to continue 앞에 for demand가 올바르게 쓰였다.

④ 부정대명사 앞에서 언급된 명사(a film)가 단수이므로, 같은 종류이지만 다른 대상을 가리키는 단수 부정대명사 one이 올바르게 쓰였다.

정답 ③

어휘

operator 운영자, 조작자 rely on ~에 의존하다 popularity 인기
demand 수요, 요구; 요구하다 replace 대체하다 profitable 수익성이 있는

이것도 알면 합격!

특정 시제와 자주 함께 쓰이는 시간 표현들을 기억하자.

현재완료	yet 아직
	so far 지금까지
	over/for + 시간 표현 ~ 동안
미래·미래완료	next + 시간 표현 다음 ~에
	by + 미래 시간 표현 ~까지
	by the time + 주어 + 현재 동사 ~할 때쯤에

---

04 생활영어 I thought there wouldn't be any extra cost if it's a public event. 난이도 중 ●●○

밑줄 친 부분에 들어갈 말로 가장 적절한 것은?

 Sarah Johnson
Hello. I received your email about installing banners near Centennial Park.
10:05

 James Lee
Yes. Could you let me know the exact steps for installation?
10:05

 Sarah Johnson
Certainly. Could you share what kind of banners you plan to install?
10:06

 James Lee
We'd like to put up banners for a public library event. They'd be up just for October.
10:07

 Sarah Johnson
For October, you'll be able to install them from the South Gate to the West Gate of the park.
10:07

 James Lee
That sounds perfect.
10:07

 Sarah Johnson
Please send me the application and banner design via email. Also, you will need to pay a filing fee.
10:08

 James Lee
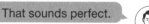
10:09

 Sarah Johnson
There are fees based on the size and number of banners, regardless of the event type.
10:09

① Understood. When will we know if the permit is approved?

② There is no entry fee for our event.

③ I thought there wouldn't be any extra cost if it's a public event.

④ Are there any restrictions on the banner size or design?

해석

> Sarah Johnson: 안녕하세요. Centennial 공원 주변에 배너를 설치하는 것과 관련된 당신의 이메일을 받았습니다.
>
> James Lee: 네. 설치를 위한 정확한 절차를 알려 주실 수 있나요?
>
> Sarah Johnson: 물론입니다. 어떤 종류의 배너를 설치할 계획인지 공유해 주시겠어요?
>
> James Lee: 저희는 공공 도서관 행사를 위한 배너를 게시하고 싶습니다. 10월 동안에만 걸어 두려고 하고요.
>
> Sarah Johnson: 10월에는, 공원 남문에서부터 서문까지 그것들을 설치하실 수 있습니다.
>
> James Lee: 딱 좋을 것 같아요.
>
> Sarah Johnson: 신청서와 배너 디자인을 이메일로 제게 보내 주세요. 또한, 신청 수수료를 지불하셔야 할 겁니다.
>
> James Lee: <u>공적인 행사라면 추가 비용이 없는 줄 알았는데요.</u>
>
> Sarah Johnson: 행사의 종류와는 상관없이, 배너의 크기와 갯수에 기반한 수수료가 있습니다.

① 알겠어요. 허가가 승인되었는지는 언제 알게 될까요?

② 저희 행사에 별도 참가 비용은 없습니다.

③ 공적인 행사라면 추가 비용이 없는 줄 알았는데요.

④ 배너의 크기나 디자인에 제한이 있나요?

포인트 해설

Centennial 공원의 배너 설치에 대해 신청서 및 디자인 제출과 함께 수수료를 지불해야 한다는 Sarah의 안내에 대해 James가 대답하고, 빈칸 뒤에서 다시 Sarah가 There are fees based on the size and number of banners, regardless of the event type(행사의 종류와는 상관없이, 배너의 크기와 갯수에 기반한 수수료가 있습니다)이라고 대답하고 있으므로, '공적인 행사라면 추가 비용이 없는 줄 알았는데요'라는 의미의 ③ 'I thought there wouldn't be any extra cost if it's a public event'가 정답이다.

정답 ③

어휘

install 설치하다   file 제출하다, 신청하다   regardless of ~와 상관없이   permit 허가(증); 허가하다   approve 승인하다   restriction 제한 (사항)

이것도 알면 합격!

비용에 대해 말할 때 쓸 수 있는 다양한 표현들을 알아 두자.

• We can afford it. 우리는 그것을 살 수 있어요.
• That's beyond my budget. 제 예산에서 벗어나네요.
• Can you come down a little? 조금 할인해 주실 수 있나요?
• Can I put this purchase on a six-month payment plan? 6개월 할부로 살 수 있을까요?

---

05 독해 주제 파악   난이도 중 ●●○

다음 글의 주제로 가장 적절한 것은?

> **Language Skills: An Underappreciated Ability?**
> Knowing another language is undoubtedly a plus on a résumé, yet you may still have trouble finding a good position despite speaking two or more languages. This is because business owners need to know in what way this ability realistically puts you above the rest.
>
> **Highlighting Your Value**
> Cite where and how your expertise proves valuable. Use specific situations and examples to make your point. Remind businesses that a global corporation requires employees who can function on an international level. Overall, they should feel that hiring someone like you will be a good investment for them. You need to learn to dress up your skill if you want to stay ahead of the pack.

① why being bilingual is important in the job market

② how to sell your multilingualism to employers

③ the benefits of learning to speak other languages

④ types of companies that employ multilingual workers

해석

> **언어 능력: 과소평가되는 능력?**
> 다른 언어를 알고 있는 것은 확실히 이력서에서의 이점이지만, 당신은 두 개 또는 그 이상의 언어를 구사함에도 불구하고 좋은 직장을 찾는 데 여전히 어려움을 겪을 수도 있습니다. 이는 이 능력이 현실적으로 어떤 면에서 당신을 나머지 사람들보다 더 우위에 두는지를 사업주들이 알아야 하기 때문입니다.
>
> **당신의 가치를 강조하기**
> 당신의 전문 지식이 어디에서 그리고 어떻게 가치 있음을 증명하는지를 열거하세요. 당신의 주장을 입증하기 위해 구체적인 상황과 예시를 이용하세요. 세계적인 기업들은 국제적인 수준에서 역할을 다할 수 있는 직원을 필요로 한다는 것을 회사에 상기시키세요. 결국, 그들은 당신과 같은 사람을 고용하는 것이 그들에게 좋은 투자가 될 것이라고 느껴야 합니다. 당신이 남보다 앞서 있기를 원한다면 당신의 능력을 꾸미는 법을 배워야 합니다.

① 취업 시장에서 두 개 이상의 언어를 구사하는 것이 중요한 이유

② 여러 언어를 사용하는 능력을 고용주에게 판매하는 방법

③ 다른 언어를 구사하는 법을 배우는 것의 이점

④ 여러 언어를 사용하는 근로자를 고용하는 회사들의 종류

포인트 해설

지문 앞부분에서 두 개 이상의 언어를 구사함에도 취직에 어려움을 겪는 경우 사업주들에게 이 능력이 현실적으로 어떻게 장점이 되는지를 알려야 한다고 하고, 지문 뒷부분에서 두 개 이상의 언어를 구사할 수 있는 능력의 가치를 강조할 수 있는 방법들을 알려 주고 있다. 따라서 ② '여러 언어를 사용하는 능력을 고용주에게 판매하는 방법'이 이 글의 주제이다.

정답 ②

어휘

underappreciated 과소평가되는   undoubtedly 확실히, 의심할 여지없이
realistically 현실적으로   cite 열거하다, 인용하다   expertise 전문 지식
specific 구체적인   corporation 기업, 법인
function 역할을 다하다, 기능을 하다   dress up ~을 꾸미다
ahead of the pack 남보다 앞선, 남보다 우수한
bilingual 두 개 이상의 언어를 구사하는
multilingualism 여러 언어의 사용 (능력)   employ 고용하다, 이용하다

---

06   독해 빈칸 완성 – 절   난이도 중 ●●○

밑줄 친 부분에 들어갈 말로 가장 적절한 것은?

Franz Kafka was a 20th-century German writer whose prose is considered some of the most important in literature. His surrealist style and exemplary use of symbolism have been studied and admired for years, continuing to influence authors and scholars to this day. Yet despite being one of the best writers of our time, Kafka himself regarded his writing as extremely poor and published next to nothing. In fact, his masterpieces only survived because _____. Convinced that he had little talent as a writer and ashamed of the stories and essays he penned, Kafka asked for his manuscripts to be burned upon his death. He left this task to his companion, Max Brod, who promised to carry out Kafka's last wish. After the great author's death, though, Brod turned around and printed everything he had written. It was thanks to the betrayal of Brod that society was able to secure some incredible literary treasures.

① he made the wrong request
② he kept trying to improve
③ he was praised after he died
④ he had a faithless friend

해석

Franz Kafka는 그의 산문이 문학계에서 가장 중요한 것 중 일부로 여겨지는 20세기의 독일 작가였다. 그의 초현실주의 양식과 상징적 표현의 모범적인 사용은 수년 동안 연구되고 존경받아 왔으며, 오늘날까지도 계속해서 작가들과 학자들에게 영향을 미치고 있다. 그러나 우리 시대의 가장 훌륭한 작가 중 한 명임에도 불구하고, Kafka 자신은 그의 작품이 매우 형편없다고 생각했고 거의 아무것도 출간하지 않았다. 사실, 그의 명작들은 그에게 신의 없는 친구가 있었기 때문에 겨우 살아남았다. 작가로서의 재능이 거의 없다고 확신하고 그가 저술한 이야기와 수필을 부끄럽게 생각해서, Kafka는 그가 죽으면 그의 원고들을 태워 달라고 부탁했다. Kafka는 이 일을 자신의 친구 Max Brod에게 맡겼는데, 그는 Kafka의 마지막 소원을 이행하기로 약속했다. 그렇지만 그 위대한 작가의 죽음 후에, Brod는 태도를 바꾸어 그(Kafka)가 썼던 모든 것을 출간했다. 사회가 굉장한 문학적 보물들을 지킬 수 있었던 것은 Brod의 배신 덕분이었다.

① 그가 잘못된 부탁을 했다
② 그가 나아지기 위해 계속해서 노력했다

③ 그가 죽은 후에 찬사를 받았다
④ 그에게 신의 없는 친구가 있었다

포인트 해설

빈칸 뒷부분에 자신의 작품을 부끄럽게 생각했던 Kafka가 친구인 Brod에게 자신이 죽으면 그의 원고들도 태워 달라고 부탁했지만, Brod는 그와의 약속을 어기고 Kafka의 모든 글을 출간했다는 내용이 있으므로, 그의 명작들은 '그에게 신의 없는 친구가 있었기' 때문에 겨우 살아남았다고 한 ④번이 정답이다.

정답 ④

어휘

prose 산문   surrealist 초현실주의   exemplary 모범적인, 전형적인
admire 존경하다, 칭찬하다   scholar 학자   to this day 오늘날까지도
masterpiece 명작   convince 확신시키다, 납득시키다   ashamed 부끄러운
pen 저술하다; 펜   manuscript 원고   companion 친구, 동반자
carry out ~을 이행하다   betrayal 배신   secure 지키다; 안심하는
literary 문학적인   faithless 신의 없는

07~08   다음 글을 읽고 물음에 답하시오.

(A)

We are excited to invite you to Sewardville's Bicentennial Treasure Hunt, a citywide event organized by the City Archives and Historical Society. Seek out historical attractions, landmark plaques, and specially crafted items that tell the story of our city's 200-year history, and aim to check off each item on the list before anyone else!

Details
• **Date:** Saturday, September 7
• **Time:** 10:00 a.m. – 5:00 p.m.
• **Starting Point:** Sewardville City Hall

Registration and Team Information
There is a $50 registration fee per team, and all teams must consist of between two and six members. At least one member of each team must have access to a vehicle and be licensed to drive as treasure hunt locations span various parts of the city.

Closing Ceremony
The event will culminate with a ceremony back at Sewardville City Hall, where refreshments will be available and the winners will be announced. Prizes include tickets to upcoming city events and official Sewardville-inspired

merchandise.

To register your team, please visit www.sewardvillebicent ennialhunt.org/register. The Treasure Hunt Item List will be provided to participants at City Hall at the start of the event.

해석

(A) 우리 시의 200번째 생일을 축하해 주세요

시 기록 보관소와 역사 학회에 의해 주최되는, 도시 전역의 행사인 'Sewardville 200주년 보물찾기'에 여러분을 초대하게 되어 기쁩니다. 우리 시의 200년 역사에 대한 이야기를 담고 있는 역사적 명소, 주요 지형지물의 명판, 그리고 특별 공예품들을 찾고, 다른 사람보다 먼저 목록에 있는 각각의 물건들에 체크 표시하는 것을 목표하세요!

세부 사항
▪ **날짜:** 9월 7일 토요일
▪ **시간:** 오전 10시 – 오후 5시
▪ **출발 지점:** Sewardville 시청

등록 및 팀 정보
팀당 50달러의 등록비가 있으며, 모든 팀은 2명에서 6명 사이로 구성되어야 합니다. 보물찾기 장소가 도시 곳곳의 지점에 걸쳐 있기 때문에 각 팀에서 최소 1명은 차량에 접근할 수 있어야 하고 운전할 면허를 가지고 있어야 합니다.

폐막식
행사는 Sewardville 시청으로 돌아온 뒤 그곳에서 열리는 시상식으로 끝이 나는데, 이곳에서는 다과가 이용 가능하며 수상자가 발표될 것입니다. 경품에는 다가오는 시 행사 티켓과 Sewardville에서 영감을 받은 공식 상품이 포함됩니다.

여러분의 팀을 등록하시려면, www.sewardvillebicentennial hunt.org/register를 방문하세요. '보물찾기' 물건 목록은 행사 시작 시에 시청에서 참가자분들께 제공될 것입니다.

어휘

bicentennial 200년마다의 treasure hunt 보물찾기
organize 주최하다, 조직하다 archive 기록 보관소; 보관하다
seek out ~을 찾다 plaque 명판 check off ~에 체크 표시를 하다
consist of ~으로 구성되다 span 걸치다, 포괄하다; 기간
culminate 끝이 나다 refreshment 다과 inspire 영감을 주다, 격려하다
announce 발표하다, 알리다 merchandise 상품

---

07 독해 제목 파악 난이도 하 ●○○

(A)에 들어갈 윗글의 제목으로 가장 적절한 것은?

① Take Part in a Walking Tour of Sewardville
② Celebrate Our City's 200th Birthday
③ Recover Your Lost Items
④ Help Preserve Our City's History

해석

① Sewardville 도보 여행에 참여하세요
② 우리 시의 200번째 생일을 축하해 주세요
③ 여러분의 잃어버린 물건을 되찾으세요
④ 우리 시의 역사가 보존되도록 도와주세요

포인트 해설

지문 앞부분에서 'Sewardville 200주년 보물찾기' 행사에서 시의 200년 역사에 대한 이야기와 관련된 물건들을 찾아 보라고 제안하고 있으므로, ② '우리 시의 200번째 생일을 축하해 주세요'가 이 글의 제목이다.

정답 ②

어휘

take part in ~에 참여하다 recover 되찾다, 회복하다
preserve 보존하다, 지키다

---

08 독해 내용 불일치 파악 난이도 하 ●○○

Sewardville's Bicentennial Treasure Hunt에 관한 윗글의 내용과 일치하지 않는 것은?

① 보물찾기 팀의 최소 구성 인원은 2명이다.
② 각각의 팀은 자동차로 이동할 수 있어야 한다.
③ 폐막식 장소는 출발 지점과 동일하다.
④ 보물의 목록은 온라인으로 확인 가능하다.

포인트 해설

④번의 키워드인 '보물의 목록'을 바꾸어 표현한 지문의 The Treasure Hunt Item List('보물찾기' 물건 목록) 주변의 내용에서 '보물찾기' 물건 목록은 행사 시작 시에 시청에서 참가자들에게 제공될 것이라고 했으므로, ④ '보물의 목록은 온라인으로 확인 가능하다'는 지문의 내용과 다르다.

정답 ④

---

09 독해 내용 일치 파악 난이도 중 ●●○

다음 글의 내용과 일치하는 것은?

Characterized by strong winds, a tropical cyclone is a powerful meteorological phenomenon that occurs over tropical seas with surface temperatures exceeding 26.5 degrees Celsius. It is composed of thunderstorms arranged in a spiral pattern as well as a low-pressure center. The center of the cyclone, which is referred to as the eye and usually measures approximately 40 kilometers across, has weather that is clear with light winds. The eye is surrounded by a vertical wall of cold clouds called the eyewall, where severe wind and rain make it the cyclone's most destructive region. The entire cyclone can be anywhere from 100 to 4,000 kilometers in diameter.

Because it derives most of its energy from the ocean, it usually gets weaker once it makes landfall or passes over colder areas of water.

① The eyewall is characterized by thunderstorms in a spiral formation.
② The eyewall has weather that is clear and cold.
③ Tropical cyclones can span up to 4,000 kilometers in diameter.
④ Tropical cyclones tend to increase in strength when they reach land.

해석

강한 바람으로 특징지어지는 열대성 사이클론은 수면 온도가 섭씨 26.5도를 넘는 열대 해양에서 일어나는 강력한 기상 현상이다. 이것은 저기압인 중심부뿐만 아니라 나선 형태로 나타나는 뇌우로 구성된다. 눈이라고 불리며 보통 가로질러 40킬로미터 정도인 사이클론의 중심부는 약한 바람이 부는, 맑게 갠 날씨이다. 눈은 난층운이라고 불리는 세로로 된 차가운 구름 벽으로 둘러싸여 있는데, 이곳에서 부는 심한 비바람은 그것(난층운)이 사이클론의 가장 파괴적인 부분이 되게 한다. 사이클론 전체는 직경이 100킬로미터에서부터 4천 킬로미터 사이 어느 것이든 될 수 있다. 그것은 바다로부터 대부분의 힘을 얻기 때문에, 육지에 상륙하거나 차가운 수역 위를 지나가자마자 대개 힘이 약해진다.

① 난층운은 나선 형태의 뇌우로 특징지어진다.
② 난층운은 맑고 추운 날씨이다.
③ 열대성 사이클론은 직경이 최대 4천 킬로미터에 이를 수 있다.
④ 열대성 사이클론은 육지에 도달하면 힘이 강해지는 경향이 있다.

포인트 해설

③번의 키워드인 4,000 kilometers(4천 킬로미터)가 그대로 언급된 지문 주변의 내용에서 사이클론 전체는 직경이 100킬로미터에서 4천 킬로미터 사이 어느 것이든 될 수 있다고 했으므로, ③ '열대성 사이클론은 직경이 최대 4천 킬로미터에 이를 수 있다'가 지문의 내용과 일치한다.

[오답 분석]
① 저기압인 중심부와 나선 형태로 나타나는 뇌우로 구성되는 것이 열대성 사이클론이라고 했으므로, 난층운이 나선 형태의 뇌우로 특징지어진다는 것은 지문의 내용과 다르다.
② 난층운에서 부는 심한 비바람이 그것을 사이클론의 가장 파괴적인 부분이 되게 한다고 했으므로, 난층운이 맑고 추운 날씨라는 것은 지문의 내용과 다르다.
④ 열대성 사이클론은 바다로부터 힘을 얻기 때문에 육지에 상륙할 때 힘이 약해진다고 했으므로, 열대성 사이클론이 육지에 도달하면 힘이 강해지는 경향이 있다는 것은 지문의 내용과 반대이다.

정답 ③

어휘

meteorological 기상의 tropical 열대(성)의 exceed 넘다, 초과하다
compose 구성하다, 이루다 thunderstorm 뇌우 spiral 나선형의
surround 둘러싸다 vertical 세로의, 수직의 severe 심한, 극심한
destructive 파괴적인 diameter 직경, 지름 derive 얻다, 끌어내다
landfall 상륙, 육지 접근 span 이르다; 기간

구문 분석

It is composed of thunderstorms / arranged in a spiral pattern / as well as a low-pressure center.
: 이처럼 A as well as B 구문의 B에는 기본이 되는 내용, A에는 첨가하는 내용이 나오며 'B뿐만 아니라 A도'라고 해석한다.

10 독해 무관한 문장 삭제   난이도 중 ●●○

다음 글의 흐름상 가장 어색한 문장은?

Many people praise Canada's universal healthcare system because they mistakenly believe it is free and efficient. ① Everyone is able to attain the care they need in a timely manner. ② The reality is that taxpayers pay a lot of money to fund the country's health insurance program, and citizens aren't really getting very good value for their spending. More specifically, wait times for health services are out of hand. ③ Not only can patients typically expect about a four-and-a-half-month delay before it is possible to see a specialist, but it takes an average of two months just to get an MRI. ④ Far from a minor inconvenience, prolonging physical pain—and consequently mental suffering—can cause serious conditions to worsen significantly.

해석

많은 사람들은 캐나다의 보편적인 의료 서비스 제도가 무료이고 효율적이라고 잘못 생각하기 때문에 그것을 높이 평가한다. ① 모든 사람들은 그들이 필요로 하는 의료 서비스를 적시에 받을 수 있다. ② 현실은 납세자들이 국가의 의료보험제도에 자금을 대기 위해 많은 돈을 내며, 시민들은 사실 그들의 지출에 대해 그다지 좋은 대가를 받지 못하고 있다는 것이다. 더 구체적으로, 의료 서비스를 받기 위한 대기 시간은 통제할 수 없게 되었다. ③ 전문의를 만나는 것이 가능하기 전까지 환자는 일반적으로 4달 반 정도를 예상할 수 있을 뿐만 아니라, 단지 MRI 검사를 받는 데에도 평균적으로 2달이 걸린다. ④ 사소한 불편함을 떠나, 지속되는 육체적 통증과 그 결과로 나타나는 정신적 고통은 위독한 건강 상태가 크게 악화되게 할 수 있다.

포인트 해설

첫 문장에서 캐나다의 보편적인 의료 서비스 제도를 높이 평가하는 것이 잘못된 생각임을 언급한 뒤, ②, ③, ④번에서 캐나다의 의료 서비스의 부정적인 측면들을 설명하고 있다. 그러나 ①번은 '모든 사람들이 적시에 받을 수 있는 의료 서비스'에 대한 내용으로 첫 문장의 내용과 관련이 없다.

정답 ①

어휘

praise 높이 평가하다, 칭찬하다 universal 보편적인
attain 받다, 얻다, 달성하다 in a timely manner 적시에 taxpayer 납세자
insurance 보험 specifically 구체적으로 out of hand 통제할 수 없는
specialist 전문의, 전문가 prolong 지속되다 suffering 고통
worsen 악화되다 significantly 크게, 상당히

해커스 공무원시험연구소 총평

난이도	각 영역별로 까다로운 문제가 포함되어 있어, 체감 난이도가 높았을 수 있습니다.
어휘·생활영어 영역	빈칸이 2개 이상 주어지는 문제는 어휘뿐만 아니라 독해 영역에서도 비슷한 형태가 출제될 수 있으므로 8회 1번 문제를 통해 문제풀이 방법을 파악해 둡니다.
문법 영역	'동명사와 to 부정사 둘 다 목적어로 취하는 동사'와 같이, 일부 문법 포인트는 문맥 해석까지 필수적으로 필요할 수 있습니다. 그러므로 정답을 선택할 때에는 문장의 의미가 적절한지의 관점에서도 검토해 보는 것이 좋습니다.
독해 영역	10번 문제와 같은 무관한 문장 삭제 유형은 무관한 문장에 지문의 키워드가 등장하는 경우도 있으므로 유의해야 합니다.

정답

01	②	어휘	06	③	독해
02	②	문법	07	③	독해
03	④	문법	08	①	독해
04	④	생활영어	09	①	독해
05	④	독해	10	③	독해

취약영역 분석표

영역	맞힌 답의 개수
어휘	/ 1
생활영어	/ 1
문법	/ 2
독해	/ 6
TOTAL	**/ 10**

---

01 어휘 decent | present | bystander 난이도 상 ●●●

밑줄 친 (A), (B), (C)에 들어갈 말로 가장 적절한 것은?

> Most people say that they would help a stranger in trouble because it is the ____(A)____ thing to do. However, this is only true when they are the only ones ____(B)____. The obligation to help seems to disappear when other people are around. In this case, they become mere ____(C)____ waiting for someone else to act first.

	(A)	(B)	(C)
①	deserving	prepared	byproducts
②	decent	present	bystanders
③	decent	prepared	bystanders
④	deserving	present	byproducts

해석

대부분의 사람들은 곤경에 처한 낯선 사람을 도와주는 것이 해야 할 (A) 올바른 일이기 때문에 그렇게 할 것이라고 말한다. 하지만, 이것은 그들이 (그 장소에) (B) 존재하는 유일한 사람인 경우에만 사실이다. 도와야 할 의무는 다른 사람들이 주변에 있을 때에는 없어지는 것처럼 보인다. 이 경우, 그들은 누군가가 먼저 행동하기를 기다리는 한낱 (C) 구경꾼이 된다.

	(A)	(B)	(C)
①	자격이 있는	준비가 되어 있는	부산물
②	올바른	존재하는	구경꾼
③	올바른	준비가 되어 있는	구경꾼
④	자격이 있는	존재하는	부산물

정답 ②

어휘

deserving 자격이 있는   prepared 준비가 되어 있는   byproduct 부산물
decent 올바른   present 존재하는   bystander 구경꾼, 행인

이것도 알면 합격!

'구경꾼'의 의미를 갖는 유의어
= onlooker, observer, passersby, eyewitness

02 문법 동사의 종류 | 보어 | 동명사 | to 부정사 | 명사절
난이도 중 ●●○

밑줄 친 부분 중 어법상 옳지 않은 것은?

As a lawyer, I spent seven years ① pouring all my energy into my work. Many would find this kind of dedication ② admirably. But it wasn't until I finally made it as a partner in an esteemed law firm that I realized I had no one ③ to share the celebration. In my quest for the career I wanted, I'd neglected everything else that life had to offer. So, ④ whatever path you choose to take, strive for balance in your life.

해석

변호사로서, 저는 일에 제 모든 에너지를 쏟는 데 7년을 보냈습니다. 많은 이들이 이런 종류의 헌신을 훌륭하다고 생각할 것입니다. 그렇지만 마침내 존경받는 법률 회사의 파트너로서 성공하고 나서야, 저는 축하를 나눌 사람이 아무도 없는 것을 깨달았습니다. 바라 왔던 진로를 추구하면서, 저는 삶이 제공해야 했던 다른 모든 것을 소홀히 했습니다. 그러므로, 당신이 무슨 길을 선택하더라도, 삶의 균형을 위해 노력하십시오.

포인트 해설

② **5형식 동사 | 보어 자리** 동사 find는 '~을 -라고 생각하다'의 뜻으로 쓰일 때 목적격 보어를 취하는 동사인데, 보어 자리에는 형용사 역할을 하는 것이 와야 하므로 부사 admirably를 형용사 admirable로 고쳐야 한다.

[오답 분석]

① **동명사 관련 표현** 문맥상 '제 모든 에너지를 쏟는 데 7년을 보냈습니다'라는 의미가 되어야 자연스러운데, '-하는 데 시간을 쓰다'는 동명사구 관용 표현 'spend + 시간 + (in) -ing'를 사용하여 나타낼 수 있으므로 동명사 pouring이 올바르게 쓰였다.

③ **to 부정사의 역할** '축하를 나눌 사람'이라는 의미를 표현하기 위해 형용사처럼 명사(no one)를 수식할 수 있는 to 부정사 to share가 올바르게 쓰였다.

④ **복합관계대명사** 문맥상 '무슨 길을 선택하더라도'라는 의미가 되어야 자연스러우므로 복합관계형용사 whatever(무슨 ~을 -하더라도)가 올바르게 쓰였다.

정답 ②

어휘

pour 쏟다, 따르다 esteemed 존경받는, 호평받는 firm 회사; 딱딱한
strive 노력하다

이것도 알면 **합격!**

복합관계형용사를 쓸지 의문사를 쓸지는 문맥에 따라 결정된다는 것을 알아 두자.

• I'm not sure (which, ~~whichever~~) movie we should watch tonight.
나는 오늘 밤에 우리가 어느 영화를 봐야할지 모르겠다.
→ '어느 영화'라는 의미가 되어야 하므로, 의문사 which(어느 ~)가 와야 한다.

• You can sit in (~~which~~, whichever) seat you like in the theater.
극장에서 좋아하는 어느 자리에든 앉으실 수 있습니다.
→ '어느 자리에든'이라는 의미가 되어야 하므로, 복합관계형용사 whichever(어느 ~든)가 와야 한다.

03 문법 to 부정사 | 관계절 | 부사절 | 대명사
난이도 중 ●●○

밑줄 친 부분이 어법상 옳지 않은 것은?

① The acceleration of an object is the rate at which that object increases in speed.

② Evidence of the crime had been distorted so that it was no longer reliable.

③ The benefits of a healthy diet outweigh those of merely exercising.

④ She forgot writing the book report on the novel that is due tomorrow.

해석

① 물체의 가속도는 그 물체가 속도를 증가시키는 비율이다.

② 그 범죄의 증거는 왜곡되어서 더 이상 신뢰할 수 없었다.

③ 건강한 식사의 이점은 운동만 하는 것의 이점보다 더 크다.

④ 그녀는 내일까지 기한인 그 소설의 독후감을 작성해야 한다는 것을 잊었다.

포인트 해설

④ **동명사와 to 부정사 둘 다 목적어로 취하는 동사** 문맥상 '내일까지 독후감을 작성해야 한다는 것을 잊었다'라는 의미가 되어야 자연스러운데, 동사 forget은 '~할 것을 잊다'라는 미래의 의미를 나타낼 때 to 부정사를 목적어로 취하므로 동명사 writing을 to 부정사 to write로 고쳐야 한다.

[오답 분석]

① **전치사 + 관계대명사** 관계사 뒤에 완전한 절(that object ~ in speed)이 왔으므로 '전치사 + 관계대명사' 형태가 올 수 있다. 이때 '전치사 + 관계대명사'에서 전치사는 선행사 또는 관계절의 동사에 따라 결정되는데, 문맥상 '그 비율로 속도를 증가시키다'라는 의미가 되어야 자연스러우므로, 전치사 at(~로)이 관계대명사 which 앞에 온 at which가 올바르게 쓰였다.

② **부사절 접속사** 문맥상 '그 범죄의 증거는 왜곡되어서 ~ 신뢰할 수 없었다'라는 의미가 되어야 자연스러우므로, '(~해서 그 결과) ~하다'라는 의미의 부사절 접속사 so that이 올바르게 쓰였다.

③ **지시대명사** 대명사가 지시하는 명사 The benefits가 복수이므로 복수 지시대명사 those가 올바르게 쓰였다.

정답 ④

어휘

acceleration 가속도 distort 왜곡하다 outweigh ~보다 더 크다

이것도 알면 **합격!**

동사 forget과 같이 동명사가 목적어일 때와 to 부정사가 목적어일 때 의미가 다른 경우들을 함께 알아 두자.

	+ -ing (과거 의미)	+ to 부정사 (미래 의미)
remember	~한 것을 기억하다	~할 것을 기억하다
regret	~한 것을 후회하다	~하게 되어 유감스럽다

04 생활영어 I took the test once before but didn't pass. 난이도 중 ●●○

밑줄 친 부분에 들어갈 말로 가장 적절한 것은?

A: I'm going to sign up for some private driving lessons next week.
B: I thought you already knew how to drive. How come you don't have a license?
A: Well, _____.
B: Ah, I see. It is pretty tough. I just barely got through it myself.
A: Yes, but I think the lessons and some practice will help. Hopefully, I'll have better luck the second time around.

① I don't have much time to practice driving
② I couldn't afford to get driving lessons
③ I learned when I was younger, so I forgot
④ I took the test once before but didn't pass

해석

A: 나는 다음 주에 개인 운전 교습을 신청할 거야.
B: 나는 네가 운전하는 방법을 이미 아는 줄 알았어. 어째서 면허가 없는 거야?
A: 음, 전에 시험을 한 번 봤는데 통과하지 못했어.
B: 아, 그렇구나. 그거 꽤 어려워. 나도 간신히 합격했어.
A: 맞아, 그렇지만 나는 교습과 어느 정도의 연습이 도움이 될 거라고 생각해. 바라건대, 두 번째에는 운이 더 따랐으면 좋겠어.

① 나는 운전을 연습할 시간이 많이 없어
② 나는 운전 교습을 받을 형편이 안 되었어
③ 어렸을 때 배웠는데, 잊어버렸어
④ 전에 시험을 한 번 봤는데 통과하지 못했어

포인트 해설

개인 운전 교습을 신청할 예정이라는 A에게 B가 면허가 없는 이유를 묻고, 빈칸 뒤에서 다시 B가 It is pretty tough. I just barely got through it myself(그거 꽤 어려워. 나도 간신히 합격했어)라고 말하자 A가 I'll have better luck the second time around(두 번째에는 운이 더 따랐으면 좋겠어)라고 덧붙이고 있으므로, '전에 시험을 한 번 봤는데 통과하지 못했어'라는 의미의 ④ 'I took the test once before but didn't pass'가 정답이다.

정답 ④

어휘

sign up for ~을 신청하다, 등록하다 tough 어려운, 힘든 barely 간신히
get through ~에 합격하다, 통과하다 afford ~할 형편이 되다

🖋️ 이것도 알면 합격!

운전과 관련된 다양한 표현들을 알아 두자.
• I'm a student driver. 저는 초보 운전자예요.
• Traffic crawled along. 차들이 느릿느릿 기어갔어요.
• I've got a driving test tomorrow. 저는 내일 운전면허 시험이 있어요.
• Could you drop me off on the way? 가는 길에 저 좀 내려 주시겠어요?

05~06 다음 글을 읽고 물음에 답하시오.

National Sports Authority

Purpose
The National Sports Authority promotes the development of sports in the country, sponsoring national teams and hosting international sporting events. We also support non-traditional sports, such as e-gaming and breakdancing that bolster the country's international reputation.

Vision
We see sports as a major tool in expanding the country's soft power, advancing the spread and appreciation of national culture around the world, which manifests a sense of goodwill and creates opportunities for domestic athletes to show off their talents on the international stage.

Values
• Diplomacy through Sports: We build international opportunities for dialogue and positive relationships in a non-political setting.
• Empowering Success: We encourage athletes to be their best and give them the support necessary to achieve their goals.

해석

국립스포츠공사

목적
국립스포츠공사는 국가 내 스포츠의 발전을 활성화시키는데, 국가 대표팀을 후원하고 국제 스포츠 행사를 주최합니다. 저희는 또한 국가의 국제적인 명성을 강화하는 e게임과 브레이크댄싱과 같은 비전통적인 스포츠들도 지원합니다.

미래상
저희는 스포츠를 세계 곳곳으로 국가 문화의 확산과 인식을 향상시키는, 국가의 연성 권력을 확장하는 하나의 주요 수단으로 간주하는데, 이는 선의를 드러내 보이고 국내 운동선수들이 그들의 재능을 국제 무대에 선보일 기회를 창출합니다.

가치
• 스포츠를 통한 외교: 비정치적인 환경에서 대화와 긍정적인 관계를 위한 국제적인 기회를 만들어냅니다.
• 성공하도록 힘을 실어 주는 것: 운동선수들이 최선을 다하도록 권장하고 그들의 목표를 달성하기 위해 필요한 지원을 그들에게 제공합니다.

어휘

authority 공사, 당국, 지휘 bolster 강화하다
manifest 드러내 보이다, 나타내다 diplomacy 외교
empower 힘을 싣다, 권한을 주다

05 독해 내용 일치 파악   난이도 중 ●●○

윗글에서 National Sports Authority에 관한 내용과 일치하는 것은?

① It creates non-traditional sports.
② It develops international sports locally.
③ It builds relationships with politicians.
④ It helps athletes achieve their potential.

해석
① 그것은 비전통적인 스포츠를 창출한다.
② 그것은 현지에서 국제 스포츠를 발달시킨다.
③ 그것은 정치인들과의 관계를 구축한다.
④ 그것은 운동선수들이 그들의 잠재력을 달성하도록 돕는다.

포인트 해설
④번의 키워드인 achieve their potential(그들의 잠재력을 달성하다)를 바꾸어 표현한 지문의 achieve their goals(그들의 목표를 달성하다) 주변의 내용에서 국립스포츠공사는 운동선수들이 목표를 달성하기 위해 필요한 지원을 제공한다고 했으므로, ④ '그것은 운동선수들이 그들의 잠재력을 달성하도록 돕는다'가 지문의 내용과 일치한다.

[오답 분석]
① 국립스포츠공사가 비전통적인 스포츠들을 지원한다고는 했지만, 그것이 비전통적인 스포츠를 창출하는지는 알 수 없다.
② 국립스포츠공사는 스포츠를 세계 곳곳으로 국가 문화의 확산과 인식을 향상시키는 주요 수단으로 간주한다고는 했지만, 그것이 현지에서 국제 스포츠를 발달시키는지는 알 수 없다.
③ 국립스포츠공사는 비정치적인 환경에서 국제적인 기회를 만들어낸다고 했으므로, 그것이 정치인들과의 관계를 구축한다는 것은 지문의 내용과 다르다.

정답 ④

06 독해 유의어 파악   난이도 중 ●●○

밑줄 친 manifests의 의미와 가장 가까운 것은?

① simplifies   ② mediates
③ demonstrates   ④ exaggerates

해석
① 간소화한다   ② 조정한다
③ 보여 준다   ④ 과장한다

포인트 해설
밑줄 친 부분이 포함된 문장에서 manifest는 문맥상 선의를 '드러내 보인다'는 의미로 쓰였으므로, '보여 준다'라는 의미의 ③ demonstrates가 정답이다.

정답 ③

어휘
simplify 간소화하다   mediate 조정하다, 중재하다
demonstrate 보여 주다, 입증하다   exaggerate 과장하다

07 독해 빈칸 완성 – 구   난이도 하 ●○○

밑줄 친 부분에 들어갈 말로 가장 적절한 것은?

To	AllPatients@CedarMedical.com
From	Information@CedarMedical.com
Date	September 12
Subject	Flu Season

Dear Patients,

With flu season approaching, staying healthy is becoming a major concern. As your medical care provider, Cedar Medical would like to help you protect your health. Here are some tips for preventing being infected with the flu virus:

1. Get the flu vaccine as soon as possible.
2. Wash your hands often with soap and warm water.
3. Avoid close contact with others and large gatherings at which the virus is likely to spread more easily.
4. Strengthen your immune system by eating a healthy diet high in vitamins and minerals and getting daily exercise to keep your body at peak performance.
5. Wear a mask if you take public transportation.

To learn more about protecting yourself from the virus, visit the Flu Season Resource Center on our website. Remember, by _____, you not only help yourself but also others in the community.

Sincerely,
Cedar Medical Center

① updating your medical insurance plan
② getting regular checkups
③ slowing the spread of the virus
④ being aware of your medical history

해석

수신: AllPatients@CedarMedical.com
발신: Information@CedarMedical.com
날짜: 9월 12일
제목: 독감철

환자 여러분께,

독감철이 다가옴에 따라, 건강을 유지하는 것이 주요 관심사가 되고 있습니다. 여러분의 의료 서비스 제공자로서, Cedar 병원은 여러분이 건강을 보호하도록 돕고자 합니다. 독감 바이러스에 감염되지 않기 위

한 몇 가지 조언은 다음과 같습니다.

1. 가능한 한 빠르게 독감 백신을 접종하십시오.
2. 비누와 따뜻한 물로 손을 자주 씻으십시오.
3. 바이러스가 더 쉽게 퍼질 가능성이 큰, 다른 사람들과의 밀접한 접촉 및 대규모 모임을 피하십시오.
4. 여러분의 신체를 최고의 성능으로 유지하기 위해, 비타민과 미네랄이 풍부한 건강한 식단을 섭취하고 매일 운동을 함으로써 면역 체계를 강화하십시오.
5. 대중교통을 탈 때에는 마스크를 착용하십시오.

바이러스로부터 스스로를 보호하는 법에 대해 더 알아보시려면, 독감철 지원 센터 웹사이트를 방문해 보세요. 바이러스의 확산을 늦춤으로써, 여러분 자신뿐만 아니라 지역 사회의 다른 사람들도 돕는 것임을 기억하세요.

진심을 담아,
Cedar 병원

① 여러분의 의료 보험을 갱신함
② 정기 검진을 받음
③ 바이러스의 확산을 늦춤
④ 여러분의 병력을 앎

포인트 해설

지문 전반에 걸쳐 독감철에 독감 바이러스에 감염되지 않을 수 있는 다섯 가지 방법을 알려 주고, 빈칸 앞 문장에서 바이러스로부터 스스로를 보호하는 법은 독감철 지원 센터 웹사이트에서 제공하고 있다고 덧붙이고 있으므로, '바이러스의 확산을 늦춤'으로써 자기 자신뿐만 아니라 지역 사회의 다른 사람들도 돕는다고 한 ③번이 정답이다.

정답 ③

어휘

immune 면역의, 면제된   peak performance 최고의 성능으로

---

08 독해 요지 파악   난이도 중 ●●○

다음 글의 요지로 가장 적절한 것은?

The cost of taking a flight falls lower each year as major US airlines continue to break down a package of services into individual components. Nearly every aspect of traveling by air, like checking bags, has become an additional privilege that customers have the option to purchase or not. One would think not having to pay anything extra would be welcome to many households living on a tight budget, but recent polls show otherwise. Passengers resent their flying experiences more than ever before because cheaper tickets have coincided with a marked decrease in quality of service. Respondents have reported encounters with surly, rushed, and sometimes rude workers. Instead of economical fares, flyers said they would much prefer more courteous staff and friendly assistance.

① Passengers do not think the reduced customer service

---

justifies the lower price of tickets.
② Low-income families have embraced the airlines' policy to sell air travel individually.
③ The poor service quality of US airlines started before airfares were lowered.
④ Most flyers choose which airline to take solely depending on the attitude of employees.

해석

비행기 탑승 비용은 미국의 주요 항공사들이 일괄적인 서비스들을 개별적인 구성 요소들로 계속해서 세분화하면서 매년 낮아진다. 가방을 부치는 것과 같은 항공 여행의 거의 모든 측면은 고객들이 구매할지 말지 선택권을 갖는 부가적인 특권이 되었다. 어떤 사람은 추가적인 것에 비용을 지불하지 않아도 되는 것이 예산이 빠듯한 많은 가정에 환영받을 것이라고 생각할 테지만, 최근의 여론 조사는 그 반대를 보여 준다. 승객들은 그 어느 때보다도 그들의 비행 경험에 분개하는데, 이는 더 저렴한 탑승권이 서비스 질의 현저한 저하와 일치하기 때문이다. 응답자들은 무뚝뚝하고, 성급하며, 때로는 무례한 직원들과의 만남을 말했다. 경제적인 요금 대신에, 승객들은 더 예의 바른 직원과 친절한 도움을 훨씬 더 선호한다고 말했다.

① 승객들은 줄어든 고객 서비스가 탑승권의 더 낮아진 가격을 정당화한다고 생각하지 않는다.
② 저소득 가정들은 항공 여행을 개별적으로 판매하는 항공사의 정책을 받아들였다.
③ 미국 항공사의 열악한 서비스 품질은 항공료가 인하되기 전에 시작되었다.
④ 대부분의 승객들은 오로지 직원들의 태도에 따라 어떤 항공사를 이용할지 결정한다.

포인트 해설

지문 전반에 걸쳐 비행기 탑승 비용은 미국 주요 항공사들이 일괄적인 서비스들을 개별적인 구성 요소로 세분화함에 따라 낮아졌는데, 최근의 여론 조사 결과 승객들은 이로 인해 저렴한 탑승권의 서비스 질의 저하에 부정적으로 응답했으며, 그들은 경제적인 요금 대신 예의 바른 직원과 친절한 도움을 선호한다고 설명하고 있다. 따라서 ① '승객들은 줄어든 고객 서비스가 탑승권의 더 낮아진 가격을 정당화한다고 생각하지 않는다'가 이 글의 요지이다.

정답 ①

어휘

break down ~을 세분화하다   privilege 특권   household 가정
budget 비용, 예산   poll 여론 조사, 투표   resent 분개하다
coincide 일치하다, 동시에 일어나다   marked 현저한   surly 무뚝뚝한
rushed 성급한, 서두른   fare 요금, 운임
courteous 예의 바른   embrace 받아들이다, 안다

---

09 독해 문단 순서 배열   난이도 중 ●●○

주어진 글 다음에 이어질 글의 순서로 가장 적절한 것은?

Linguists often argue about whether speaking or writing is more useful for humanity.

(A) Those who believe that the former is more important emphasize that verbal communication just comes to us more naturally. After all, speaking dates back to the origins of human civilization, whereas writing was invented much later.

(B) They also point to the fact that many nonliterate societies still exist today. For generations, these groups have survived perfectly well without having to learn how to read and write.

(C) On the other hand, people who think that writing is more valuable say that literacy has helped humans advance more quickly throughout the ages. They argue that without written texts, humans would not be able to leave behind records, let alone pass on important facts and ideas.

① (A) – (B) – (C)
② (A) – (C) – (B)
③ (B) – (A) – (C)
④ (B) – (C) – (A)

해석

언어학자들은 종종 말하기와 쓰기 중 어느 것이 인류에게 더 유용한지에 대해 논쟁한다.

(A) 전자가 더 중요하다고 생각하는 사람들은 구어 의사소통이 우리에게 그저 더 자연스럽게 나타난다는 것을 강조한다. 어쨌든, 말하기는 인류 문명의 기원까지 거슬러 올라가는 반면, 쓰기는 훨씬 더 나중에 발명되었다.

(B) 그들은 또한 오늘날에도 문자 언어가 없는 많은 사회들이 여전히 존재한다는 사실을 지적한다. 수세대에 걸쳐서, 이 집단들은 읽고 쓰는 방법을 배워야 하지 않고도 더할 나위 없이 잘 생존해 왔다.

(C) 반면에, 쓰기가 더 가치 있다고 생각하는 사람들은 글을 읽고 쓸 줄 아는 능력이 여러 시대에 걸쳐 인류가 더 빠르게 진보하도록 도왔다고 말한다. 그들은 쓰인 글자 없이는 인류가 중요한 사실과 생각을 전달하기는커녕 기록도 남길 수 없었을 것이라고 주장한다.

포인트 해설

주어진 문장에서 언어학자들은 말하기와 쓰기 중 어느 것이 더 유용한지에 대해 논쟁한다고 한 뒤, (A)에서 전자(the former)가 더 중요하다고 생각하는 사람들은 말하기가 우리에게 더 자연스럽게 나타난다는 것을 강조한다고 하고, (B)에서 또한(also) 그들은 오늘날에도 문자 언어 없이 잘 생존하고 있는 사회가 있음을 지적한다고 알려 주고 있다. 뒤이어 (C)에서는 반면에(On the other hand) 쓰기가 더 가치 있다고 생각하는 사람들에 따르면 인류의 진보에 있어서 글을 읽고 쓸 줄 아는 능력이 중요했다고 설명하고 있으므로, ① (A) – (B) – (C)가 정답이다.

정답 ①

어휘

linguist 언어학자, 언어에 능한 사람   verbal 구어의, 말로 하는
date back to ~까지 거슬러 올라가다   nonliterate 문자 언어가 없는
literacy 글을 읽고 쓸 줄 아는 능력   let alone ~커녕   pass on ~을 전달하다

다음 글의 흐름상 가장 어색한 문장은?

Heredity is the process by which certain genetic qualities are passed on from parents to their children. When this occurs, specific genes from parents are included in their offspring's DNA. ① Typically, two genes for each trait are present in the child, although certain genes are dominant over others and will be the one to be expressed in the offspring while the other remains recessive. ② Attributes like eye color are a prime example, wherein if the child has one blue-eyed and one brown-eyed gene, he or she will be born with brown eyes, as the latter is dominant. ③ The hereditary form predominantly remains the primary structure among extant monarchies because it possesses the advantage of stability through continuous patronage of offspring, passing down from generation to generation. ④ However, it's important to understand that it's not the traits themselves that are inherited, but the genes that determine the traits.

*recessive: 열성의

해석

유전은 어떤 유전적인 특성이 부모에게서 자녀로 전달되는 과정이다. 이 과정이 일어날 때, 부모의 특정 유전자가 자손의 DNA에 포함된다. ① 일반적으로, 아이에게는 각각의 형질마다 두 개의 유전자가 있지만, 다른 것들이 열성으로 남아 있는 반면 특정 유전자는 다른 것들보다 우세하여 자손에게 나타나는 것이 될 것이다. ② 눈동자색과 같은 속성들이 아주 적절한 예인데, 이때 만약 아이가 파란색 눈동자 유전자 하나와 갈색 눈동자 유전자 하나를 가졌다면, 후자가 우세하기 때문에 아이는 갈색 눈동자를 가지고 태어날 것이다. ③ 현존하는 군주국들 사이에는 세습 형식이 대부분 기본 구조로 남아 있는데, 이는 이것이 대대로 전달되면서 자손의 계속되는 관직 임명을 통해 안정성이라는 이점을 가지기 때문이다. ④ 하지만, 그 형질 자체가 유전되는 것이 아니라, 형질을 결정짓는 유전자가 유전된다는 것을 이해하는 것이 중요하다.

포인트 해설

첫 문장에서 '유전'이라는 과학적 현상의 개념을 제시한 뒤, ①, ②번에서 유전적 특성이 자손에게 전달되는 과정과 예시를 설명하고, ④번에서 유전을 통해 실제로 전달되는 것이 무엇인지를 알려 주고 있다. 그러나 ③번은 '군주국들에 세습 형식이 남아 있는 이유'에 대한 내용으로, 첫 문장의 내용과 관련이 없다.

정답 ③

어휘

heredity 유전   offspring 자손   dominant 우세한   attribute 속성, 특질
hereditary 세습의, 유전적인   predominantly 대부분   extant 현존하는
monarchy 군주국   patronage 관직 임명   inherit 유전하다, 상속하다

구문 분석

(생략) it's not the traits themselves / that are inherited, / but the genes / that determine the traits.
: 이처럼 not A but B 구문이 사용되면 'A가 아니라 B'라고 해석한다.

● 해커스 공무원시험연구소 총평

난이도	평이한 공무원 9급 영어 시험의 난이도입니다. 독해 영역에서 특별히 까다롭거나 생소한 주제를 다루는 지문이 등장하지 않아 시간에 쫓기지 않고 풀 수 있었습니다.
어휘·생활영어 영역	기본적인 어휘들이 출제되었습니다. 만약 1번 문제풀이에 어려움을 겪었다면, 어휘 영역에 보다 더 시간을 투자하는 편이 좋습니다.
문법 영역	특별히 어려운 부분 없이 to 부정사·관계절 등 빈출 포인트들의 기본 이론 위주로 출제되어, 빠르게 정답을 찾을 수 있었을 것입니다.
독해 영역	지문의 전체 내용을 파악하는 주제·제목·요지·목적 파악 유형의 경우, 지문에서 찾은 주제문의 내용 중 일부만 포함하고 있는 오답을 고르지 않도록 주의하며 풀어야 합니다.

● 정답

01	②	어휘	06	④	독해
02	②	문법	07	②	독해
03	③	문법	08	④	독해
04	②	생활영어	09	②	독해
05	①	독해	10	④	독해

● 취약영역 분석표

영역	맞힌 답의 개수
어휘	/ 1
생활영어	/ 1
문법	/ 2
독해	/ 6
TOTAL	**/ 10**

---

01 어휘 trustworthy 난이도 중 ●●○

밑줄 친 부분에 들어갈 말로 가장 적절한 것은?

> The public's belief that the politician was dishonest changed after the press conference, where his comments regarding the scandal were deemed _____.

① controversial ② trustworthy
③ fake ④ disgraceful

해석

그 정치인이 부정직하다는 대중의 생각은 기자 회견 후에 바뀌었는데, 그곳에서 스캔들에 관한 그의 설명은 <u>신뢰할 수 있는</u> 것으로 여겨졌다.
① 논란이 많은 ② 신뢰할 수 있는
③ 가짜인 ④ 수치스러운

정답 ②

어휘

press conference 기자 회견 deem 여기다, 생각하다
controversial 논란이 많은 trustworthy 신뢰할 수 있는 fake 가짜인
disgraceful 수치스러운, 불명예스러운

✎ 이것도 알면 합격!

'신뢰할 수 있는'의 의미를 갖는 유의어
= reliable, dependable, authentic

---

02 문법 to 부정사 난이도 중 ●●○

밑줄 친 부분에 들어갈 말로 가장 적절한 것은?

> The Vikings heavily relied on farming and fishing as their primary food sources. In that sense, the failure to adapt to changing climate conditions appears to _____ their demise.

① have been brought about
② have brought about
③ be brought about
④ bring about

해석

바이킹족은 자신들의 주요 식량원으로 농업과 어업에 크게 의존했다. 그러한 점에서, 변화하는 기후 조건에 적응하는 것에 대한 실패가 그들의 종말을 초래했던 것처럼 보인다.

포인트 해설

② to 부정사의 형태 to 부정사가 가리키는 명사(the failure)와 to 부정사가 '실패가 종말을 초래하다'라는 의미의 능동 관계이므로 to 부정사의 능동태를 완성하는 ② have brought about, ④ bring about이 정답 후보이다. 이때 '종말을 초래한' 시점이 '(종말을 초래한) 것으로 보인'(appears to) 시점보다 이전이므로, to 부정사의 능동태 완료형

---

② have brought about이 정답이다.

정답 ②

어휘

heavily 크게, 심하게 primary 주요한 adapt 적응하다 demise 종말, 죽음
bring about ~을 초래하다, 불러일으키다

이것도 알면 합격!

to 부정사가 '~되는 것', '~될', '~되기 위해' 등의 수동의 의미일 때는 to 부정
사 수동형이 와야 한다는 것도 알아 두자.
· He appears **to be respected** by most members of the
committee. 그는 대부분의 위원회 구성원들에게 존경받는 것처럼 보인다.

---

03 문법 관계절 | 비교 구문 | 수 일치 | 어순 난이도 중 ●●○

밑줄 친 부분 중 어법상 옳지 않은 것은?

> Some languages do not have the future tense. Interestingly,
> people who speak a language without it tend to be ① more
> prudent with money than those who ② speak a language
> with it. People ③ who native tongue uses the tense
> subconsciously think of the future as something far-off
> and indefinite. As a result, they have less hesitation about
> overspending today because they can't really visualize
> ④ how it will affect them later on.

해석

어떤 언어에는 미래 시제가 없다. 흥미롭게도, 그것이 없는 언어를 구사하
는 사람들은 그것이 있는 언어를 구사하는 사람들보다 돈에 관해 더 신중한
경향이 있다. 모국어가 그 시제를 사용하는 사람들은, 잠재의식적으로 미래
를 멀고 막연한 것으로 생각한다. 그 결과, 그들은 오늘의 과소비가 나중에
그들에게 어떻게 영향을 미칠 것인지를 실제로 시각화할 수 없기 때문에 과
소비에 대한 망설임이 적다.

포인트 해설

③ 관계대명사 선행사(People)가 사람이고 관계절 내에서 모국어(native
tongue)가 누구의 것인지 나타내므로, 주격 관계대명사 who를 소유격
관계대명사 whose로 고쳐야 한다.

[오답 분석]

① 비교급 '더 신중한'은 '형용사의 비교급 + than'(~보다 더 –한)으
로 나타낼 수 있는데, 이때 3음절 이상인 단어(prudent)는 'more +
원급'의 형태로 비교급을 나타내므로 more prudent가 올바르게 쓰
였다.

② 주격 관계절의 수 일치 주격 관계절(who ~ with it) 내의 동사는 선
행사(those)에 수 일치시켜야 하는데, 선행사 those가 복수 지시대
명사이므로 복수 동사 speak가 올바르게 쓰였다.

④ 어순 의문문이 다른 문장 안에 포함된 간접 의문문은 '의문사 + 주
어 + 동사'의 어순이 되어야 하므로 how it will affect가 올바르게
쓰였다.

정답 ③

어휘

prudent 신중한 native tongue 모국어 subconsciously 잠재의식적으로
far-off 먼, 아득한 indefinite 막연한, 정해져 있지 않은 hesitation 망설임
visualize 시각화하다, 상상하다

이것도 알면 합격!

those(~한 사람들)처럼 'the + 형용사'(~한 사람들)도 복수 취급하고 뒤에 복
수 동사가 온다는 것을 함께 알아 두자.

---

04 생활영어 I'd appreciate it, as I'll need to look up
some other numbers later. 난이도 중 ●●○

밑줄 친 부분에 들어갈 말로 가장 적절한 것은?

Emily Brooks
Do you know Mr. Park's
extension number?
14:00

Daniel Morgan
You mean Mr. Park from
HR, right?
14:00

Emily Brooks
Yes. The intranet won't load
properly on my phone, so I can't
search for extension numbers.
14:01

Daniel Morgan
I see. Mr. Park's number
is 2560.
14:01

Emily Brooks
Thank you. By the way, are you able
to access the intranet on your phone?
14:02

Daniel Morgan
Yes. It's working fine for me. If you'd like,
I can give you the contact for IT support.
14:02

Emily Brooks
_____
_____
14:02

Daniel Morgan
The IT support contact is Robert
Mitchell, and his extension is 5530.
14:03

① One moment, please. I heard that the manager of the IT
support team is off today.

② I'd appreciate it, as I'll need to look up some other numbers
later.

③ Please inform the IT support team about the intranet issue.
④ Could you call Mr. Park for me?

해석

> Emily Brooks: 혹시 Park 씨의 내선 번호를 아시나요?
>
> Daniel Morgan: 인사팀의 Park 씨를 말씀하시는 게 맞나요?
>
> Emily Brooks: 네. 제 휴대폰에서 인트라넷이 잘 로딩되지 않아서요, 그래서 내선 번호를 검색할 수가 없네요.
>
> Daniel Morgan: 그렇군요. Park 씨의 번호는 2560입니다.
>
> Emily Brooks: 감사합니다. 그런데, 휴대폰으로 인트라넷을 접속할 수 있으신가요?
>
> Daniel Morgan: 네, 저는 잘 되네요. 원하신다면, IT지원팀 연락처를 드릴게요.
>
> Emily Brooks: <u>나중에 다른 번호들도 검색해 봐야 할 것 같아서, 그래 주시면 감사하겠습니다.</u>
>
> Daniel Morgan: IT지원팀 연락처는 Robert Mitchell이고, 내선 번호는 5530입니다.

① 잠시만요. IT지원팀 관리자가 오늘 휴무라고 들었어요.
② 나중에 다른 번호들도 검색해 봐야 할 것 같아서, 그래 주시면 감사하겠습니다.
③ 인트라넷 문제에 대해 IT지원팀에 알려 주시기 바랍니다.
④ 저 대신 Park 씨에게 전화해 주실 수 있나요?

포인트 해설

휴대폰으로 인트라넷이 잘 로딩되지 않는다는 Emily에게 Daniel이 원한다면 IT보안팀의 연락처를 주겠다고 제안하고, 빈칸 뒤에서 다시 Daniel이 The IT support contact is Robert Mitchell, and his extension is 5530(IT지원팀 연락처는 Robert Mitchell이고, 내선 번호는 5530입니다)라고 알려 주고 있으므로, '나중에 다른 번호들도 검색해 봐야 할 것 같아서, 그래 주시면 감사하겠습니다'라는 의미의 ② 'I'd appreciate it, as I'll need to look up some other numbers later'가 정답이다.

정답 ②

어휘

extension 내선 번호, 확장 HR(human resources) 인사팀
look up ~을 검색하다

이것도 알면 합격!

통화할 때 쓸 수 있는 다양한 표현들을 알아 두자.
• She's on another line. 그녀는 통화 중입니다.
• I can't get in touch with him. 저는 그와 연락을 할 수 없어요.
• I'll have him call back. 그에게 다시 전화하라고 할게요.
• She's not available at the moment. 그녀는 지금 전화를 받을 수 없습니다.

05~06 다음 글을 읽고 물음에 답하시오.

(A)

If you live in Junespur, you have a loved one in Junespur. Please drive like it.

Despite being a town filled with families, young children, and the elderly, there has been a rise in the number of speeding incidents, even in residential neighborhoods.

Some safety-conscious people do make the effort to drive slowly in these areas. While we appreciate them, more acknowledgement of this issue is needed. Please attend the road safety meeting to see how speeding is impacting everyone in Junespur.

Who wants to worry about their safety in their own neighborhood?

Supported by the Citizens for Safety Commission

• Location: Gracey Elementary School Auditorium
• Date: Thursday, November 3
• Time: 6:30 p.m.

For more information about the meeting or to view speeding statistics, please visit our website at www.speedsafetycommission.com.

해석

(A) 과속은 Junespur에 위험을 초래합니다

만약 당신이 Junespur에 살고 있다면, Junespur에는 당신이 사랑하는 사람이 있는 것입니다. 그에 맞게 운전해 주시기 바랍니다.

가족, 어린 자녀, 그리고 노인으로 가득 찬 마을임에도 불구하고, 심지어 주거 지역에서도 과속 사고의 수가 증가해 왔습니다.

안전에 민감한 일부 사람들은 이러한 지역에서 천천히 운전하려고 노력합니다. 그분들에게 감사드리는 한편, 이 문제에 대해서는 더 많은 인식이 필요합니다. 도로 안전 회의에 참석하셔서 Junespur에 사는 모든 사람에게 과속이 어떤 영향을 미치고 있는지 알아보세요.

누가 자신이 사는 지역에서 안전에 대해 걱정하고 싶어 할까요?

시민 안전 위원회 주관

• 장소: Gracey 초등학교 강당
• 날짜: 11월 3일 목요일
• 시간: 오후 6시 30분

회의에 대해 더 자세한 정보 또는 과속 관련 통계를 보시려면, 저희 웹사이트 www.speedsafetycommission.com을 방문하세요.

어휘

incident 사고, 사건 residential 주거의, 거주하기 좋은
safety-conscious 안전에 민감한 acknowledgement 인식, 인정
commission 위원회, 수수료 auditorium 강당 statistics 통계

05 독해 제목 파악 난이도 중 ●●○

(A)에 들어갈 윗글의 제목으로 가장 적절한 것은?

① Speeding Poses Risk in Junespur
② Importance of Family in Junespur
③ Gratitude for Town Safety Solutions
④ Poor Road Conditions in Junespur Need Attention

해석

① 과속은 Junespur에 위험을 초래합니다
② Junespur에 사는 가족들의 중요함
③ 마을의 안전 해결책에 대한 감사
④ Junespur의 열악한 도로 환경에 주의가 필요합니다

포인트 해설

지문 앞부분에서 Junespur 마을 내 과속 사고의 수가 증가해 오고 있는데, 이 문제에 대한 더 많은 인식이 필요하므로 도로 안전 회의에의 참석을 권장하고 있다. 따라서 ① '과속은 Junespur에 위험을 초래합니다'가 이 글의 제목이다. 참고로, 지문에서 Junespur의 도로 환경에 대해서는 언급하고 있지 않으므로 ④번은 정답이 될 수 없다.

정답 ①

어휘

gratitude 감사

06 독해 내용 불일치 파악 난이도 하 ●○○

위 안내문의 내용과 일치하지 않는 것은?

① Junespur is a town that is home to many families.
② There has been an increasing number of speeding reports.
③ The meeting takes place on a weekday evening.
④ The safety commission will send speeding statistics to residents.

해석

① Junespur는 많은 가족들의 보금자리인 마을이다.
② 과속 신고의 수가 점점 더 증가해 왔다.
③ 회의는 평일 저녁에 열린다.
④ 안전 위원회는 주민들에게 과속 관련 통계를 발송할 것이다.

포인트 해설

④번의 키워드인 speeding statistics(과속 관련 통계)가 그대로 언급된 지문 주변의 내용에서 과속 관련 통계를 보려면 웹사이트를 방문하라고 했으므로, ④ '안전 위원회는 주민들에게 과속 관련 통계를 발송할 것이다'는 지문의 내용과 다르다.

정답 ④

어휘

take place 열리다, 일어나다

07 독해 요지 파악 난이도 중 ●●○

다음 글의 요지로 가장 적절한 것은?

Medical Pandemic Response
Preventing the spread of diseases is the number one aim of the Bureau for the Control of Communicable Diseases (BCCD). The emergence of a pandemic threatens the health of the nation as well as its economy and overall security.

Emerging Infectious Diseases
An emerging infectious disease (EID) is a new infection that has recently appeared and is rapidly spreading to new areas or has the potential of causing widespread illness throughout the country.

Epidemiologists with the BCCD are constantly on the lookout for signs of EIDs both domestically and internationally. Reports of hospital admissions for patients with uncommon or previously unknown conditions prompt a full investigation by the BCCD and may result in announcements and warnings for the general public and quarantine conditions in cases of extreme danger.

① BCCD focuses on developing treatments for EIDs.
② BCCD aims to prevent new diseases from spreading.
③ BCCD researches the economic impact of illnesses.
④ BCCD must obtain prior consent to issue a quarantine order.

해석

의료 팬데믹 대응
질병의 확산을 방지하는 것은 전염병 관리국(BCCD)의 최우선 목표입니다. 팬데믹의 출현은 국가의 건강뿐만 아니라 경제와 전반적인 안보를 위협합니다.

신종 감염병
신종 감염병(EID)은 최근에 발생하여 새로운 지역으로 빠르게 확산되고 있거나, 또는 전국적으로 광범위한 질병을 일으킬 가능성을 가지고 있는 새로운 감염입니다.

전염병 관리국의 전염병 학자들은 국내외에서 신종 감염병의 징후를 거듭 세심히 살피고 있습니다. 흔치 않거나 이전에 알려지지 않은 질환을

앓고 있는 환자의 병원 입원에 대한 보고는 전염병 관리국에 의한 전면적인 조사를 촉발시키며, 일반 대중을 대상으로 한 공지 및 경고 그리고 극도로 위험한 경우 격리 상태를 초래할 수도 있습니다.

① 전염병 관리국은 신종 감염병에 대한 치료법 개발에 초점을 두고 있다.
② 전염병 관리국은 새로운 질병의 확산을 방지하는 것을 목표로 한다.
③ 전염병 관리국은 질병이 경제에 미치는 영향에 대해 연구한다.
④ 전염병 관리국은 격리 명령을 발행하기 위해 사전 동의를 얻어야 한다.

[포인트 해설]
지문 처음에서 질병의 확산 방지가 전염병 관리국의 최우선 목표라고 하고, 지문 뒷부분에서 신종 감염병 확산을 방지하기 위한 전염병 관리국의 담당 업무들을 설명하고 있다. 따라서 ② '전염병 관리국은 새로운 질병의 확산을 방지하는 것을 목표로 한다'가 이 글의 요지이다.

정답 ②

[어휘]
communicable disease 전염병 emergence 출현 threaten 위협하다
overall 전반적인 infection 감염 epidemiologist 전염병 학자
constantly 거듭, 끊임없이 be on the lookout 세심히 살피다
domestically 국내에서, 가정적으로 hospital admission 병원 입원
prompt 촉발시키다, ~하게 하다 investigation 조사
announcement 공지, 발표 quarantine 격리, 검역
consent 동의; 동의하다

---

08 독해 무관한 문장 삭제   난이도 중 ●●○

다음 글의 흐름상 가장 어색한 문장은?

It's not climate change or pollution but rather cultural superstition that is endangering the aye-aye, a small mammal found in Madagascar. ① The harmless creature frightens the natives because of an unusual feature it possesses—an extremely long finger that helps it dig out insects inside tree trunks to eat. ② Even though the extra-long finger is helpful to the furry creature, fearful tribes believe that an aye-aye pointing at them means that they are fated to die soon. ③ Many of the island's inhabitants choose to simply shoot the animal as soon as they see one, before it has the opportunity to "doom" them. ④ Therefore, the aye-aye has been forced to survive in more cultivated areas because of the continued deforestation carried out by the villagers.

[해석]
마다가스카르에서 발견된 작은 포유동물인 다람쥐원숭이를 위험에 빠뜨리고 있는 것은 기후 변화나 오염이 아닌 문화적 미신이다. ① 그 무해한 동물은 그것이 가진 특이한 외형으로 인해 토착민들을 겁먹게 만드는데, 이것은 나무둥치 안의 곤충들을 파내서 먹는 데 도움이 되는 매우 긴 손가락 때문이다. ② 비록 그 매우 긴 손가락이 그 털북숭이 생물에게는 유용하더라도, 두려워하는 부족들은 다람쥐원숭이가 그들을 손으로 가리키는 것은 그들이 곧 죽을 운명임을 의미한다고 믿는다. ③ 그 섬의 주민들 중 많은 사

람들은 그것이 그들의 '운명을 정할' 기회를 가지기 전에, 단순히 그 동물을 보는 즉시 쏘아 죽이는 것을 선택한다. ④ 따라서, 다람쥐원숭이는 마을 사람들에 의해 행해지는 계속되는 삼림 벌채 때문에 더 경작된 지역에서 살아남기를 강요받아 왔다.

[포인트 해설]
첫 문장에서 '마다카스카르의 다람쥐원숭이를 위험에 빠뜨리는 문화적 미신'에 대해 언급하고, ①, ②, ③번에서 다람쥐원숭이가 손가락으로 가리키는 사람은 죽을 운명이라는 토착민들의 미신 때문에 많은 다람쥐원숭이가 죽임을 당했다고 설명하고 있다. 그러나 ④번은 '삼림 벌채로 인한 다람쥐원숭이의 서식지 변화'에 대한 내용으로, 첫 문장의 내용과 관련이 없다.

정답 ④

[어휘]
pollution 오염 superstition 미신 endanger 위험에 빠뜨리다
mammal 포유동물 dig 파다 tribe 부족 fate ~할 운명이다
inhabitant 주민 doom 운명을 정하다 cultivate 경작하다, 재배하다
deforestation 삼림 벌채

---

09 독해 빈칸 완성 – 절   난이도 중 ●●○

밑줄 친 부분에 들어갈 말로 가장 적절한 것은?

In North America, it is customary for students to repeat a grade if the teacher believes that they are lagging behind the other students. However, more and more education experts are voicing their concerns about this practice, known as retention. Research has revealed that students who are held back tend to suffer emotionally, believing that they are inferior to their peers and incapable of succeeding academically. They may also develop social and behavioral issues that stem from being overage and are up to 11 times more prone to quitting school altogether. Hence, many education experts argue that _____.
Not only do the costs outweigh any potential benefits, but statistics show that countries that do not retain students, such as Korea and Japan, have much higher academic performance on average.

① it is essential for parents to help their underperforming children
② it is time to abandon the practice of retention in North America
③ students should only be allowed to repeat a grade at the elementary school level
④ teachers need to support students so that they can catch up with their peers

[해석]
북아메리카에서는, 만약 교사가 학생들이 다른 학생들보다 뒤처진다고 생각할 경우 그들이 그 학년을 반복하는 것이 통상적이다. 하지만, 점점 더 많은 교육 전문가들은 유급이라고 알려진 이 관행에 대해 우려를 표현하고 있

다. 연구는 유급한 학생들이 그들이 또래보다 열등하고 학문적으로 성공할 수 없다고 생각함으로써, 그들이 정신적으로 고통받는 경향이 있다는 것을 밝혀냈다. 그들은 규정 연령을 초과하는 것에서 기인하는 사회 및 행동 문제를 일으킬 수도 있고, 학교를 완전히 그만두기가 11배나 더 쉽다. 이런 이유로, 많은 교육 전문가들은 북아메리카의 유급 관행을 버려야 할 때라고 주장한다. 비용이 잠재적인 어떠한 이익도 능가할 뿐만 아니라, 통계 자료는 한국이나 일본과 같이 학생들을 유급시키지 않는 나라들이 평균적으로 훨씬 더 높은 학업적 성과를 보인다는 것을 보여 준다.

① 부모들이 기량을 발휘하지 못하는 자녀들을 돕는 것은 필수적이다
② 북아메리카의 유급 관행을 버려야 할 때이다
③ 학생들은 초등학교 단계에서 학년을 반복하는 것만이 허용되어야 한다
④ 교사들은 학생들이 또래를 따라잡을 수 있도록 그들을 지원해야 한다

포인트 해설

빈칸 앞 문장에 유급한 학생들이 사회 및 행동 문제를 일으킬 수 있고 학교를 그만둘 가능성 또한 크다는 내용이 있고, 빈칸 뒤 문장에 학생들을 유급시키지 않는 나라들이 더 높은 학업 성과를 보인다는 내용이 있으므로, 많은 교육 전문가들이 '북아메리카의 유급 관행을 버려야 할 때'라고 주장한다고 한 ②번이 정답이다.

정답 ②

어휘

customary 통상적인, 관습적인 lag behind 뒤처지다, 뒤떨어지다
voice 표현하다; 목소리 practice 관행, 습관, 연습 retention 유급, 보류
reveal 밝히다, 드러내다 hold back ~를 유급시키다, 억제하다
inferior 열등한 peer 또래 academically 학문적으로
stem from ~에서 기인하다 overage 규정 연령을 초과한
prone to ~하기 쉬운 quit 그만두다 outweigh 능가하다
statistics 통계 (자료) underperform 기량을 발휘하지 못하다
abandon 버리다 elementary 초등학교의, 초보의
catch up with ~를 따라잡다

---

10 독해 내용 불일치 파악   난이도 중 ●●○

다음 글의 내용과 일치하지 않는 것은?

> Worriers look on with concern and warn knuckle-crackers that they will wind up getting arthritis if they keep up the loud habit. In fact, cracking knuckles has nothing to do with a person's joints. The popping sound comes from small gas bubbles that are trapped in the fluid where the bones connect. When the knuckle is bent, the little pockets of air burst and make a snapping noise. Despite what most think, the act does little more than annoy those who can hear it. Multiple studies have failed to turn up any correlation between knuckle-cracking and developing a joint disorder. One scientist even went so far as to conduct an incredible 50-year study wherein he cracked the knuckles of only his left hand every day. In the end, he found both hands to remain unaffected.

① Finger joints are not associated with the act of cracking one's knuckles.

② The sound that knuckles make when cracked is caused by air bubbles bursting.
③ Research fails to support the notion that cracking knuckles causes arthritis.
④ The hands of a researcher who did a knuckle-cracking study were weakened.

해석

걱정이 많은 사람들은 걱정스럽게 지켜보며 손가락 마디를 꺾는 사람들에게 그 시끄러운 습관을 계속한다면 관절염에 걸리게 될 것이라고 경고한다. 사실, 손가락 마디를 꺾는 것은 사람의 관절과는 아무런 관계가 없다. 터지는 소리는 뼈가 연결되는 체액 안에 갇혀 있는 작은 기포들로부터 나온다. 손가락 마디가 구부러질 때, 그 작은 공기 주머니가 터지면서 딱 하는 소리를 낸다. 대부분의 사람들이 생각하는 것에도 불구하고, 그 행동은 그것을 들을 수 있는 사람들을 성가시게 하는 것에 지나지 않는다. 많은 연구들은 손가락 마디를 꺾는 것과 관절 장애가 발병하는 것 사이의 어떠한 상호 관계도 찾아내지 못했다. 심지어 한 과학자는 엄청난 50년 동안의 연구를 수행하기까지 했는데, 이 연구에서 그는 매일 자신의 왼쪽 손가락 마디만을 꺾었다. 결국, 그는 두 손 모두 영향을 받지 않은 채 남아 있다는 것을 확인했다.

① 손가락 관절은 손가락 마디를 꺾는 행위와 관련이 없다.
② 꺾일 때 손가락 마디가 내는 소리는 기포가 터지는 것에 의해 유발된다.
③ 연구는 손가락 마디를 꺾는 것이 관절염을 유발한다는 견해를 뒷받침하지 못한다.
④ 손가락 마디를 꺾는 연구를 했던 한 연구원의 손은 약해졌다.

포인트 해설

④번의 키워드인 a researcher(한 연구원)를 바꾸어 표현한 지문의 One scientist(한 과학자) 주변의 내용에서 한 과학자가 50년 동안 매일 왼쪽 손가락 마디만을 꺾는 연구를 한 결과 두 손 모두 영향을 받지 않았다는 것을 확인했다고 했으므로, ④ '손가락 마디를 꺾는 연구를 했던 한 연구원의 손은 약해졌다'는 지문의 내용과 반대이다.

정답 ④

어휘

knuckle 손가락 마디 wind up (결국) ~하게 되다 arthritis 관절염
keep up ~을 계속하다 joint 관절, 연결 부위 trap 가두다; 덫
fluid 체액; 유동성의 burst 터지다, 갑자기 ~하다
snapping 딱 하는 소리를 내는 annoy 성가시게 하다 turn up ~을 찾아내다
correlation 상호 관계 disorder 장애, 이상
go so far as to 심지어 ~하기까지 하다 conduct 수행하다
associate 관련짓다 notion 견해, 의견 weaken 약해지다

구문 분석

One scientist even went so far as to conduct an incredible 50-year study / wherein he cracked the knuckles of only his left hand / every day.

: 이처럼 관계사 wherein이 명사(an incredible 50-year study)를 수식하는 경우, '주어가 명사에서 동사하다'라고 해석한다.

해커스 공무원시험연구소 총평

난이도	문법 영역이 평이하게 출제된 데 비해 독해 영역이 비교적 까다롭게 출제된 회차입니다.
어휘·생활영어 영역	일부 보기의 정확한 뜻을 알지 못하더라도, 먼저 문맥을 통해 빈칸에 적절한 의미를 추론하고, 오답 보기를 소거함으로써 정답을 유추해 나갈 수 있습니다.
문법 영역	2번과 3번 문제를 통해 시제의 기본 이론을 확실하게 알고 있는지 점검해 볼 수 있었습니다. 시제 포인트는 수 일치·수동태 등과 함께 묶여 출제될 가능성도 있으므로 헷갈리는 부분 없이 알아 두어야 합니다.
독해 영역	7번 문제처럼 안내문 형태로 제시된 내용 일치/불일치 파악 유형은 보기에 쓰인 숫자·시간 등 눈에 잘 띄는 키워드를 지문에서 찾아 비교함으로써 빠르게 풀어낼 수 있습니다.

정답

01	②	어휘	06	④	독해
02	①	문법	07	③	독해
03	③	문법	08	④	독해
04	①	생활영어	09	②	독해
05	④	독해	10	④	독해

취약영역 분석표

영역	맞힌 답의 개수
어휘	/ 1
생활영어	/ 1
문법	/ 2
독해	/ 6
TOTAL	/ 10

---

01 어휘 authentic   난이도 중 ●●○

밑줄 친 부분에 들어갈 말로 가장 적절한 것은?

He is normally quite _____ when it comes to expressing his true thoughts and opinions, so his insincerity towards Marsha was rather uncharacteristic of him.

① changeable   ② authentic

③ hesitant   ④ hypocritical

해석

그는 자신의 진짜 생각과 의견을 표현하는 것에 관한 한 보통은 아주 <u>진실되기</u> 때문에, Marsha에 대한 그의 위선은 상당히 그답지 않았다.

① 바뀔 수 있는   ② 진실된

③ 망설이는   ④ 위선적인

정답 ②

어휘

when it comes to ~에 관한 한   insincerity 위선, 진실되지 않음
uncharacteristic ~답지 않은, 평소답지 않은
changeable 바뀔 수 있는, 변덕이 심한   authentic 진실된, 진정한
hesitant 망설이는   hypocritical 위선적인

이것도 알면 합격!

'진실된'의 의미를 갖는 유의어
= forthright, honest, frank, direct

---

02 문법 관계절 | 시제 | 동명사 | 수동태   난이도 중 ●●○

밑줄 친 부분 중 어법상 옳지 않은 것은?

The IT industry is one ① <u>when</u>, over the last decade, ② <u>has seen</u> tremendous growth and demand for skilled workers. Because of the ever increasing number of services ③ <u>being offered</u> over the Internet, more IT jobs with competitive salaries ④ <u>are being created</u>.

해석

IT 산업은 지난 십 년에 걸쳐 굉장한 성장과 숙련된 노동자들에 대한 수요를 보여 온 산업이다. 인터넷을 통해 제공되는 서비스의 끊임없이 증가하는 수 때문에, 경쟁력 있는 임금을 갖춘 더 많은 IT 일자리들이 창출되고 있다.

포인트 해설

① **관계부사와 관계대명사 비교** 관계사 뒤에 주어가 없는 불완전한 절 (over the last decade ~ workers)이 왔으므로 관계대명사가 와야 하는데, 선행사 one이 사물이고 관계절 내에서 동사 has의 주어 역할을 하므로 완전한 절을 이끄는 관계부사 when을 주격 관계대명사 which 또는 that으로 고쳐야 한다.

[오답 분석]

② **시제 일치** 현재완료 시제와 자주 함께 쓰이는 시간 표현 'over + 시간 표현'(over the last decade)이 왔고, 문맥상 '지난 십 년에 걸쳐 보여 왔다'라는 의미로 과거에 시작된 일이 현재까지 계속되고 있음

을 표현하고 있으므로 현재완료 시제 has seen이 올바르게 쓰였다.
③ **동명사의 형태** 동명사 뒤에 목적어가 없고 문맥상 '서비스가 제공되다'라는 의미의 수동 관계가 되어야 자연스러우므로 동명사의 수동형 being offered가 올바르게 쓰였다.
④ **능동태·수동태 구별 | 현재진행 시제** 주어 more IT jobs와 동사가 '더 많은 IT 일자리들이 창출되다'라는 의미의 수동 관계이고, '창출되고 있다'라는 현재 진행되고 있는 일을 표현하고 있으므로, 현재진행 수동태 are being created가 올바르게 쓰였다.

정답 ①

어휘

tremendous 굉장한, 대단한   skilled 숙련된
competitive 경쟁력 있는, 경쟁의

이것도 알면 합격!

관계부사와 자주 함께 쓰이는 선행사들을 함께 알아 두자.
• 관계부사 when, where, why는 선행사와 관계부사를 모두 쓰거나, 둘 중 하나를 생략할 수 있다.
  ex) She couldn't understand (**the reason, why, the reason why**) her application had been rejected.
  그녀는 자신의 신청이 거절당했던 이유를 알지 못했다.
• 관계부사 how의 경우 선행사 the way와 관계부사 how 중 하나는 반드시 생략한다.
  ex) The writer shared (**the way, how,** ~~the way how~~) storytelling techniques can captivate readers.
  그 작가는 스토리텔링 기법이 독자들을 사로잡을 수 있는 방법을 공유했다.

03   문법 시제

난이도 하 ●○○

밑줄 친 부분에 들어갈 말로 가장 적절한 것은?

After the discussion _____, we will gather feedback from the participants.

① will have ended   ② will end
③ ends   ④ has ended

해석

토론이 끝난 뒤, 우리는 참가자들로부터 피드백을 수렴할 것이다.

포인트 해설

③ **현재 시제** 빈칸은 부사절의 동사 자리이다. 시간을 나타내는 부사절 (After ~)에서는 미래를 나타내기 위해 현재 시제를 사용하므로, 현재 시제가 쓰인 ③ ends가 정답이다.

정답 ③

이것도 알면 합격!

한편, 미래완료 시제(will have + p.p.)는 특정 미래 시점 이전에 시작된 일이 미래의 그 시점에 완료될 것을 표현한다는 것도 함께 알아 두자.
• In a few years, they **will have built** a new shopping center.
  몇 년 안에, 그들은 새로운 쇼핑 센터를 지을 것이다.

04   생활영어 We are fully booked this afternoon.

난이도 하 ●○○

밑줄 친 부분에 들어갈 말로 가장 적절한 것은?

A: Hello, this is Mercy Hospital. How can I help you?
B: I'm calling because I have an appointment at 1 p.m., but something has come up. Would it be possible to push it back a couple of hours?
A: I'm afraid _____.
B: Oh, that's a shame. I guess I'll need to reschedule it for a different day, then.
A: Sure. Let me tell you when the doctor's available.

① we are fully booked this afternoon
② the test results will not be ready until later
③ the treatment will take about an hour
④ it appears more tests will be needed

해석

A: 안녕하세요, Mercy 병원입니다. 무엇을 도와드릴까요?
B: 제가 오후 1시에 예약을 했는데, 일이 생겨서 전화 드렸어요. 예약을 두세 시간 뒤로 미루는 게 가능할까요?
A: 죄송하지만 오늘 오후는 전부 예약되어 있습니다.
B: 아, 유감이네요. 그렇다면 다른 날로 일정을 변경해야 할 것 같아요.
A: 물론입니다. 의사 선생님께서 언제 시간이 되시는지 알려 드릴게요.

① 오늘 오후는 전부 예약되어 있습니다
② 검사 결과는 더 나중에야 준비될 겁니다
③ 치료는 한 시간 정도 걸릴 겁니다
④ 추가 검사가 필요해 보여요

포인트 해설

병원 예약 시간을 미룰 수 있는지 묻는 B의 문의에 대해 A가 대답하고, 빈칸 뒤에서 다시 B가 that's a shame. I guess I'll need to reschedule it for a different day, then(유감이네요. 그렇다면 다른 날로 일정을 변경해야 할 것 같아요)이라고 말하고 있으므로, '오늘 오후는 전부 예약되어 있습니다'라는 의미의 ① 'we are fully booked this afternoon'이 정답이다.

정답 ①

어휘

come up (일이) 생기다, 발생하다   push back ~을 미루다
reschedule 일정을 변경하다   book 예약하다

이것도 알면 합격!

병원에서 쓸 수 있는 다양한 표현들을 알아 두자.
• I don't have any medical insurance. 저는 의료 보험이 없어요.
• You can schedule your next check-up with the nurse.
  간호사와 다음 검진 일정을 잡으시면 됩니다.
• Have you fasted overnight? 밤사이 금식하셨나요?

05~06 다음 글을 읽고 물음에 답하시오.

To	Passport Processing Services
From	Julius Walsh
Date	July 19
Subject	Passport Renewal Delay

B I U ¶ ✎ A A 🔗 🖼 ✐ ☰ ☰ ☰ ↺ ↻ </>

To Whom It May Concern:

I am writing with regard to my passport application, which I submitted in person on May 15. According to the information on your website, it should take 20 business days to renew a passport. However, it has now been about two months, and I have not received a new passport or any updates about the status of my application.

I understand that delays can happen due to various reasons, but I purposely applied for a new passport well in advance of an upcoming trip I have planned for next month and was assured that I would have it in time. This trip is very important to me, and not being able to go on it will affect me both personally and financially.

I kindly ask that you process my application as soon as possible. Thank you for your attention to this matter.

Sincerely,
Julius Walsh

해석

수신: 여권 처리 서비스
발신: Julius Walsh
날짜: 7월 19일
제목: 여권 갱신 지연

관계자분들께,

저는 5월 15일에 직접 제출했던 여권 신청서와 관련하여 이 글을 씁니다. 귀하의 웹사이트 정보에 따르면, 여권을 갱신하는 데에는 영업일 기준 20일이 소요될 것입니다. 하지만, 현재 약 두 달이 되어 가고 있으며, 저는 신규 여권이나 (여권) 신청 상태에 대한 어떠한 최신 정보도 받지 못했습니다.

여러 가지 이유로 인해 지연이 있을 수 있음을 이해하지만, 저는 다음 달로 예정된 다가오는 여행에 훨씬 앞서 일부러 새 여권을 신청했고 그것을 제때 받을 수 있을 것이라고 확신했습니다. 이 여행은 제게 매우 중요하며, 그 여행을 할 수 없게 되는 것은 개인적으로 그리고 재정적으로 제게 영향을 미칠 것입니다.

가능한 한 빨리 제 신청서를 처리해 주시기를 요청드립니다. 이 문제에 관심을 가져 주셔서 감사합니다.

마음을 담아,
Julius Walsh

어휘

passport 여권 application 신청(서) submit 제출하다 in person 직접
renew 갱신하다, 재개하다 status 상태, 신분, 지위
purposely 일부러, 고의로 apply for ~을 신청하다 upcoming 다가오는
assure 확신하다, 보증하다 personally 개인적으로
process 처리하다, 가공하다; 과정, 진행

05 독해 목적 파악 난이도 중 ●●○

윗글의 목적으로 가장 적절한 것은?

① For inquiring about the procedure for renewing a passport
② For explaining the cause of a delay concerning passport applications
③ For complaining about having to cancel an upcoming international trip
④ For reporting not receiving a new passport within the expected time frame

해석

① 여권 갱신 절차에 대해 문의하기 위해
② 여권 신청과 관련하여 지연의 원인을 설명하기 위해
③ 다가오는 해외 여행을 취소해야 하는 것에 대해 항의하기 위해
④ 예상된 기간 내 신규 여권을 받지 못했음을 알리기 위해

포인트 해설

지문 앞부분에서 웹사이트는 여권 갱신 신청에 대해서는 20일의 소요 기간을 안내하는 데 반해 두 달이 지나기까지 신청했던 여권에 대한 정보를 받지 못했다고 하고, 지문 마지막에서 가능한 한 빨리 여권 신청을 처리해 달라고 요청하고 있다. 따라서 ④ '예상된 기간 내 신규 여권을 받지 못했음을 알리기 위해'가 이 글의 목적이다.

정답 ④

어휘

inquire 문의하다, 조사하다 procedure 절차 complain 항의하다, 불평하다
time frame 기간

06 독해 유의어 파악 난이도 중 ●●○

밑줄 친 "process"의 의미와 가장 가까운 것은?

① refine   ② integrate
③ analyze   ④ handle

해석

① 개선하다   ② 통합시키다
③ 분석하다   ④ 처리하다

밑줄 친 부분이 포함된 문장에서 process는 문맥상 가능한 한 빨리 신청서를 '처리해' 주기를 요청한다는 의미로 쓰였으므로, '처리하다'라는 의미의 ④ handle이 정답이다.

정답 ④

어휘

refine 개선하다 integrate 통합시키다 analyze 분석하다
handle 처리하다, 다루다

---

07 독해 내용 일치 파악　　난이도 중 ●●○

DUELING VIOLINS에 관한 다음 글의 내용과 일치하는 것은?

DUELING VIOLINS

Presented by the Lexington Symphony Orchestra at Palais Theatre

Admission Info for August 10

Tickets range from $69 to $99, with a limited number of VIP tables for two available for $250. Click the link to see vacant seats and buy tickets now or contact the box office by telephone at (555) 934-2456.

The doors and VIP lounge open at 6:45 p.m. The concert begins at 8:00 p.m. and ends at 10:00 p.m., with one 20-minute intermission midway.

Please note: Wheelchair seating can be purchased through the ticketing website only. There is a wheelchair ramp at the side entrance to the building.

① Individual VIP seats are available for $250 each.
② The concert starts at 6:45 p.m.
③ There will be a break halfway through the concert.
④ Wheelchair users can book tickets through the box office.

해석

바이올린 승부

Palais 극장에서 Lexington 교향악단 제공

8월 10일 입장 정보

티켓은 69달러에서 99달러까지 다양하며, 2인이 이용 가능한 한정 수량의 VIP 테이블은 250달러입니다. 링크를 클릭하여 비어 있는 좌석을 확인하시고, 즉시 티켓을 구매하시거나 (555) 934-2456으로 전화하여 매표소에 문의하세요.

출입구와 VIP 라운지는 오후 6시 45분에 문을 엽니다. 콘서트는 오후 8시에 시작하여 오후 10시에 종료되는데, 중간에 20분의 휴식 시간이 있습니다.

참고하세요: 휠체어 좌석은 매표 사이트를 통해서만이 구매될 수 있습니다. 건물의 옆쪽 입구에 휠체어 경사로가 있습니다.

① 개별 VIP 좌석은 각각 250달러에 이용 가능하다.
② 콘서트는 오후 6시 45분에 시작한다.
③ 콘서트 사이 중간 휴식 시간이 있을 것이다.
④ 휠체어 사용자는 매표소를 통해 티켓을 예약할 수 있다.

포인트 해설

③번의 키워드인 a break(휴식 시간)을 바꾸어 표현한 지문의 intermission (휴식 시간) 주변의 내용에서 콘서트는 중간에 20분의 휴식 시간이 있다고 했으므로, ③ '콘서트 사이 중간 휴식 시간이 있을 것이다'가 지문의 내용과 일치한다.

[오답 분석]
① 2인이 이용 가능한 VIP 테이블이 250달러라고 했으므로, 개별 VIP 좌석이 각각 250달러에 이용 가능하다는 것은 지문의 내용과 다르다.
② 콘서트는 오후 8시에 시작한다고 했으므로, 콘서트가 오후 6시 45분에 시작한다는 것은 지문의 내용과 다르다.
④ 휠체어 좌석은 매표 사이트를 통해서만 구매될 수 있다고 했으므로, 휠체어 사용자가 매표소를 통해 티켓을 예약할 수 있다는 것은 지문의 내용과 다르다.

정답 ③

어휘

dueling 승부, 결투 present 제공하다, 보여 주다; 현재의; 선물
vacant 비어 있는 intermission 휴식 시간 midway 중간에 ramp 경사로
halfway 중간에

---

08 독해 주제 파악　　난이도 중 ●●○

다음 글의 주제로 가장 적절한 것은?

Jim Crow laws, which were implemented in 1876 and mandated racial segregation in the US, were finally declared unconstitutional in 1967. Although these laws remained in place for so long, previous attempts were made to resist them. One such example occurred in 1890. At that time, laws forbade Black and white people from riding in the same train cars. A biracial man named Homer Plessy challenged this rule by riding in the "whites only" railcar of a train from New Orleans. He was arrested when he refused to leave. Plessy took the case to court but ultimately lost. The verdict bolstered many more decades of sanctioned discrimination against Black people. However, after several attempts like the Plessy case, racial discrimination was finally brought to an end.

① how a court verdict reversed racial segregation in the US
② the long history of racial discrimination in New Orleans
③ a public transportation policy that violated Jim Crow laws
④ an example of an early effort to defy Jim Crow laws

해석

미국에서 1876년에 시행되어 인종 차별을 명령했던 짐 크로 법은 1967년에 마침내 위헌이라고 선언되었다. 그 법이 오랫동안 유지되었음에도 불구하고, 그것에 저항하기 위한 앞선 시도들이 있었다. 이러한 한 가지 사례는 1890년에 일어났다. 당시에, 법은 흑인과 백인이 같은 기차 칸에 타는 것을 금지했다. Homer Plessy라는 이름의 한 혼혈인은 뉴올리언스에서 온 '백인 전용' 철도 차량에 탐으로써 이 규정에 이의를 제기했다. 내리기를 거부하자 그는 체포되었다. Plessy는 이 사건을 법정으로 가져갔지만 결국 졌다. 배심원의 평결은 아주 오랜 세월 흑인에 대해 허가된 차별을 지지했다. 하지만, Plessy 사건과 같은 여러 번의 시도 후에, 인종 차별은 마침내 막을 내리게 되었다.

① 한 법원 평결이 어떻게 미국에서 인종 차별 정책을 뒤바꿔 놓았는가
② 뉴올리언스에서의 인종 차별의 오랜 역사
③ 짐 크로 법을 위반한 대중 교통 정책
④ 짐 크로 법에 저항하려는 초기 노력의 사례

포인트 해설

지문 앞부분에서 인종 차별을 명령했던 짐 크로 법이 1967년 위헌으로 선언되기 이전에도 이 법에 저항하기 위한 시도들이 있었다고 하고, 지문 중간에서 백인 전용 철도 차량에 탐으로써 이 법에 이의를 제기했던 Homer Plessy의 사례를 언급하고 있으므로, ④ '짐 크로 법에 저항하려는 초기 노력의 사례'가 이 글의 주제이다.

정답 ④

어휘

implement 시행하다, 충족시키다 mandate 명령하다, 지시하다
racial 인종의 segregation 차별 (정책), 구분 declare 선언하다
unconstitutional 위헌의 previous 앞선, 이전의 forbid 금지하다
biracial 혼혈의 challenge 이의를 제기하다, 도전하다 arrest 체포하다
ultimately 결국 verdict (배심원의) 평결, 판정 bolster 지지하다
sanction 허가하다, 찬성하다 discrimination 차별, 구별
reverse 뒤바꾸다, 취소하다 violate 위반하다 defy 저항하다, 거역하다

09 독해 문단 순서 배열 난이도 중 ●●○

주어진 글 다음에 이어질 글의 순서로 가장 적절한 것은?

In her numerous studies on learning, psychologist Carol Dweck demonstrated just how much impact, be it positive or negative, praise can have on a student. Different types of approval foster different attitudes about learning.

(A) The former consider their abilities to be innate and unchanging, and they see success as the natural result of inborn skills. Namely, fixed-mindset kids interpret struggle and working for something as failure. They give up on challenging assignments because such tasks threaten their self-image as smart.

(B) Children who are complimented on their intelligence tend to develop what Dweck calls a fixed mindset, whereas those congratulated on their effort are more likely to have a growth mindset.

(C) Growth-mindset youths, conversely, recognize that intellect and capabilities evolve from the hours they spend laboring. They embrace difficult undertakings and see them as an opportunity to improve themselves.

① (A) – (C) – (A)　　　② (B) – (A) – (C)
③ (B) – (C) – (A)　　　④ (C) – (A) – (C)

해석

학습에 관한 그녀의 수많은 연구에서, 심리학자 Carol Dweck은 긍정적이든 부정적이든 간에 칭찬이 학생에게 어느 정도의 영향을 미칠 수 있는지를 증명했다. 서로 다른 종류의 인정은 학습에 대한 서로 다른 태도를 조성한다.

(A) 전자는 자신들의 능력이 선천적이고 변하지 않는 것이라고 여기며, 성공을 타고난 기량의 당연한 결과로 여긴다. 다시 말해서, 고정형 사고방식의 아이들은 어떤 것을 위한 노력과 노동을 실패로 해석한다. 그들은 힘든 과제들이 자신들의 똑똑한 자아를 위협하기 때문에 그러한 과제들을 포기한다.
(B) 지능에 대해 칭찬받은 아이들은 Dweck이 고정형 사고방식이라고 부르는 것을 발달시키는 경향이 있는 반면, 노력에 대해 축하받은 아이들은 성장형 사고방식을 가질 가능성이 더 크다.
(C) 반대로, 성장형 사고방식의 청소년들은 지적 능력과 재능이 그들이 노력하며 보낸 시간으로부터 발달한다는 것을 인지한다. 그들은 어려운 일들을 받아들이고 그것들을 스스로를 향상시킬 기회로 여긴다.

포인트 해설

주어진 문장에서 서로 다른 종류의 인정이 다른 학습 태도를 조성한다는 심리학자 Carol Dweck의 연구 결과에 대해 소개한 뒤, (B)에서 지능을 칭찬받은 아이들은 고정형 사고방식을 발달시킨 반면 노력을 칭찬받은 아이들은 성장형 사고방식을 발달시킨 경향이 있음을 설명하고 있다. 이어서 (A)에서 전자(The former)인 고정형 사고방식은 능력을 선천적인 것으로 여기고 노력과 노동을 실패로 여기기 때문에 힘든 과제들을 포기한다고 하고, (C)에서 반대로(conversely) 성장형 사고방식은 어려운 일들을 스스로를 향상시킬 수 있는 기회로 여긴다고 부연하고 있다. 따라서 ② (B) – (A) – (C)가 정답이다.

정답 ②

어휘

demonstrate 증명하다, 설명하다 praise 칭찬; 칭찬하다
approval 인정, 찬성 foster 조성하다 innate 선천적인 inborn 타고난
interpret 해석하다, 설명하다 struggle 노력; 투쟁하다
challenging 힘든, 도전적인 assignment 과제, 배정 threaten 위협하다
compliment 칭찬하다, 축하하다 intelligence 지능 mindset 사고방식
conversely 반대로, 거꾸로 embrace 받아들이다 undertaking 일, 인수

구문 분석

Children / who are complimented on their intelligence / tend to develop what Dweck calls a fixed mindset, / whereas those / congratulated on their effort / are more likely to have a growth mindset.
: 이처럼 접속사 whereas가 이끄는 절(whereas + 주어 + 동사 ~)이 문장을 꾸며주는 경우, '~하는 반면', '하는 데 반해'라고 해석할 수 있다.

10 독해 무관한 문장 삭제　　　　　난이도 상 ●●●

다음 글의 흐름상 가장 어색한 문장은?

First-time readers of Shakespeare are often so overwhelmed by his dense, poetic language that they fail to notice how comical the playwright's plays actually are. ① He slipped jokes into his work just about everywhere he could, being particularly fond of using wordplay that relied on the meaning, usage, and pronunciation of words. ② In addition to enjoying wordplay, often with up to 50 witty remarks in a single scene, Shakespeare also used humor deliberately and strategically. ③ This is most notable in his tragedies, such as *Hamlet*, which feature various moments of comic relief that are utilized to offer the audience a break from the overall gloomy and depressing tone. ④ Despite any moments of black comedy Shakespearean tragedy may possess, the elements that make it tragic are far more noticeably felt and are strongly present throughout the work.

해석

Shakespeare를 처음 읽는 독자들은 종종 그의 난해하고도 시적인 언어에 너무 압도되어 그 극작가의 연극이 실제로 얼마나 재미있는지를 알아차리지 못한다. ① 그는 작품의 가능한 한 거의 모든 부분에 농담을 슬며시 넣었는데, 단어의 의미, 용법, 그리고 발음에 따른 말장난을 사용하는 것을 특히 좋아했다. ② 말장난을 즐기는 것뿐만 아니라, Shakespeare는 또한 하나의 장면에 많게는 50개까지의 재치 있는 말들을 자주 사용하면서, 유머를 의도적으로 그리고 전략적으로 사용했다. ③ 이것은 『햄릿』과 같은 그의 비극들에서 가장 두드러지는데, 이 작품은 관객들에게 전반적으로 음침하고 우울한 분위기로부터의 휴식을 제공하기 위해 사용되는 다양한 희극적인 기분 전환의 순간들을 특징으로 한다. ④ Shakespeare의 비극이 지니고 있을지도 모르는 블랙 코미디의 모든 순간들에도 불구하고, 그것을 비극적으로 만드는 요소들이 훨씬 더 두드러지게 느껴지며 작품 전반에 걸쳐 강하게 나타난다.

포인트 해설

첫 문장에서 '난해하고 시적인 언어에 가려진 Shakespeare 작품의 재미'에 대해 언급하고, ①, ②번은 'Shakespeare가 작품에서 의도적이고 전략적으로 사용한 말장난 요소', ③번은 'Shakespeare의 말장난의 특징이 잘 드러난 사례로서의 『햄릿』'을 설명하고 있다. 그러나 ④번은 '비극성이 두드러지는 Shakespeare의 비극들'에 대한 내용으로, 첫 문장의 내용과 관련이 없다.

정답 ④

어휘

overwhelm 압도하다　dense 난해한, 복잡한　poetic 시적인
comical 재미있는　slip 슬며시 넣다, 미끄러지다　fond 좋아하는
wordplay 말장난　usage 용법, 어법　pronunciation 발음　witty 재치 있는
remark 말; 주의하다, 말하다　deliberately 의도적으로
strategically 전략적으로　notable 두드러진　tragedy 비극
gloomy 음침한, 우울한　depressing 우울한　tone 분위기, 어조
noticeably 두드러지게

해커스 공무원시험연구소 총평

난이도	전반적으로 무난한 난이도로 출제되어, 제한시간 내에 어려움 없이 풀어낼 수 있었을 것입니다.
어휘·생활영어 영역	4번 문제에서 다루고 있는, 업무의 진행 상황을 파악하는 흐름의 대화는 공무원 직무와 관련하여 응용되어 출제될 수 있으므로, 어휘 정리와 '이것도 알면 합격'까지 꼼꼼하게 확인합니다.
문법 영역	분사는 가장 많이 출제된 문법 포인트 중 하나인 만큼 헷갈리거나 틀려서는 안 됩니다. 3번 문제 정답 보기의 경우 분사구문의 올바른 해석이 필요하긴 했지만, 기본 이론에 대한 내용을 다루고 있어 관련된 문법 포인트를 파악하기 쉬웠습니다.
독해 영역	문단 순서 배열 유형에서는 8번 문제와 같이 시간의 흐름에 따라 전개되는 지문이 등장할 가능성도 있습니다. 이 경우 시간의 흐름과 관련된 단서들을 바탕으로 문맥이 자연스러운 순서를 찾습니다.

정답

01	③	어휘	06	②	독해
02	②	문법	07	④	독해
03	④	문법	08	③	독해
04	②	생활영어	09	③	독해
05	③	독해	10	③	독해

취약영역 분석표

영역	맞힌 답의 개수
어휘	/ 1
생활영어	/ 1
문법	/ 2
독해	/ 6
TOTAL	/ 10

---

01 어휘 transmit 난이도 중 ●●○

밑줄 친 부분에 들어갈 말로 가장 적절한 것은?

> Conservancy groups attach small GPS devices to white rhinos that track and _____ the endangered animals' locations, allowing the group to monitor their movements.

① disguise
② localize
③ transmit
④ allocate

해석

자연 환경 보호 단체들은 흰코뿔소에게 그 멸종 위기에 처한 동물들의 위치를 추적하고 전송하는 작은 GPS 장치를 부착하는데, 이는 그 단체들이 그것들의 움직임을 모니터링할 수 있게 한다.

① 위장하다
② 지역화하다
③ 전송하다
④ 할당하다

정답 ③

어휘

conservancy 자연 환경 보호 attach 부착하다 track 추적하다; (발)자국
endangered 멸종 위기에 처한 disguise 위장하다, 변장하다
localize 지역화하다 transmit 전송하다, 전염시키다 allocate 할당하다

이것도 알면 합격!

'전송하다'의 의미를 갖는 표현
= send, convey, transfer, pass on

---

02 문법 관계절 난이도 하 ●○○

밑줄 친 부분에 들어갈 말로 가장 적절한 것은?

> This project is the one _____ our success depends most, so we must invest sufficient resources.

① those which
② on which
③ what
④ which

해석

이 프로젝트는 우리의 성공이 거의 달려 있는 것이므로, 우리는 충분한 자원을 투자해야 한다.

포인트 해설

② 전치사 + 관계대명사 빈칸은 명사(the one)를 수식하는 관계절을 이끄는 것의 자리이므로 '전치사 + 관계대명사' 형태의 ② on which 또는 관계대명사 ④ which가 정답 후보이다. 이때 완전한 절(our success depends most) 앞에는 '전치사 + 관계대명사'가 와야 하므로 ② on which가 정답이다. 참고로, '전치사 + 관계대명사'에서 전치사는 관계절의 동사에 따라 결정되는데, 관계절의 동사 depends가 전치사 on 과 짝을 이루어 '~에 달려 있다'라는 의미로 사용되므로 on which가 쓰였다.

정답 ②

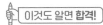 어휘

invest 투자하다 sufficient 충분한

🎓 이것도 알면 합격!

한편, '전치사 + 관계대명사'의 형태로 쓰인 경우 전치사 뒤에 관계대명사 that은 올 수 없다는 것을 기억하자.

---

03 문법 분사 | 전치사 | 시제 | 수동태 난이도 중 ●●○

밑줄 친 부분 중 어법상 옳지 않은 것은?

Spectators showed up ① at the stadium expecting the home team to lose the game, since its record for the previous year ② had been disastrous. Everyone was ③ surprised when their team won the game by a large margin, ④ demonstrated how much they had improved in the intervening months.

해석

관중들은 홈 팀이 경기에서 질 것이라고 예상하며 경기장에 왔는데, 이는 그것의 전년도 성적이 형편없었기 때문이었다. 그들의 팀이 몇 달 사이 얼마나 향상되었는지를 증명하면서 큰 차이로 경기를 이겼을 때, 모든 사람들이 놀랐다.

포인트 해설

④ **분사구문의 형태** 문맥상 '그들의 팀이 몇 달 사이 얼마나 향상되었는지를 증명하면서 큰 차이로 경기에 이겼을 때'라는 의미가 되어야 자연스럽고, when이 이끄는 부사절의 주어 their team과 분사가 '그들의 팀이 증명하다'라는 의미의 능동 관계이므로 과거분사 demonstrated를 현재분사 demonstrating으로 고쳐야 한다.

[오답 분석]

① **전치사** 문맥상 '경기장에'라는 의미가 되어야 자연스러우므로 '~에'를 나타내는 전치사 at이 올바르게 쓰였다.

② **과거완료 시제** '전년도 성적이 형편없었던' 것은 '관중들이 경기장에 온' 특정 과거 시점보다 이전에 일어난 일이므로 과거완료 시제 had been이 올바르게 쓰였다.

③ **3형식 동사의 수동태** 감정을 나타내는 동사(surprise)의 경우 주어가 감정을 느끼는 주체이면 수동태를 써야 하는데, '모두가 놀라다'라는 의미로 주어(Everyone)가 놀라움을 느끼는 주체이므로 be동사(was)와 함께 쓰여 수동태를 만드는 과거분사 surprised가 올바르게 쓰였다.

정답 ④

어휘

spectator 관중, 구경꾼 disastrous 형편없는, 비참한 margin 차이, 오차 demonstrate 증명하다 intervening 사이에 있는

🎓 이것도 알면 합격!

④번 보기 문장에 있는 간접 의문문(how much ~ months)과 같이, 다른 문장 안에 포함된 간접 의문문은 '의문사 + 주어 + 동사'의 어순으로 온다는 것을 알아 두자.

• Tell me **what you want to do**. 제게 당신이 무엇을 하고 싶은지 말씀하세요.
      의문사   주어   동사

---

04 생활영어 Please upload the files to our online shared folder. 난이도 중 ●●○

밑줄 친 부분에 들어갈 말로 가장 적절한 것은?

 Sara Carter
How is the report on the housing survey results coming along?
15:40

 Michael Johnson
It's about 70 percent done. I've finished categorizing the responses, and I'm currently working on the statistical analysis.
15:41

Sara Carter
I see. Do you think it could be completed by this Tuesday?
15:41

 Michael Johnson
It should be possible at the current pace.
15:42

 Sara Carter
Great. Could I get a copy of what you've done so far today? I'd like to check if we're on the right track.
15:42

 Michael Johnson
Of course. How would you like me to send it over?
15:43

 Sara Carter
_____
_____
15:44

① Can you delete the file you attached just now?
② Please upload the files to our online shared folder.
③ The contact information of survey participants will be deleted later.
④ Let me know which analysis tool you are using.

해석

Sara Carter: 주거 관련 설문 조사 결과에 대한 보고서가 어떻게 진행되고 있나요?

Michael Johnson: 그것은 약 70퍼센트가 진행되었습니다. 응답을 분류하는 일을 끝냈고, 저는 이제 통계 분석을 하고 있어요.

Sara Carter: 그렇군요. 이번 주 화요일까지는 마무리될 수 있을까요?

Michael Johnson: 지금 속도라면 가능할 것 같습니다.

Sara Carter: 좋네요. 당신이 오늘 이 시점까지 완료한 것의 복사본을 한 부 받아 볼 수 있나요? 우리가 제대로 된 방향으로 나아가고 있는지 확인하고 싶어서요.

Michael Johnson: 물론입니다. 제가 그것을 어떻게 전달드리면 될까요?

Sara Carter: 그 파일을 온라인 공유 폴더에 업로드해 주세요.

① 당신이 방금 전 첨부한 파일을 삭제해 줄 수 있나요?
② 그 파일을 온라인 공유 폴더에 업로드해 주세요.
③ 설문 조사 참여자들의 연락처는 추후 삭제될 겁니다.
④ 당신이 어떤 분석 도구를 사용하고 있는지 알려 주세요.

포인트 해설

오늘까지 진행 완료된 보고서의 복사본을 한 부 받아 볼 수 있는지 묻는 Sara에게 빈칸 앞에서 Michael이 Of course. How would you like me to send it over?(물론입니다. 제가 그것을 어떻게 전달드리면 될까요?)라고 되묻고 있으므로, '그 파일을 온라인 공유 폴더에 업로드해 주세요'라는 의미의 ② 'Please upload the files to our online shared folder' 가 정답이다.

정답 ②

이것도 알면 합격!

보고서 제출과 관련하여 쓸 수 있는 다양한 표현들을 알아 두자.

· Don't forget to double-check the report for errors before sending it. 보고서를 발송하기 전 오류에 대해 재확인하는 것을 잊지 마세요.
· I'm busy getting ready for the presentation.
  저는 발표를 준비하느라 바빠요.
· I'll hand it over to you right away. 지금 당장 넘겨 드리겠습니다.
· Can you hand in the report as soon as possible?
  보고서를 가능한 한 빨리 제출해 주시겠어요?

05~06 다음 글을 읽고 물음에 답하시오.

Domestic Traffic Safety Commission
HOME   ABOUT US   DATA   CONTACT   SEARCH
ABOUT US

Domestic Traffic Safety Commission (DTSC) Duties

The DTSC is the leading government agency responsible for traffic safety. The DTSC develops national safety protocols and guidelines covering road safety, vehicle safety and pedestrian safety. Regional agencies tailor their local laws to fit these guidelines within their communities. Furthermore, the DTSC maintains a comprehensive record of recalls related to the automotive industry. Users can access this free resource to look up recalls for automotive parts, car seats, or tire brands. While the DTSC currently allows regional agencies to create their own laws regarding autonomous vehicles, it reserves the right to enforce federal laws related to the licensing and use of these vehicles as the technology becomes more <u>prevalent</u>.

해석

국내 교통 안전 위원회(DTSC)의 의무

국내 교통 안전 위원회는 교통 안전을 책임지는 선도적인 정부 기관입니다. 국내 교통 안전 위원회는 도로 안전, 차량 안전 및 보행자 안전을 포함하는 국가 안전 협약과 지침을 개발합니다. 지역 기관들은 지역 사회 내에서 이러한 지침에 맞추기 위해 현지 법들을 조정합니다. 더 나아가, 국내 교통 안전 위원회는 자동차 산업과 관련된 리콜에 대한 포괄적인 기록을 간수합니다. 사용자는 자동차 부품, 자동차 시트 또는 타이어 브랜드에 대한 리콜을 찾아보기 위해 이 무료 자료에 접근할 수 있습니다. 국내 교통 안전 위원회는 현재 지역 기관들이 자율 주행 차량에 관한 자체 법률을 만들게 하고 있지만, 그 기술이 더욱 만연해지게 됨에 따라 이러한 차량의 면허 및 사용과 관련된 연방 법률을 집행할 권리를 보유하고 있습니다.

어휘

leading 선도적인   protocol 협약   pedestrian 보행자의; 보행자
tailor 조정하다, 맞추다   comprehensive 포괄적인
autonomous 자율의   enforce 집행하다, 강요하다   federal 연방의
prevalent 만연한

05 독해 내용 일치 파악   난이도 중 ●●○

Domestic Traffic Safety Commission에 관한 다음 글의 내용과 일치하는 것은?

① It develops safety processes for automobile manufacturers.
② It tailors laws to suit local communities.
③ It provides users a record of recalled products at no cost.
④ It does not allow states to create laws regarding autonomous vehicles.

해석

① 그것은 자동차 제조 업체들을 위한 안전 절차를 개발한다.
② 그것은 지역 사회에 맞도록 법률을 조정한다.
③ 그것은 리콜된 제품의 기록을 사용자에게 무료로 제공한다.
④ 그것은 주들이 자율 주행 차량과 관련한 법률을 만드는 것을 허용하지 않는다.

③번의 키워드인 a record of recalled products(리콜된 제품의 기록)을 바꾸어 표현한 지문의 record of recalls(리콜에 대한 기록) 주변의 내용에서 국내 교통 안전 위원회는 자동차 산업과 관련된 리콜에 대한 포괄적인 기록을 간수하고 사용자가 그것에 무료로 접근할 수 있게 한다고 했으므로, ③ '그것은 리콜된 제품의 기록을 사용자에게 무료로 제공한다'가 지문의 내용과 일치한다.

[오답 분석]

① 국내 교통 안전 위원회는 도로, 차량, 보행자의 안전을 포함하는 국가 안전 협약과 지침을 개발한다고는 했지만, 그것이 자동차 제조업체들을 위한 안전 절차를 개발하는지는 알 수 없다.

② 지역 기관들이 국내 교통 안전 위원회의 협약 및 지침에 맞추기 위해 현지 법들을 조정한다고 했으므로, 국내 교통 안전 위원회가 지역 사회에 맞도록 법률을 조정한다는 것은 지문의 내용과 다르다.

④ 국내 교통 안전 위원회는 현재 지역 기관들이 자율 주행 차량에 관한 자체 법률을 만들게 하고 있다고 했으므로, 그것이 주들이 자율 주행 차량과 관련한 법률을 만드는 것을 허용하지 않는다는 것은 지문의 내용과 다르다.

정답 ③

---

06 독해 유의어 파악   난이도 중 ●●○

밑줄 친 prevalent의 의미와 가장 가까운 것은?

① outdated
② commonplace
③ sophisticated
④ affordable

해석

① 구식인
② 아주 흔한
③ 정교한
④ 감당할 수 있는

포인트 해설

밑줄 친 부분이 포함된 문장에서 prevalent는 기술이 더욱 '만연해'지게 되었다는 의미로 쓰였으므로, '아주 흔한'이라는 의미의 ② commonplace가 정답이다.

정답 ②

어휘

outdated 구식인   commonplace 아주 흔한, 진부한
sophisticated 정교한, 세련된   affordable 감당할 수 있는, 저렴한

---

07 독해 목적 파악   난이도 중 ●●○

다음 글의 목적으로 가장 적절한 것은?

To	ghcpatients@gearyhealth.com
From	ghc@.com
Date	August 6
Subject	Health checkup

Dear Valued Patients,

If you are receiving this email, your requested appointment time has been accepted. Before your visit, please keep the following in mind:

1. Get at least six to eight hours of sleep the night before your checkup. Inadequate sleep may lead to irregular results regarding blood pressure, heart rate, etc.
2. Avoid eating or drinking anything for eight hours before a blood test.
3. Wear clothes that can be taken off easily.
4. Bring your identification card and insurance information. If this is your first visit to the Geary Health Center, arrive 30 minutes before your appointment.
5. Inform your doctor of any medications you are taking.

These tips should make your upcoming medical checkup as smooth and effective as possible.

Kind regards,
Geary Health Center

① to advise patients of the importance of quality sleep and diet
② to advise patients of what items to bring to an annual checkup
③ to advise patients of the fastest way to make medical appointments
④ to advise patients of how to prepare for a health checkup

해석

수신: ghcpatients@gearyhealth.com
발신: ghc@.com
날짜: 8월 6일
제목: 건강 검진

소중한 환자 여러분께,

만약 여러분이 이 이메일을 받으신다면, 여러분의 요청된 예약은 승인된 것입니다. 방문하시기 전에, 다음의 사항들을 명심하세요.

1. 검진 전날 밤에는 최소 6시간에서 8시간의 수면을 취하세요. 불충분한 수면은 혈압, 심박동수 등과 관련된 비정상적인 결과를 초래할 수 있습니다.
2. 혈액 검사 전 8시간 동안은 아무것도 먹거나 마시지 마세요.
3. 쉽게 벗을 수 있는 옷을 입으세요.
4. 신분증과 보험 정보를 지참하세요. Geary 보건소를 처음 방문하시는 경우, 예약 30분 전에 도착하세요.
5. 복용 중인 어떤 약물에 대해서도 의사에게 알리세요.

이 조언들은 다가오는 의료 검진을 가능한 한 매끄럽고 효과적으로 만들 것입니다.

안부를 전하며,
Geary 보건소

① 환자에게 양질의 수면과 식단의 중요성에 대해 조언하기 위해
② 환자에게 연례 검진에 어떤 물품을 가져와야 하는지 조언하기 위해

③ 환자에게 진료를 예약할 가장 빠른 방법을 조언하기 위해
④ 환자에게 건강 검진을 준비하는 방법에 대해 조언하기 위해

지금 앞부분에서 건강 검진에 방문하기 전 명심할 사항들이 있다고 하고, 빈칸 마지막에서 다섯 가지 조언들이 의료 검진을 매끄럽고 효과적으로 만들 것이라고 안내하고 있으므로, ④ '환자에게 건강 검진을 준비하는 방법에 대해 조언하기 위해'가 이 글의 목적이다.

정답 ④

어휘

keep ~ in mind ~을 명심하다   inadequate 불충분한
irregular 비정상적인, 불규칙한   blood pressure 혈압   heart rate 심박동수
take off ~을 벗다   identification card 신분증   insurance 보험
medication 약(물)   effective 효과적인   annual 연례의, 해마다의

---

08   독해 문단 순서 배열   난이도 중 ●●○

주어진 글 다음에 이어질 글의 순서로 가장 적절한 것은?

Neal had been sick for a while, so we were prepared for the end. In his final few weeks, we decided to rent a cabin by the lake.

(A) During the afternoons, if he wasn't too tired, we'd go down closer to the lake and reminisce quietly about our youth. We laughed aloud about the times we got in trouble at school and cried a little as we fondly recalled lost loves.

(B) We spent several days following this routine and the weeks went by, still and serene. The sadness and weariness he had carried with him in the hospital had finally taken their leave.

(C) Each morning we sat on the porch overlooking the peaceful waters. The sun filtered through the trees and warmed us as we sat drinking coffee in the silence.

① (A) – (B) – (C)   ② (B) – (C) – (A)
③ (C) – (A) – (B)   ④ (C) – (B) – (A)

해석

Neal은 한동안 아팠기 때문에, 우리는 마지막을 위한 준비가 되어 있었다. 그의 마지막 몇 주 동안에, 우리는 호숫가의 오두막집을 빌리기로 결정했다.

(A) 오후 동안, 그가 너무 피곤하지만 않다면 우리는 호수에 더 가까이 내려가서, 조용히 우리의 어린 시절에 대한 추억담을 나눌 것이었다. 우리는 학교에서 곤란에 처했던 시절에 대해 큰 소리로 웃었고 잃어 버린 사랑하는 사람들을 애정을 담아 회상하면서 조금 울었다.

(B) 우리는 이 일상을 따라 며칠을 보냈고 몇 주가 고요하고 평화롭게 지냈다. 그가 병원에서 가지고 왔던 슬픔과 피로는 마침내 작별을 고했다.

(C) 매일 아침 우리는 현관에 앉아 평화로운 호수를 바라보았다. 우리가 고

요·속에서 커피를 마시며 앉아 있을 때 햇볕이 나무 사이로 새어 들어와 우리를 따뜻하게 해 주었다.

주어진 글에서 화자가 아픈 Neal과 함께 그의 삶의 마지막을 준비하기 위해 호숫가의 오두막집을 빌렸다고 한 후, (C)에서 둘이 오두막 현관에 앉아 햇볕을 쬐었던 매일 아침(Each morning)을, 이어서 (A)에서 어린 시절에 대한 추억담을 회상한 오후(the afternoons)를, 마지막으로 (B)에서 이 일상(this routine)을 따라 몇 주를 보내면서 슬픔과 피로를 극복했음을 보여 주고 있다. 따라서 ③ (C) – (A) – (B)가 정답이다.

정답 ③

어휘

cabin 오두막집   reminisce 추억담을 나누다   fondly 애정을 담아
recall 회상하다; 회수   still 고요한   serene 평화로운   weariness 피로
take one's leave 작별을 고하다   porch 현관   overlook 바라보다, 간과하다
filter 새어 들어오다

---

09   독해 내용 불일치 파악   난이도 중 ●●○

다음 글의 내용과 일치하지 않는 것은?

Maria Montessori (1870-1952) was an Italian physician and teacher who formulated a unique approach toward primary education. She believed that children learn best by interacting with their environment rather than by receiving direct instruction from teachers. Moreover, Montessori was convinced that when children are allowed to learn independently, they are more likely to become autonomous and responsible adults. Thus, under her system, students are presented with a list of activities they may freely choose from, and they are then provided with the materials they need to perform these tasks on their own. Although teachers are considered important components in the Montessori system, they serve primarily as observers and facilitators of children's innate development. Many experts regarded this educational model highly, and several schools throughout Europe soon adopted the philosophy.

① Montessori schools aim to teach children how to become more independent and trustworthy.
② The Montessori system grants children the authority to decide which tasks they will perform.
③ Montessori was of the opinion that teachers occupied undervalued roles in primary education.
④ The educational philosophy of Montessori has been employed in several European schools.

해석

Maria Montessori(1870-1952)는 초등 교육에 대한 독특한 접근법을 고안해낸 이탈리아의 의사이자 교사였다. 그녀는 아이들이 교사로부터 직접적인 지시를 받는 것보다는 그들의 환경과 상호 작용하는 것에 의해 가

장 잘 학습한다고 생각했다. 게다가, Montessori는 아이들이 자주적으로 학습하도록 허용되면 그들이 독립적이고 책임감 있는 성인이 될 가능성이 더 크다고 확신했다. 따라서 그녀의 체계 아래에서, 학생들은 그들이 자유롭게 고를 수 있는 활동의 목록을 제공받고, 그 후에 그들은 그 과제들을 스스로 수행하기 위해 자신들이 필요로 하는 준비물을 제공받는다. 비록 Montessori의 체계에서 교사가 중요한 요소로 여겨지기는 하지만, 그들은 아이들의 선천적인 발달의 관찰자와 조력자로서의 역할을 주로 맡는다. 많은 전문가들은 이 교육 방식을 높이 평가했으며, 유럽 전역의 몇몇 학교들은 곧 그 철학을 채택했다.

① Montessori 학교는 아이들에게 더 자주적이고 신뢰가 가는 사람이 되는 방법을 가르치는 것을 목표로 한다.

② Montessori 체계는 학생들에게 그들이 어떤 과제를 수행할 것인지 결정할 권한을 준다.

③ Montessori는 초등 교육에서 교사들이 과소평가된 역할을 차지한다고 생각했다.

④ Montessori의 교육적 철학은 몇몇 유럽의 학교들에서 사용되어 왔다.

포인트 해설

③번의 키워드인 teachers(교사들)가 그대로 언급된 지문 주변의 내용에서 Montessori 체계에서 교사가 중요한 요소이긴 하지만 그들은 아이들의 발달의 관찰자와 조력자로서의 역할한다고 했으므로, ③ 'Montessori는 초등 교육에서 교사들이 과소평가된 역할을 차지한다고 생각했다'는 지문의 내용과 다르다.

정답 ③

어휘

physician 의사　formulate 고안해내다, 공식화하다
primary education 초등 교육　interact 상호 작용하다
instruction 지시, 설명　convince 확신하게 하다
independently 자주적으로　autonomous 독립적인, 자율적인
component 요소, 부품　observer 관찰자, 목격자
facilitator 조력자, 협력자　innate 선천적인　adopt 채택하다
trustworthy 신뢰가 가는　grant 주다, 수여하다　authority 권한
undervalue 과소평가하다　employ 사용하다, 고용하다

10　독해 빈칸 완성 - 절　난이도 중 ●●○

밑줄 친 부분에 들어갈 말로 가장 적절한 것은?

As the power of the Ottoman Empire continued to decline during the first half of the nineteenth century, Russia increasingly began to consider overtaking the empire as a way of expanding its borders. In 1853, it invaded Ottoman territory. Fearful of Russia's growing power, Great Britain and France quickly declared war on it. The Crimean War was fought over a vast stretch of territory, with the majority of the battles occurring on a large land mass called the Crimean peninsula, where a key Russian naval base was located. The first step to winning the war involved attacking an important Russian marine base. Realizing that _____, French and British forces first attacked and later took it over. The war ended in 1856, altering the balance of power in Europe.

① their countries were also at risk of invasion

② Russian naval officers were highly qualified

③ capturing the site would mean gaining control of the region

④ The Ottoman Empire was not a threat to their safety

해석

오스만 제국의 세력이 19세기의 전반기 동안 계속해서 쇠퇴하면서, 러시아는 국경을 확장하는 방법으로 그 제국을 추월하는 것을 고려하기 시작했다. 1853년에, 그것은 오스만의 영토를 침략했다. 러시아의 커지는 세력을 우려해서, 대영 제국과 프랑스는 곧 이에 대한 전쟁을 선포했다. 크림 전쟁이 광대한 범위의 지역에서 벌어졌는데, 대부분의 전투는 러시아의 주요 해군 기지가 위치한 크림 반도라고 불리는 광활한 땅덩어리에서 일어났다. 그 전쟁에서 승리하기 위한 첫 번째 단계는 러시아의 중요한 해군 기지를 공격하는 것을 포함했다. 그 장소를 점령하는 것이 그 지역의 지배권을 차지함을 의미할 것임을 알아차렸기 때문에, 프랑스와 영국의 군대는 먼저 그곳을 공격하고 이후에는 장악했다. 전쟁은 1856년에 막을 내렸는데, 이는 유럽의 세력의 균형을 바꿔 놓았다.

① 그들 나라 또한 침략의 위험에 놓여 있었다

② 러시아 해군 장교들이 잘 훈련되었다

③ 그 장소를 점령하는 것이 그 지역의 지배권을 차지함을 의미할 것이다

④ 오스만 제국은 그들 안전에 위협이 되지 않았다

포인트 해설

빈칸 앞 문장에 크림 전쟁에서 승리하기 위한 첫 단계는 러시아의 해군 기지를 공격하는 것이었다는 내용이 있고, 빈칸이 있는 문장에 프랑스와 영국의 군대가 그곳을 공격하여 장악했다는 내용이 있으므로, '그 장소를 점령하는 것이 그 지역의 지배권을 차지함을 의미할 것임'을 알아차렸다고 한 ③번이 정답이다.

정답 ③

어휘

overtake 추월하다, 능가하다　border 국경　invade 침략하다, 쳐들어가다
territory 영토, 지역　declare 선포하다, 선언하다　vast 광대한, 굉장한
peninsula 반도　naval 해군의　take over (정권 등을) 장악하다, 인계받다
highly qualified 잘 훈련된　capture 점령하다, 생포하다　threat 위협

구문 분석

Realizing that / capturing the site would mean gaining control of the region, / French and British forces first attacked / and later took it over.

: 이처럼 분사구문이 문장 앞에 올 경우, 종종 콤마 뒤 문장에 대한 이유를 나타내는데, 이때 분사구문은 '~하기 때문에' 또는 '~해서'라고 해석한다.

해커스 공무원시험연구소 총평

난이도	독해 영역에 전문적인 소재의 지문들이 일부 포함되어 체감 난이도가 높은 회차입니다.
어휘·생활영어 영역	1번에서는 문맥 속 인과 관계를 파악함으로써 정답을 찾을 수 있었습니다. 인과 관계 외에도 유의 관계·반의 관계 등이 어휘 영역에서 정답의 단서로 쓰일 수 있음을 함께 알아 둡니다.
문법 영역	최신 출제경향인 대명사 포인트의 경우, 먼저 문장을 올바르게 해석하여 대명사가 지칭하는 대상이 무엇인지 파악합니다.
독해 영역	7번의 모든 오답 보기들은 지문과 연관된 키워드를 포함하고 있습니다. 보기의 키워드를 지문에서 찾아 대조할 때에는, 키워드 주변의 내용까지 꼼꼼히 확인합니다.

정답

01	④	어휘	06	③	독해
02	①	문법	07	④	독해
03	④	문법	08	④	독해
04	②	생활영어	09	②	독해
05	③	독해	10	③	독해

취약영역 분석표

영역	맞힌 답의 개수
어휘	/ 1
생활영어	/ 1
문법	/ 2
독해	/ 6
TOTAL	/ 10

---

01 어휘 struggle · 난이도 중 ●●○

밑줄 친 부분에 들어갈 말로 가장 적절한 것은?

It was the public's lack of interest in the film's subject matter, rather than its shortcomings, that caused it to _____ with audience turnout.

① shift
② dominate
③ rebound
④ struggle

[해석]

그 영화로 하여금 관객 수에서 어려움을 겪게 한 것은 그것의 결점이라기보다, 그 영화의 주제에 대한 대중의 관심 부족이었다.

① 변화하다
② 우위를 차지하다
③ 반등하다
④ 어려움을 겪다

정답 ④

[어휘]

subject matter 주제 shortcoming 결점, 부족 audience 관중, 시청자
turnout 참가자 수, 투표자 수 shift 변화하다, 옮기다; 교대 근무
dominate 우위를 차지하다, 지배하다 rebound 반등하다, 다시 튀어오르다
struggle 어려움을 겪다, 투쟁하다

[이것도 알면 합격!]

'어려움을 겪다'의 의미를 갖는 표현
= wrestle, grapple, face challenges

---

02 문법 부사절 | 대명사 | to 부정사 | 명사절 · 난이도 중 ●●○

밑줄 친 부분 중 어법상 옳지 않은 것은?

① As though sophisticated equipment and blood tests are useful for medical diagnoses, ② they are usually expensive for patients. Therefore, it can be preferable ③ for doctors to diagnose a malady based on a patient's testimony. Patients need to describe where the pain is coming from and ④ what symptoms they have.

[해석]

비록 정교한 장비와 혈액 검사는 의료 진단에 유용하지만, 그것들은 환자들에게 대체로 돈이 많이 든다. 그러므로, 의사들은 환자의 진술을 바탕으로 질병을 진단하는 것이 바람직할 수도 있다. 환자들은 통증이 어디에서 오는지, 그리고 그들이 어떤 증상을 가지고 있는지를 설명해야 한다.

[포인트 해설]

① 부사절 접속사 문맥상 '비록 ~ 의료 진단에 유용하지만'이라는 의미가 되어야 자연스러운데, '비록 ~이지만'은 부사절 접속사 although, though, even if, even though로 나타낼 수 있으므로, 부사절 접속사 As though(마치 ~처럼)를 Although, Though, Even if, Even though 중 하나로 고쳐야 한다.

[오답 분석]

② 인칭대명사 대명사가 지칭하는 명사가 복수 명사(sophisticated

---

equipment and blood tests)이므로 복수 대명사 they가 올바르게 쓰였다.

③ **to 부정사의 의미상 주어** 문장의 주어(it)와 to 부정사(to diagnose)의 행위 주체(doctors)가 달라 to 부정사의 의미상 주어가 필요한 경우 'for + 명사'를 to 부정사 앞에 써야 하므로 for doctors가 to diagnose 앞에 올바르게 쓰였다.

④ **명사절 접속사** 의문형용사 what이 뒤에 나온 명사(symptoms)를 꾸미면서 '의문형용사 + 명사'(what symptoms) 형태로 자신이 이끄는 명사절 내의 동사 have의 목적어 역할을 하고 있으므로, 의문형용사 what이 올바르게 쓰였다.

정답 ①

어휘

sophisticated 정교한, 복잡한 diagnose 진단; 진단하다
preferable 바람직한, 선호되는 malady 질병 testimony 진술, 증언
describe 설명하다, 묘사하다 symptom 증상

이것도 알면 **합격!**

의문형용사에는 what 외에도 which, whose가 있고, 모두 뒤에 나온 명사를 꾸미면서 명사절을 이끌 수 있다는 것을 알아 두자.

• I'm not sure **which** route would be faster during rush hour.
나는 러시 아워 동안 어떤 길이 더 빠를지 장담 못 하겠어.
• Tell me **whose** dessert you'd like to eat.
누구의 디저트를 먹고 싶은지 내게 말해 봐.

---

03 문법 조동사 난이도 하 ●○○

밑줄 친 부분에 들어갈 말로 가장 적절한 것은?

She requested that he _____ the presentation early to allow for questions at the end.

① is beginning
② begins
③ began
④ begin

해석

그녀는 마지막에 질문할 시간을 감안하여 그가 발표를 일찍 시작할 것을 요청했다.

포인트 해설

④ **조동사 should의 생략** 빈칸은 종속절(that he ~ the end)의 동사 자리이다. 주절에 요청을 나타내는 동사(request)가 나오면 종속절에는 '(should +) 동사원형'이 와야 하므로 ④ begin이 정답이다.

정답 ④

이것도 알면 **합격!**

주절에 아래와 같은 제안·의무·요청·주장을 나타내는 동사·형용사가 나오면, 종속절에는 '(should +) 동사원형'이 와야 한다는 것을 기억하자.

동사	demand 요구하다	insist 주장하다
	suggest 제안하다	recommend 추천하다
형용사	necessary 필수적인	imperative 필수적인
	essential 필수적인	important 중요한

---

04 생활영어 Let me give you a map of this floor. 난이도 하 ●○○

밑줄 친 부분에 들어갈 말로 가장 적절한 것은?

A: Excuse me. Is there a bookstore in this shopping mall?
B: Yes. It's on the second floor. Just take the escalator by the coffee shop.
A: But there's more than one coffee shop on this floor, isn't there?
B: You're right. Take the east corridor and then use the escalator next to the second coffee shop.
A: I'm a bit confused about the corridors.
B: _____
A: That would make it much easier to find. Thank you!

① Couldn't you just take the stairs?
② Let me give you a map of this floor.
③ Anyway you'll end up at the central plaza.
④ Renovation work in the corridor will begin next week.

해석

A: 실례합니다. 이 쇼핑몰 안에 서점이 있나요?
B: 네. 2층에 있어요. 커피숍 옆의 에스컬레이터를 타시기만 하면 됩니다.
A: 그렇지만 여기 층에는 커피숍이 한 곳 이상인데요, 그렇지 않나요?
B: 맞네요. 동편 복도를 쭉 따라가다가 두 번째 커피숍 옆 에스컬레이터를 타시면 됩니다.
A: 복도 위치가 좀 헷갈리네요.
B: 여기 층의 약도를 제가 드릴게요.
A: 그것으로 더 쉽게 찾을 수 있겠네요. 감사합니다!

① 그냥 계단을 사용하실 수는 없나요?
② 여기 층의 약도를 제가 드릴게요.
③ 어쨌든 중앙 광장으로 가시게 될 겁니다.
④ 복도에서 개조 공사가 다음 주 시작될 겁니다.

포인트 해설

서점을 가기 위해서는 동편 복도를 따라가다가 두 번째로 마주치는 커피숍 옆 에스컬레이터를 타면 된다는 B의 안내에 대해 A가 복도 위치가 헷갈린다고 하고, 빈칸 뒤에서 다시 A가 That would make it much easier to find(그것으로 더 쉽게 찾을 수 있겠네요)라고 말하고 있으므로, '여기 층의 약도를 제가 드릴게요'라는 의미의 ② 'Let me give you a map of this floor'가 정답이다.

정답 ②

어휘

corridor 복도 confuse 헷갈리게 하다, 혼동하다

이것도 알면 **합격!**

길을 찾을 때 쓸 수 있는 표현들을 알아 두자.

• You can't miss it. 찾기 쉬울 거예요.
• We've been driving in circles. 우린 빙빙 돌고 있었어.
• Will I have to take a detour? 우회해서 가야 합니까?
• I think we made a wrong turn. 우리는 길을 잘못 들어선 것 같아.

05~06 다음 글을 읽고 물음에 답하시오.

(A)

We are pleased to inform you of the upcoming Food Safety Seminar, an event for those who work in the food industry. It will increase your awareness of food safety issues and help you take measures to make certain that food sold or served to consumers is safe to eat.

Details
- Date: June 15
- Time: 10:00 a.m. – 5:00 p.m. with a one-hour break for lunch
- Venue: Muldoon Conference Center, Emerald Street

Overview
- Food Safety Incidents

This report will enlighten the audience about the frequency and types of food safety incidents that are occurring around the world.

- Technology and Education in Food Safety

These presentations and videos will show how food safety incidents can be reduced not only through advances in technology but also by being mindful of the causes of food poisoning and ways to prevent it.

You may register for this event online at seminarsgov.org. Discounted rates are offered to groups. The deadline for registration is June 8. More details are available on the website.

해석

(A) 모든 곳에서 식품 안전을 우선순위로 삼으세요

식품업에서 종사하시는 분들을 위한 행사인, 다가오는 식품 안전 세미나에 대해 여러분께 알려 드리게 되어 기쁩니다. 그 세미나는 식품 안전 문제에 대한 여러분의 인식을 높이고 소비자에게 판매되거나 제공되는 식품이 먹기에 안전한 것인지를 확실히 하기 위해 여러분이 조치를 취하도록 도울 것입니다.

세부 사항
- 날짜: 6월 15일
- 시간: 오전 10시 – 오후 5시, 점심 시간 1시간 포함
- 장소: Emerald가 Muldoon 회의장

개요
- 식품 안전 사고

이 보고는 전 세계에서 발생하고 있는 식품 안전 사고의 빈도와 유형에 대해 청중분들께 알려 드릴 것입니다.

- 식품 안전 분야의 기술 및 교육

이 발표와 영상은 기술의 발전을 통해서뿐만 아니라 식중독의 원인과 그것을 예방할 방법을 염두에 둠으로써 식품 안전 사고가 줄어들 수 있는 방법을 보여 줄 것입니다.

여러분은 이 행사를 seminarsgov.org에서 온라인으로 등록하실 수 있습니다. 단체 (등록)에는 할인된 요금이 제공됩니다. 등록 마감일은 6월 8일입니다. 자세한 내용은 웹사이트에서 확인할 수 있습니다.

어휘

awareness 인식　take measures 조치를 취하다　venue 장소
conference center 회의장　overview 개요　incident 사고, 사건
enlighten 알려 주다, 이해시키다　audience 청중, 시청자　frequency 빈도
mindful 염두에 두는　food poisoning 식중독　prevent 예방하다, 막다
register 등록하다

05 독해 제목 파악　난이도 중 ●●○

(A)에 들어갈 윗글의 제목으로 가장 적절한 것은?

① Importance of Safety in Food Delivery
② Educate the Public about Healthy Foods
③ Make Food Safety a Priority Everywhere
④ Technology Use in Food Production

해석

① 음식 배달에서 안전의 중요성
② 건강 식품에 대해 대중을 교육하세요
③ 모든 곳에서 식품 안전을 우선순위로 삼으세요
④ 식품 생산에서의 기술 사용

포인트 해설

지문 앞부분에서 식품 안전 세미나는 식품 안전 문제에 대한 업계 종사자들의 인식을 높이고 소비자에게 판매되거나 제공되는 식품이 먹기에 안전한지 확인할 수 있는 조치를 취하도록 도울 것이라고 알려 주고 있으므로, ③ '모든 곳에서 식품 안전을 우선순위로 삼으세요'가 이 글의 제목이다.

정답 ③

어휘

priority 우선순위

06 독해 내용 불일치 파악　난이도 중 ●●○

Food Safety Seminar에 관한 윗글의 내용과 일치하지 않는 것은?

① It has a scheduled one-hour lunch break.
② The report shows types of global food safety incidents.
③ It has reduced food safety incidents.
④ Group entry is provided at a lower cost.

해석

① 그것은 예정된 한 시간의 점심 시간을 갖는다.
② 그 보고는 전 세계 식품 안전 사고의 유형들을 보여 준다.
③ 그것은 식품 안전 사고를 줄여 왔다.
④ 단체 입장은 더 낮은 가격을 제공받는다.

포인트 해설

③번의 키워드인 has reduced food safety incidents(식품 안전 사고를 줄여 왔다)를 바꾸어 표현한 지문의 food safety incidents can be reduced(식품 안전 사고가 줄어들 수 있다) 주변의 내용에서 기술의 발전과 식중독의 원인 및 예방법 파악으로 식품 안전 사고가 줄어들 수 있는 방법을 보여 줄 것이라고는 했지만, ③ '그것은 식품 안전 사고를 줄여 왔는'지는 알 수 없다.

정답 ③

AccessPath 웹페이지에 관한 다음 글의 내용과 일치하는 것은?

AccessPath provides visitors with information on national policy regarding the disabled.

Visit the AccessPath webpage to learn the crucial role the government plays in strengthening the rights of disabled persons in the country. There are various physical and mental disabilities that the country recognizes, and its adoption of the Convention on the Rights of Disabled Persons provides families with assurance of support and resources. Moreover, a number of laws and regulations have been enacted to enhance accessibility in everyday activities, including travel, employment, and government services, for those with disabilities. An app for mobile devices will soon be available to make it easier for persons with disabilities to obtain information and utilize services related to newly announced national policies.

① 신체적 또는 정신적 장애의 종류를 보여 준다.
② 채택된 협약에 따라 장애인들을 직접 지원한다.
③ 여행 및 고용 서비스를 선착순으로 제공한다.
④ 관련 모바일 어플이 출시를 앞두고 있다.

해석

AccessPath는 방문자 여러분께 장애인 관련 국가 정책에 대한 정보를 제공합니다.

정부가 국내 장애인들의 권리를 강화하는 데 중요한 역할을 하고 있음을 알아보기 위해 AccessPath 웹페이지를 방문하세요. 나라가 인정하는 신체적, 정신적 장애는 다양하며, '장애인의 권리에 대한 협약'의 채택은 (장애인의) 가족들에게 지원과 물자의 보장을 제공합니다. 게다가, 여행, 고용 및 정부 서비스를 포함한 일상 활동에 대한 접근성을 향상시키고자, 장애가 있는 사람들을 위한 많은 법률과 규정이 제정되어 왔습니다. 장애인들이 새롭게 발표되는 국가 정책과 관련된 정보를 얻고 서비스를 이용하는 것을 쉽게 만들기 위해 모바일 기기용 앱이 곧 이용 가능할 예정입니다.

포인트 해설

④번의 키워드인 '모바일 어플'을 바꾸어 표현한 지문의 An app for mobile devices(모바일 기기용 앱) 주변의 내용에서 모바일 기기용 앱이 곧 이용 가능할 예정이라고 했으므로, ④ '관련 모바일 어플이 출시를 앞두고 있다'가 지문의 내용과 일치한다.

[오답 분석]
① 나라가 인정하는 신체적, 정신적 장애가 다양하다고는 했지만, AccessPath 웹페이지가 신체적 또는 정신적 장애의 종류를 보여 주는지는 알 수 없다.
② 장애인 권리에 대한 협약의 채택이 가족들에게 지원 및 물자의 보장을 제공한다고는 했지만, AccessPath 웹페이지가 채택된 협약에 따라 장애인들을 직접 지원하는지는 알 수 없다.
③ 많은 법률과 규정이 여행과 고용 서비스를 포함한 일상 활동으로의 접근성을 향상시키기 위해 제정되었다고는 했지만, AccessPath 웹페이지가 여행 및 고용 서비스를 선착순으로 제공하는지는 알 수 없다.

정답 ④

어휘

disabled 장애를 가진 crucial 중요한, 결정적인 strengthen 강화하다 adoption 채택, 입양 convention 협약, 조약 assurance 보장, 보험 enact 제정하다 employment 고용, 직장 accessibility 접근성 obtain 얻다 announce 발표하다, 알리다

주어진 글 다음에 이어질 글의 순서로 가장 적절한 것은?

Lydia was interested in purchasing a particular handbag for quite some time. But after it was photographed on the arm of a famous actress, the bag sold out in stores, and Lydia's desire for it disappeared.

(A) Yet there is another category of consumers that display the reverse behavior, the bandwagon effect. These individuals desire particular goods, usually trendy clothing, more if others have it too; this stems from their desire to "fit in" with the crowd.
(B) Consumers who are affected by this effect value exclusivity and uniqueness, so their interest in a good diminishes by knowing that others possess the same item.
(C) This is an example of the snob effect, a phenomenon that occurs when one is no longer attracted to a good that others have. It typically applies to highly priced but relatively rare items with little practical value.

① (A) – (B) – (C) ② (A) – (C) – (B)
③ (C) – (A) – (B) ④ (C) – (B) – (A)

해석

Lydia는 꽤 오랫동안 특정 핸드백을 구입하는 데 관심이 있었다. 그러나 그것이 한 유명한 여배우의 팔에 있는 사진이 찍힌 이후로, 그 가방은 상점들에서 품절되었고, 그것에 대한 Lydia의 욕망은 사라졌다.

(A) 그러나 그 반대의 행동인 편승 효과를 보이는 또 다른 범주의 소비자들도 있다. 이러한 개인들은 일반적으로 최신 유행하는 옷과 같은 특정한 상품을 원하는데, 만약 다른 사람들도 그것을 가지고 있다면 더욱 그러하며, 이것은 대중과 '어울리기' 위한 그들의 욕망에 기인한다.

(B) 이 효과에 영향을 받는 소비자들은 배타성과 유일성을 가치 있게 여겨서, 다른 사람들이 같은 상품을 가지고 있다는 것을 알게 됨으로써 물건에 대한 그들의 관심은 줄어든다.

(C) 이것은 속물 효과의 한 예인데, 한 사람이 다른 사람들이 가진 물건에 더 이상 마음이 끌리지 않을 때 일어나는 현상이다. 그것은 일반적으로 고가이지만 실용적 가치는 거의 없는, 상대적으로 희귀한 물품에 적용된다.

포인트 해설

주어진 문장에서 관심을 가졌던 핸드백이 많은 사람들에게 인기를 얻자 그것에 대한 욕망이 사라진 일화를 제시한 후, (C)에서 이것(This)은 다른 사람들이 가진 물건에 더 이상 마음이 끌리지 않는 속물 효과의 한 예라고 알려 주고 있다. 이어서 (B)에서 이 효과(this effect)에 영향을 받는 소비자들은 배타성과 유일성을 가치 있게 여긴다고 하고, 뒤이어 (A)에서 그러나 (Yet) 그 반대의 행동인 편승 효과는 대중과 어울리려는 욕망에 기인한다고 설명하고 있다. 따라서 ④ (C) - (B) - (A)가 정답이다.

정답 ④

어휘

desire 욕망; 원하다 display 보이다, 전시하다 reverse 반대의
bandwagon effect 편승 효과(유행을 따라가는 현상)
stem from ~에 기인하다 fit in 어울리다, 맞다 exclusivity 배타성
uniqueness 유일성 diminish 줄어들다 snob effect 속물 효과
phenomenon 현상 attract 마음을 끌다, 매혹하다
typically 일반적으로, 보통 relatively 상대적으로 rare 희귀한
practical 실용적인, 실제의

09 독해 빈칸 완성 – 구   난이도 중 ●●○

밑줄 친 부분에 들어갈 말로 가장 적절한 것은?

Rain and wind can sweep away the top layer of earth on a piece of land in a process known as soil erosion. Erosion should be dealt with swiftly and effectively, since it can take lush, thriving landscapes and turn them barren, sometimes alarmingly fast. Although the indicators of soil erosion vary somewhat from region to region, there are a few that are common to all types of terrain that _____.
The first is the occurrence of dry patches on the land where there is no plant life. This is especially notable if the particular patch of land had greenery on it before. Another is exposed rocks and roots, which is a symptom of receding soil. Finally, the formation of channels and ditches in the land after rainfall is a fairly conspicuous and certain way to determine that soil erosion is occurring.

*ditch: 도랑

① can serve as evidence that an area has not been affected by erosion
② should facilitate the detection of the problem as soon as possible
③ will signify the presence of adequate amounts of high-quality soil
④ can be used as proof that a heavy rainstorm has recently occurred

해석

토양 침식이라고 알려진 과정에서 비와 바람은 한 구획의 땅에서 토양의 맨 위층을 완전히 없앨 수 있다. 침식은 신속하고 효율적으로 대처되어야 하는데, 이는 그것이 때로는 놀랄 만큼 빠르게 무성하고 번창하는 풍경을 앗아가고 그것들을 메마르게 변화시킬 수 있기 때문이다. 토양 침식의 지표는 지역마다 어느 정도 다르기는 하지만, 모든 유형의 지형에 공통적인, 최대한 빨리 문제의 감지를 가능하게 하는 몇 가지 지표들이 있다. 첫 번째는 땅 위에 식물이 없는 마른 부분이 나타나는 것이다. 이것은 땅의 특정 부분에 이전에는 푸른 잎이 있었다면 특히나 눈에 띈다. 또 다른 것은 노출된 암석과 뿌리인데, 이것은 약해지는 토양의 징후이다. 마지막으로, 강우 후 땅속에서의 수로와 도랑의 형성은 토양 침식이 일어나고 있음을 알아낼 수 있는 상당히 눈에 잘 띄며 확실한 방법이다.

① 어떤 지역이 침식의 영향을 받지 않았다는 증거가 될 수 있다
② 최대한 빨리 문제의 감지를 가능하게 하다
③ 충분한 양의 질 좋은 토양이 있음을 나타낼 것이다
④ 심한 폭풍우가 최근에 발생했다는 증거로 사용될 수 있다

포인트 해설

빈칸 뒷부분에서 토양 침식이 일어나고 있음을 알아낼 수 있는, 눈에 잘 띄며 확실한 세 가지 지표들에 대해 나열하고 있으므로, '최대한 빨리 문제의 감지를 가능하게 하는' 몇 가지 지표들이 있다고 한 ②번이 정답이다.

정답 ②

어휘

sweep away ~을 완전히 없애다 layer 층, 막 soil 토양
erosion 침식, 부식 swiftly 신속하게 lush 무성한, 우거진
thriving 번창하는, 잘 자라는 barren 메마른, 불모의 alarmingly 놀랄 만큼
indicator 지표, 계기 terrain 지형 occurrence 나타나는 것, 출현
patch 부분, 작은 땅 notable 눈에 띄는, 주목할 만한 greenery 푸른 잎
symptom 징후, 증상 recede 약해지다, 물러가다 channel 수로
rainfall 강우 fairly 상당히 conspicuous 눈에 잘 띄는
facilitate 가능하게 하다, 쉽게 하다 detection 감지
signify 나타내다, 의미하다 adequate 충분한 proof 증거, 증명

---

10 독해 문장 삽입 난이도 중 ●●○

주어진 문장이 들어갈 위치에 가장 적절한 것은?

Beatboxers are now able to mimic the sounds of several different instruments.

Fashion, language, art, and dance have all been infiltrated by hip-hop over the years, but nowhere has its presence been more felt than in contemporary music. Not only is hip-hop a genre in itself, but it has also given rise to a completely new type of music called beatboxing. (①) Beatboxing is a style of vocal manipulation that consists of creating drum beats and rhythms by using only one's mouth. (②) It originated as just a vocal style of imitating the sounds of drum machines, yet over time it has become incredibly complicated. (③) They have also developed the ability to layer a variety of these instrument-like sounds over each other to create more complex rhythms that sound like actual bands playing. (④) What started as a variation of hip-hop has become an individual style of music.

해석

비트박스를 하는 사람들은 이제 몇몇 다른 악기들의 소리도 흉내 낼 수 있다.

힙합은 수년간에 걸쳐 패션, 언어, 예술, 그리고 춤에 스며들었지만, 현대 음악에서보다 그것의 존재감이 더 느껴지는 곳은 어디에도 없다. 힙합은 그 자체로 하나의 장르일 뿐만 아니라, 비트박스라고 불리는 완전히 새로운 종류의 음악을 생기게 하기도 했다. ① 비트박스는 오직 입을 사용해서 드럼 소리와 리듬을 만들어내는 것으로 구성되는, 발성을 솜씨 있게 다루는 방식이다. ② 그것은 드럼 머신의 소리를 모방하는 발성 방식에서 비롯되었지만, 시간이 지나면서 믿을 수 없을 정도로 복잡해졌다. ③ 그들은 악기를 닮은 이 다양한 소리들을 서로 겹겹이 쌓아서 실제 밴드가 연주하는 것처럼 들리는 더 복잡한 리듬을 만들어내는 능력 또한 개발해 왔다. ④ 힙합의 변형으로 시작되었던 것은 개별적인 음악 양식이 되었다.

포인트 해설

③번 앞 문장에 비트박스는 시간이 지나면서 매우 복잡해졌다는 내용이 있고, 뒤 문장에 그들(They)은 악기를 닮은 이 다양한 소리들(a variety of these instrument-like sounds)을 서로 겹쳐서 더 복잡한 리듬을 만들어내는 능력을 개발했다는 내용이 있으므로, ③번 자리에 비트박스를 하는 사람들은 다른 악기들의 소리도 흉내 낼 수 있다는 내용, 즉 시간이 지나면서 비트박스로 더 복잡한 리듬을 만들어낼 수 있게 된 배경에 대해 언급하는 주어진 문장이 나와야 지문이 자연스럽게 연결된다.

정답 ③

어휘

mimic 흉내 내다 instrument 악기, 기구, 기계 infiltrate 스며들게 하다
presence 존재(감) contemporary 현대의, 동시대의
give rise to ~이 생기게 하다 vocal 발성의
manipulation 솜씨 있게 다루기, 조종 originate 비롯되다, 유래하다
imitate 모방하다, 흉내 내다 incredibly 믿을 수 없을 정도로
complicated 복잡한 layer 겹겹이 쌓다; 층 variation 변형, 변화
individual 개별적인, 독특한

구문 분석

Not only is hip-hop a genre / in itself, / but it has also given rise to a completely new type of music / called beatboxing.
: 이처럼 제한을 나타내는 부사구(Not only)가 문장 앞에 와서 도치가 일어난 경우, '주어 + be 동사' 또는 '주어 + 조동사 + 동사'의 순서대로 해석한다.

해커스 공무원시험연구소 총평

난이도	독해 영역에 생소한 소재의 지문이 포함되어 있지만, 그 외에는 평이한 난이도인 회차입니다.
어휘·생활영어 영역	1번 문제는 오답 보기에 난이도 있는 어휘가 쓰이긴 했지만, 문맥에 정답의 단서가 확실하게 포함되어 있고, 정답 보기의 난이도가 낮아 충분히 풀어낼 수 있었습니다.
문법 영역	3번 문제의 동명사 관련 표현은 빈출 포인트이므로, 그중에서도 자주 등장하는 표현들을 제대로 암기해 두어야 합니다. '이것도 알면 합격'을 통해 다양한 관련 표현들을 학습해 둡니다.
독해 영역	문단 순서 배열 유형에서는 최근 논리적 흐름보다 10번 문제와 같이 시간적 흐름을 파악하는 문제 또한 출제되고 있습니다. 이와 같은 문제들은 시간의 전후 관계를 나타내는 키워드에 집중하여 문단 순서를 추론합니다.

정답

01	③	어휘	06	③	독해
02	③	문법	07	②	독해
03	②	문법	08	②	독해
04	④	생활영어	09	③	독해
05	②	독해	10	②	독해

취약영역 분석표

영역	맞힌 답의 개수
어휘	/ 1
생활영어	/ 1
문법	/ 2
독해	/ 6
TOTAL	/ 10

---

01 어휘 eliminate 난이도 중 ●●○

밑줄 친 부분에 들어갈 말로 가장 적절한 것은?

> Some of the professors in the math department wanted to ＿＿＿＿＿＿ midterm exams, but opponents felt they provided valuable feedback on students' progress.

① constitute
② reinforce
③ eliminate
④ duplicate

해석

수학과 교수 중 몇몇은 중간고사를 <u>없애고</u> 싶어 했지만, 반대자들은 그것들이 학생들의 발전에 가치 있는 피드백을 제공한다고 생각했다.

① 구성하다
② 강화하다
③ 없애다
④ 복제하다

정답 ③

어휘

midterm exam 중간고사 opponent 반대자, 상대 progress 발전
constitute 구성하다, 제정하다 reinforce 강화하다 eliminate 없애다
duplicate 복제하다

📝 **이것도 알면 합격!**

'없애다'의 의미를 갖는 표현
= remove, eradicate, get rid of

---

02 문법 수동태 | 부사 | 시제 | 보어 난이도 중 ●●○

밑줄 친 부분 중 어법상 옳지 않은 것은?

> The building of the Interstate Highway System was ① <u>powerfully</u> backed by Dwight D. Eisenhower, the 34th president of the United States. Construction ② <u>began</u> in 1956, and the network of highways eventually spanned over seventy-seven thousand kilometers. At the time of its construction, the system ③ <u>considered to be</u> a means of stimulating business. But it became ④ <u>evident</u> that the system's impact also led to the destruction of smaller cities.

해석

주간 고속도로 시스템의 건설은 미국의 34번째 대통령인 Dwight D. Eisenhower로부터 강력하게 후원받았다. 공사는 1956년에 시작되었고, 고속도로망은 마침내 77,000km 이상 이어졌다. 그것의 공사 당시, 그 시스템은 상업을 활발하게 하는 수단으로 여겨졌다. 그러나 그 시스템의 영향은 또한 더 작은 도시들의 파괴로 이어졌다는 것이 분명해졌다.

포인트 해설

③ 5형식 동사의 수동태 주어 the system과 동사가 '그 시스템이 ~ 수단으로 여겨졌다'라는 의미의 수동 관계이므로 능동태 considered to be를 수동태 was considered to be로 고쳐야 한다. 참고로, 동사 consider는 목적어 뒤에 '(to be) + 명사/형용사'를 취하는 5형식 동

사인데, 수동태가 되면 '(to be) + 명사'(to be ~ business)는 수동태 동사 뒤에 그대로 남아야 하므로 to be a means of stimulating business가 쓰였다.

[오답 분석]
① 부사 자리　수동형 동사(was backed)를 수식할 때 부사(powerfully)는 be + p.p. 사이나 그 뒤에 오므로 was와 backed 사이에 부사 powerfully가 올바르게 쓰였다.
② 과거 시제　공사가 1956년에 시작되었다는 역사적 사실을 표현하기 위해 과거 시제 began이 올바르게 쓰였다.
④ 보어 자리　동사 become은 주격 보어를 취하는데, 보어 자리에는 명사나 형용사가 올 수 있으므로 형용사 evident가 올바르게 쓰였다.

정답 ③

어휘

highway 고속도로　back 후원하다, 후진시키다　construction 공사, 건설
span (걸쳐) 이어지다; 기간　stimulate 활발하게 하다, 자극하다
evident 분명한, 눈에 띄는　destruction 파괴

이것도 알면 합격!

동사원형을 목적격 보어로 취하는 5형식 동사가 수동태가 되면, 목적격 보어는 to 부정사가 되어 수동태 동사 뒤에 온다는 것도 함께 알아 두자.

능동태	The manager made them stay late.　능동태 동사　목적격 보어(동사원형)　그 관리자는 그들이 늦게까지 머무르게 만들었다.
수동태	They were made to stay late.　수동태 동사　목적격 보어(to 부정사)　그들은 늦게까지 머무르게 되었다.

03　문법 동명사　난이도 하 ●○○

밑줄 친 부분에 들어갈 말로 가장 적절한 것은?

You have two options for free time during the group tour: you can choose to spend time _____ on the beach or exploring local markets.

① relax
② relaxing
③ relaxed
④ to relax

해석

단체 여행 중 자유 시간에는 두 가지 선택지가 있는데, 여러분은 해변에서 휴식을 취하거나 현지 시장을 둘러보는 데 시간을 쓰는 것을 선택하실 수 있습니다.

포인트 해설

② 동명사 관련 표현　문맥상 '해변에서 휴식을 취하는 데 시간을 쓰다'라는 의미가 되어야 자연스러운데, '-하는 데 시간을 쓰다'는 동명사구 관용 표현 spend + 시간 + (in) -ing를 사용하여 나타낼 수 있으므로 동명사 ② relaxing이 정답이다. 참고로, 접속사(or)로 연결된 병치 구문에서는 같은 구조끼리 연결되어야 하는데, or 뒤에 동명사(exploring)가 왔으므로 or 앞에도 동명사가 왔다.

정답 ②

이것도 알면 합격!

'spend + 시간 + (in) -ing'(-하는 데 시간을 쓰다)와 같은 동명사 관련 표현들을 함께 알아 두자.

object to -ing -에 반대하다	look forward to -ing -을 고대하다
contribute to -ing -에 공헌하다	be dedicated to -ing -에 헌신하다
be devoted to -ing -에 헌신하다	be addicted to -ing -에 중독되다

04　생활영어 Does the conference room have all the necessary equipment?　난이도 하 ●○○

밑줄 친 부분에 들어갈 말로 가장 적절한 것은?

Olivia Green
Has the location for the upcoming town hall meeting been confirmed?
2:30 pm

James Parker
Yes, we're planning to hold it in the city council conference room. It can accommodate over 50 people, and it's easily accessible by public transport.
2:31 pm

Olivia Green
_____
_____
2:31 pm

James Parker
It has a projector, two microphones, a laptop, and a large screen.
2:32 pm

Olivia Green
That should be sufficient. It would also be helpful to have printed materials and pens for the attendees.
2:32 pm

James Parker
Got it. I'll look for the best deals on them online and email you.
2:33 pm

① Have you checked the total number of participants?
② Should we prepare a device to record the meeting?
③ Will we need staff to test the room's equipment?
④ Does the conference room have all the necessary equipment?

해석

> Olivia Green: 다가오는 시청 회의를 위한 장소가 확정되었나요?
>
> James Parker: 네, 저희는 시 의회 회의실에서 개최할 계획입니다. 그곳은 50명 이상을 수용할 수 있고, 대중교통으로 쉽게 접근이 가능합니다.
>
> Olivia Green: 회의실에 모든 필요한 장비가 갖추어져 있나요?
>
> James Parker: 그곳에는 빔 프로젝터 한 대, 마이크 두 개, 노트북 한 대와 대형 스크린이 있습니다.
>
> Olivia Green: 충분하겠네요. 참석자분들을 위한 인쇄물과 필기구도 준비하면 또한 도움이 될 겁니다.
>
> James Parker: 알겠습니다. 그것들에 대해 가장 나은 거래를 온라인으로 찾아보고 이메일로 전달드리겠습니다.

① 총 참가 인원 수를 확인해 보았나요?
② 회의를 녹화할 장치를 준비해야 할까요?
③ 그 회의실의 장비를 검사할 인력이 필요할까요?
④ 회의실에 모든 필요한 장비가 갖추어져 있나요?

포인트 해설

시청 회의를 시 의회 회의실에서 개최할 계획이라는 James의 설명에 대해 Olivia가 말하고, 빈칸 뒤에서 다시 James가 It has a projector, two microphones, a laptop, and a large screen(그곳에는 빔 프로젝터 한 대, 마이크 두 개, 노트북 한 대와 대형 스크린이 있습니다)이라고 대답하고 있으므로, '회의실에 모든 필요한 장비가 갖추어져 있나요?'라는 의미의 ④ 'Does the conference room have all the necessary equipment?' 가 정답이다.

정답 ④

어휘

town hall 시청   confirm 확정하다   city council 시 의회
conference room 회의실   accommodate 수용하다
public transport 대중교통   sufficient 충분한   attendee 참석자
deal 거래; 다루다   equipment 장비

이것도 알면 합격!

회의실을 예약할 때 쓸 수 있는 다양한 표현들을 알아 두자.

- Would you like any specific seating arrangement?
  특정한 좌석 배치를 원하시나요?
- Is there a room that's better for virtual meetings?
  가상 회의에 더 나은 방이 있나요?
- Do the meeting rooms come with equipment like a projector?
  회의실은 프로젝터 같은 장비들을 구비하고 있나요?
- Are there any conference rooms available on Monday afternoon? 월요일 오후에 이용 가능한 회의실이 있나요?

05~06 다음 글을 읽고 물음에 답하시오.

To	c_rosenbaum@hogan_u.edu
From	carolyn_tate@parrishfallshc.org
Date	January 30
Subject	Participation in a Lecture Series

B I U ¶ ✐ A T ⊙ 🔗 🖼 ☰ ☰ ☰ ☰ ↺ ↻ 〈〉

Dear Dr. Rosenbaum,

I hope this message finds you well. I am writing to invite you to take part in a lecture series that Parrish Falls Historical Center has been holding for the past year now.

The series is called "History in the Making," and twice a month, a historian comes to the Center to discuss their area of expertise or their latest research. Each talk is two hours long, with an additional 15 minutes for audience questions. I am aware of your recently published book *The Golden Age of Journalism* and think a discussion of it by someone as dynamic as you would certainly <u>engage</u> our typical audience of university students and educators. We currently have openings on March 1 and May 15, both at 7:00 p.m. If either date is convenient for you, we would be delighted to have you.

I look forward to your reply.

Sincerely,

Carolyn Tate
Public Programs Curator

해석

수신: c_rosenbaum@hogan_u.edu
발신: carolyn_tate@parrishfallshc.org
날짜: 1월 30일
제목: 강의 시리즈 참여

Rosenbaum 박사님께,

이 메시지가 당신께 잘 전달되었기를 바랍니다. 저는 Parrish Falls 역사 센터가 이제까지 지난 1년간 개최해 온 강의 시리즈에 귀하가 참석하시도록 초대하기 위해 이 글을 씁니다.

그 시리즈의 제목은 '진행 중인 역사'이며, 한 달에 두 번 역사학자 한 분이 그들의 전문 지식이나 최신 연구 분야에 대해 논의하기 위해 센터를 방문해 주십니다. 각 대담은 2시간 길이이며, 청중의 질문을 위한 15분이 추가 시간이 있습니다. 저는 귀하가 최근 출간한 책 『저널리즘의 황금기』에 대해 알고 있으며, 귀하처럼 활동적인 분에 의한 그것의 논의가 분명 일반적인 대학생과 교육자 청중의 관심을 끌 것이라고 생각합니다. 현재 3월 1일과 3월 15일에 개강이 있으며, 모두 오후 7시입니다. 둘 중 어느 날짜라도 편하시다면, 귀하를 맞이할 수 있음에 기쁠 것입니다.

답변을 고대하겠습니다.

진심을 담아,

Carolyn Tate
공공 프로그램 큐레이터

어휘

take part in ~에 참석하다 expertise 전문 지식
dynamic 활동적인, 동적인
engage 관심을 끌다, 고용하다, 약속하다, 관여시키다

05　독해 목적 파악　난이도 중 ●●○

위 이메일의 목적으로 가장 적절한 것은?

① 최근에 책을 출간한 작가에게 축하 인사를 전하려고
② 한 역사학자의 교육 행사 참여 가능 여부를 문의하려고
③ 역사적 전문 지식에 대한 글의 연재를 부탁하려고
④ 예정된 대담 일정의 연기를 요청하려고

포인트 해설

지문 앞부분에서 역사 센터의 강의 시리즈에 초대하기 위해 이메일을 쓴다고 하고, 지문 마지막에서 이메일의 수신인과 같이 활동적인 역사학자가 참석할 수 있다면 기쁠 것이라고 했으므로, ② '한 역사학자의 교육 행사 참여 가능 여부를 문의하려고'가 이 글의 목적이다.

정답 ②

06　독해 유의어 파악　난이도 중 ●●○

밑줄 친 "engage"의 의미와 가장 가까운 것은?

① appoint　　　　② commit
③ absorb　　　　④ connect

해석

① 임명하다　　　② 약속하다
③ 관심을 빼앗다　④ 연결하다

포인트 해설

밑줄 친 부분이 포함된 문장에서 engage는 문맥상 일반적인 대학생과 교육자 청중의 '관심을 끌' 것이라는 의미로 쓰였으므로, '관심을 빼앗다'라는 의미의 ③ absorb가 정답이다.

정답 ③

어휘

appoint 임명하다 commit 약속하다, 저지르다
absorb 관심을 빼앗다, 흡수하다

07　독해 내용 일치 파악　난이도 중 ●●○

National Media Standards Authority에 관한 다음 글의 내용과 일치하는 것은?

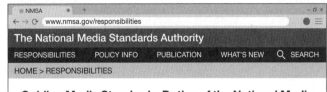

Guiding Media Standards: Duties of the National Media Standards Authority

The National Media Standards Authority (NMSA) is a public organization that is responsible for overseeing media content. Its primary duty is to classify films and television programs, both domestic and foreign, into age-based ratings, with the goal of protecting younger audiences from material that may be inappropriate. It also ensures that publicly displayed advertisements promoting such media content is suitable for all audiences. The NMSA is committed to understanding the ever-evolving media landscape in order to shape policies that support healthy media consumption. To achieve this, it sponsors studies on media trends, partnering with academic institutions and market research firms. Furthermore, it issues licenses to all broadcasters and monitors their content to encourage compliance with national regulations.

① It does not yet have the authority to set age restrictions on foreign content.
② It makes sure public ads for media contents suit all audiences.
③ It conducts market research on ongoing media trends.
④ It is limited in the number of broadcasting licenses it can issue.

해석

미디어 표준을 인도하기: 국립 미디어 표준 기관의 권한

국립 미디어 표준 기관(NMSA)은 미디어 콘텐츠를 감독하는 것을 책임지는 공공 기관입니다. 그것의 주요 임무는 부적절할 수 있는 자료로부터 어린 시청자를 보호하는 것을 목표로, 국내외 영화 및 텔레비전 프로그램을 연령에 기반한 등급으로 분류하는 것입니다. 그것은 또한 그러한 미디어 콘텐츠를 홍보하는, 공적으로 나타나는 광고가 모든 시청자에게 적합함을 보증합니다. 국립 미디어 표준 기관은 건전한 미디어 소비를 지원하는 정책을 형성하기 위해 끊임없이 진화하는 미디어 환경을 이해하는 데 최선을 다하고 있습니다. 이를 달성하기 위해, 학술 기관 및 시장 조사 업체들과 협력하면서 미디어 동향에 대한 연구를 후원합니다. 뿐만 아니라, 그것은 모든 방송사에 면허를 발급하고 국가 규정에 대한 준수를 권장하기 위해 그것들의 콘텐츠를 추적 관찰합니다.

① 그것은 아직 국외 콘텐츠에 대한 연령 제한을 설정할 권한이 없다.
② 그것은 미디어 콘텐츠에 대한 공적 광고가 모든 시청자들에게 적합함을 확실하게 한다.
③ 그것은 진행 중인 미디어 동향에 대한 시장 조사를 수행한다.

④ 그것이 발급할 수 있는 방송 면허의 수가 한정되어 있다.

포인트 해설

②번의 키워드인 public ads(공적 광고)를 바꾸어 표현한 지문의 advertisements(광고) 주변의 내용에서 국립 미디어 표준 기관은 미디어 콘텐츠를 홍보하는 광고가 모든 시청자에게 적합함을 보증한다고 했으므로, ② '그것은 미디어 콘텐츠에 대한 공적 광고가 모든 시청자들에게 적합함을 확실하게 한다'가 지문의 내용과 일치한다.

[오답 분석]
① 국립 미디어 표준 기관은 국내외 영화 및 텔레비전 프로그램을 연령에 기반한 등급으로 분류한다고 했으므로, 아직 국외 콘텐츠에 대한 연령 제한을 설정할 권한이 없다는 것은 지문의 내용과 다르다.
③ 국립 미디어 표준 기관이 학술 기관 및 시장 조사 업체와 협력하여 미디어 동향에 대한 연구를 후원한다고는 했지만, 진행 중인 미디어 동향에 대한 시장 조사를 수행하는지는 알 수 없다.
④ 국립 미디어 표준 기관은 모든 방송사에 면허를 발급한다고 했지만, 그것이 발급할 수 있는 방송 면허의 수가 한정되어 있는지는 알 수 없다.

정답 ②

어휘

standard 표준, 기준 authority 권한, 기관 oversee 감독하다
primary 주요한 classify 분류하다; 등급, 순위 inappropriate 부적절한
publicly 공적으로 advertisement 광고 suitable 적합한
evolve 진화하다 landscape 환경, 풍경 consumption 소비
sponsor 후원하다 institution 기관 issue 발급하다; 발행(물)
broadcaster 방송사 compliance 준수 suit 적합하게 하다, 어울리다

해석

큰 은하들은 새로운 별들을 만들어냄으로써 그것들의 규모를 키우는 데 그다지 능률적이지 못하다. 이것은 그것들의 중심에 있는 가스가 별들이 생겨나게 할 만큼 충분히 차가워지지 않기 때문이다. 하지만, 이것이 큰 은하들이 규모를 확장할 수 없다는 것을 의미하지는 않는다. 커다란 별의 집단들은 더 작은 것들보다 더 큰 중력을 갖고 있어서, 그것들은 당기는 힘을 사용하여 옆에 있는 더 작은 것들을 빨아들일 수 있는데, 그런 다음 통합체로 합쳐지게 된다. 과학자들은 이러한 과정을 한 은하가 다른 은하를 '먹는 것'이라고 부르며, 그것은 이미 거대한 은하들이 커지는 주된 방식이다. 실제로, 이후 몇십억 년에 걸친 우리 은하계의 예상되는 확장의 대부분은 근처에 있는 두 개의 왜소 은하들을 먹는 것을 통해 일어날 것으로 예상된다.

① 모든 은하들이 결국 축소된다
② 큰 은하들이 규모를 확장할 수 없다
③ 작은 은하들은 별들을 불완전하게 형성한다
④ 어떤 은하들은 매우 강력하다

포인트 해설

빈칸 뒷부분에 커다란 별의 집단들은 강한 중력을 이용하여 옆에 있는 더 작은 별들을 빨아들인 다음 한 덩어리로 합쳐지는데, 이것이 거대한 은하들이 커지는 주된 방법이라는 내용이 있으므로, 큰 은하들이 새로운 별들을 만들어내는 데 그다지 능률적이지 않다는 것이 '큰 은하들이 규모를 확장할 수 없다'는 것을 의미하지 않는다고 한 ②번이 정답이다.

정답 ②

어휘

galaxy 은하 efficient 능률적인 gravity 중력 suck in ~을 빨아들이다
diminutive 작은, 소형의 merge 합치다, 합병하다 massive 거대한
anticipate 예상하다 expansion 확장 dwarf galaxy 왜소 은하
diminish 축소되다, 작아지다 enlarge 확장하다

---

08 독해 빈칸 완성 - 절 난이도 상 ●●●

밑줄 친 부분에 들어갈 말로 가장 적절한 것은?

Large galaxies are not very efficient at increasing their size by creating new stars. This is because the gases at their centers do not cool enough to allow stars to form. That does not mean, however, that _____.
Large groups of stars have more gravity than smaller ones, so they can use their pull to suck in their more diminutive neighbors, which then get merged into the whole. Scientists refer to this process as one galaxy "eating" another, and it is the main way that already-massive galaxies grow. In fact, most of our own Milky Way's anticipated expansion over the next several billion years is expected to occur through the eating of two dwarf galaxies that are nearby.

① all galaxies diminish eventually
② large galaxies cannot enlarge in size
③ small galaxies form stars poorly
④ some galaxies are very powerful

09 독해 무관한 문장 삭제 난이도 하 ●○○

다음 글의 흐름상 어색한 문장은?

Energy drinks have become extremely popular in the past decade, with students, workers, and partygoers of all ages using them to stay awake. But before reaching for your next boost, it would be wise to listen to the advice of medical professionals. ① Their major concern is that these drinks have excessively high doses of caffeine. ② In fact, a single serving may contain the equivalent of three cups of coffee. ③ Consuming caffeine late in the day can disrupt your natural sleep cycle. ④ This amount provides the system with a jolt that can negatively affect heart rate, blood pressure, and brain function in some individuals, which can become even more hazardous with long-term consumption.

해석

에너지 음료는 깨어 있기 위해 그것을 이용하는 모든 연령대의 학생, 근로자, 그리고 파티 손님들에게 지난 십 년간 몹시 인기가 있었다. 그러나 당

신에게 활기를 주는 다음 음료로 손을 뻗기 전에, 의학 전문가들의 조언에 귀를 기울이는 것이 현명할 것이다. ① 그들의 주된 우려는 이러한 음료에 지나치게 많은 양의 카페인이 들어 있다는 것이다. ② 실제로, 음료 한 잔이 커피 세 잔에 상당하는 (카페인) 양을 포함할 수도 있다. ③ 하루 중 늦은 때에 카페인을 섭취하는 것은 자연스러운 수면 주기에 지장을 줄 수 있다. ④ 이 양은 어떤 사람들에게는 심박수, 혈압, 그리고 뇌 기능에 부정적인 영향을 미칠 수 있는 급격한 동요를 주는데, 이것은 장기간의 섭취를 통해 훨씬 더 위험해질 수 있다.

포인트 해설

지문 앞부분에서 깨어 있는 것을 돕는 에너지 음료를 섭취하기 전에 의학 전문가들의 조언에 귀를 기울여야 한다고 언급한 후, ①번은 '에너지 음료에 포함된 고함량 카페인에 대한 우려', ②번은 '커피 대비 카페인 함량이 세 배 높은 에너지 음료', ④번은 '과도한 카페인 양이 신체에 미치는 부정적 영향'에 대해 설명하고 있다. 그러나 ③번은 늦은 시간에 카페인을 섭취하는 것이 수면에 미치는 영향에 대한 내용으로 지문 앞부분의 내용과 관련이 없다.

정답 ③

어휘

extremely 몹시　awake 깨어 있는　boost 활기, 증대
excessively 지나치게, 매우　dose 양, 복용량　serving 음료의 한 잔, 1인분
equivalent 상당량; 동등한　jolt 급격한 동요, 정신적 충격　hazardous 위험한
consumption 섭취, 소비

10　독해 문단 순서 배열　난이도 하 ●○○

주어진 글 다음에 이어질 글의 순서로 가장 적절한 것은?

I used to be crazy about taking photographs. I'd sometimes snap hundreds of them at a time.

(A) Because that habit was taking away the happiness of each moment, I limited myself to taking no more than one photograph per day.

(B) One day, I realized something alarming about my photo habit. It was standing in the way of my relaxing and enjoying myself. I was so obsessed with capturing every little thing wherever I went that I barely took any time to actually experience the places.

(C) For instance, I would go through the trouble of getting just the right angle and lighting on a plate of food when I went to a restaurant. But then I would barely enjoy eating it because I'd already be thinking about how to photograph the coffee I would have after my meal.

① (B) – (A) – (C)
② (B) – (C) – (A)
③ (C) – (A) – (B)
④ (C) – (B) – (A)

해석

나는 한때 사진 찍는 것을 광적으로 좋아했다. 나는 때때로 한 번에 수백 장의 사진을 찍곤 했다.

(A) 그 습관이 매 순간 행복을 앗아 가고 있었기 때문에, 나는 하루에 사진

을 한 장 이상 찍지 않도록 스스로 제한을 두었다.

(B) 어느 날, 나는 나의 사진 습관에 대해서 염려되는 무엇인가를 깨달았다. 그것은 내가 휴식을 취하고 스스로를 즐기는 데 방해가 되고 있었다. 나는 어디를 가든지 모든 사소한 것들을 포착하는 것에 너무 사로잡혀서 그 장소들을 실제로 경험할 시간이 거의 없었다.

(C) 예를 들어, 나는 식당에 갈 때면 그저 음식 한 접시 위로 적절한 (사진) 각도와 조명을 얻으려고 수고를 겪곤 했다. 그러나 그다음에는 식사 후에 마실 커피를 어떻게 찍을 것인지에 대해 이미 생각하고 있었기 때문에, 나는 음식을 먹는 것을 거의 즐기지 못하곤 했다.

포인트 해설

주어진 글에서 화자는 한때 사진 찍는 것을 좋아해서 한 번에 수백 장을 찍곤 했다고 한 뒤, (B)에서 어느 날 자신이 사소한 것들을 포착하는 데 사로잡혀서 스스로 즐기지 못한다는 것을 깨달았다고 설명하고 있다. 이어서 (C)에서 예를 들어(For instance) 식당에서는 음식 사진을 찍느라 음식을 즐기지 못했다고 하고, (A)에서 그 습관(that habit)이 매 순간 행복을 앗아가고 있었기 때문에 사진 찍는 횟수에 제한을 두었음을 알려 주고 있다. 따라서 ② (B) – (C) – (A)가 정답이다.

정답 ②

어휘

snap 사진을 찍다　stand in the way 방해가 되다　obsess 사로잡다
capture 포착하다, 붙잡다　go through ~을 겪다　angle 각도

구문 분석

I was **so** obsessed with capturing every little thing wherever I went / **that** I barely took any time to actually experience the places.

: 이처럼 'so ... that ~' 구문이 결과를 나타내는 경우, '너무/매우 …해서 (그 결과) ~하다'라고 해석한다.

해커스 공무원시험연구소 총평

난이도	독해 영역에 난이도가 다양한 문제들이 섞여 출제되었습니다. 비교적 쉬운 문제들은 빠르게 풀고, 이때 확보한 시간을 고난도 문제풀이에 사용합니다.
어휘·생활영어 영역	서로 반대되는 뜻을 가진 어휘가 보기에 함께 등장할 수 있으므로, 어휘를 암기할 때에는 유의어뿐만 아니라 반의어까지도 학습함으로써 정답의 여러 단서들을 파악합니다.
문법 영역	2번 문제의 문법 포인트로 출제기조 전환 대비 1차 예시문제에서 출제된 현재 시제 포인트가 쓰였습니다. 특히 시제 포인트의 경우, 문장 구조의 정확한 분석과 함께 때때로 해석까지 필요할 수 있음에 유의합니다.
독해 영역	안내문에서는 주로 제목 파악, 내용 일치·불일치 파악 유형이 출제될 수 있는데, 이때 제목은 지문 첫 단락을 중심으로, 세부 내용은 소제목 부분을 중심으로 확인합니다.

정답

01	④	어휘	06	③	독해
02	③	문법	07	①	독해
03	①	문법	08	③	독해
04	②	생활영어	09	①	독해
05	①	독해	10	④	독해

취약영역 분석표

영역	맞힌 답의 개수
어휘	/ 1
생활영어	/ 1
문법	/ 2
독해	/ 6
TOTAL	**/ 10**

---

01 어휘 exacerbate 난이도 중 ●●○

밑줄 친 부분에 들어갈 말로 가장 적절한 것은?

The disruption of ecological environments due to desertification caused by urban development is already severe, but the issue is being further _____ by the effects of global warming.

① countered
② relieved
③ investigated
④ exacerbated

해석

도시 개발에 의해 야기된 사막화로 인한 생태계 환경 붕괴는 이미 심각하지만, 그 문제는 지구 온난화의 영향으로 인해 한층 더 악화되고 있다.

① 반대되는
② 완화되는
③ 조사되는
④ 악화되는

정답 ④

어휘

disruption 붕괴, 분열 ecological 생태계의 desertification 사막화
severe 심각한 counter 반대하다, 대항하다 relieve 완화하다
investigate 조사하다 exacerbate 악화시키다

이것도 알면 합격!

'악화시키다'의 의미를 갖는 유의어
= worsen, aggravate, inflame

---

02 문법 시제 | 수동태 난이도 중 ●●○

밑줄 친 부분에 들어갈 말로 가장 적절한 것은?

Once the orientation _____, the new employees will be assigned to their departments.

① will have completed
② will be completed
③ is completed
④ is completing

해석

오리엔테이션이 완료되면, 신입 사원들은 그들의 부서에 배치될 것이다.

포인트 해설

③ 현재 시제 | 능동태·수동태 구별 빈칸은 부사절의 동사 자리이다. 조건을 나타내는 부사절(Once ~)에서는 미래를 나타내기 위해 현재 시제를 사용하므로, 현재 시제가 쓰인 ③ is completed, ④ is completing이 정답 후보이다. 이때 부사절의 주어 the orientation과 동사가 '오리엔

테이션이 완료되다'라는 의미의 수동 관계이므로 현재 시제 수동태 ③ is completed가 정답이다.

정답 ③

어휘

assign 배치하다, 맡기다 complete 완료하다

이것도 알면 합격!

조건을 나타내는 if가 쓰였더라도 부사절이 아니라 명사절인 경우에는 미래 시제를 그대로 사용한다는 것도 기억하자.

• I want to know if he (will attend, attends) the meeting tomorrow.
   동사 know의 목적어 자리에 온 명사절
나는 그가 내일 회의에 참석할 것인지를 알고 싶다.

03 　문법 동사 | 시제 | 형용사 | 수 일치 | 관계절　난이도 하 ●○○

밑줄 친 부분 중 어법상 옳지 않은 것은?

> Companies ① trying a variety of ② ways to combat the health problems of their overweight employees. A number of businesses ③ are offering healthier meals and snacks in their cafeteria, and one company has even created an incentive program for employees ④ who lose weight.

해석

회사들은 과체중인 직원들의 건강 문제를 방지하기 위해 다양한 방법들을 시도하고 있다. 많은 기업들이 구내식당에서 더 건강한 음식과 간식을 제공하고 있으며, 한 회사는 심지어 체중을 감량하는 직원들을 위한 보상 제도까지 만들어냈다.

포인트 해설

① **동사 자리 | 현재진행 시제**　문장의 동사 자리에 '동사원형 + -ing'의 형태는 올 수 없고, '회사들이 다양한 방법들을 시도하고 있다'라며 현재 진행되고 있는 일을 표현하고 있으므로 trying을 현재진행 시제 동사 are trying으로 고쳐야 한다.

[오답 분석]
② **수량 표현**　수량 표현 a variety of(다양한) 다음에는 복수 명사가 와야 하므로 복수 명사 ways가 올바르게 쓰였다.

③ **수량 표현의 수 일치**　주어 자리에 복수 취급하는 수량 표현 'a number of + 복수 명사(businesses)'가 왔으므로 복수 동사 are가 올바르게 쓰였다.

④ **관계대명사**　선행사(employees)가 사람이고, 관계절 내에서 주어 역할을 하므로 주격 관계대명사 who가 올바르게 쓰였다.

정답 ①

어휘

combat 방지하다; 전투 overweight 과체중의, 비만의
lose weight 체중을 감량하다

이것도 알면 합격!

복수 취급하는 수량 표현 many가 'many a/an + 단수 명사'의 형태로 쓰이면 뒤에 단수 동사가 와야 한다는 것도 알아 두자.

• Many a student (was, were) shocked by the news.
   많은 학생들이 그 소식에 충격을 받았다.

04 　생활영어 Can anyone apply for it?　난이도 하 ●○○

밑줄 친 부분에 들어갈 말로 가장 적절한 것은?

> A: I heard you're staying at Tom's place these days.
> B: He's letting me stay with him while I look for a new apartment.
> A: That's really nice of him. By the way, did you know the city has a low-cost temporary housing program, too? It might be worth a look.
> B: I didn't know there was such a thing. ＿＿＿＿＿＿＿ ＿＿＿＿＿＿＿
> A: All citizens over 19 years old can apply. It's much cheaper than regular accommodation.
> B: I feel bad about staying with Tom for such a long time, so I think I should apply.

① I have already filed the application for it.
② Can anyone apply for it?
③ But I also need to check if long-term stays are possible.
④ Where can I apply for that service?

해석

> A: 네가 요즘 Tom의 집에 지내고 있다고 들었어.
> B: 그는 내가 새 아파트를 찾는 동안 그와 함께 지내게 해 주고 있어.
> A: 정말 친절하네. 그런데, 너는 시에 저렴한 임시 주거 프로그램이 있다는 것도 알았니? 그건 알아볼 가치가 있을지도 몰라.
> B: 그런 게 있는 줄 몰랐네. 그건 누구나 신청할 수 있는 거야?
> A: 19세 이상의 시민이라면 모두 신청할 수 있어. 일반 숙박보다도 훨씬 더 저렴하고.
> B: 너무 오래 같이 있어서 Tom에게 미안했는데, 신청하는 걸 생각해 봐야겠어.

① 나는 그것에 대한 신청서를 이미 제출했어.
② 그건 누구나 신청할 수 있는 거야?
③ 그렇지만 장기 숙박이 가능한지도 확인해야 해.
④ 내가 그 서비스를 어디서 신청할 수 있어?

포인트 해설

새 아파트를 찾는 동안 지낼 곳으로 시에서 운영하는 주거 프로그램이 있다는 A의 제안에 대해 B가 몰랐다고 대답하고, 빈칸 뒤에서 다시 A가 All citizens over 19 years old can apply(19세 이상의 시민이라면 모두 신청할 수 있어)라고 알려 주고 있으므로, '그건 누구나 신청할 수 있는 거야?'라는 의미의 ② 'Can anyone apply for it?'가 정답이다.

정답 ②

05~06 다음 글을 읽고 물음에 답하시오.

(A)

As a coastal resident, the health of the shoreline should be of significant concern.

Although local beaches are in relatively good condition today, evidence suggests they are suffering from major erosion. So, action must be taken soon.

A group of concerned citizens has been doing that for several years. They will be holding an information session to tell the community about their work. Come out to learn more about their activities, and how you can help. It's important for the community and your personal interests.

Can you imagine living without our beautiful beach?

Sponsored by Friends of Brigg's Beach

· Location: Heartwood Community Center
            184 Lincoln Drive
· Date: Thursday, July 10
· Time: 6:30 p.m.

To learn more about the group and volunteer opportunities, please visit our website www.SaveBriggsBeach.com or call group president Maye Revi at 555-2810.

해석

(A) **Brigg's 해변은 여러분의 도움이 필요합니다**

해안가의 거주자로서, 해안가의 건강이 중대한 관심사가 되어야 합니다.

현지 해변이 오늘날 비교적 양호한 상태임에도 불구하고, 그것들이 심각한 침식에 시달리고 있음을 시사하는 증거가 있습니다. 따라서, 곧 조치가 취해져야 합니다.

이에 관심 있는 한 시민 단체가 몇 년 동안 그 일을 해 오고 있습니다. 그들은 지역 사회에 자신들의 일에 대해 알리기 위한 설명회를 개최할 것입니다. 오셔서 그들의 활동과 여러분이 도움을 줄 수 있는 방법에 대해 자세히 알아보세요. 그것은 지역 사회와 여러분의 개인적인 이해관계에도 중요합니다.

우리의 아름다운 해변 없이 살아가는 것을 상상할 수 있습니까?

'Brigg's 해변의 친구들' 주최
· 장소: Heartwood 주민 센터, Lincoln가 184번지
· 날짜: 7월 10일 목요일
· 시간: 오후 6시 30분

단체에 대해 그리고 자원봉사 기회에 대해 자세히 더 알아보시려면, www.SaveBriggsBeach.com을 방문하시거나 단체장 Maye Revi에게 555-2810번으로 전화주세요.

어휘

coastal 해안(가)의 shoreline 해안가 significant 중대한, 상당한
relatively 비교적 major 심각한, 주요한 erosion 침식
information session 설명회 sponsor 주최하다, 후원하다; 후원자
group president 단체장

05 독해 제목 파악   난이도 하 ●○○

(A)에 들어갈 윗글의 제목으로 가장 적절한 것은?

① Brigg's Beach Needs Your Help
② Enjoy Brigg's Beach This Summer
③ Best Local Beachfront Properties
④ Fun Beach Activities to Try

해석

① Brigg's 해변은 여러분의 도움이 필요합니다
② 올여름 Brigg's 해변을 즐기세요
③ 최고의 해변 전망 부동산
④ 시도해 볼 만한 흥미로운 해변 활동들

포인트 해설

지문 앞부분에서 Brigg's 해변이 심각한 침식에 시달리고 있으므로 이에 관심 있는 시민 단체의 설명회에 참석하여 도움을 줄 수 있는 방법에 대해 알아보라고 권하고 있으므로, ① 'Brigg's 해변은 여러분의 도움이 필요합니다'가 이 글의 제목이다.

정답 ①

어휘

property 부동산, 재산

---

06 독해 내용 불일치 파악   난이도 하 ●○○

위 안내문의 내용과 일치하지 않는 것은?

① The beach is being affected by erosion.

② Local residents are trying to save the beach.

③ The meeting will take place at the beach.

④ A website has information about volunteering.

해석

① 해변은 침식의 영향을 받고 있다.

② 현지 주민들이 해변을 구하기 위해 노력하고 있다.

③ 회의는 해변에서 열릴 것이다.

④ 웹사이트에는 자원봉사에 대한 정보가 있다.

포인트 해설

③번의 키워드인 take place at(~에서 열리다)를 바꾸어 표현한 지문의 Location(장소) 주변의 내용에서 설명회는 Heartwood 주민 센터에서 열릴 것이라고 했으므로, ③ '회의는 해변에서 열릴 것이다'는 지문의 내용과 다르다.

정답 ③

---

07 독해 빈칸 완성 – 단어   난이도 중 ●●○

밑줄 친 부분에 들어갈 말로 가장 적절한 것은?

American presidents can serve a maximum of two terms in office. This limitation was created in the late 1940s after Franklin D. Roosevelt was elected to the presidency four terms in a row. After he died, Congress decided that limiting the presidency to two terms was the safest course of action to prevent a monarchical state. People have debated whether or not this decision was a mistake. Some feel that it is _____. They believe that voters should be entitled to elect whomever they want, including someone who has already served twice. To forbid that is to unfairly impose on voters' rights.

① undemocratic

② outdated

③ political

④ sensible

해석

미국 대통령은 최대 두 번의 임기를 취임할 수 있다. 이 제한은 Franklin D. Roosevelt가 대통령직에 연달아 네 번 선출된 후인 1940년대 후반에 만들어졌다. 그가 사망한 후, 의회는 군주제 정부를 막을 가장 안전한 방침은 대통령직을 두 번의 임기로 제한하는 것이라는 결정을 내렸다. 사람들은 이 결정이 실수였는지 아닌지에 대해 논의해 왔다. 일부 사람들은 그것이 비민주적이라고 생각한다. 그들은 유권자들에게 임기를 이미 두 번 보낸 누군가를 포함해서 그들이 원하는 누구든 선택할 권리가 주어져야 한다고 생각한다. 그것을 금지하는 것은 유권자들의 권리를 부당하게 위압하는 것이다.

① 비민주적인

③ 구식의

② 정치적인

④ 합리적인

포인트 해설

빈칸 뒷부분에 유권자에게는 임기를 두 번 보낸 후보를 포함하여 원하는 누구든 선택할 권리가 주어져야 하며, 이를 금지하는 것은 유권자 권리를 부당하게 위압하는 것이라는 내용이 있으므로, 일부 사람들이 이것을 '비민주적'이라고 생각한다고 한 ①번이 정답이다.

정답 ①

어휘

term 임기, 기한, 용어   limitation 제한   elect 선출하다, 선택하다
presidency 대통령직   in a row 연달아   Congress 의회
course of action 방침   monarchical 군주제의   state 정부, 국가, 상태
voter 유권자   entitle 권리를 주다   forbid 금지하다   unfairly 부당하게
impose on ~을 위압하다, 주제넘게 나서다   undemocratic 비민주적인
outdated 구식의   sensible 합리적인

구문 분석

They believe / that voters should be entitled to elect / whomever they want, / including someone / who has already served twice.

: 이처럼 복합관계대명사 whomever가 쓰이면, '~하는 누구든'이라고 해석한다.

represent 의미하다, 나타내다　enlighten 계몽하다
manage to 가까스로 ~하다　reside 존재하다, 살다　come to ~하게 되다
knowledge 지식, 인지　hypothesis 가설, 전제　metaphor 은유

08 독해 내용 불일치 파악　난이도 상 ●●●

다음 글의 내용과 일치하지 않는 것은?

The philosopher Plato illustrated the vast difference between ignorance and awareness when he wrote his theory of the cave. In it, he describes a group of people who have spent their lives chained to the inside of a cave. They face a blank wall, and behind them is a fire. Things that pass in front of the fire are projected as shadows onto the wall. The shadows are all the people know of reality. These prisoners represent people who have not been enlightened by philosophy. The philosopher, by contrast, is someone who manages to free himself and go outside the cave, where the real world truly resides. The philosopher comes to realize the shadows were not reality in their actual form and that true knowledge, which is much richer and more complex, can only be found by leaving the cave.

① Plato made a hypothesis about knowledge and ignorance by using a metaphor.
② The people who are chained inside the caves are not fully aware of reality.
③ A philosopher is one who teaches the people in the cave how to free themselves.
④ Plato believes it is only possible to understand real knowledge by leaving the cave.

해석

철학자 Plato는 자신의 동굴 이론을 저술했을 때 무지와 인지 사이의 엄청난 차이를 설명했다. 그것에서, 그는 어느 동굴 안에 묶인 채 일생을 보낸 한 무리의 사람들을 묘사한다. 그들은 아무것도 없는 벽을 마주보고 있고 그들 뒤에는 불이 있다. 불 앞을 지나가는 것들은 벽에 그림자로 비춰진다. 그림자는 그 사람들이 현실에 대해 알고 있는 전부이다. 이 죄수들은 철학에 의해 계몽되지 않은 사람들을 의미한다. 그에 반해서, 철학자는 가까스로 동굴에서 벗어나 밖으로 나가는 사람인데, 이곳에 현실 세계가 정말로 존재한다. 철학자는 그림자가 실제의 형태를 한 현실이 아니었으며, 훨씬 더 풍부하고 더 복잡한 참된 지식은 오직 그 동굴을 떠나야만 발견될 수 있다는 것을 깨닫게 된다.

① Plato는 은유를 이용하여 지식과 무지에 대한 가설을 세웠다.
② 동굴 안에 묶여 있는 사람들은 현실을 완전히 알지는 못한다.
③ 철학자는 동굴 속의 사람들에게 벗어나는 방법을 알려 주는 사람이다.
④ Plato는 동굴을 떠나야만 참된 지식을 아는 것이 가능하다고 생각한다.

포인트 해설

③번의 키워드인 free(벗어나다)가 그대로 언급된 지문 주변의 내용에서 철학자는 동굴에서 벗어나 현실 세계가 존재하는 밖으로 나가는 사람이라고는 했지만, ③ '철학자는 동굴 속의 사람들에게 벗어나는 방법을 알려 주는 사람'인지는 알 수 없다.

정답 ③

어휘

illustrate 설명하다　vast 엄청난　ignorance 무지　awareness 인지
blank 아무것도 없는; 빈칸　project 비추다, 계획하다; 계획　prisoner 죄수

09 독해 문단 순서 배열　난이도 중 ●●○

주어진 문장 다음에 이어질 글의 순서로 가장 적절한 것은?

When I think about that long-gone summer, I find that my memory brings everything back to me in the most vibrant detail.

(A) As the sound of my dusty sandals slapping against the pavement comes to me, I am overwhelmed with a strange combination of joy and sorrow. I wish I could roll back the hands of time and reclaim my former vitality and cheer. All my troubles would vanish.
(B) As my mind wanders to the past, I am no longer an arthritic, old woman. Instead, I am a girl with braids in her hair running down the sidewalk to meet friends for all sorts of adventures.
(C) This sounds like a great thing, but I get the feeling that all the pleasure I've experienced since then would probably disappear as well.

① (B) – (A) – (C)　② (B) – (C) – (A)
③ (C) – (A) – (B)　④ (C) – (B) – (A)

해석

오래전에 지나가 버린 그 여름을 생각할 때면, 나는 내 기억들이 모든 것을 아주 선명한 정보들로 내게 다시 가져다주는 것을 깨닫는다.

(A) 나의 먼지투성이인 샌들이 도로에 부딪쳐 찰싹거리는 소리가 내게 들려옴에 따라, 나는 기쁨과 슬픔의 묘한 조합에 휩싸인다. 나는 시계 바늘을 뒤로 감아 내 옛날의 활력과 생기를 되찾고 싶다. 나의 모든 근심들은 사라질 것이다.
(B) 내 마음이 과거를 헤매는 동안, 나는 더 이상 관절염에 걸린 노파가 아니다. 대신, 나는 머리를 땋고 온갖 종류의 모험을 위해 친구들을 만나러 보도를 따라 뛰어 내려가는 소녀이다.
(C) 이것은 근사한 것처럼 들리지만, 나는 그 이후로 내가 경험해 왔던 모든 기쁨들 또한 어쩌면 사라지게 될 것이라는 느낌이 든다.

포인트 해설

주어진 글에서 오래전 여름이 선명하게 다시 기억난다고 한 후, (B)에서 과거 기억 속에서 친구들을 만나러 보도를 따라 뛰어 내려가는 화자를, 이어서 (A)에서 샌들이 도로에 부딪치는 소리를 회상하며 예전의 활력과 생기를 되찾고 싶은 화자의 바램을, 마지막으로 (C)에서 이것(This)이 근사하게 들리지만 그 이후로 경험한 기쁨들 또한 중요하다는 화자의 깨달음을 보여 주고 있다. 따라서 ① (B) – (A) – (C)가 정답이다.

정답 ①

어휘

vibrant 선명한, 생생한　dusty 먼지투성이인　slap 찰싹거리는 소리
pavement 도로, 인도　overwhelm 휩싸다, 압도하다　sorrow 슬픔
roll 감다, 굴리다　reclaim 되찾다　vitality 활력, 활기　cheer 생기, 격려
vanish 사라지다　wander 헤매다, 돌아다니다　arthritic 관절염에 걸린
braid (머리를) 땋은 것　sidewalk 보도　disappear 사라지다

10　독해 주제 파악　난이도 중 ●●○

다음 글의 주제로 가장 적절한 것은?

Having a diverse range of plant and animal life is crucial to a healthy planet and humanity's survival. Unfortunately, human activity is causing the planet's biodiversity to decrease. Urban development, pollution, and overconsumption of natural resources are just some of the reasons that so many plants and animals are vanishing. This destruction of ecosystems affects the human population in countless ways. To begin with, it threatens food security. As the number of species falls, our food sources dwindle. Furthermore, species that do survive become more susceptible to pests and disease. Lacking sufficient genetic variety, entire crops can be wiped out by a single virus. Diminishing biodiversity also puts human health at risk. Right now, we use about 50,000 to 70,000 different types of plants in modern and traditional medicine. If this vegetation dies out, we may have no recourse to treat certain illnesses and diseases.

① recording the number of species alive today and their uses
② methods of increasing wildlife in urban environments
③ analysis of attempts to protect endangered species
④ impact of species loss due to ecosystem damage

해석

다양한 범주의 식물과 동물이 있는 것은 건강한 행성과 인류의 생존에 있어서 중요하다. 안타깝게도, 인류의 활동은 지구의 생물 다양성이 감소하게 하고 있다. 도시 개발, 오염, 그리고 천연자원의 과잉 소비는 아주 많은 식물과 동물이 사라지고 있는 이유의 그저 일부분일 뿐이다. 생태계의 이러한 파괴는 무수한 방법으로 인구에 영향을 미친다. 첫째로, 이것은 식량 안보를 위협한다. 종의 수가 감소함에 따라, 우리의 식재료가 점차 감소한다. 게다가, 살아남은 종들은 해충과 질환의 영향을 받기 더 쉬워진다. 유전적 다양성이 충분하지 않으면, 농작물 전체가 단 하나의 바이러스로 인해 완전히 없어질 수 있다. 감소하는 생물 다양성은 인류의 건강 또한 위험에 처하게 한다. 현재, 우리는 현대 및 전통 의학에서 서로 다른 약 5만 개에서 7만 개 종류의 식물을 사용한다. 만약 이 식물군이 멸종된다면, 우리는 특정한 병과 질환을 치료하기 위해 의지할 것이 없을지도 모른다.

① 오늘날 살아있는 종의 수와 그것들의 용도 기록하기
② 도시 환경에서 야생 동물을 증가시키는 방법
③ 멸종 위기에 처한 종들을 보호하려는 시도들에 대한 분석
④ 생태계 파괴로 인한 종 손실의 영향

포인트 해설

지문 앞부분에서 인류의 생존에 중요한 지구의 생물 다양성이 인류의 활동으로 감소하고 있다고 하고, 지문 뒷부분에서 이와 같은 상황은 무분별한 식량 안보를 위협하고 살아남은 종들을 해충과 질환에 더 취약하게 함으로써 인류의 건강까지 위험하게 한다고 설명하고 있으므로, ④ '생태계 파괴로 인한 종 손실의 영향'이 이 글의 주제이다.

정답 ④

어휘

diverse 다양한　crucial 중요한　biodiversity 생물 다양성　pollution 오염
overconsumption 과잉 소비　vanish 사라지다　countless 무수한
threaten 위협하다　food security 식량 안보　dwindle 점차 감소하다
susceptible 영향을 받기 쉬운　pest 해충　sufficient 충분한
genetic 유전적인　wipe out ~을 완전히 없애 버리다　vegetation 식물(군)
die out 멸종되다　recourse 의지하는 것, 의지　analysis 분석
endangered 멸종 위기에 처한

해커스 공무원시험연구소 총평

난이도	공무원 직무와 밀접한 지문들이 출제되어, 관련 소재와 정부 정책 관련 어휘에 대해 훈련이 되어 있었다면 쉽게 풀어 낼 수 있었을 것입니다.
어휘·생활영어 영역	1번에 등장한 네 개의 보기 모두 어휘 영역 이외에 다양한 영역에 등장할 수 있는 빈출 어휘들이므로, 모두 정확하게 암기하고 있는지 점검합니다.
문법 영역	동사의 종류를 묻는 문제가 최근 높은 비율로 출제되어 왔습니다. 특히 자동사와 타동사를 구분하는 문제의 경우, 더 나아가 특정 자동사가 어떤 전치사와 함께 쓰이는지도 알아야 할 수 있으므로, '이것도 알면 합격!'을 통해 확인해 둡니다.
독해 영역	9번과 같은 문장 삽입 유형에서는, 지시대명사, 정관사, 연결어 등이 정답의 중요한 단서로 제시됩니다. 꾸준히 출제되어 온 유형이므로, 이전 기출 문제들을 풀어 보며 문제풀이 전략을 적용해 볼 수 있습니다.

정답

01	③	어휘	06	③	독해
02	④	문법	07	②	독해
03	①	문법	08	④	독해
04	②	생활영어	09	②	독해
05	③	독해	10	②	독해

취약영역 분석표

영역	맞힌 답의 개수
어휘	/ 1
생활영어	/ 1
문법	/ 2
독해	/ 6
TOTAL	/ 10

---

01 어휘 trigger 난이도 중 ●●○

밑줄 친 부분에 들어갈 말로 가장 적절한 것은?

> The accident on the freeway _____ a traffic jam that lasted for hours, so drivers had to spend a tedious time in their cars.

① postponed
② withstood
③ triggered
④ resisted

해석

고속도로에서의 그 사고가 몇 시간 동안 지속된 교통 체증을 유발해서, 운전자들은 차 안에서 따분한 시간을 보내야 했다.

① 미뤘다
② 견뎌냈다
③ 유발했다
④ 저항했다

정답 ③

어휘

freeway 고속도로 traffic jam 교통 체증 tedious 따분한
postpone 미루다 withstand 견뎌내다 trigger 유발하다 resist 저항하다

🖈 **이것도 알면 합격!**

'유발하다'의 의미를 갖는 표현
= provoke, prompt, bring about

---

02 문법 to 부정사 난이도 중 ●●○

밑줄 친 부분에 들어갈 말로 가장 적절한 것은?

> Drought is believed to _____ a significant role in the decline of the ancient Indus Valley civilization. Changes in the monsoon patterns, which the civilization relied upon for water, may have led to severe agricultural challenges.

① be played
② play
③ have been played
④ have played

해석

가뭄은 고대 인더스 계곡 문명의 쇠퇴에 상당한 역할을 했던 것으로 생각된다. 그 문명이 물을 얻기 위해 의존했던 우기 패턴의 변화는 농경의 심각한 어려움으로 이어졌을지도 모른다.

포인트 해설

④ to 부정사의 형태 to 부정사가 가리키는 명사(Drought)와 to 부정사가 '가뭄이 상당한 역할을 하다'라는 의미의 능동 관계이므로 to 부정사의 능동태를 완성하는 ② play, ④ have played가 정답 후보이다. 이때 '가뭄이 상당한 역할을 한' 시점이 '(가뭄이 상당한 역할을 한) 것으로 생각되는'(is believed) 시점보다 이전이므로, to 부정사의 능동태 완료형 ④ have played가 정답이다.

정답 ④

어휘

drought 가뭄 significant 상당한, 중요한 civilization 문명
monsoon 우기(장마) severe 심각한 agricultural 농경의, 농업의

🔧 이것도 알면 **합격!**

문장의 주어와 to 부정사의 행위 주체가 달라서 to 부정사의 의미상 주어가
필요한 경우, 'for + 명사/목적격 대명사'를 to 부정사 앞에 쓴다는 것을 알
아 두자.

• Taking a walk is a good opportunity (for people, ~~people~~,
~~by people~~) to think.
산책하는 것은 사람들이 생각할 수 있는 좋은 기회이다.

---

03 문법 수 일치 | 동사의 종류 | 전치사 | 부사절 난이도 중 ●●○

밑줄 친 부분 중 어법상 옳지 않은 것은?

> The mining of minerals and oil from the earth ① cause
> the production of toxic waste mixtures that ② consist of
> rock particles, the chemicals that were used to obtain the
> resources, and water. ③ Due to their hazardous nature,
> they are usually stored in special reservoirs. Yet, there is
> a concern that the reservoirs can malfunction. Also, the
> contents of some reservoirs are so toxic ④ that people
> simply do not know what to do with them.

해석

지구에서의 광물 및 석유의 채굴은 바위 조각, 자원을 얻는 데 사용된 화학
물질 그리고 물로 이루어진 유독성 혼합 폐기물의 생성을 야기한다. 그것들
의 위험한 속성 때문에, 그것들은 특별한 저장소에 주로 보관된다. 그렇지
만, 그 저장소가 제대로 작동하지 않을 수 있다는 우려가 있다. 또한, 몇몇
저장소의 내용물은 매우 독성이 강해서 사람들이 그것들을 어떻게 해야 할
지 그야말로 알지 못한다.

포인트 해설

① **주어와 동사의 수 일치** 주어 자리에 단수 명사 The mining이 왔으므
로 복수 동사 cause를 단수 동사 causes로 고쳐야 한다. 참고로, 주
어와 동사 사이의 수식어 거품(of ~ earth)은 동사의 수 결정에 영향을
주지 않는다.

[오답 분석]

② **자동사** 동사 consist는 목적어(rock particles ~ water)를 취하
기 위해 전치사(of)가 필요한 자동사이므로 consist of가 올바르게
쓰였다.

③ **전치사** 문맥상 '그것들의 위험한 속성 때문에'라는 의미가 되어야 자
연스러우므로 전치사 Due to(~ 때문에)가 올바르게 쓰였다.

④ **부사절 접속사** 문맥상 '매우 독성이 강해서 ~ 알지 못한다'라는 의
미가 되어야 자연스럽고, 절(the contents ~ toxic)과 절(people ~
them)을 연결하면서 '매우 ~해서 - 하다'를 의미하는 것은 부사절 접
속사 so ~ that이므로, so toxic 뒤에서 부사절 접속사 so ~ that을
완성하는 that이 올바르게 쓰였다.

정답 ①

어휘

mining 채굴, 광업 toxic (유)독성의 particle 조각, 입자
chemical 화학 물질; 화학의 obtain 얻다, 존재하다 hazardous 위험한
store 보관하다, 저장하다; 가게 reservoir 저장소, 저장
malfunction 제대로 작동하지 않다; 고장

🔧 이것도 알면 **합격!**

②번의 consist처럼 특정 전치사와 자주 쓰이는 자동사들을 알아 두자.

to	belong to ~에 속하다	object to ~에 반대하다
from	refrain from ~을 삼가다	suffer from ~으로 고통받다
of	approve of ~을 인정하다	dispose of ~을 처분하다
for	account for ~을 설명하다	wait for ~을 기다리다
with	comply with ~을 따르다	deal with ~을 다루다

---

04 생활영어 What kinds of items can be sold?
난이도 하 ●○○

밑줄 친 부분에 들어갈 말로 적절한 것은?

Zoey
Could I ask about the autumn
festival flea market?
11:07 am

City Event
Of course! What information
are you looking for?
11:07 am

Zoey
Could you tell me about the eligibility
requirements for participating in the
market as a vendor?
11:08 am

City Event
Anyone whose address is
registered in our city can join.
11:08 am

Zoey

_____
_____?
11:08 am

City Event
Food items, excluding alcohol,
and handmade crafts are allowed.
11:09 am

Zoey
I see. I'd like to apply as a vendor.
Where can I submit the application?
11:09 am

City Event

Please fill out the form linked at the bottom of the announcement on our webpage.

11:09 am

① Should I operate the booth for all five days of the event

② What kinds of items can be sold

③ Do I need a certification to sell food and beverages

④ Can I rent the flea market booth for free

해석

Zoey: 가을 축제 플리마켓에 대해 문의할 수 있을까요?

시 행사 담당자: 물론입니다! 어떤 정보를 찾으시나요?

Zoey: 판매자로서 마켓에 참여할 자격 요건에 대해 말씀해 주시겠어요?

시 행사 담당자: 우리 시에 주소가 등록된 분이면 누구든지 함께하실 수 있습니다.

Zoey: 어떤 종류의 물품들이 판매될 수 있나요?

시 행사 담당자: 주류 외의 먹거리와 수공예품이 허용됩니다.

Zoey: 그렇군요. 저는 판매자로 지원하고 싶습니다. 어디에서 지원서를 제출할 수 있나요?

시 행사 담당자: 저희 웹페이지 공고문 하단 링크의 양식을 작성해 주세요.

① 행사가 있는 5일 모두 부스를 운영해야 하나요

② 어떤 종류의 물품들이 판매될 수 있나요

③ 식음료를 판매하려면 자격증이 필요한가요

④ 플리마켓 부스는 무료로 임대할 수 있나요

포인트 해설

축제를 주최하는 시에 주소가 등록된 사람은 누구든지 플리마켓에 참여할 수 있다는 시 행사 담당자의 설명에 Zoey가 되묻고, 빈칸 뒤에서 다시 시 행사 담당자가 Food items, excluding alcohol, and handmade crafts are allowed(주류 외의 먹거리와 수공예품이 허용됩니다)라고 대답하고 있으므로, '어떤 종류의 물품들이 판매될 수 있나요'라는 의미의 ② 'What kinds of items can be sold'가 정답이다.

정답 ②

어휘

eligibility 자격 requirement (필요) 요건 vendor 판매자
register 등록하다 craft 수공예품 apply 지원하다, 신청하다
fill out ~을 작성하다 announcement 공고(문), 발표
operate 운영하다, 작동하다, 수술하다 certification 자격증

이것도 알면 합격!

물건을 사고팔 때 쓸 수 있는 다양한 표현들을 알아 두자.

• The latest seasonal products are currently sold out.
  최신 시즌 상품이 지금 품절이에요.

• Is this what you're looking for? 당신이 찾는 것이 이것인가요?

• Could I receive a tax exemption? 제가 면세를 받을 수 있나요?

• I'll check our inventory. 재고품 목록을 확인해 보겠습니다.

05~06 다음 글을 읽고 물음에 답하시오.

http://rdev.gov.com/about

RURAL DEVELOPMENT AGENCY

HOME   ABOUT   AGENDA   CONTACT   🔍 SEARCH

ABOUT

RURAL DEVELOPMENT AGENCY

Commitment

The Rural Development Agency oversees programs to address food security, population issues, and climate change in the country's agricultural areas. It also works to reduce the damage caused by agricultural activity through the implementation of innovative farming techniques.

Vision

We envision a future of sustainable agriculture, leveraging science and technology to ensure the long-term stability of the nation's food supply and improve the livelihoods of farmers and rural inhabitants facing challenges because of their remote locations.

Guiding Principles

• Responsibility & Growth: We work to create programs that are responsive to the changing environment and foster opportunities for people.

• Innovation & Creativity: We harness the power of technology and new ideas to come up with solutions before issues arise.

해석

농촌 개발청

책무

농촌 개발청은 국가 농업 지역의 식량 안보, 인구 문제 및 기후 변화를 해결하기 위한 프로그램들을 감독합니다. 기관은 또한 혁신적인 농업 기술 구현을 통해 농업 활동으로 인한 피해를 줄이기 위해 노력합니다.

미래상

우리는 국가의 식량 공급의 장기간의 안정성을 보장하고 멀리 떨어진 장소들로 인해 어려움에 직면하는 농부 및 농촌 주민들의 생계를 개선시키기 위해 과학과 기술을 활용하면서, 지속 가능한 농업의 미래를 구상합니다.

지도 원칙

• 책임과 성장: 변화하는 환경에 대응하고 사람들에게 기회를 조성하는 프로그램들을 만들기 위해 노력합니다.

• 혁신과 창의성: 문제가 발생하기 전 해결책을 제안하기 위해 기술의 힘과 새로운 아이디어들을 이용합니다.

어휘

rural 농촌의, 시골의 oversee 감독하다 address 해결하다, 연설하다; 주소
food security 식량 안보 agricultural 농업의
implementation 구현, 실행; 구현하다 innovative 혁신적인
envision 구상하다, 상상하다 sustainable 지속 가능한

leverage 활용하다: 지렛대   livelihood 생계   inhabitant 주민
challenge 어려움, 도전; 도전하다   remote 멀리 떨어진, 외딴
guiding principle 지도 원칙, 생활신조   responsive 대응하는
foster 조성하다, 발전시키다   harness 이용하다
come up with ~을 제안하다, 생각해내다

---

05   독해 내용 일치 파악   난이도 중 ●●○

윗글에서 Rural Development Agency에 관한 내용과 일치하는 것은?

① It helps teach new farming techniques to farmers around the world.

② It uses science and technology to reduce the amount of farming needed.

③ It aims to enhance the livelihoods of farmers.

④ It implements solutions to problems right after they come up.

해석

① 그것은 전 세계 농부들에게 새로운 농업 기술을 가르치는 것을 돕는다.

② 그것은 과학과 기술을 사용하여 필요한 농업의 양을 줄인다.

③ 그것은 농부들의 생계를 향상시키는 것을 목표로 한다.

④ 그것은 문제가 일어난 직후에 해결책을 구현한다.

포인트 해설

③번의 키워드인 the livelihoods of farmers(농부들의 생계)가 그대로 언급된 지문 주변의 내용에서 농촌 개발청은 농부 및 농촌 주민들의 생계를 개선시키기 위해 과학과 기술을 활용한다고 했으므로, ③ '그것은 농부들의 생계를 향상시키는 것을 목표로 한다'가 지문의 내용과 일치한다.

[오답 분석]

① 농촌 개발청이 혁신적인 농업 기술 구현으로 농업으로 인한 피해를 줄이기 위해 노력한다고는 했지만, 그것이 전 세계 농부들에게 새로운 농업 기술을 가르치는 것을 돕는지는 알 수 없다.

② 농촌 개발청이 과학과 기술을 사용하면서 지속 가능한 농업의 미래를 구상한다고는 했지만, 그것이 과학과 기술을 사용하여 필요한 농업의 양을 줄이는지는 알 수 없다.

④ 농촌 개발청은 문제가 발생하기 전에 해결책을 제안한다고 했으므로, 그것이 문제가 일어난 직후에 해결책을 구현한다는 것은 지문의 내용과 다르다.

정답 ③

---

06   독해 유의어 파악   난이도 중 ●●●

밑줄 친 remote의 의미와 가장 가까운 것은?

① unknown   ② withdrawn
③ distant   ④ detached

해석

① 알려지지 않은   ② 내향적인
③ 멀리 떨어져 있는   ④ 분리된

포인트 해설

밑줄 친 부분이 포함된 문장에서 remote는 '멀리 떨어진' 장소들로 인해 특유 어려움에 직면하는 농부 및 농촌 주민들이라는 의미로 쓰였으므로, '멀리 떨어져 있는'이라는 의미의 ③ distant가 정답이다.

정답 ③

어휘

unknown 알려지지 않은, 무명의   withdrawn 내향적인
distant 멀리 떨어져 있는, 동떨어진   detached 분리된, 고립된

---

07   독해 내용 불일치 파악   난이도 중 ●●○

다음 글의 내용과 일치하지 않는 것은?

The Benjamin Foster Birthplace Museum offers visitors a unique glimpse into the life of one of the founding fathers of the country. Open from 9:00 a.m. to 5:00 p.m., Monday through Saturday, the museum provides both guided and unguided tours, as well as special services for larger groups. Tickets can be purchased on site, but due to the limited number of guests allowed per day, online reservations are recommended.

• **Reservations:** tickets.FosterHouse.com

Tickets to the Benjamin Foster Birthplace Museum are $7 for adults, and $4 for children under 10 and senior citizens. The cost of tour services is additional. Discounted rates are available for groups and include tour fees.

• **Please note:** The museum is closed for all national holidays.

Special events like the Founders' Day Fireworks Show may require an additional fee.

To learn more about the museum and available services, call 1 (888) 555-3333.

① The museum is open six days a week.

② Tickets must be purchased online.

③ Tours are not included in the general ticket price.

④ Some events require a higher payment.

해석

Benjamin Foster 생가 박물관은 방문객들에게 국가의 창립자 중 한 명의 삶을 들여다보는 독특한 경험을 제공합니다. 월요일부터 토요일, 오전 9시부터 오후 5시까지 개장하는 그 박물관은 안내가 있는 투어와 안내가 없는 투어 모두를 제공할 뿐만 아니라, 규모가 더 큰 단체를 위한 특별 서비스도 제공합니다. 티켓은 현장에서 구매할 수 있지만, 하루에 허용되는 방문객 수가 제한되어 있기 때문에 온라인 예약

이 권장됩니다.

• **예약**: tickets.FosterHouse.com

Benjamin Foster 생가 박물관 티켓은 성인이 7달러, 10세 미만 어린이 및 고령자가 4달러입니다. 투어 서비스 비용은 추가입니다. 단체는 할인된 요금을 이용할 수 있으며 이것은 투어 요금을 포함합니다.

• **참고하세요**: 박물관은 모든 국가 공휴일에 휴관합니다.

창립자의 날 불꽃놀이 공연과 같은 특별 행사는 추가 요금을 필요로 할 수 있습니다.

박물관 및 이용 가능한 서비스에 대해 더 알아보시려면, 1 (888) 555-3333번으로 전화 주세요.

① 박물관은 주 6일 개관한다.
② 티켓은 온라인으로 구매되어야 한다.
③ 투어는 일반 티켓 가격에 포함되지 않는다.
④ 일부 행사는 더 높은 비용 지불을 필요로 한다.

포인트 해설

②번의 키워드인 online(온라인으로)이 그대로 언급된 지문 주변의 내용에서 티켓은 현장에서 구매할 수 있지만 일일 방문객 수가 제한되어 있어 온라인 예약이 권장된다고 했으므로, ② '티켓은 온라인으로 구매되어야 한다'는 지문의 내용과 다르다.

정답 ②

어휘

birthplace 생가 founding father 창립자 on site 현장에서
reservation 예약 additional 추가적인

---

08   독해 요지 파악   난이도 하 ●○○

다음 글의 요지로 가장 적절한 것은?

It may not be wise to throw out your old technology even though today's devices seem to have rendered just about everything else obsolete. Yesterday's gadgets continue to have relevance despite the blinding pace of technological evolution. The fax machine, for example, may appear hopelessly out-of-date. The truth is, though, it performs a function that newer devices have not yet mastered: reproducing hard copies of handwritten documents across significant physical distance. This is not trivial, considering how many organizations still rely on paper in their daily operations. What is more, even though better technologies exist, not every sector rushes to adopt them, which indicates that the technologies of the past will be in use well into the future.

① Technologies go obsolete too quickly.
② Fax machines now have more functions.
③ Future technologies will be even more convenient.
④ Past devices remain useful for a few reasons.

해석

오늘날의 기기들이 그 외의 거의 모든 것들을 시대에 뒤처지게 한 것처럼 보여도, 당신의 오래된 기계를 버리는 것은 현명한 처사가 아닐 수도 있다. 기술적 진화의 눈부신 속도에도 불구하고 과거의 장치들은 계속해서 적합성을 갖추고 있다. 예를 들어, 팩스기는 완전히 시대에 뒤떨어진 것처럼 보일 수도 있다. 그렇지만, 사실 그것은 더 신식인 기기들이 아직 익히지 못한 기능, 즉, 상당한 물리적 거리를 가로질러 손으로 쓴 서류의 출력본을 복사하는 기능을 수행한다. 얼마나 많은 조직들이 그들의 일상적인 작업에서 여전히 종이에 의존하는지를 고려한다면, 이는 사소하지 않다. 게다가, 더 나은 기계들이 있음에도 불구하고 모든 분야에서 그것들을 서둘러 채택하지는 않는데, 이는 과거의 기계들이 미래에도 쓰이게 되리라는 것을 의미한다.

① 기계는 너무 빠르게 시대에 뒤처지게 된다.
② 팩스기에는 오늘날 더 많은 기능이 있다.
③ 미래의 기계들은 훨씬 더 편리해질 것이다.
④ 과거의 기기들은 몇 가지 이유로 여전히 유용하다.

포인트 해설

지문 앞부분에서 오래된 기계를 버리는 것이 현명한 일이 아닐 수 있는데, 예를 들어 시대에 뒤떨어진 것처럼 보이는 팩스기는 최신 기기들이 할 수 없는 기능을 수행한다고 하고, 지문 마지막에서 모든 분야에서 더 나은 새로운 기계들을 서둘러 채택하지는 않으므로 과거의 기계들이 미래에도 쓰일 것이라고 주장하고 있다. 따라서 ④ '과거의 기기들은 몇 가지 이유로 여전히 유용하다'가 이 글의 요지이다.

정답 ④

어휘

throw out ~을 버리다 render ~하게 하다
obsolete 시대에 뒤처진, 쓸모없게 된 gadget 장치, 도구
relevance 적합성, 타당성 blinding 눈부신, 현혹시키는
out-of-date 시대에 뒤떨어진, 구식의 reproduce 복사하다, 다시 만들어내다
trivial 사소한, 하찮은 sector 분야, 부문 rush to 서둘러 ~하다
adopt 채택하다, 입양하다 indicate 의미하다, 나타내다

구문 분석

This is not trivial, / considering how many organizations still rely on paper in their daily operations.
: 이처럼 관용적인 분사구문 considering이 쓰이면, '~을 고려한다면'이라고 해석한다.

---

09   독해 문장 삽입   난이도 중 ●●○

주어진 문장이 들어갈 위치로 가장 적절한 것은?

It's only recently that scientists have begun to figure out that puzzle.

Bears are one of the many animals that hibernate to endure the winter, when conditions are harsh and food is insufficient. (①) But unlike with other mammals, how these large omnivores are able to achieve this has always been somewhat of a mystery. (②) Observing five bears in a controlled environment, experts discovered

---

that bears do not conserve energy by lowering their body temperature as other hibernators do. (③) Instead, the bears in the study used a number of other tricks to pull off overwintering. (④) Their breathing slowed down considerably, to a rate of about one to two breaths per minute, and their bodies adjusted the metabolic rate so that it functioned at only about a quarter of the normal rate.

*omnivore: 잡식 동물

해석

최근에서야 과학자들은 그 수수께끼를 이해하기 시작했다.

곰은 환경이 혹독하고 먹이가 불충분한 겨울을 견디기 위해 동면하는 많은 동물 중 하나이다. ① 그러나 다른 포유동물들과는 달리, 이 거대한 잡식 동물이 어떻게 이것을 해낼 수 있는지는 언제나 다소 미스터리였다. ② 통제된 환경에 있는 다섯 마리의 곰을 관찰함으로써, 전문가들은 곰이 다른 동면하는 동물들이 하듯이 체온을 낮춤으로써 에너지를 보존하는 것이 아님을 발견했다. ③ 대신, 그 연구에서 곰은 월동을 해내기 위해 다른 많은 묘책을 사용했다. ④ 그들의 호흡은 1분당 약 한 번에서 두 번 호흡하는 정도로 현저히 느려졌고, 그들의 몸은 정상 비율의 4분의 1만 기능하도록 신진대사율을 조절했다.

포인트 해설

②번 앞 문장에서 거대한 잡식 동물인 곰이 어떻게 동면할 수 있는지는 미스터리였다고 하고, 뒤 문장에 전문가들이 다섯 마리의 곰을 관찰한 결과 에너지 보존이 체온을 낮춤으로써 달성되는 것이 아님을 발견했다는 내용이 있으므로, ②번 자리에 최근에서야 과학자들이 그 수수께끼(that puzzle)를 이해하기 시작했다는 내용, 즉 곰의 동면에 대한 이해에 전환점이 생겼음을 언급하는 주어진 문장이 나와야 지문이 자연스럽게 연결된다.

정답 ②

어휘

figure out ~을 이해하다　puzzle 수수께끼　hibernate 동면하다
harsh 혹독한　insufficient 불충분한　mammal 포유동물
conserve 보존하다　lower 낮추다　pull off ~을 해내다
overwintering 월동, 겨울나기　breathing 호흡　considerably 현저히
adjust 조절하다, 적응하다　metabolic 신진대사의

10　독해 빈칸 완성 - 구　난이도 중 ●●○

밑줄 친 부분에 들어갈 말로 가장 적절한 것은?

The oceans contain countless fish, which, because of the incomprehensible size of the oceans and the number of individual fish they contain, are mindlessly taken for granted and assumed to be in endless supply. As a result, many humans employ methods of fishing that _____. One of the most prevalent of these methods is "blast fishing," or fishing by using dynamite and other explosives to kill fish, then collect them when they float to the surface.

Unfortunately, this process is incredibly wasteful and damages surrounding land and sea creatures. Most notably, this process proves harmful to coral reefs, which provide homes to numerous animals. Coral reefs damaged in this fashion do not naturally grow back, and their absence limits both the numbers and variety of fish in the area. Although it is illegal in much of the world, enforcement of laws that ban it is difficult, and the practice remains widespread in Southeast Asia.

① have become unnecessarily complicated
② are dangerous to the ecosystem
③ are insufficient for feeding populations
④ fail to recognize potential in other species

해석

바다는 셀 수 없이 많은 물고기를 포함하고 있는데, 이는 바다의 불가해한 크기와 그것이 품은 개별 물고기의 수 때문에 분별없이 당연하게 여겨지고, 끝없이 공급된다고 생각된다. 결과적으로, 많은 사람들은 생태계에 위험한 낚시 방법들을 사용한다. 이 방법들 중 가장 일반적인 것은 '폭발 낚시', 즉 물고기를 죽이고 나서 그것들이 수면에 떠오를 때 그것들을 거둬들이기 위해 다이너마이트와 다른 폭발물을 이용하여 낚시하는 것이다. 안타깝게도, 이 과정은 믿을 수 없을 정도로 낭비적이고, 주변의 땅과 바다 생물들에 피해를 입힌다. 그중에서도 특히, 이 과정은 산호초에 해롭다는 것이 드러났는데, 이것(산호초)은 수많은 동물들에게 거처를 제공하는 것이다. 이 방법으로 피해를 입은 산호초는 자연적으로 다시 자라지 않고, 그것들의 부재는 그 지역의 물고기의 수와 다양성 모두를 제한한다. 그것이 세계 대부분에서 불법임에도 불구하고, 그것을 금지하는 법의 시행이 어렵고, 그 관행은 동남 아시아에서 여전히 널리 퍼져 있다.

① 불필요하게 복잡해져 온
② 생태계에 위험한
③ 인구를 먹여 살리는 데 불충분한
④ 다른 종의 잠재력을 인식하지 못하는

포인트 해설

빈칸 뒷부분에서 낚시 방법 중 하나인 폭발 낚시는 주변의 땅과 바다 생물들에 피해를 입히는데, 그중에서도 수많은 동물들에게 거처를 제공하는 산호초에 해롭다고 했으므로, '생태계에 위험한' 낚시 방법이라고 한 ②번이 정답이다.

정답 ②

어휘

incomprehensible 불가해한, 이해할 수 없는　mindlessly 분별없이
take for granted ~을 당연한 일로 여기다　assume 생각하다, 추정하다
employ 사용하다, 고용하다　prevalent 일반적인, 널리 퍼져 있는
blast 폭발; 폭발시키다　explosive 폭발물; 폭발성의
wasteful 낭비적인, 낭비하는　notably 특히, 명백히　coral reef 산호초
fashion 방법, 방식　variety 다양성　enforcement 시행, 집행
widespread 널리 퍼진　complicated 복잡한　insufficient 불충분한

해커스 공무원시험연구소 총평

난이도	독해 영역에 자연과학 소재의 지문들이 등장하여 체감 난이도가 높았을 수 있습니다.
어휘·생활영어 영역	어휘 영역에서는 빈칸으로 제시되는 자리에 형용사가 올 가능성이 비교적 높은 편입니다. 자주 등장하는 형용사들은 수식하는 특정 명사와 함께 묶어서 외워두면 학습에 도움이 될 수 있습니다.
문법 영역	병치 구문은 난이도가 낮은 편에 속하지만, 등위접속사가 연결하고 있는 구문을 정확하게 파악하지 못하면 자칫 오답을 고를 수 있음에 유의합니다.
독해 영역	8번 문제와 같은 무관한 문장 삭제 유형은 지문의 중심 소재와 관련된 단어들이 각 보기 문장마다 포함되어 정답을 찾기 쉽지 않았을 수 있습니다. 평소 함정을 피해 문제를 정확하게 풀어내는 훈련을 해야 합니다.

정답

01	④	어휘	**06**	③	독해
02	②	문법	**07**	③	독해
03	①	문법	**08**	③	독해
04	②	생활영어	**09**	②	독해
05	②	독해	**10**	④	독해

취약영역 분석표

영역	맞힌 답의 개수
어휘	/ 1
생활영어	/ 1
문법	/ 2
독해	/ 6
TOTAL	**/ 10**

---

01 어휘 insufficient 난이도 중 ●●○

밑줄 친 부분에 들어갈 말로 가장 적절한 것은?

> The school was unable to repair the outdated gym because of _____ funds.

① immense
② handy
③ requisite
④ insufficient

해석
그 학교는 불충분한 자금 지원 때문에 구식인 체육관을 수리할 수 없었다.
① 엄청난
② 유용한
③ 필수적인
④ 불충분한

정답 ④

어휘
repair 수리하다; 수리 outdated 구식인, 시대에 뒤진 immense 엄청난
handy 유용한, 편리한 requisite 필수적인 insufficient 불충분한

이것도 알면 합격!
'불충분한'의 의미를 갖는 유의어
= inadequate, deficient, lacking

---

02 문법 병치 구문 난이도 하 ●○○

밑줄 친 부분에 들어갈 말로 가장 적절한 것은?

> Conflict management aims to recognize emotional factors leading to increased tensions and _____ skills for open communication.

① developed
② to develop
③ to developing
④ that develops

해석
갈등 관리는 높은 긴장감을 불러일으키는 정서적 요소들을 인식하고 개방적인 소통을 위한 기술을 발전시키는 것을 목표로 한다.

포인트 해설
② 병치 구문 빈칸은 등위접속사(and) 뒤에 오는 것의 자리이다. 등위접속사(and)로 연결된 병치 구문에서는 같은 구조끼리 연결되어야 하는데, 문맥상 '갈등 관리가 ~ 정서적 요소들을 인식하고 ~ 기술을 발전시키는 것을 목표로 한다'라는 의미가 되어야 자연스러우므로, to 부정사 ② to develop이 정답이다.

정답 ②

어휘
conflict 갈등; 충돌하다 management 관리 aim 목표로 하다; 목표
factor 요소 tension 긴장(감)

🎓 **이것도 알면 합격!**

동사 aim처럼 to 부정사를 목적어로 취하는 동사들을 알아 두자.

want to / hope to / expect to ~하기를 원하다
prepare to / attempt to / intend to ~하기를 준비·시도·계획하다
manage to (간신히) 해내다
afford to ~할 수 있다

🎓 **이것도 알면 합격!**

②번과 같이 of 뒤 명사에 동사를 수 일치시키는 전체·부분 표현들을 알아 두자.

all, half, a lot, percent, 분수, part, the rest	+ of	+ 단수 명사 + 단수 동사
		+ 복수 명사 + 복수 동사

03 문법 명사절 | 수 일치 | to 부정사 | 동명사 난이도 중 ●●○

밑줄 친 부분 중 어법상 옳지 않은 것은?

The tiger fish have been observed displaying ① that scientists label as passive selfish behavior. When confronted with an enemy, most of the members deliberately ② bite the smaller members ③ in order to weaken them. The injured fish give others enough time to escape by ④ becoming easier targets for a hungry killer.

해석

타이거피시는 과학자들이 소극적이고 이기적인 행동이라고 부르는 것을 보이는 것으로 관찰되어 왔다. 적과 마주쳤을 때, 그 개체들 대부분은 더 작은 개체들을 약화시키기 위해 그것들을 고의로 문다. 굶주린 포식자에게 더 쉬운 먹잇감이 됨으로써 그 부상 입은 물고기들은 다른 것들이 도망가기에 충분한 시간을 준다.

포인트 해설

① what vs. that 동사 label의 목적어가 없는 불완전한 절(scientists label as passive selfish behavior)을 이끌면서 동명사 displaying의 목적어 자리에 올 수 있는 것은 명사절 접속사 what이므로, 완전한 절을 이끄는 명사절 접속사 that을 what으로 고쳐야 한다.

[오답 분석]
② 부분 표현의 수 일치 부분을 나타내는 표현(most of)을 포함한 주어는 of 뒤 명사(the members)에 동사를 수 일치시켜야 하므로 복수 동사 bite가 올바르게 쓰였다.

③ to 부정사의 역할 문맥상 '약화시키기 위해'라는 의미가 되어야 자연스러우므로, to 부정사가 목적을 나타낼 때 to 대신 쓸 수 있는 in order to가 올바르게 쓰였다.

④ 동명사의 역할 전치사(by) 뒤에 명사 역할을 하는 동명사 becoming이 올바르게 쓰였다.

정답 ①

어휘

observe 관찰하다, 목격하다 display 보여 주다, 전시하다
label ~라고 부르다, 분류하다 passive 소극적인, 수동적인 selfish 이기적인
confront 마주치다 deliberately 고의로, 신중하게 bite 물다
weaken 약화시키다 injure 부상을 입다 escape 도망가다

04 생활영어 Is there something I can do to help? 난이도 하 ●○○

밑줄 친 부분에 들어갈 말로 가장 적절한 것은?

A: I'm a bit worried about Ted.
B: Did something happen to him?
A: He's struggling to complete the deal with Central Inc.
B: He's still pretty new at the company, but he got an important task.
A: Yeah. That's why it looks like he's feeling the pressure.
B: _____
A: It would be great if you could share what you know about Central Inc. with him.

① I'm not too worried because Ted is smart.
② Is there something I can do to help?
③ I think he set his goals too high.
④ Are you in charge of the same tasks as Ted?

해석

A: 나는 Ted가 좀 걱정돼.
B: 그에게 무슨 일이 일어났어?
A: 그는 Central 주식회사와 거래를 끝마치려고 애쓰고 있거든.
B: 그는 그 회사에서 아직 꽤 신입일 텐데, 중요한 일을 맡았구나.
A: 맞아. 그래서 그가 압박감을 느끼고 있는 것처럼 보이나 봐.
B: 내가 도울 수 있는 일이 있을까?
A: 네가 Central 주식회사에 대해 알고 있는 것을 그에게 공유해 줄 수 있다면 좋을 것 같아.

① Ted는 영리하기 때문에 나는 크게 걱정하지 않아.
② 내가 도울 수 있는 일이 있을까?
③ 그는 목표를 너무 높게 잡은 것 같네.
④ 너도 Ted와 같은 업무를 담당하니?

포인트 해설

Ted가 회사에서 중요한 일을 맡아 압박감을 느끼고 있는 것처럼 보인다는 A의 설명에 대해 B가 말하고, 빈칸 뒤에서 다시 A가 It would be great if you could share what you know about Central Inc. with him(네가 Central 주식회사에 대해 알고 있는 것을 그에게 공유해 줄 수 있다면 좋을 것 같아)이라고 말하고 있으므로, '내가 도울 수 있는 일이 있을까?'라는 의미의 ② 'Is there something I can do to help?'가 정답이다.

정답 ②

어휘

struggle 애쓰다, 투쟁하다   pressure 압박(감), 압력
in charge of ~을 담당하는

이것도 알면 합격!

도움을 줄 때 사용할 수 있는 다양한 표현들을 알아 두자.

• What are friends for? 친구 좋다는 게 뭐야?
• I can lend a hand. 제가 도와드릴 수 있어요.
• Do you need any assistance? 도움이 필요하신가요?
• Is there anything I can do for you? 당신을 위해 제가 해 드릴 일이 있나요?

05~06   다음 글을 읽고 물음에 답하시오.

To	Kerrville City Council
From	Oscar Atkins
Date	September 18
Subject	Light Pollution from Digital Billboards

Dear Kerrville city councilmembers,

I am writing because I am frustrated with the light coming from the digital billboards located at the intersection of Lynch Street and Carr Avenue.

I happen to live in an apartment near this corner. When the billboards were first installed back in March, the lights shut off at about 11:00 p.m., and I had no problem with that. However, for almost two months now, the billboards have remained illuminated until at least 2:00 a.m., disrupting my sleep considerably. Since these billboards display advertisements for city events, I believe you have the power to make sure they are turned off at a reasonable time.

Please look into this matter. I'm sure that the city's advertising needs can still be met if the lights are deactivated earlier.

Regards,
Oscar Atkins

해석

수신: Kerrville 시 의회
발신: Oscar Atkins
날짜: 9월 18일
제목: 디지털 광고판으로부터의 광공해

Kerrville 시 의원분들께,

저는 Lynch가와 Carr대로의 교차로에 위치한 디지털 광고판에서 나오는 조명이 불만스러워서 이 글을 씁니다.

저는 이 모퉁이 근처의 아파트에 살게 되었습니다. 그 광고판이 지난 3월에 처음 설치되었을 때는, 조명이 오후 11시 정도에 꺼졌고, 그것과 관

련해서 아무런 문제가 없었습니다. 하지만, 현재 거의 두 달 동안, 그 광고판은 최소한 새벽 2시까지 계속 밝혀진 채로 있어서, 제 수면에 상당히 지장을 주고 있습니다. 이 광고판들이 시의 행사에 대한 광고를 보여 주기 때문에, 저는 그것들이 합리적인 시간에 꺼지도록 할 수 있는 힘이 귀하께 있다고 생각합니다.

이 문제를 살펴 주세요. 저는 조명이 더 일찍 비활성화되더라도 시의 광고 요구 사항이 여전히 충족될 수 있다고 확신합니다.

안부를 전하며,
Oscar Atkins

어휘

billboard 광고판, 간판   councilmember 시 의원   intersection 교차로
shut off ~을 끄다   illuminate (조명을) 밝히다   disrupt 지장을 주다, 방해하다
considerably 상당히   advertisement 광고   reasonable 합리적인, 적당한
deactivate 비활성화시키다, 정지시키다

05   독해 목적 파악   난이도 중 ●●○

윗글의 목적으로 가장 적절한 것은?

① To complain about the content displayed on digital billboards
② To ask that light pollution caused by digital billboards be addressed
③ To demand the removal of digital billboards from a specific intersection
④ To explain how keeping lights on at night wastes energy resources

해석

① 디지털 광고판에 보이는 콘텐츠에 대해 불평하려고
② 디지털 광고판으로 인해 야기되는 광공해 문제 해결을 요청하려고
③ 특정 교차로에서 디지털 광고판의 철거를 요구하려고
④ 야간에 조명을 계속 켜 두는 것이 어떻게 에너지 자원을 낭비하는지 설명하려고

포인트 해설

지문 처음에서 디지털 광고판의 조명이 불만스러워 글을 쓴다고 하고, 지문 뒷부분에서 해당 광고판이 늦게까지 계속 켜져 있어 발신인의 수면을 방해하므로 광고판이 합리적인 시간에 꺼지게 해달라고 요청하고 있다. 따라서 ② '디지털 광고판으로 인해 야기되는 광공해 문제 해결을 요청하려고'가 이 글의 목적이다.

정답 ②

어휘

complain 불평하다   removal 철거, 제거

06   독해 내용 일치 파악   난이도 중 ●●○

위 이메일의 내용과 일치하는 것은?

① 광고판은 교차로에서 광고 효과가 가장 컸다.

② 광고판은 두 달 전에 처음 설치되었다.

③ 광고판은 8월 한 달간 새벽 2시까지 켜져 있었다.

④ 광고판은 현지 기업들을 홍보한다.

포인트 해설

③번의 키워드인 '새벽 2시'가 그대로 언급된 지문의 2:00 a.m. 주변의 내용에서 현재 거의 두 달 동안 광고판은 새벽 2시까지 계속 밝혀진 채로 있었다고 하고, 이메일의 발신 날짜가 9월 18일이므로, ③ '광고판은 8월 한 달간 새벽 2시까지 켜져 있었다'가 지문의 내용과 일치한다.

[오답 분석]

① 광고판이 교차로에 위치해 있다고는 했지만, 광고판이 교차로에서 광고 효과가 가장 컸는지는 알 수 없다.

② 광고판은 지난 3월 처음 설치되었다고 했으므로, 광고판 두 달 전에 처음 설치되었다는 것은 지문의 내용과 다르다.

④ 광고판은 시의 행사에 대한 광고를 보여 준다고 했으므로, 광고판이 현지 기업들을 홍보한다는 것은 지문의 내용과 다르다.

정답 ③

07   독해 내용 불일치 파악   난이도 중 ●●○

EatRight 앱에 관한 다음 글의 내용과 일치하지 않는 것은?

Get Customized Dining Recommendations with EatRight.

The EatRight app can help you find the right restaurant. The app's Food-for-Me feature enables users to discover restaurants that accommodate specific diets and allergies. This feature also allows users to find restaurants within their budget. The EatRight app provides restaurant and food reviews, ratings, and the ability to view photos and menus. Users who leave reviews will be entered into raffles for the chance to win discounts and coupons at their favorite restaurants. Directly through the app, users can make reservations and place orders for delivery and pickup. To access these features, users must create a free account on the app.

① Its dining recommendations consider dietary restrictions.

② It sorts eateries according to price.

③ Reviewers automatically receive restaurant vouchers.

④ Users must register for free to use certain features.

해석

EatRight로 맞춤형 식사를 추천받으세요.

EatRight 앱은 당신이 딱 맞는 식당을 찾도록 도와줍니다. 앱의 '나를 위한 음식' 기능은 사용자가 특정한 식이 요법과 알레르기에 편의를 도모하는 식당을 찾게 합니다. 이 기능은 또한 사용자가 예산 범위 내에서 식당을 찾게 합니다. EatRight 앱은 식당과 음식 리뷰, 평점, 그리고 사진 및 메뉴 보기 기능을 제공합니다. 리뷰를 남기는 사용자는 좋아하는 식당의 할인 및 쿠폰을 받을 기회를 위한 추첨식 선물 증정에 참여하게 됩니다. 직접 앱을 통해, 사용자는 예약을 하고 배달 및 픽업을 주문할 수 있습니다. 이러한 기능에 접근하려면, 사용자는 앱에서 무료 계정을 만들어야 합니다.

① 그것의 식사 추천은 식이 제한을 고려한다.

② 그것은 가격에 따라 음식점들을 분류한다.

③ 리뷰를 남기는 사람은 자동으로 식당 할인권을 받는다.

④ 사용자는 특정 기능들을 사용하기 위해 무료 등록을 해야 한다.

포인트 해설

③번의 키워드인 vouchers(할인권)를 바꾸어 표현한 지문의 discounts and coupons(할인 및 쿠폰) 주변 내용에서 리뷰를 남기는 사용자는 식당의 할인 및 쿠폰을 받을 수 있는 추첨에 참여하게 된다고 했으므로, ③ '리뷰를 남기는 사람은 자동으로 식당 할인권을 받는다'는 지문의 내용과 다르다.

정답 ③

어휘

customized 맞춤형의 feature 기능, 특징; 특징으로 하다
accommodate 편의를 도모하다, 수용하다 diet 식이 요법, 식단
budget 예산 rating 평점, 등급 raffle 추첨식 선물 증정, 복권 판매
account 계정, 계좌; 간주하다 restriction 제한 sort 분류하다
eatery 음식점 voucher 할인권, 바우처 register 등록하다

08   독해 무관한 문장 삭제   난이도 중 ●●○

다음 글의 흐름상 어색한 문장은?

Endangered languages are those that are at risk of disappearing forever. Of the more than 6,000 languages that exist in the world today, approximately half may go extinct within this century. ① Languages vanish when all of their speakers transition to a different language for external or internal reasons. ② Outside factors may include suppression by cultural, religious, or educational groups. ③ In 2008, the Canadian government issued an official apology for compelling indigenous children in residential schools to abandon their languages. ④ Sometimes, however, members within a group adopt a negative perspective toward their own language and decide to stop using it. This would be an example of a reason that arises internally.

④ extra heat due to warmer waters

해석

위기언어는 영원히 사라질 위험에 처한 언어이다. 오늘날 세상에 존재하는 6천 개 이상의 언어 중에서, 거의 절반이 이번 세기 내에 사라질 수도 있다. ① 언어는 그것의 모든 사용자들이 외부적이거나 내부적인 이유 때문에 다른 언어로 전환할 때 사라진다. ② 외부적인 요소들은 문화적, 종교적, 혹은 교육적 단체들에 의한 억압을 포함할 수도 있다. ③ 2008년에, 캐나다 정부는 기숙 학교에 다니는 토착민 어린이들에게 그들의 언어를 포기하도록 강요한 것에 대해 공식 사과했다. ④ 하지만, 때때로 한 집단 내의 구성원들이 자신들의 고유 언어에 대한 부정적인 관점을 취하며 그것을 사용하는 것을 중단하기로 결정하기도 한다. 이것은 내부적으로 발생하는 이유의 한 예가 될 것이다.

포인트 해설

첫 문장에서 '영원히 사라질 위험에 처한 위기언어'에 대해 언급한 뒤, ①, ②, ④번에서 언어 소멸의 외부적 또는 내부적 요인에 대해 설명하고 있다. 그러나 ③번은 '토착민 어린이들에게 모국어 사용을 금지한 것에 대해 공식 사과한 캐나다 정부'라는 내용으로, 첫 문장의 내용과 관련이 없다.

정답 ③

어휘

endangered language 위기언어 extinct 사라진, 멸종된
vanish 사라지다 transition 전환하다 external 외부적인
internal 내부적인 suppression 억압, 억제 apology 사과
compel 강요하다 indigenous 토착의 residential school 기숙사
abandon 포기하다, 버리다 perspective 관점 arise 발생하다, 비롯되다

---

09 독해 빈칸 완성 – 구 난이도 중 ●●○

밑줄 친 부분에 들어갈 말로 가장 적절한 것은?

The Arctic polar vortex is a system of prevailing winds that normally travels from west to east around the North Pole. When the vortex is strong, it keeps extremely frigid air circulating near the pole. However, it may occasionally become weaker and break down, allowing some of the cold air to move south down to Canada and the United States or Eastern Europe. This is precisely what happened in the winter of 2013 to 2014, when a part of the polar vortex traveled across the entire United States. As a consequence, many parts of North America experienced _____. Some scientists think that climate change could make polar vortex events more common in the future. As Arctic sea ice continues to melt and the surrounding ocean gradually becomes warmer, much of the extra heat may be emitted back into the atmosphere, disturbing the vortex's usual pattern on a more frequent basis.

*vortex: 소용돌이

① weaker winter conditions than normal
② temperatures colder than Alaska
③ more open skies in the winter

해석

북극 소용돌이는 서쪽에서 동쪽으로 북극 주변을 주로 이동하는 우세풍의 한 체계이다. 소용돌이가 강력할 때, 그것은 극도로 차가운 공기가 극 주변을 계속해서 순환하게 한다. 하지만, 그것은 때때로 보다 약해지고 와해될 수도 있는데, 이는 찬 공기의 일부가 남쪽으로 이동하여 캐나다와 미국, 또는 동유럽까지 가게 한다. 이것은 정확히 2013년에서 2014년으로 넘어가는 겨울에 발생한 일인데, 이때 극 소용돌이의 일부가 미국 전역을 가로질러 이동했다. 그 결과, 북아메리카의 많은 지역들이 알래스카보다 더 추운 기온을 경험했다. 어떤 과학자들은 미래에는 기후 변화가 극 소용돌이 사건을 더 흔하게 만들 수 있다고 생각한다. 북극해의 빙하가 계속해서 녹고 주위 바다가 점차 더 따뜻해짐에 따라, 여분의 많은 열기가 대기 중으로 다시 내뿜어지면서, 소용돌이의 일반적인 패턴을 더 자주 어지럽힐 수도 있다.

① 평소보다 더 약한 겨울 날씨
② 알래스카보다 더 추운 기온
③ 겨울에 더 트인 하늘
④ 따뜻한 물로 인한 추가적인 열기

포인트 해설

빈칸 앞부분에 북극 소용돌이는 극지방의 찬 공기의 일부가 남쪽으로 이동하여 미국까지 가게 하기도 하는데, 이것이 2013년에서 2014년으로 넘어가는 겨울에 일어난 일이며, 이때 극 소용돌이의 일부가 미국 전역을 가로질러 이동했다고 했으므로, 그 결과 북아메리카의 많은 지역들이 '알래스카보다 더 추운 기온'을 경험했다고 한 ②번이 정답이다.

정답 ②

어휘

Arctic 북극의 prevailing wind 우세풍 extremely 극도로, 매우
frigid 차가운, 몹시 추운 circulate 순환하다 pole 극, 막대기
occasionally 때때로 precisely 정확히 melt 녹다 surrounding 주위의
emit 내뿜다 disturb 어지럽히다, 방해하다 frequent 잦은, 빈번한

구문 분석

As Arctic sea ice continues to melt / and the surrounding ocean gradually becomes warmer, / much of the extra heat may be emitted (생략).

: 이처럼 접속사 as가 이끄는 절(As Arctic ~ becomes warmer)이 문장을 꾸며주는 경우, 접속사의 의미에 따라 '~함에 따라', '~할 때', '~기 때문에' 등으로 해석한다.

10 독해 주제 파악   난이도 중 ●●○

다음 글의 주제로 가장 적절한 것은?

The key to a species' survival is reproduction, and it is significantly affected by the sex ratio, which is the number of males to females within a population. Some frog species have evolved unique ways to avert the problem of unbalanced sex ratios. In the case of African reed frogs, young are born with both male and female sexual tissue. If males in the population are in short supply, females can sense it through chemical triggers and specific genes become activated, causing their sexual organs to disintegrate and male organs to develop. Once this physical transformation occurs, the former females begin assuming male behaviors like fighting and calling for mates.

① the significance of sex ratio to animal population size
② the unique courting behavior of male African reed frogs
③ toxicity of chemicals in frog skin
④ biological changes in a frog species that permit reproduction

해석

종족 생존의 핵심은 번식이고, 그것은 성비에 크게 영향을 받는데, 이는 개체군 내에서 암컷에 대한 수컷의 수이다. 일부 개구리 종은 불균형한 성비의 문제를 방지하기 위해 독특한 방법을 발달시켜 왔다. 아프리카리드개구리의 경우, 새끼는 수컷과 암컷의 생식 세포 조직을 모두 가지고 태어난다. 만약 개체군에서 수컷이 공급이 부족하다면, 암컷은 그것을 화학적 자극을 통해 감지할 수 있는데, 이는 특정한 유전자가 활성화되어 그들의 생식 기관들이 허물어지고 수컷의 기관들이 발달되게 한다. 일단 이러한 신체적 변형이 일어나면, 이전에 암컷이었던 개구리들은 전투나 짝을 부르는 것 같은 수컷의 행동을 취하기 시작한다.

① 동물의 개체군 규모에 있어 성비의 중요성
② 수컷 아프리카리드개구리의 독특한 구애 행위
③ 개구리 피부에 있는 화학 물질의 독성
④ 번식을 가능하게 하는 한 개구리 종의 생물학적 변화

포인트 해설

지문 전반에 걸쳐 번식을 위해 생식 기관을 변형시켜 불균형한 성비의 문제를 방지하는 아프리카리드개구리에 대해 설명하고 있으므로, ④ '번식을 가능하게 하는 한 개구리 종의 생물학적 변화'가 이 글의 주제이다.

정답 ④

어휘

reproduction 번식   significantly 크게, 상당히   sex ratio 성비
evolve 발달시키다, 진화시키다   avert 방지하다   tissue 세포 조직
trigger 자극, 유인   specific 특정한   activate 활성화하다   organ 기관, 장기
disintegrate 허물어지다, 해체되다   transformation 변형
assume (태도를) 취하다, 추정하다   court 구애하다; 법정
toxicity 독성   permit 가능하게 하다, 허용하다

해커스 공무원시험연구소 총평

난이도 문법 영역에 지엽적인 포인트가 등장하기는 했지만, 독해 영역의 신유형 문제들이 난이도가 낮게 출제되어 주어진 시간 내에 충분히 풀어낼 수 있었을 것입니다.

어휘·생활영어 영역 비교적 정답을 찾기 쉬운 편인 생활영어 영역이라 할지라도, 각각의 대화의 길이가 길고 내용을 꼼꼼하게 확인해야 하는 문제가 언제든 출제될 수 있음에 유의합니다.

문법 영역 4형식 동사·재귀대명사 포인트를 묻는 문제는 자주 등장하지 않지만, 2번 문제의 오답 분석에 설명된 기본 이론 정도는 알고 있어야 합니다.

독해 영역 안내문 형태가 출제되는 경우, 주어진 문제의 유형들을 먼저 읽고 어떤 정보를 지문에서 찾아야 하는지 정리함으로써 문제풀이 시간을 더욱 단축시킬 수 있습니다.

정답

01	②	어휘	06	③	독해
02	③	문법	07	①	독해
03	④	문법	08	④	독해
04	③	생활영어	09	①	독해
05	④	독해	10	③	독해

취약영역 분석표

영역	맞힌 답의 개수
어휘	/ 1
생활영어	/ 1
문법	/ 2
독해	/ 6
TOTAL	**/ 10**

---

01 어휘 undermine 난이도 중 ●●○

밑줄 친 부분에 들어갈 말로 가장 적절한 것은?

> He thoroughly prepared materials to defend his proposal, knowing that stockholders would try to _____ his efforts at reform.

① uphold
② undermine
③ oversee
④ deceive

해석

그는 주주들이 개혁에 대한 그의 노력을 약화시키려 할 것임을 알았기 때문에, 자신의 제안을 방어할 자료들을 철저히 준비했다.

① 유지시키다
② 약화시키다
③ 감독하다
④ 속이다

정답 ②

어휘

defend 방어하다 stockholder 주주 reform 개혁, 개선; 개혁하다
uphold 유지시키다 undermine 약화시키다 oversee 감독하다
deceive 속이다

이것도 알면 합격!

'약화시키다'의 의미를 갖는 표현
= weaken, erode, wear down

---

02 문법 동사의 종류 | 대명사 | 도치 구문 | 관계절 난이도 중 ●●○

밑줄 친 부분 중 어법상 옳지 않은 것은?

> My cousin once had a job with a well-known tobacco company. He was not a smoker himself, so he felt no risk of exposing ① himself to an environment that promoted cigarettes, nor ② did he feel any guilt in being in this line of work. However, I would ③ send to him articles that reported the increase in cases of lung cancer among smokers. This made him think seriously about the company ④ where he was working and eventually he resigned.

해석

나의 사촌은 한때 유명한 담배 회사에서 일했었다. 그는 흡연자가 아니어서, 담배를 홍보하는 환경에 스스로를 노출시키는 것에 대해 위험 부담을 느끼지 않았을 뿐더러, 이런 분야의 일을 하는 것에 대해 어떠한 죄책감도 느끼지 않았다. 하지만, 나는 그에게 흡연자들 사이 폐암 사례의 증가를 보도하는 기사들을 보내곤 했다. 이것은 그가 자신이 일하고 있는 회사에 대해 진지하게 생각하게 만들었고 결국 그는 사직했다.

포인트 해설

③ **4형식 동사** 동사 send는 두 개의 목적어를 '간접 목적어(~에게) + 직접 목적어(~을)'의 순서로 취하는 4형식 동사이므로 send to him을

send him으로 고쳐야 한다. 참고로, 동사 send를 3형식 문장으로 전환하면 '직접 목적어(articles) + 전치사(to) + 간접 목적어(him)'의 형태로 나타낼 수 있다.

[오답 분석]
① 재귀대명사 동명사 exposing의 목적어가 지칭하는 대상이 주어 he와 동일하므로 재귀대명사 himself가 올바르게 쓰였다.
② 도치 구문 부정을 나타내는 부사(nor)가 강조되어 절의 맨 앞에 나오면 주어와 조동사가 도치되어 '조동사(did) + 주어(he) + 동사(feel)'의 어순이 되므로 nor과 he feel 사이에 did가 올바르게 쓰였다.
④ 관계부사 선행사(the company)가 장소이고 관계사 뒤에 완전한 절 (he was working)이 왔으므로, 장소를 나타내는 관계부사 where가 올바르게 쓰였다.

정답 ③

 **어휘**

tobacco 담배 expose 노출시키다 promote 홍보하다 guilt 죄책감, 죄 article 기사, 글 cancer 암 resign 사직하다

이것도 알면 합격!

한편, 형용사·분사 보어가 강조되어 문장의 맨 앞에 나올 때는 주어와 동사가 도치되어 '동사 + 주어'의 어순이 된다는 것을 함께 알아 두자.
· **Perfectly organized were the books** on the shelf.
　　　　보어　　　　　동사　　주어
선반 위의 책들은 완벽히 정리되어 있었다.

03　　문법 분사 　　　　　난이도 하 ●○○

밑줄 친 부분에 들어갈 말로 가장 적절한 것은?

> Half of the paintings _____ landscapes from the 19th century will be replaced with contemporary artworks.

① is featuring　　　　　　② are featuring
③ featured　　　　　　　④ featuring

해석

19세기의 풍경을 특징으로 하는 그림들의 절반이 현대 미술 작품으로 교체될 것이다.

포인트 해설

④ 현재분사 vs. 과거분사 문장에 이미 동사(will be replaced)가 있으므로 빈칸은 명사 the paintings를 수식하는 수식어 거품 자리이다. 따라서 동사 ① is featuring과 ② are featuring은 정답이 될 수 없다. 수식받는 명사(the paintings)와 분사가 '그림들이 특징으로 하다'라는 의미의 능동 관계이므로 현재분사 ④ featuring이 정답이다.

정답 ④

어휘

landscape 풍경 replace 교체하다, 대체하다
contemporary 현대의, 당대의

이것도 알면 합격!

동시에 일어나는 상황이나 이유를 나타내는 'with + 명사 + 분사'(~가 ─ 한 채로/하면서, ~때문에) 형태인 분사구문의 경우, 명사와 분사가 능동 관계이면 현재분사를, 수동 관계이면 수동태를 쓴다는 것도 알아 두자.
· **With his confidence shaken**, he hesitated to present his ideas.
그의 자신감이 흔들렸기 때문에, 그는 아이디어를 제시하는 것을 주저했다.
→ 명사 his confidence와 분사가 '그의 자신감이 흔들리다'라는 수동 관계이므로 과거분사가 쓰였다.

04　　생활영어 Can you tell me more about the unavailable elevator?　　　난이도 중 ●●○

밑줄 친 부분에 들어갈 말로 적절한 것은?

Jennifer Evans
We will renovate the community center from June 1 to 30.
09:00

David Lee
That's good news. Could you tell me which areas of the building will be affected?
09:01

Jennifer Evans
The renovation is limited to the east wing, so people will still be able to use the other areas.
09:01

David Lee
I see. Is there anything else we should be aware of?
09:01

Jennifer Evans
Only two of the three elevators will be operating normally.
09:02

David Lee

09:02

Jennifer Evans
The one next to the lounge will be out of service from 6 a.m. to 3 p.m.
09:02

① Two elevators will likely be insufficient.
② All the elevators in the community center need repairs.
③ Can you tell me more about the unavailable elevator?
④ Understood. Could you please post the notice near the elevator?

해석

Jennifer Evans: 저희는 6월 1일부터 30일까지 주민 센터를 수리할 겁니다.

David Lee: 반가운 소식이네요. 어떤 구역의 건물들이 영향을 받게 될지 알 수 있을까요?

Jennifer Evans: 수리는 동쪽 건물로만 한정되어 있어요. 그래서 여러분은 다른 구역들은 여전히 이용하실 수 있습니다.

David Lee: 알겠습니다. 저희가 알아 두어야 할 다른 게 또 있나요?

Jennifer Evans: 세 대의 엘리베이터 중에서 두 대만 정상적으로 작동하고 있을 것입니다.

David Lee: 이용할 수 없는 엘리베이터에 대해 자세히 말씀해 주시겠어요?

Jennifer Evans: 라운지 옆에 있는 한 대가 오전 6시부터 오후 3시까지 운행이 중단될 거예요.

① 엘리베이터 두 대로는 부족할 가능성이 높습니다.
② 주민 센터의 모든 엘리베이터는 수리를 필요로 하는데요.
③ 이용할 수 없는 엘리베이터에 대해 자세히 말씀해 주시겠어요?
④ 이해했습니다. 엘리베이터 주변에 안내문을 게시해 주실 수 있나요?

포인트 해설

주민 센터 수리와 관련하여 구역 내 세 대의 엘리베이터 중 두 대만 이용 가능할 것이라는 Jennifer의 설명에 대해 David가 대답하고, 빈칸 뒤에서 다시 Jennifer가 The one next to the lounge will be out of service from 6 a.m. to 3 p.m.(라운지 옆에 있는 한 대가 오전 6시부터 오후 3시까지 운행이 중단될 거예요)이라고 부연 설명하고 있으므로, '이용할 수 없는 엘리베이터에 대해 자세히 말씀해 주시겠어요?'라는 의미의 ③ 'Can you tell me more about the unavailable elevator?'가 정답이다.

정답 ③

어휘

renovate 수리하다, 개조하다   aware 알고 있는, 의식하는
operate 작동하다, 운영하다, 수술하다   insufficient 부족한

05~06 다음 글을 읽고 물음에 답하시오.

_____ (A) _____

We're thrilled to announce the return of the award-winning Piedmont Fireworks Festival for its ninth consecutive year. Everyone is invited to this family-friendly event, where you can take in the beautiful sights of fireworks. And this year, we have a special surprise: a drone show!

Details
• **Date:** Saturday, October 5
• **Time:** 6 p.m. – 8 p.m.
• **Location:** Piedmont Beach and surrounding areas

Highlights
• **Fireworks**
Experience the biggest, brightest, and most colorful fireworks show in the country from various locations, including Piedmont Beach, Turtle Hill, Bell Island, and Sandside Coastal Park.

• **Drone Show**
Before the fireworks, enjoy a 15-minute drone show featuring over 1,000 drones equipped with LED lights creating amazing scenes in the sky.

For driving directions and parking options for this free event, please visit the "Location" page of our website at www.piedmontfireworksfest.com.

해석

(A) 하늘의 훌륭한 전시를 관람하세요

수상 경력을 가진 Piedmont 불꽃놀이 축제의 9년 연속 귀환을 알리게 되어 매우 기쁩니다. 여러분 모두는 불꽃놀이의 아름다운 광경을 감상할 수 있는 이 가족 친화적인 행사에 초대되었습니다. 그리고 올해에는, 특별한 서프라이즈인 드론 쇼가 있습니다!

세부 사항
• **날짜:** 10월 5일 토요일
• **시간:** 오후 6시 – 오후 8시
• **장소:** Piedmont 해변가 및 주변 지역

하이라이트
• **불꽃놀이**
Piedmont 해변가, Turtle 언덕, Bell 섬, 그리고 Sandside 해안 공원을 포함한 다양한 장소에서, 국내에서 가장 크고, 눈부시고, 다채로운 불꽃놀이 공연을 경험하세요.

• **드론 쇼**
불꽃놀이 전, 하늘에 환상적인 광경을 만들어내는, LED 조명을 갖춘 1,000대 이상의 드론을 특징으로 하는 15분짜리 드론 쇼를 즐기세요.

이 무료 행사를 위해 차로 오시는 길이나 주차 선택지들에 대해서는, 웹 사이트 www.piedmontfireworksfest.com의 '위치' 페이지를 방문해 주세요.

어휘

consecutive 연속하는   take in ~을 감상하다, 흡수하다
feature 특징으로 하다; 특징   equip with ~을 갖추다

---

05 독해 제목 파악   난이도 하 ●○○

(A)에 들어갈 윗글의 제목으로 가장 적절한 것은?

① Piedmont's Most Popular Tourist Locations
② Meet Other Families at a Beach Event
③ A Fireworks Industry Awards Ceremony
④ View Incredible Shows in the Sky

해석

① Piedmont에서 가장 인기 있는 여행지들
② 해변에서 열리는 행사에서 다른 가족들을 만나 보세요
③ 불꽃놀이 산업 시상식
④ 하늘의 훌륭한 전시를 관람하세요

포인트 해설

지문 앞부분에서 Piedmont 불꽃놀이 축제에 초대한다고 하고, 지문 뒷부분에서 하이라이트 행사로 불꽃놀이 장소와 드론 쇼를 소개하고 있으므로, ④ '하늘의 훌륭한 전시를 관람하세요'가 이 글의 제목이다.

정답 ④

어휘

incredible 훌륭한, (놀라워서) 믿기지 않는

---

06 독해 내용 불일치 파악   난이도 하 ●○○

Piedmont Fireworks Festival에 관한 윗글의 내용과 일치하지 않는 것은?

① 9년 연속으로 개최되었다.
② 축제 규모가 국내에서 가장 크다.
③ 불꽃놀이 후에 드론 쇼가 진행된다.
④ 행사는 무료로 참여 가능하다.

포인트 해설

③번의 키워드인 '드론 쇼'가 그대로 언급된 지문의 Drone Show(드론 쇼) 주변 내용에서 불꽃놀이 전에 드론 쇼가 있다고 했으므로, ③ '불꽃놀이 후에 드론 쇼가 진행된다'는 지문의 내용과 다르다.

정답 ③

---

07 독해 목적 파악   난이도 중 ●●○

다음 글의 목적으로 가장 적절한 것은?

To	customers@conisp.com
From	connect@conisp.com
Date	July 6
Subject	Important information for subscribers

Dear Customer,

We value you as a subscriber. We hope to give you the kind of service that you expect from one of the country's top Internet service providers (ISPs), and this includes safety for your family on the Net.

As the World Wide Web grows bigger and more complex, we find that children are going online at a younger age. Therefore, we would like to provide some practical

---

suggestions:

1. Please keep our safety monitors enabled to ensure safe surfing on the Web.
2. Talk to your children about online safety and decide together how they should use the Internet.
3. Set up parental controls to determine what your child can and cannot view online.
4. Encourage your children to share their online experiences with you so you can guide them in navigating the digital world safely.

We hope your family stays happy and safe online. If you have any questions, please visit our FAQ page and type "safety online" in the search box.

Sincerely,
Connect ISP

① to recommend ways to keep children safe when they use the Internet
② to recommend special services the ISP provides to its customers
③ to recommend measures to make surfing simpler and faster
④ to recommend the use of digital maps for navigation

해석

수신: customers@conisp.com
발신: connect@conisp.com
날짜: 7월 6일
제목: 구독자들을 위한 중요 정보

고객분들께,

저희는 구독자로서 귀하를 가치 있게 여깁니다. 저희는 귀하가 국가 최고의 인터넷 서비스 제공자(ISP) 중 한 곳으로부터 기대하는 종류의 서비스를 제공하기를 바라며, 이 서비스는 인터넷상에서 귀하의 가족을 위한 안전도 포함합니다.

범세계 통신망이 점점 더 커지고 복잡해짐에 따라, 저희는 아이들이 더 어린 나이에 온라인에 접속하고 있다는 사실을 알게 되었습니다. 따라서, 저희는 몇 가지 실용적인 제안을 드리고자 합니다:

1. 웹에서의 안전한 서핑을 보장하기 위해 저희의 안전 모니터를 계속 이용해 주세요.
2. 자녀와 온라인 안전에 대해 이야기하고 그들이 인터넷을 어떻게 사용해야 하는지 함께 결정하세요.
3. 자녀가 온라인에서 볼 수 있는 것과 볼 수 없는 것을 결정하기 위해 자녀 보호 기능을 설정하세요.
4. 자녀가 귀하와 온라인에서의 경험을 공유하도록 격려함으로써 귀하는 그들을 디지털 세계에서 안전하게 길을 찾도록 인도할 수 있습니다.

귀하의 가족들이 온라인에서 행복하고 안전하게 머물기를 바랍니다. 궁금한 점이 있으면, 자주 묻는 질문 페이지를 방문하여 검색창에 '온라인 안전'을 입력하세요.

진심을 담아,
Connect 인터넷 서비스 제공자

① 아이들이 인터넷을 사용할 때 그들을 안전하게 보호하는 방법을 권하려고
② 인터넷 서비스 제공자가 고객에게 제공하는 특별 서비스를 권하려고
③ 서핑을 더 간단하고 빠르게 만드는 방안을 권하려고
④ 길 찾기를 위한 디지털 지도의 사용을 권하려고

포인트 해설

지문 전반에 걸쳐 아이들이 더 어린 나이에 온라인에 접속하는 상황에 대한 실용적인 제안으로 아이들의 안전한 온라인 사용을 장려할 네 가지 방법을 제시하고 있으므로, ① '아이들이 인터넷을 사용할 때 그들을 안전하게 보호하는 방법을 권하려고'가 이 글의 목적이다.

정답 ①

어휘

subscriber 구독자 complex 복잡한 practical 실용적인
parental control 자녀 보호 navigate 길을 찾다, 항해하다
measure 방안, 측정

고 대답했다.
(C) 그러자 조언자는 잔 하나를 집어서 그것에 차를 채우기 시작했다. 그는 차가 테이블로 넘쳐흐르기 시작할 때까지 계속해서 차를 따랐다.

포인트 해설

주어진 글에서 조언자를 찾아간 한 남자가 차를 준비하기 위해 주전자와 잔을 가져왔다고 한 후, (C)에서 그러자(then) 그 조언자가 잔이 넘쳐흐를 때까지 계속해서 차를 따랐음을, (B)에서 계속 차를 따르는 것에 대한 남자의 질문을, (A)에서 그것이 새로운 생각들을 위한 자리를 만들기 위해 오래된 생각들을 버려야 한다는 것에 대한 비유였다는 조언자의 대답을 들려 주고 있다. 따라서 ④ (C) - (B) - (A)가 정답이다.

정답 ④

어휘

spiritual 정신적인, 정신의 advisor 조언자, 고문 boil 끓이다, 끓다
room 자리, 방 get rid of ~을 버리다 pour 따르다, 붓다 analogy 비유
overflow 넘쳐흐르다

---

08 독해 문단 순서 배열   난이도 중 ●●○

주어진 글 다음에 이어질 글의 순서로 가장 적절한 것은?

A man went to visit a spiritual advisor. The advisor asked the man to prepare some tea. The man boiled a pot of water and brought it over to his advisor with two empty cups.

(A) "If you're already full, then there's no room for new ideas. You'll have to get rid of your old ideas in order to make room for new ones before I can teach you anything."

(B) "The cup is already full. Why do you keep pouring tea into it?" the man asked, confused. "It's an analogy for you," the advisor replied.

(C) The advisor then picked up one cup and began to fill it with tea. He continued pouring the tea until it began to overflow onto the table.

① (A) – (C) – (B)   ② (B) – (C) – (A)
③ (C) – (A) – (B)   ④ (C) – (B) – (A)

해석

한 남자가 그의 정신적인 조언자를 만나러 갔다. 그 조언자는 남자에게 차를 좀 준비해 달라고 부탁했다. 그 남자는 물 주전자를 끓여 그것을 두 개의 빈 잔과 함께 그의 조언자에게 가져다주었다.

(A) "만약 당신이 이미 가득 차 있다면, 새로운 생각을 위한 자리는 없습니다. 제가 당신에게 무엇이든 가르쳐 줄 수 있기 전에, 당신은 새로운 생각들을 위한 자리를 만들기 위해 당신의 오래된 생각들을 버려야 할 것입니다."

(B) 남자는 "잔은 이미 가득 찼습니다. 왜 그것에다 차를 계속 따르시나요?"라고 당황하여 물었다. 조언자는 "그것은 당신을 위한 비유입니다"라

---

09 독해 주제 파악   난이도 하 ●○○

다음 글의 주제로 가장 적절한 것은?

Headaches, which are characterized by pain in the head or neck, are typically treated with over-the-counter medicine. But because so many people suffer from them on a prolonged and recurring basis, a considerable amount of research is being conducted in order to find nontraditional methods for combating this ailment. Scientists have found that implanting electrotherapy devices in a patient's brain could alleviate some of the symptoms suffered by people who experience frequent headaches. Researchers are also looking for natural remedies that may help relieve headache pain. Findings indicate that techniques like foot massages and needle-based therapy could be effective in easing severe headaches or migraines.

① Research into the treatment of a common health problem
② Causes of the widespread occurrence of headaches
③ Different types of headaches people experience
④ Natural remedies for minor ailments

해석

머리나 목의 통증으로 특징지어지는 두통은 보통 처방전 없이 살 수 있는 약으로 치료된다. 그러나 매우 많은 사람들이 그것으로 인해 장기적이고 되풀이하여 시달리고 있기 때문에, 이 질병과 싸우기 위한 종래와는 다른 방법을 찾고자 상당한 양의 연구가 수행되고 있다. 과학자들은 환자의 뇌에 전기 치료 기구를 심는 것이 잦은 두통을 겪는 사람들이 시달리는 증상들 중 일부를 완화할 수 있다는 것을 발견했다. 연구원들은 또한 두통의 통증을 덜어주는 데 도움을 줄 수도 있는 자연적인 치료법을 찾고 있다. 결과들은 발 마사지와 침에 기반한 치료와 같은 기술들이 심한 두통 또는 편두통을 완화하는 데 효과적일 수 있음을 보여 준다.

① 흔한 건강 문제의 치료법에 대한 연구

---

② 광범위한 두통 발생의 원인들

③ 사람들이 경험하는 다양한 유형의 두통

④ 경미한 질병에 대한 자연 치료법

포인트 해설

지문 앞부분에서 많은 사람들이 겪는 질병인 두통을 치료하기 위해 종래와는 다른 방법을 찾고자 많은 연구가 수행되고 있다고 하고, 지문 중간에서 환자의 뇌에 전기 치료 기구를 심는 방법, 발 마사지와 침술과 같은 자연 치료법을 예로 들어 설명하고 있으므로, ① '흔한 건강 문제의 치료법에 대한 연구'가 이 글의 주제이다.

정답 ①

어휘

characterize 특징짓다 over-the-counter 처방전 없이 살 수 있는
prolonged 장기의, 연장하는 recurring 되풀이되는, 순환하는
considerable 상당한, 중요한 nontraditional 종래와는 다른
combat 싸우다 ailment 질병 implant 심다 electrotherapy 전기 치료
alleviate 완화하다 symptom 증상 remedy 치료법, 해결책
effective 효과적인 ease 완화하다, 편해지다 severe 심한
migraine 편두통 widespread 광범위한 occurence 발생, 존재
minor 경미한

---

10 독해 내용 일치 파악 · 난이도 상 ●●●

다음 글의 내용과 일치하는 것은?

> Investors in a large technology firm have recently begun demanding that it increase stock dividends. Although corporate funds have reached an all-time high, the company returned only 7.2 percent of its total profits to shareholders last year. This is a 40 percent decrease from the percentage it paid out in 2007. The tech giant says its declining return rate is the result of diminishing profits following a lag in smartphone sales. Investors are quick to point out that the slowdown is negatively affecting the profits of the firm's closest rivals as well; yet their dividends remain nearly double those of the company's. The stockholders, a growing number of whom are prominent foreign investors with large shares in the company, feel that this is unacceptable. Representatives have promised to review the corporation's policies. However, they have not yet announced any plans for change, saying that more continuous growth is needed to raise the rate of return.

① The company returned 40 percent of its profits to shareholders in 2007.

② The slowdown of smartphone sales is affecting the company more than its competitors.

③ Stock yields for competing tech companies are greater than the corporation's.

④ Corporate representatives have refused to consider raising the rate of return.

해석

한 대형 기술 회사의 투자자들은 그것(기술 회사)이 주식 배당금을 인상시켜야 한다고 최근 요구하기 시작했다. 기업 자금이 사상 최고치에 도달했음에도 불구하고, 그 회사는 작년에 주주들에게 총수익의 고작 7.2퍼센트만을 돌려주었다. 이는 그 회사가 2007년에 지급한 비율에서 40퍼센트 감소한 것이다. 그 기술 대기업은 그것의 하락하는 수익률이 스마트폰 판매의 침체에 뒤이어 줄어드는 수익의 결과라고 말한다. 투자자들은 그 둔화가 그 기업의 최대 경쟁사들의 수익에도 부정적인 영향을 주고 있다고 재빨리 지적한다. 그런데도 그들(최대 경쟁사들)의 배당금은 그 회사의 거의 두 배를 유지하고 있다. 주주들 중 점점 증가하는 수가 그 회사의 주식을 다량 보유한 중요한 외국인 투자자들인데, 이들은 이것을 용납할 수 없다고 생각한다. 대표들은 기업의 정책을 검토할 것을 약속했다. 하지만, 그들은 수익률을 올리기 위해서는 더욱 지속적인 성장이 필요하다고 말하면서, 아직까지 변화를 위한 그 어떤 계획도 발표하지 않았다.

① 그 회사는 2007년에 주주들에게 수익의 40퍼센트를 돌려주었다.

② 스마트폰 판매의 둔화는 경쟁사보다 그 회사에 더 영향을 주고 있다.

③ 경쟁 기술 회사들의 주식 이익 배당은 그 기업의 것보다 더 크다.

④ 기업의 대표들은 수익률을 올리는 것을 고려하기를 거부했다.

포인트 해설

③번의 키워드인 competing tech companies(경쟁 기술 회사)를 바꾸어 표현한 지문의 the firm's closest rivals(그 기업의 최대 경쟁사들) 주변의 내용에서 그 기업의 최대 경쟁사들의 배당금이 그 회사의 거의 두 배라고 했으므로, ③ '경쟁 기술 회사들의 주식 이익 배당은 그 기업의 것보다 더 크다'가 지문의 내용과 일치한다.

[오답 분석]

① 그 회사는 작년에 총수익의 7.2퍼센트를 주주들에게 돌려주었고, 이는 2007년에 지급한 비율에서 40퍼센트 감소한 것이라고 했으므로, 그 회사가 2007년에 주주들에게 수익의 40퍼센트를 돌려주었다는 것은 지문의 내용과 다르다.

② 스마트폰 판매의 침체는 그 기업과 경쟁사들의 수익에도 부정적인 영향을 주고 있다고는 했지만, 스마트폰 판매의 둔화가 경쟁사보다 그 회사에 더 영향을 주고 있는지는 알 수 없다.

④ 대표들이 기업의 정책을 검토할 것을 약속했다고 했으므로, 기업의 대표들이 수익률을 올리는 것을 고려하기를 거부했다는 것은 지문의 내용과 다르다.

정답 ③

어휘

demand 요구하다 dividend 배당금, 배당률 all-time high 사상 최고치
shareholder 주주 decline 하락하다 diminish 줄어들다 lag 침체
point out ~을 지적하다 slowdown 둔화, 경기 후퇴
prominent 중요한, 현저한 unacceptable 용납할 수 없는
representative 대표; 대표적인 announce 발표하다
continuous 지속적인 yield 이익 배당, 산출량

구문 분석

Investors are quick to point out / that the slowdown is negatively affecting the profits of the firm's closest rivals as well; (생략)

: 이처럼 that이 이끄는 절(that + 주어 + 동사 ~)이 목적어 자리에 온 경우, '주어가 동사하다고' 또는 '주어가 동사하다는 것을'이라고 해석한다.

해커스 공무원시험연구소 총평

난이도	각각의 영역에 까다로운 문제가 포함되어, 가장 난이도 높은 회차 중 하나였습니다.
어휘·생활영어 영역	보기 모두가 동사로 구성된 경우, 문맥상 주어·목적어의 동작이나 상태를 가장 잘 나타내는 것이 정답일 가능성이 높음을 1번 문제를 통해 알아 둡니다.
문법 영역	2번 문제의 관계절 포인트는 독해 지문의 장문 해석에도 중요하므로, 이론과 더불어 예문도 함께 학습 두는 것이 좋습니다.
독해 영역	6번과 같은 유의어 파악 유형에서는 가장 먼저 문맥을 통해 밑줄 친 부분의 정확한 의미를 알아내는 것이 중요합니다. 사전적으로는 밑줄 친 부분의 유의어지만, 문맥에서 쓰인 것과 다른 뜻을 가진 어휘가 오답 보기로 나올 수 있음에 주의합니다.

정답

01	③	어휘	06	④	독해
02	③	문법	07	③	독해
03	④	문법	08	①	독해
04	④	생활영어	09	②	독해
05	①	독해	10	③	독해

취약영역 분석표

영역	맞힌 답의 개수
어휘	/ 1
생활영어	/ 1
문법	/ 2
독해	/ 6
TOTAL	/ 10

---

01 어휘 discard 난이도 상 ●●●

밑줄 친 부분에 들어갈 말로 가장 적절한 것은?

> Regarding skeletal changes in snakes through evolution, biologists believe that this indicates that snakes likely once had limbs, but that they were _____ over time.

① exaggerated
② circulated
③ discarded
④ penetrated

해석

진화에 따른 뱀의 골격 변화에 대해, 생물학자들은 이것이 뱀이 한때는 다리를 가지고 있었을 것이지만, 시간이 지나면서 그것(다리)이 버려졌음을 보여 준다고 생각한다.

① 과장된
② 순환된
③ 버려진
④ 침투된

정답 ③

어휘

skeletal 골격의 evolution 진화 biologist 생물학자
indicate 보여 주다, 나타내다 limb 다리, 사지 exaggerate 과장하다
circulate 순환하다 discard 버리다 penetrate 침투하다, 스며들다

📝 **이것도 알면 합격!**

'버리다'의 의미를 갖는 표현
= abandon, eliminate, cast off

---

02 문법 관계절 난이도 중 ●●○

밑줄 친 부분에 들어갈 말로 가장 적절한 것은?

> Volunteering is one of the activities _____ people can feel the satisfaction of making a positive impact in their community.

① that
② what
③ in which
④ which

해석

자원봉사는 사람들이 자신들의 지역 사회에 긍정적인 영향을 미치는 데 대한 만족감을 느낄 수 있는 활동들 중 하나이다.

포인트 해설

③ 관계절 자리 | 전치사 + 관계대명사 빈칸은 명사(the activities)를 수식하는 것의 자리이므로 명사절을 이끄는 명사절 접속사 ① that,

② what은 정답이 될 수 없다. 이때, 완전한 절(people ~ community) 앞에는 '전치사 + 관계대명사'가 와야 하므로 불완전한 절을 이끄는 관계 대명사 ④ which가 아닌 '전치사 + 관계대명사' 형태의 ③ in which가 정답이다. 참고로, ① that을 명사절 접속사가 아닌 관계대명사로 보더라도 완전한 절을 이끌 수 없으므로 정답이 될 수 없다.

정답 ③

이것도 알면 합격!

③번 보기의 in which와 같은 '전치사 + 관계대명사' 형태는 관계부사로 바꾸어 쓸 수 있다는 것을 함께 알아 두자.

· I visited the house **in which** (= where) I grew up.
  나는 내가 자란 집을 방문했다.

---

03 문법 어순 | 수 일치 | 부사 | 대명사 난이도 상 ●●●

밑줄 친 부분 중 어법상 옳지 않은 것은?

One of the most common forms of diabetes, type 2 diabetes, ① tends to occur in overweight adults who are more than 30 years of age and is ② often caused by poor diet and lack of exercise. In contrast, the onset of type 1 diabetes usually occurs early in childhood, and the causes of ③ it are not yet understood ④ enough well.

해석

당뇨병의 가장 흔한 형태 중 하나인 제2형 당뇨병은 30세 이상의 과체중인 성인들에게서 나타나는 경향이 있고, 부실한 식습관과 운동 부족으로 인해 주로 야기된다. 이와 반대로, 제1형 당뇨병의 발병은 대개 아동기에 일찍이 일어나며, 그것의 원인은 아직까지 충분히 잘 알려져 있지 않다.

포인트 해설

④ **혼동하기 쉬운 어순** enough는 부사(well)를 뒤에서 수식하므로 enough well을 well enough로 고쳐야 한다.

[오답 분석]

① **수량 표현의 수 일치** 주어 자리에 단수 취급하는 수량 표현 'One of + 복수 명사'(One of the most ~ forms)가 왔으므로 단수 동사 tends가 올바르게 쓰였다.

② **부사 자리** 수동형 동사를 수식할 때 부사는 be + p.p. 사이나 그 뒤에 오므로 is와 caused 사이에 부사 often이 올바르게 쓰였다.

③ **인칭대명사** 대명사가 지시하는 명사(the onset type 1 diabetes)는 단수 명사이므로 단수 지시대명사 it이 올바르게 쓰였다.

정답 ④

어휘

diabetes 당뇨병 overweight 과체중의 onset 발병, 시작

이것도 알면 합격!

enough는 '형용사/부사 + enough + to 부정사' 순으로 와서 '~하기에 충분히 -하다'라는 의미로도 쓰인다는 것을 함께 알아 두자.

· The water is **clear enough to see** the fish swimming below.
  그 물은 아래에서 헤엄치는 물고기가 보일 만큼 충분히 깨끗하다.

---

04 생활영어 Has the scope of your work expanded? 난이도 중 ●●○

밑줄 친 부분에 들어갈 말로 가장 적절한 것은?

A: Congratulations, Nick! I heard you're in charge of the new project.
B: Thanks! I'm excited but I have to say, it's also a bit stressful.
A: _____
B: That's right. I used to only handle promotions; for this project, though, I'll be dealing with sales as well.
A: That sounds challenging. Even so, if you do well, it will be great for your career prospects.

① You should mind your own business.
② Are you not getting along with the team members?
③ You can apply for a transfer to a different department.
④ Has the scope of your work expanded?

해석

A: 축하해, Nick! 네가 새로운 프로젝트를 담당한다고 들었어.
B: 고마워! 들뜨기는 하지만, 스트레스가 조금 많다고도 해야겠어.
A: 네 업무 범위가 확대된 거야?
B: 맞아. 나는 홍보만을 담당했었거든. 그런데 이번 프로젝트에서는 영업도 같이 다루어야 해.
A: 만만치 않겠네. 그렇다 하더라도, 네가 잘해낸다면 그건 네 직업 전망에 근사한 일이 될 거야.

① 네 일이나 신경 써.
② 너 팀원들과 잘 지내지 못하고 있어?
③ 너는 다른 부서로 이동을 신청할 수 있어.
④ 네 업무 범위가 확대된 거야?

포인트 해설

새로운 프로젝트를 담당하면서 스트레스가 많아졌다는 B의 말에 대해 A가 말하고, 빈칸 뒤에서 다시 B가 That's right. I used to only handle promotions; for this project, though, I'll be dealing with sales as well(맞아. 나는 홍보만을 담당했었거든. 그런데 이번 프로젝트에서는 영업도 같이 다루어야 해)이라고 설명하고 있으므로, '네 업무 범위가 확대된 거야?'라는 의미의 ④ 'Has the scope of your work expanded?'가 정답이다.

정답 ④

어휘

in charge of ~을 담당하는 promotion 홍보, 승진 prospect 전망, 가능성 get along with ~와 잘 지내다 transfer 이동; 이동하다 scope 범위, 영역 expand 확대시키다

05~06
다음 글을 읽고 물음에 답하시오.

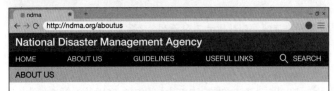

ABOUT US

National Disaster Management Agency

Purpose
We coordinate national disaster response and preparedness efforts, ensuring that communities are equipped to handle natural and man-made disasters. Our agency works with local, regional, and international partners to deliver rapid, effective relief operations and long-term recovery initiatives.

Vision
We hope to build a <u>strong</u> nation where individuals, businesses, and communities can effectively respond to and recover from any disaster. We aim to reduce disaster-related deaths and injuries through the planned implementation of early warning systems, improved evacuation protocols, and nationwide disaster preparedness training programs.

Core Values
- Efficiency: We prioritize rapid and well-organized responses.
- Empathy: We provide relief with a deep commitment to understanding the needs of affected parties.

해석

국가재난관리기관

목적
저희는 지역 사회가 자연재해와 인재를 다루기 위해 준비를 갖추는 것을 보장하면서, 국가적인 재난 대응 및 대비 노력을 조직화합니다. 저희 기관은 신속하고 효과적인 구호 활동과 장기적인 복구 계획을 이행하기 위해 현지, 지역 및 국제적인 파트너와 협력합니다.

미래상
저희는 개인, 기업 및 지역 사회가 어떤 재난에도 효과적으로 대응하고 복구할 수 있는 안정된 국가를 건설하기를 바랍니다. 저희는 조기 경보 시스템, 개선된 대피 절차, 그리고 전국적인 재난 대비 훈련 프로그램의 계획된 구현을 통해, 재난 관련 사망자 및 부상자를 줄이는 것을 목표로 합니다.

핵심 가치
- 효율성: 신속하고 체계적인 대응을 우선시합니다.
- 공감: 영향을 받은 당사자들의 필요 사항을 이해하려는 깊은 헌신으로 안도감을 제공합니다.

어휘
coordinate 조직화하다, 편성하다 **preparedness** 대비, 준비
equip (준비·장비를) 갖추다 **man-made** 인간이 만든, 인공의
deliver 이행하다, 전달하다 **effective** 효과적인 **relief** 구호(물자), 안도감

---

recovery 복구, 회복 **initiative** 계획 **implementation** 구현, 실행
evacuation 대피 **protocol** 절차 **efficiency** 효율성 **empathy** 공감
commitment 헌신 **party** 당사자, 파티

05 독해 내용 일치 파악 난이도 중 ●●○

윗글에서 National Disaster Management Agency에 관한 내용과 일치하는 것은?

① It makes sure the public is ready in the event of a major disaster.
② It works independently when conducting relief operations.
③ It has new systems that have reduced disaster-related casualties.
④ It offers counseling to provide relief to the victims.

해석
① 그것은 주요 재난의 경우에 대중이 반드시 준비되어 있도록 한다.
② 그것은 구호 활동을 수행할 때 독자적으로 일한다.
③ 그것은 재난 관련 사망자를 감소시켜 온 신규 시스템을 갖고 있다.
④ 그것은 피해자들에게 안도감을 주기 위해 상담을 제공한다.

포인트 해설
①번의 키워드인 a major disaster(주요 재난)를 바꾸어 표현한 지문의 natural and man-made disasters(자연재해와 인재) 주변 내용에서 국가재난관리기관은 지역 사회가 자연재해와 인재를 다루기 위해 준비를 갖추는 것을 보장한다고 했으므로, ① '그것은 주요 재난의 경우에 대중이 반드시 준비되어 있도록 한다'가 지문의 내용과 일치한다.

[오답 분석]
② 국가재난관리기관은 현지, 지역 및 국제 파트너와 협력하여 구호 활동을 이행한다고 했으므로, 그것이 구호 활동을 수행할 때 독자적으로 일한다는 것은 지문의 내용과 다르다.
③ 조기 경보 시스템, 개선된 대피 절차, 전국적인 재난 대비 훈련 등을 통해 재난 관련 사상자를 줄이는 것을 목표로 한다고 했으므로, 그것이 재난 관련 사망자를 감소시켜 온 신규 시스템을 갖고 있다는 것은 지문의 내용과 다르다.
④ 국가재난관리기관의 핵심 가치로 재난의 영향을 받은 당사자들에게 안도감을 제공하는 '공감'이 언급되었지만, 그것이 피해자들에게 안도감을 주기 위해 상담을 제공하는지는 알 수 없다.

정답 ①

어휘
independently 독자적으로, 독립적으로 **casualty** 사망자

06 독해 유의어 파악 　　　　　　난이도 중 ●●○

밑줄 친 strong의 의미와 가장 가까운 것은?

① developed 　　　　　　② unified

③ diverse 　　　　　　　④ stable

해석

① 발전된 　　　　　　　② 통일된

③ 다양한 　　　　　　　④ 안정된

포인트 해설

밑줄 친 부분이 포함된 문장에서 strong은 어떤 재난에도 효과적으로 대응하고 복구할 수 있는 '안정된' 국가라는 의미로 쓰였으므로, '안정된'이라는 의미의 ④ stable이 정답이다.

정답 ④

어휘

unified 통일된　diverse 다양한　stable 안정된

07 독해 내용 불일치 파악 　　　　　　난이도 중 ●●○

다음 글의 내용과 일치하지 않는 것은?

The National Public Broadcasting Service operates two major channels: NPBS-1, which focuses on news, as well as art, history, and science content, and NPBS-2, which is dedicated to high-quality children's educational programming. Both channels broadcast content 24 hours a day, year-round, and include a mixture of new and repeated segments that are accessible via traditional television, online streaming, and NPBS Mobile, a free app that allows users to enjoy various interactive features and archived content. NPBS does not air commercials. It is instead supported through a combination of viewer donations, fundraising drives, and grants. NPBS membership is available starting at 50 dollars annually and comes with various perks such as free or discounted tickets to special events.

For information about programming and to make a donation or become a member, please visit www.npbs. gov/viewer_services.

① Some of the programming shown during the 24-hour broadcast period has already aired.

② Users of NPBS Mobile can access old content free of charge.

③ NPBS generates some of its revenue from television commercials.

④ Some people pay more than 50 dollars for an annual NPBS membership.

해석

국립 공영 방송국은 두 개의 주요 채널을 운영하고 있습니다: 뉴스뿐만 아니라 예술, 역사 및 과학 콘텐츠에 초점을 맞춘 NPBS-1과, 고품질 어린이 교육 프로그램에 전념하는 NPBS-2가 바로 그것입니다. 두 채널 모두 연중무휴 24시간 콘텐츠를 방송하며, 기존의 텔레비전, 온라인 스트리밍, 그리고 사용자들로 하여금 다양한 대화형 기능과 보관된 콘텐츠를 즐기게 하는 무료 앱인 NPBS 모바일을 통해 접근 가능한, 새로운 구간과 재방송되는 구간의 혼합을 포함합니다. NPBS는 광고를 방영하지 않습니다. 대신 그것은 시청자 기부, 모금 운동 및 보조금의 조합을 통해 지원받습니다. NPBS 멤버십은 연간 50달러부터 이용할 수 있으며 특별 행사에 대해 무료 또는 할인 티켓과 같은 다양한 혜택이 딸려 있습니다.

프로그램에 대한 정보와 기부 또는 회원 가입을 위해서는, www.npbs.gov/viewer_services를 방문해 주시기 바랍니다.

① 24시간 방송에서 보이는 프로그램의 일부는 이미 방영되었던 것이다.

② NPBS 모바일 사용자는 이전 콘텐츠에 무료로 접근할 수 있다.

③ NPBS는 텔레비전 광고에서 수익의 일부를 창출한다.

④ 일부 사람들은 연간 NPBS 멤버십에 50달러 이상을 지불한다.

포인트 해설

③번의 키워드인 commercials(광고)가 그대로 언급된 지문 주변의 내용에서 NPBS는 광고를 방영하지 않는 대신 시청자 기부, 모금 운동, 보조금을 통해 재정적으로 지원받는다고 했으므로, ③ 'NPBS는 텔레비전 광고에서 수익의 일부를 창출한다'는 지문의 내용과 다르다.

정답 ③

어휘

operate 운영하다, 작동하다, 수술하다　dedicate 전념하다
broadcast 방송하다; 방송　year-round 연중무휴로
interactive 대화형의, 상호 작용의　archive 보관하다; 기록 보관소
air 방영하다　commercial 광고; 상업의　donation 기부
fundraising (기금) 모금　drive 운동, 추진력　grant 보조금; 승인하다
annually 연간, 매년　come with ~이 딸려 있다　perk 혜택, 특전
free of charge 무료로　generate 창출하다, 만들어내다　revenue 수익

08 독해 빈칸 완성 – 단어 　난이도 중 ●●○

밑줄 친 부분에 들어갈 말로 가장 적절한 것은?

As human populations have expanded and claimed much of the landscape once occupied by native plants and animals, many ecosystems have fallen out of _____. In an attempt to counteract this, some wildlife managers advocate the act of rewilding. Missing flora may be planted where it once existed, while fauna that is scarce or no longer exists in the wild can be bred in aquariums or zoos and transferred back to its original habitat. While not all reintroduced species thrive, there have been numerous successful cases across Europe, including beavers, bison, and wolves. Experts hope that these measures will eventually restore the natural equilibrium.

① balance
② preference
③ consideration
④ sight

해석

인구가 팽창하여 한때 야생 식물과 동물이 거주했던 지역의 대부분을 치지하면서, 많은 생태계가 <u>균형</u>을 잃었다. 이에 대응하기 위한 시도로, 몇몇 야생 동물 관리자들은 포획 동물을 자연 서식지로 돌려보내는 행위를 지지한다. 희귀하거나 더 이상 야생에 존재하지 않는 동물군은 수족관이나 동물원에서 사육되어 본래의 서식지로 다시 옮겨질 수 있는 한편, 사라진 식물군은 그것이 한때 존재했던 곳에 심어질 수도 있다. 비록 다시 들여온 모든 종들이 잘 자라는 것은 아니지만, 유럽 전역에서 비버, 들소, 그리고 늑대들을 포함한 수많은 성공적인 사례들이 있어 왔다. 전문가들은 이러한 조치들이 결국에는 자연의 균형을 회복시킬 것을 희망한다.

① 균형
② 선호
③ 배려
④ 시야

포인트 해설

빈칸 뒷부분에서 전문가들이 멸종 위기에 있는 야생 동물군을 수족관이나 동물원에서 사육한 뒤 원래의 서식지로 옮기거나, 사라진 식물군을 다시 야생에 심음으로써 자연의 균형을 회복시킬 것을 희망한다고 했으므로, 생태계가 '균형'을 잃었다고 한 ①번이 정답이다.

정답 ①

어휘

expand 팽창하다　claim 차지하다, 주장하다　occupy 거주하다, 차지하다
fall out of ~을 잃다　counteract 대응하다　advocate 지지하다
rewild 포획 동물을 자연 서식지로 돌려보내다　flora 식물군　fauna 동물군
scarce 희귀한, 드문　breed 사육하다, 번식시키다　transfer 옮기다, 이동하다
habitat 서식지　reintroduce (과거에 살던 지역으로) 다시 들여오다, 재도입하다
thrive 잘 자라다, 성장하다　measure 조치; 측정하다　restore 회복시키다
equilibrium 균형, 평형 상태　consideration 배려, 고려

09 독해 무관한 문장 삭제 　난이도 중 ●●○

다음 글의 흐름상 어색한 문장은?

Due to a variety of reasons, an increasing number of older adults are making the decision to go back to school. ① <u>Those who return to learn stand out from their younger counterparts in many ways.</u> One of the most pronounced differences is that they have much more life experience, giving them a richer understanding of any given topic. ② <u>Their past experiences may have also set them in their ways and can be an obstacle to rapid learning.</u> Furthermore, adult students tend to possess more discipline and have specific goals in mind. ③ <u>Both are helpful motivators that eventually lead to a higher rate of success once their education is over.</u> Their part as a role model in the classroom is also invaluable to teachers. ④ <u>Older students influence the learning environment in positive ways by setting a more mature example for younger classmates.</u>

해석

여러 가지의 이유로 인해, 점점 더 많은 수의 나이 든 성인들이 학교로 돌아가려는 결정을 내리고 있다. ① <u>배우기 위해 되돌아간 사람들은 여러 면에서 그들의 젊은 상대들 사이에서 눈에 띈다.</u> 가장 뚜렷한 차이점 중 하나는 그들이 삶의 경험을 훨씬 더 많이 가지고 있다는 것인데, 이것은 그들에게 어떤 주어진 주제에 대해서도 더욱 풍부한 이해를 제공한다. ② <u>그들의 과거 경험들은 또한 그들이 자기 방식에 고착되게 할 수도 있어서 빠른 학습에 장애물이 될 수 있다.</u> 게다가, 성인 학생들은 더 많은 절제력을 갖추고 마음속에 구체적인 목표를 지니는 경향이 있다. ③ <u>두 가지 모두 그들의 교육이 끝나고 나면 결국 더 높은 성공률에 이르게 하는, 도움이 되는 동기 요인들이다.</u> 교실에서 모범이 되는 사람으로서의 그들의 역할은 또한 교사들에게 매우 귀중하다. ④ <u>나이가 더 많은 학생들은 더 어린 학급 친구들에게 보다 성숙한 본보기를 설정함으로써 학습 환경에 긍정적인 방식으로 영향을 미친다.</u>

포인트 해설

첫 문장에서 '학교로 돌아가는 나이 든 성인들의 증가'를 언급하고, ①번은 성인 학생들이 젊은 학생들 사이에서 눈에 띈다는 내용, ③번은 더 많은 절제력과 구체적 목표를 지닌 성인 학생들의 성공률이 높다는 내용, ④번은 성인 학생들이 학급의 더 어린 학생들에게 모범을 보임으로써 학습 환경에 긍정적 영향을 미친다는 내용에 대해 설명하고 있다. 그러나 ②번은 성인 학생들의 과거 경험들이 학습에 장애물이 될 수 있다는 내용으로, 첫 문장의 내용과 관련이 없다.

정답 ②

어휘

stand out 눈에 띄다, 두드러지다　counterpart 상대
pronounced 뚜렷한, 명백한　obstacle 장애(물)　rapid 빠른
discipline 절제력, 훈련　specific 구체적인　invaluable 매우 귀중한
mature 성숙한

10 독해 빈칸 완성 - 구   난이도 상 ●●●

밑줄 친 부분에 들어갈 말로 가장 적절한 것은?

Disruptive innovation is a business trajectory that can upend the marketplace. It starts out by focusing on low-end or new markets. The products themselves are often of low quality and garner few consumers. However, if they gain a foothold, disruptive innovations can develop until they _____. Once they accomplish this goal, they have the advantage of becoming highly profitable and even replacing established industries in some cases. One example of this is the personal computer. Prior to their adoption, large, expensive mainframes and minicomputers were the only machines available for computing. Then, Apple introduced smaller personal computers. Advertised as toys, they were cheap and could do little. But consumers did not care. Little by little, the PCs improved and got more refined to cater to what common people wanted. They became "good enough" for the public and eventually emerged as the primary product in the computer industry.

① improve existing services
② catch up to current trends
③ meet mainstream needs
④ make computing devices

해석

파괴적 혁신은 시장을 뒤집을 수 있는 사업 궤도이다. 그것은 저가 시장이나 새로운 시장에 주력함으로써 시작한다. 그 상품들 자체는 보통 품질이 낮으며 소비자들을 거의 모으지 못한다. 하지만, 만약 그것들이 발판을 굳히게 되면, 파괴적 혁신은 그것들이 주류의 필요성을 충족시킬 때까지 발전할 수 있다. 일단 그것들이 이 목표를 성취하기만 하면, 그것들은 매우 수익성 있고 심지어 어떤 경우에는 확실히 자리를 잡은 산업을 대체하게 되는 유리한 입장을 차지하기도 한다. 이것의 한 예는 개인용 컴퓨터이다. 그것의 채택 이전에는, 크고 비싼 중앙 컴퓨터와 소형 컴퓨터가 컴퓨터 작업을 할 수 있는 유일한 기계였다. 그 후에, 애플이 더 작은 개인용 컴퓨터를 내놓았다. 장난감으로 광고된 그것들은 저렴했으며 할 수 있는 것이 거의 없었다. 그러나 소비자들은 상관하지 않았다. 서서히, 개인용 컴퓨터는 일반 사람들이 원하는 것을 만족시키기 위해 개선되고 더 세련되어졌다. 그것들은 대중에게 '충분히 좋아'졌고 결국 컴퓨터 산업에서 주요 상품으로 부상했다.

① 기존의 서비스를 개선한다
② 현재의 추세를 따라잡는다
③ 주류의 필요 사항을 충족시킨다
④ 컴퓨터 작업 기기를 만든다

포인트 해설

빈칸 뒤 문장에서 파괴적 혁신의 상품들이 이러한 목표를 성취하면 수익성 있고 자리 잡은 산업을 대체할 수 있다고 하고, 지문 뒷부분에서 일반 사람들의 요구 충족을 위해 개선되어 온 한 브랜드의 개인용 컴퓨터가 결국 업계의 주요 상품으로 부상했다고 했으므로, 파괴적 혁신의 상품들이 '주류의 필요성을 충족시킬' 때까지 발전할 수 있다고 한 ③번이 정답이다.

정답 ③

어휘

disruptive 파괴적인, 지장을 주는   innovation 혁신   trajectory 궤도
upend 뒤집다   low-end 저가의   garner 모으다
gain a foothold 발판을 굳히다, 거점을 확보하다   advantage 유리한 입장
profitable 수익성 있는, 이로운   established 확실히 자리를 잡은, 저명한
adoption 채택, 입양   mainframe 중앙 컴퓨터   little by little 서서히
refined 세련된, 정제된   cater 만족시키다, 음식을 공급하다
emerge 부상하다   primary 주요한, 주된   existing 기존의
catch up to ~을 따라잡다   mainstream 주류, 대세

구문 분석

Once they accomplish this goal, / they have the advantage of / becoming highly profitable / and even replacing established industries in some cases.

: 이처럼 and, but 또는 or는 문법적으로 동일한 형태의 구 또는 절을 연결하여 대등한 개념을 나타내므로, and, but 또는 or가 연결하는 것이 무엇인지 파악하여 '그리고', '그러나', '혹은' 또는 '~과(와)', '~지만', '~나'라고 해석한다.

해커스 공무원시험연구소 총평

난이도	두드러지게 어려운 문제는 없었지만, 일부 영역에서 지문 길이가 긴 문제들이 출제되어 시간 분배에 어려움이 있었을 수 있습니다.
어휘·생활영어 영역	4번 문제에 쓰인 approve(승인하다), confirmation(확인), withdraw(철회하다) 등의 어휘는 공무원 직무 관련 지문에서 특히 자주 등장하므로, 꼼꼼하게 암기해 둡니다.
문법 영역	동명사 관련 표현은 매년 출제 가능성이 높은 빈출 포인트 중 하나입니다. 문제를 다양하게 풀어 보며 전치사 to 뒤에 동명사가 오는 형태들을 눈에 익혀 둔다면, 실제 시험에서 쉽게 옳고 그름을 확인할 수 있을 것입니다.
독해 영역	특정 정부 기관을 소개하는 지문에 이미 잘 알고 있다고 생각하기 쉬운 기관이 등장할 수 있지만, 결코 배경 지식이 아닌 지문과 보기의 키워드를 통해 정답을 골라냅니다.

정답

01	①	어휘	06	②	독해
02	③	문법	07	④	독해
03	③	문법	08	③	독해
04	④	생활영어	09	③	독해
05	②	독해	10	④	독해

취약영역 분석표

영역	맞힌 답의 개수
어휘	/ 1
생활영어	/ 1
문법	/ 2
독해	/ 6
TOTAL	/ 10

---

01 어휘 discharge 난이도 중 ●●○

밑줄 친 부분에 들어갈 말로 가장 적절한 것은?

> The company had no choice but to _____ some employees due to a downturn in the economy.

① discharge
② align
③ mimic
④ discipline

해석

그 회사는 경기 침체로 인해 일부 직원들을 해고할 수밖에 없었다.

① 해고하다
② 나란히 정렬시키다
③ 모방하다
④ 처벌하다

정답 ①

어휘

downturn 침체   discharge 해고하다, 방출하다   align 나란히 정렬시키다
mimic 모방하다   discipline 처벌하다, 훈련

이것도 알면 합격!

'해고하다'의 의미를 갖는 표현
= dismiss, fire, lay off, let go

---

02 문법 명사절 난이도 중 ●●○

밑줄 친 부분에 들어갈 말로 가장 적절한 것은?

> _____ she decides to accept the job offer will significantly impact her career path.

① What
② If
③ Whether
④ Where

해석

그녀가 그 일자리 제안을 받아들이기로 결정할지 (말지)는 그녀의 진로에 상당히 영향을 미칠 것이다.

포인트 해설

③ 명사절 접속사   문맥상 '그녀가 그 일자리 제안을 받아들이기로 결정할지 (말지)'라는 의미가 되어야 자연스러우므로, 문장의 주어 자리에서 명사절(she ~ offer)을 이끄는 명사절 접속사 ② If 또는 ③ Whether가 정답 후보이다. 이때 명사절 접속사 if가 끄는 명사절은 주어 자리에 쓰일 수 없으므로, ③ Whether가 정답이다.

정답 ③

이것도 알면 합격!

명사절 접속사 whether가 whether or not의 형태로도 자주 쓰이는 반면, if는 if or not의 형태로 쓸 수 없다는 것도 알아 두자.

---

03 문법 동명사 | to 부정사 | 분사 | 동사의 종류 | 전치사
난이도 중 ●●○

밑줄 친 부분 중 어법상 옳지 않은 것은?

> You should stay away from prepackaged processed food, which tends ① to cost more on account of the convenience it offers. However, ② considering the reduced consumption of processed foods from multiple perspectives, a fatter wallet isn't the only benefit; it also contributes to ③ build a healthier body. Skipping processed foods prevents you ④ from consuming the added fat, salt, and sugar they typically contain, which can lead to additional health benefits.

해석

당신은 미리 포장된 가공식품을 멀리해야 하는데, 이것은 그것이 제공하는 편리함 때문에 더 비싼 경향이 있다. 하지만, 다양한 관점에서 가공식품의 줄어든 소비를 고려해 보면, 더 두툼한 지갑이 유일한 이점은 아닌데, 그것은 또한 더 건강한 신체를 만드는 데 기여한다. 가공식품들을 거르는 것은 그것들이 일반적으로 함유하는 첨가 지방, 소금, 그리고 설탕을 당신이 섭취하지 못하게 하는데, 이는 추가적인 건강상의 이점을 불러일으킬 수 있다.

포인트 해설

③ **동명사 관련 표현** 문맥상 '더 건강한 신체를 만드는 데 기여한다'라는 의미가 되어야 자연스러운데, '-에 기여하다'는 동명사구 관용 표현 'contribute to -ing'를 사용하여 나타낼 수 있으므로 동사원형 build를 동명사 building으로 고쳐야 한다.

[오답 분석]

① **to 부정사를 취하는 동사** 동사 tend는 목적어로 to 부정사를 취하므로 to 부정사 to cost가 올바르게 쓰였다.

② **분사구문 관용 표현** '가공식품의 줄어든 소비를 고려해 보면'이라는 의미를 나타내기 위해 분사구문 관용 표현 considering(~을 고려해 보면)이 올바르게 쓰였다.

④ **타동사 | 전치사 자리** 동사 prevent는 '~가 -하지 못하게 하다'의 의미로 쓰일 때 'prevent + 목적어 + from'의 형태를 취한다. 이때 전치사(from) 뒤에는 명사 역할을 하는 것이 와야 하므로, 동명사 consuming이 와서 from consuming이 올바르게 쓰였다.

정답 ③

어휘

prepackaged 미리 포장된 processed food 가공식품
on account of ~ 때문에 convenience 편리함 consumption 소비
perspective 관점, 시각 contribute 기여하다
contain 함유되어 있다, 들어 있다

이것도 알면 합격!

④번의 동사 prevent처럼 특정 전치사구와 함께 쓰이는 타동사들을 기억하자.

rob / deprive ~에게서 -을 제거하다		of
deter / keep ~을 -으로부터 막다	+ 목적어	from
provide / supply ~에게 -을 제공하다		with

04 생활영어 Susan, the assistant manager, can withdraw the approval on his behalf.
난이도 중 ●●○

밑줄 친 부분에 들어갈 말로 적절한 것은?

Samuel Harris
Was the official letter for the city festival sent to the security department?
15:00

Mia Clark
The manager approved it, but it hasn't been sent yet.
15:00

Samuel Harris
Oh, that's good.
I have to revise it.
15:00

Mia Clark
Really? What part needs to be changed?
15:01

Samuel Harris
The date and time of the event are incorrect.
15:01

Mia Clark
Then we should ask the manager to cancel the confirmation. The problem is, he will be out this afternoon.
15:01

Samuel Harris
_____
_____
15:02

Mia Clark
All right. I'll inform her of the situation and ask her to cancel the letter.
15:03

① Why isn't the manager in the office this afternoon?

② Let's submit a new official letter without canceling the previous one.

③ He usually approves press releases between 4 p.m. and 5 p.m.

④ Susan, the assistant manager, can withdraw the approval on his behalf.

해석

Samuel Harris: 시 축제에 대한 공문이 보안 부서에 보내졌나요?
Mia Clark: 관리자가 그것을 승인하긴 했는데, 아직 발송되지를 않았어요.
Samuel Harris: 오, 다행이네요. 그것을 수정해야 하거든요.
Mia Clark: 정말요? 어떤 부분이 바뀌어야 하나요?

Samuel Harris: 행사의 날짜와 시간이 올바르지 않습니다.

Mia Clark: 그렇다면 관리자에게 확인을 취소해 줄 것을 요청해야 하는데요. 문제는 그가 오늘 오후에 사무실에 없을 거라는 겁니다.

Samuel Harris: 부관리자인 Susan이 그를 대신해서 승인을 철회할 수 있어요.

Mia Clark: 알겠습니다. 그녀에게 상황을 알리고 공문을 취소해 달라고 요청할게요.

① 오늘 오후에 관리자가 왜 사무실에 없나요?
② 이전 공문을 취소하지 말고 새로운 것을 제출합시다.
③ 그는 보통 오후 4시에서 5시 사이에 보도 자료를 승인합니다.
④ 부관리자인 Susan이 그를 대신해서 승인을 철회할 수 있어요.

포인트 해설

시 행사에 대한 공문 승인을 취소할 수 있는 관리자가 오늘 오후에 사무실에 없을 예정이라는 Mia의 설명에 대해 Samuel이 대답하고, 빈칸 뒤에서 다시 Mia가 All right. I'll inform her of the situation and ask her to cancel(알겠습니다. 그녀에게 상황을 알리고 공문을 취소해 달라고 요청할게요)라고 대답하고 있으므로, '부관리자인 Susan이 그를 대신해서 승인을 철회할 수 있어요'라는 의미의 ④ 'Susan, the assistant manager, can withdraw the approval on his behalf'가 정답이다.

정답 ④

어휘

approve 승인하다 revise 수정하다 confirmation 확인
press release 보도 자료 withdraw 철회하다, 철수하다
on one's behalf ~를 대신해서

이것도 알면 합격!

담당 업무에 대해 말할 때 쓸 수 있는 다양한 표현들을 알아 두자.

• You're in charge of general office work.
  당신은 일반 사무 업무를 담당합니다.
• Here's the list of your responsibilities.
  여기 당신의 담당 업무 목록이에요.
• He will be the right person for the position.
  그가 그 자리에 적임자일 것입니다.
• Could you substitute for me? 저를 대신해 주실 수 있나요?

05~06 다음 글을 읽고 물음에 답하시오.

To	Food and Drug Administration
From	Anne Reardon
Date	December 2
Subject	Inaccurate nutritional information

B I U ¶ ⌐ / A T⌐ ⊝ ⊠ ◆ ≣ ≣ ≣ ↺ ↻ ‹/›

Dear Sir or Madam,

I am writing about a problem I have found with many juice products today, specifically the claim that they have zero sugar.

As a diabetic, I have to <u>watch</u> my sugar intake, so I always look for products that have low-sugar content. However, I have found that many juice bottles have large notices on their labels that say "zero sugar," but small letters on the back of the bottle say "no additional sugar." In fact, the juices do contain natural sugars even if none is added. This is misleading and dangerous for people like me.

I ask that you look into this inaccurate marketing and enforce proper labeling standards for juice manufacturers. I look forward to being able to more easily know the sugar content of products.

Sincerely,
Anne Reardon

해석

수신: 식품의약청
발신: Anne Reardon
날짜: 12월 2일
제목: 부정확한 영양소 정보

관계자분께,

저는 오늘날 많은 주스 제품들에서 발견되어 온 문제, 특히 그것들에 설탕이 전혀 없다는 주장에 대해 글을 씁니다.

당뇨병 환자로서 저는 당분 섭취에 주의해야 하기 때문에, 항상 당분 함량이 낮은 제품을 찾습니다. 하지만, 많은 주스 병들이 '무설탕'이라고 말하는 라벨로 대대적인 안내를 하고 있지만, 병의 뒷면에 있는 작은 글씨는 '무가당'이라고 말하고 있다는 것을 발견했습니다. 사실, 주스는 아무것도 첨가되지 않더라도 천연당을 함유하고 있습니다. 이는 저와 같은 사람들에게 오해의 소지가 있고 위험합니다.

이 부정확한 마케팅을 조사하시고 주스 제조 업체들을 위한 제대로 된 라벨 표기 기준을 집행해 주시기 바랍니다. 저는 제품의 당 함량을 더 쉽게 알 수 있기를 고대합니다.

진심을 담아,
Anne Reardon

어휘

inaccurate 부정확한 nutritional 영양소의 specifically 특히
diabetic 당뇨병 환자 watch 주의하다, 주시하다, 돌보다, 지키다
intake 섭취(량) content 함량, 목차, 내용 misleading 오해의 소지가 있는
look into ~을 조사하다 enforce 집행하다, 실시하다, 강요하다
manufacturer 제조 업체

05 독해 목적 파악 난이도 하 ●○○

윗글의 목적으로 가장 적절한 것은?

① 당 함량을 줄인 신제품들에 대해 자세히 알아보려고
② 라벨에 신뢰할 수 있는 정보를 포함해야 함을 강조하려고
③ 당뇨병 환자들에게 좋은 음료를 추천하려고
④ 무설탕 제품의 위험성에 대해 경고하려고

포인트 해설

지문 중간에서 많은 주스 병에 무설탕 라벨과 무가당 글귀가 함께 적혀 있는데, 이는 당뇨병과 같은 특정 질병이 있는 환자들에게 오해의 소지가 있다고 하고, 지문 마지막에서 주스 제조 업체들을 대상으로 제대로 된 라벨 표기 기준을 집행해 주기를 요청하고 있으므로, ② '라벨에 신뢰할 수 있는 정보를 포함해야 함을 강조하려고'가 이 글의 목적이다.

정답 ②

06 독해 유의어 파악 난이도 중 ●●○

밑줄 친 "watch"의 의미와 가장 가까운 것은?

① witness   ② mind
③ tend   ④ protect

해석

① 목격하다   ② 주의하다
③ 돌보다   ④ 보호하다

포인트 해설

밑줄 친 부분이 포함된 문장에서 watch는 문맥상 당뇨병 환자로서 당분 섭취에 '주의해야' 한다는 의미로 쓰였으므로, '주의하다'라는 의미의 ② mind가 정답이다.

정답 ②

어휘

witness 목격하다, 보다 mind 주의하다 tend 돌보다 protect 보호하다

07 독해 내용 일치 파악 난이도 중 ●●○

Military Staffing Administration에 관한 다음 글의 내용과 일치하는 것은?

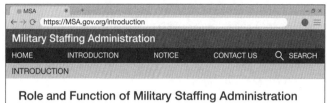

INTRODUCTION

Role and Function of Military Staffing Administration (MSA)

The MSA is in charge of ensuring the readiness of the country's military. The MSA oversees all matters related to securing military personnel. In addition to managing the country's draft for mandatory military service, it recruits soldiers looking to enlist for permanent military careers. The MSA is also responsible for assessing the capabilities of newly enlisted soldiers and determining where they will be most successful during their service. This includes both written entrance exams and tests of physical endurance. The administration also conducts annual training sessions to ensure former service members are prepared to return to service in case of war. Due to its efforts, the country remains ready to activate its military at a moment's notice.

① It secures equipment for military personnel.
② It is not involved in the country's military draft.
③ It conducts ongoing tests to check soldiers' skills.
④ It provides training courses to former soldiers.

해석

병역관리행정부(MSA)의 역할과 기능

병역관리행정부는 국군의 준비 태세를 보장하는 것을 담당합니다. 병역관리행정부는 군의 인력을 확보하는 것과 관련된 모든 문제를 감독합니다. 그 기관은 국가의 의무 병역 제도를 위한 징병을 관리하는 것 외에도, 상근직 군 경력을 위해 입대하려는 군인을 모집합니다. 또한 병역관리행정부는 새로 입대한 군인들의 역량을 평가하고 그들이 복무 기간 동안 가장 결과가 좋을 곳을 결정할 책임도 있습니다. 이것은 필기 입대 시험과 신체적 지구력 검사 모두를 포함합니다. 그 행정 부서는 또한 이전 병력들이 전시에 복무 태세로 돌아가도록 준비된 상태를 유지하는 것을 보장하기 위해 연례 훈련 교육도 실시합니다. 그것의 노력 덕분에, 국가는 당장 군대를 활성화할 준비가 되어 있습니다.

① 그것은 군 인력을 위한 장비를 확보한다.
② 그것은 국가의 군 징병에는 관여하지 않는다.
③ 그것은 군인의 기술을 점검하기 위해 지속적인 시험을 실시한다.
④ 그것은 전직 군인들에게 훈련 과정을 제공한다.

포인트 해설

④번의 키워드인 training courses(훈련 과정)를 바꾸어 표현한 지문의 training sessions(훈련 교육) 주변의 내용에서 병역관리행정부는 제대한 군인들이 전시에 대비 상태를 유지할 수 있도록 연례 훈련 교육을 실시한

다고 했으므로, ④ '그것은 전직 군인들에게 훈련 과정을 제공한다'가 지문의 내용과 일치한다.

[오답 분석]
① 병역관리행정부가 군 인력 확보와 관련된 모든 문제를 담당한다고 는 했지만, 그것이 군 인력을 위한 장비를 확보하는지는 알 수 없다.
② 병역관리행정부가 국가의 의무 병역 제도를 위한 징병을 관리한다고 했으므로, 그것이 국가의 군 징병에는 관여하지 않는다는 것은 지문 의 내용과 다르다.
③ 병역관리행정부가 새로 입대한 군인들의 역량을 평가한다고는 했지만, 그것이 군인의 기술을 점검하기 위해 지속적인 시험을 실시하는 지는 알 수 없다.

정답 ④

administration 행정부, 관리   in charge of ~을 담당하는
readiness 준비 (태세)   oversee 감독하다
secure 확보하다; 안심하는, 안전한   personnel 인력   draft 징병, 원고
mandatory 의무적인   recruit 모집하다   enlist 입대하다, 요청하다
assess 평가하다   capability 역량, 능력   endurance 지구력, 인내
conduct 실시하다   activate 활성화하다

---

08 독해 요지 파악   난이도 중 ●●○

다음 글의 요지로 가장 적절한 것은?

After conducting numerous studies over the years, researchers have found that humans possess innate tonal comprehension capabilities. They also discovered that the way we process music is very similar to how we process language. When we are young, we hear the speech patterns, accents, and vocabulary of those around us and begin to imitate them. This method by which we learn language as children is akin to the way we comprehend music. Most children are able to listen to a melody and sing it back even though they have never been taught how to differentiate notes or even how to sing. It seems that as newborn babies, we have an innate understanding of pitch and rhythm that is not taught. This finding has been remarkably consistent, in spite of generational gaps or differences in culture and economic status.

① Language learning capabilities influence music learning capabilities.
② Children learn language through listening and imitation.
③ Human beings possess a natural ability to process music.
④ Culture and economic status influence how we learn music.

해석

수년 동안 셀 수 없이 많은 연구를 수행한 후에, 연구원들은 인간이 선천적인 음조 이해력을 지니고 있다는 것을 발견했다. 그들은 또한 우리가 음악을 처리하는 방식이 우리가 언어를 처리하는 방식과 매우 비슷하다는 것을 알아냈다. 우리가 어릴 때, 우리는 주변 사람들의 말투, 강세, 그리고 단어

들을 듣고 그것들을 흉내 내기 시작한다. 우리가 어린아이일 때 언어를 배우는 이 방법은 우리가 음악을 이해하는 방법과 유사하다. 대부분의 아이들은 음을 구별하는 방법이나 심지어 노래하는 방법을 배우지 않았음에도 불구하고 멜로디를 듣고 그것을 따라 부를 수 있다. 갓난아기 때, 우리는 배우지 않은 음의 높이와 리듬에 대한 타고난 이해력을 가지고 있는 것으로 보인다. 이 발견은 세대 차이, 또는 문화와 경제적 지위의 차이에도 불구하고 매우 일관성이 있어 왔다.

① 언어 학습력은 음악 학습력에 영향을 미친다.
② 아이들은 듣는 것과 모방을 통해 언어를 배운다.
③ 인간은 음악을 처리하는 타고난 능력을 지니고 있다.
④ 문화와 경제적 지위는 우리가 음악을 배우는 방식에 영향을 미친다.

포인트 해설

지문 처음에서 연구원들은 인간이 선천적으로 음조를 이해하는 능력을 지니고 있다는 것을 발견했다고 하고, 지문 뒷부분에서 아이들은 배우지 않아도 멜로디를 따라 부를 수 있으며, 사람들은 갓난아이일 때 음의 높이와 리듬에 대한 타고난 이해력을 가지고 있는 것으로 보인다고 설명하고 있다. 따라서 ③ '인간은 음악을 처리하는 타고난 능력을 지니고 있다'가 이 글의 요지이다.

정답 ③

conduct 수행하다   innate 선천적인, 타고난   tonal 음조의
comprehension 이해   capability 능력   speech pattern 말투
accent 강세   imitate 흉내 내다, 모방하다   akin to ~와 유사한
differentiate 구별하다   note 음, 음표   pitch 음의 높이
remarkably 매우, 두드러지게   consistent 일관성이 있는, 한결같은
generational 세대의   gap 차이   status 지위

---

09 독해 문장 삽입   난이도 중 ●●○

주어진 문장이 들어갈 위치로 가장 적절한 것은?

This theory is backed by the fact that, unlike their contemporaries, their city walls were unfortified.

The Harappan people of the ancient Indus Valley civilization are somewhat elusive to archaeologists. (①) What is known, based on archeological digs in the area, is that the people were settled enough to develop a sophisticated sanitation system before disappearing from the region in about 1800 BC. (②) The general notion among experts is that the Harappans lived a life of tranquility and were ill-prepared to fight against invaders. (③) Furthermore, archeological excavations have not unearthed a single weapon to date. (④) The Harappans, it seems, devoted their resources to creating a cleaner city than they did to armed conflict.

해석

> 이 이론은 그들의 도시 벽들이 동시대의 것과는 달리 무방비였다는 사실에 의해 뒷받침된다.

고고학자들에게 고대 인더스 문명의 하라파인들은 다소 이해하기 어렵다. ① 그 지역의 고고학적 발굴물에 근거하여 알려진 것은 그 사람들이 기원전 1800년경에 그 지역에서 사라지기 전에, 정교한 위생 설비 체계를 발달시킬 정도로 충분히 기틀이 잡혀 있었다는 것이다. ② 전문가들 사이의 일반적인 의견에 따르면 하라파인들이 평온한 삶을 살아서 침략자들에 대항하여 싸울 준비가 불충분했다. ③ 게다가, 고고학 발굴은 지금까지 단 하나의 무기도 발견하지 못했다. ④ 하라파인들은 무력 분쟁보다 더 깨끗한 도시를 만드는 데 자원을 투입했던 것처럼 보인다.

포인트 해설

③번 앞 문장에 하라파인들이 평온한 삶을 살아서 침략자들에게 대항할 준비가 불충분했다는 것이 전문가들의 의견이라는 내용이 있으므로, ③번 자리에 이 이론(This theory)은 그들의 도시 벽이 무방비 상태였다는 사실에 의해 뒷받침된다는 내용, 즉 하라파인들에 대한 전문가들의 의견을 뒷받침하는 근거를 보여 주는 주어진 문장이 나와야 지문이 자연스럽게 연결된다.

정답 ③

어휘

contemporary 동시대의 것[사람] unfortified 무방비의
civilization 문명, 문명사회 somewhat 다소
elusive 이해하기 어려운, 정의하기 어려운 archaeologist 고고학자
dig 발굴(물); (땅을) 파다 sophisticated 정교한, 고도로 발달한
sanitation 위생 설비 notion 의견, 생각 tranquility 평온, 차분함
ill-prepared 준비가 불충분한 invader 침략자 excavation 발굴
unearth 발견하다, 찾다 to date 지금까지

---

10 독해 내용 불일치 파악 난이도 상 ●●●

다음 글의 내용과 일치하지 않는 것은?

> In the winter, sea turtles travel to the tropics to breed, and in the summer, they swim to colder waters in search of food. Scientists have a theory about how they are able to sense the seasonal changes that prompt them to make this commute. Turtles have a pale spot of skin on their foreheads. Underneath it, the skull and tissues are thin compared to other parts of the head. It is believed that sunlight is able to pass through this area and directly reach a turtle's pineal gland, a gland that normally compels us to sleep when it is dark and awaken when it is light. Essentially, turtles may be able to detect the lengthening of the days in the summer and the shortening of the days in the winter based on the amount of light passing through. They might use this information to determine when to migrate.

*pineal gland: 솔방울샘(멜라토닌을 만들고 분비하는 내분비기관)

① Sea turtles search for food in cooler environments during the summer months.

② The migration patterns of sea turtles are influenced by changes in the seasons.

③ Researchers think sunlight passes through the sea turtle's skull to its pineal gland.

④ The pale spot on the foreheads of sea turtles regulates their sleep-wake cycles.

해석

겨울에, 바다거북들은 알을 낳기 위해 열대 지방으로 이동하고, 여름에는 먹이를 찾아 더 차가운 바다로 헤엄쳐 간다. 과학자들은 그것들이 이러한 이동을 하도록 유도하는 계절 변화를 어떻게 감지할 수 있는지에 대한 가설 하나를 가지고 있다. 거북은 이마의 피부에 색이 옅은 반점이 있다. 그 아래에 있는 두개골과 조직은 머리의 다른 부분들에 비해 얇다. 햇빛이 이 부분을 통과해서 거북의 솔방울샘에 직접적으로 닿을 수 있는 것으로 여겨지는데, 이 샘은 보통 우리가 어두울 때는 잠이 들고 밝을 때는 깨도록 만든다. 기본적으로, 거북은 통과하는 빛의 양에 근거하여 여름에는 낮의 길어짐을, 겨울에는 낮의 짧아짐을 감지할 수 있는 것일지도 모른다. 그들은 언제 이동해야 할지를 결정하는 데 이 정보를 사용할 수도 있다.

① 바다거북은 여름 몇 달 동안 더 시원한 환경에서 먹이를 찾는다.
② 바다거북의 이동 패턴은 계절의 변화에 영향을 받는다.
③ 연구원들은 햇빛이 바다거북의 두개골을 통과하여 솔방울샘에 닿는다고 생각한다.
④ 바다거북의 이마에 있는 색이 옅은 반점은 그것들의 수면 각성 주기를 조절한다.

포인트 해설

④번의 키워드인 sleep-wake cycles(수면 각성 주기)를 바꾸어 표현한 지문의 sleep when it is dark and awaken when it is light(어두울 때는 잠이 들고 밝을 때는 깨다) 주변 내용에서 과학자들의 가설에 따르면 햇빛은 거북의 이마에 색이 옅은 반점을 통과해 솔방울샘에 닿을 수 있는데, 이 샘은 어두울 때는 잠이 들고 밝을 때는 깨도록 만드는 기능을 한다고는 했지만, ④ '바다거북의 이마에 있는 색이 옅은 반점이 그것들의 수면 각성 주기를 조절'하는지는 알 수 없다.

정답 ④

어휘

tropic 열대 지방 breed (알·새끼를) 낳다, 양육하다
in search of ~을 찾아서 prompt 유도하다, 촉구하다
commute 이동, 통근; 통근하다 pale 색이 옅은 forehead 이마
skull 두개골 tissue 조직 compel ~하게 만들다, 강요하다 awaken 깨다
detect 감지하다 migrate 이동하다, 이주하다 regulate 조절하다

구문 분석

Scientists have a theory about / how they are able to sense the seasonal changes / that prompt them to make this commute.
: 이처럼 의문사가 이끄는 절 (how / when / where / who / what / why + 주어 + 동사 ~)은 '어떻게 / 언제 / 어디서 / 누가 / 무엇을 / 왜 주어가 동사하는지' 또는 '주어가 동사하는 방법 / 때 / 곳 / 사람 / 것 / 이유'라고 해석한다.

🔾 해커스 공무원시험연구소 총평

난이도	독해 영역이 전반적으로 지문을 꼼꼼히 읽어야 하는 문제들로 구성되어, 체감 난이도가 높았을 수 있습니다.
어휘·생활영어 영역	4번 문제를 통해 여행 또는 항공기를 이용하는 상황에서 자주 쓰일 법한 어휘 및 표현들을 정리해 둡니다.
문법 영역	분사구문은 해당 문법 포인트로만 보기가 이루어진 문제가 출제된 적 있을 만큼 9급 공무원 영어 시험에서 자주 등장해 왔습니다. '이것도 알면 합격!'을 통해 분사구문의 다양한 형태 또한 함께 짚고 넘어갑니다.
독해 영역	10번 문제에 비교적 길이가 긴 지문이 등장하였습니다. 빈칸에 들어갈 연결어를 고르는 유형의 경우, 문장을 하나하나 세부적으로 뜯어 읽기보다 빈칸 앞뒤 흐름을 신속히 파악함으로써 빠르게 정답을 찾아냅니다.

🔾 정답

01	③	어휘	06	④	독해
02	④	문법	07	④	독해
03	③	문법	08	③	독해
04	③	생활영어	09	②	독해
05	③	독해	10	①	독해

🔾 취약영역 분석표

영역	맞힌 답의 개수
어휘	/ 1
생활영어	/ 1
문법	/ 2
독해	/ 6
TOTAL	**/ 10**

---

01 어휘 exceptional 　　　　　　난이도 중 ●●○

밑줄 친 부분에 들어갈 말로 가장 적절한 것은?

> Because of the contestant's _____ singing ability, viewers had no doubt that she would win.

① faulty
② equivalent
③ exceptional
④ temporary

해석

그 참가자의 뛰어난 노래 실력 때문에, 시청자들은 그녀가 우승할 것이라는 데 의심의 여지가 없었다.

① 결함 있는
② 대등한
③ 뛰어난
④ 일시적인

정답 ③

어휘

contestant 참가자 faulty 결함 있는 equivalent 대등한
exceptional 뛰어난, 예외적인 temporary 일시적인

🏅 이것도 알면 **합격!**

'뛰어난'의 의미를 갖는 유의어
= outstanding, remarkable, extraordinary

---

02 문법 병치 구문 | 형용사 | 전치사 | 분사 　난이도 중 ●●○

밑줄 친 부분 중 어법상 옳지 않은 것은?

> Sometimes the onset of coughing, sneezing, and a sore throat is merely the result of not taking ① proper care of oneself, rather than any particularly nasty virus infecting the body. Getting an insufficient amount of sleep ② on a regular basis weakens the immune system, ③ leading to lethargy and exhaustion. Proper eating makes a difference as well, as the body requires sufficient nutrients to stay energized and ④ functioned well.

해석

때때로 기침, 재채기, 그리고 인후염의 발병은 신체를 감염시키는 특히 심한 어떤 바이러스보다는 단지 자신을 제대로 돌보지 않은 것의 결과이다. 정기적으로 부족한 양의 수면을 취하는 것은 면역 체계를 약화시키는데, 이는 무기력과 피로를 불러일으킨다. 신체는 활기찬 상태를 유지하고 제대로 기능하기 위해 충분한 영양소를 필요로 하기 때문에, 제대로 된 식사를 하는 것 또한 차이를 만든다.

포인트 해설

④ 병치 구문 접속사(and)로 연결된 병치 구문에서는 같은 구조끼리 연결되어야 하는데, and 앞에 to 부정사(to stay)가 왔으므로 and 뒤에도 to 부정사가 와야 한다. 이때 to 부정사 병치 구문에서 두 번째 나온 to는 생략될 수 있으므로, functioned를 (to) function으로 고쳐야 한다.

[오답 분석]

① **형용사 자리** 명사(care)를 앞에서 수식하는 것은 형용사이므로 명사 care 앞에 형용사 proper가 올바르게 쓰였다.

② **기타 전치사** '정기적으로'를 나타내기 위해 전치사 숙어 표현 on a regular basis가 올바르게 쓰였다.

③ **분사구문의 형태** 주절의 주어 Getting an insufficient amount of sleep과 분사구문이 '부족한 양의 수면을 취하는 것이 ~를 불러 일으킨다'라는 의미의 능동 관계이므로 현재분사 leading to가 올바르게 쓰였다.

정답 ④

 **어휘**

onset 발병, 시작 cough 기침하다 sneeze 재채기하다
proper 제대로 된, 적절한 nasty 심한 infect 감염시키다
insufficient 부족한, 불충분한 on a regular basis 정기적으로
weaken 약화시키다 immune 면역의 lethargy 무기력, 무감각
exhaustion 피로, 고갈 nutrient 영양소 function 기능하다

이것도 알면 합격!

분사구문의 다양한 형태를 알아 두자.

부정형	분사 앞에 not이나 never를 붙인다. **Not feeling** well, he decided not to go to work. 몸이 좋지 않아서, 그는 출근하지 않기로 결정했다.
완료형	having p.p. 형태로, 주절의 동사보다 이전 시점에 일어난 일을 나타낸다. **Having finished** her work, she was able to get off work early. 자신의 일을 끝내서, 그녀는 일찍 퇴근할 수 있었다. → '그녀가 일을 끝낸' 시점이 '그녀가 일찍 퇴근할 수 있던' 시점보다 이전이므로 분사구문의 완료형(Having finished)을 쓴다.

---

03 문법 시제 난이도 하 ●○○

밑줄 친 부분에 들어갈 말로 가장 적절한 것은?

Until he _____ the necessary paperwork, his application will not be processed.

① will have submitted
② will submit
③ submits
④ submitted

해석

그가 필요한 서류를 제출할 때까지, 그의 신청서는 처리되지 않을 것이다.

포인트 해설

③ **현재 시제** 빈칸은 부사절의 동사 자리이다. 시간을 나타내는 부사절 (Until ~)에서는 미래를 나타내기 위해 현재 시제를 사용하므로, 현재 시제가 쓰인 ③ submits가 정답이다.

정답 ③

이것도 알면 합격!

한편, 현재진행 시제는 미래를 나타내는 부사(구)와 함께 쓰여 확실히 일어날 예정인 일을 나타낼 수 있다는 것도 알아 두자.

• **I am meeting** him on Friday evening.
  나는 그를 금요일 저녁에 만날 예정이다.

---

04 생활영어 Can't you file a claim for damages? 난이도 중 ●●○

밑줄 친 부분에 들어갈 말로 가장 적절한 것은?

A: Welcome back! How was your vacation?
B: It was a mess. I'll never fly with that airline again.
A: What happened?
B: The seat was really uncomfortable, and my luggage cover got torn.
A: _____
B: They said it doesn't qualify for compensation.
A: Why? It's their fault.
B: Because it happened during normal luggage handling.

① Try buying a refundable ticket next time.
② Was your luggage over the size limit?
③ Can't you file a claim for damages?
④ Maybe there was a lot of turbulence.

해석

A: 돌아온 걸 환영해! 휴가는 어땠어?
B: 엉망이었어. 나는 결코 다시 그 항공사를 이용하지 않을 거야.
A: 무슨 일 있었어?
B: 자리가 너무 불편했고, 내 수하물 덮개가 찢어져서 왔어.
A: 손해에 대한 배상을 청구할 수는 없어?
B: 그들이 말하길 그건 보상의 자격이 되지 않는대.
A: 왜? 그건 그들 잘못이잖아.
B: 정상적인 수하물 처리 도중에 그 일이 일어났기 때문이래.

① 다음에는 환불 가능한 표를 구매해 봐.
② 네 수하물이 크기 제한을 초과했어?
③ 손해에 대한 배상을 청구할 수는 없어?
④ 많은 난기류가 있었나 보네.

포인트 해설

특정 항공사를 이용했을 때 자리가 불편했고 수하물 덮개가 찢어져서 왔다는 B의 설명에 대해 A가 말하고, 빈칸 뒤에서 다시 B가 They said it doesn't qualify for compensation(그들이 말하길 그건 보상의 자격이 되지 않는대)이라고 말하고 있으므로, '손해에 대한 배상을 청구할 수는 없어?' 라는 의미의 ③ 'Can't you file a claim for damages?'가 정답이다.

정답 ③

어휘

uncomfortable 불편한　luggage 수하물, 짐　tear 찢다
qualify for ~의 자격이 되다　compensation 보상(금), 배상
fault 잘못, 단점; 나무라다　refundable 환불 가능한
file a claim 배상을 청구하다　turbulence 난기류

이것도 알면 **합격!**

공항에서 사용할 수 있는 다양한 표현을 알아 두자.

- I'm glad our flight made it on time.
  우리 비행기가 제시간에 도착해서 기쁘네요.
- Do I have to declare these items to customs?
  이 물건들을 세관에 신고해야 하나요?
- Is this the baggage claim area? 이곳이 수하물 찾는 장소인가요?
- I have two suitcases to check in. 부칠 가방이 두 개 있습니다.

05~06 다음 글을 읽고 물음에 답하시오.

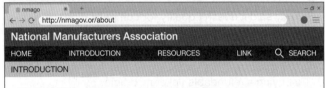

National Manufacturers Association

Mission

We support the manufacturing sector with the assistance and resources they need to become successful. For the thousands of companies that have become members of the NMA, we provide needed representation, insights, and analysis to ensure free enterprise, equal opportunity, and the livelihoods of millions of people who work for manufacturers.

Advocacy

We work directly with Congress and the media to promote the agenda of manufacturers. We have cultivated relationships with government members who have become important partners for positive change in manufacturing. In addition, we boost awareness of the needs of manufacturing through information campaigns.

Workforce Development

- We implement programs to close the skills gap in workforces across the country.
- We train manufacturers to learn to identify and attract talent that manufacturers need to improve operations, innovation, and production.

해석

국립 제조 업체 협회

임무

본 협회는 제조 부문이 성공적이기 위해 필요한 도움과 자원을 후원합니다. 국립 제조 업체 협회의 회원이 된 수천 개의 기업들을 위해, 저희는 자유로운 기업, 평등한 기회 및 제조 업체에서 일하는 수백만 명의 생계를 보장하는 데 필요한 대의권, 통찰 및 분석을 제공합니다.

홍보

의회 및 언론과 함께 직접 일하여 제조 업체의 의제를 홍보합니다. 저희는 제조업의 긍정적인 변화를 위한 중요한 파트너가 된 정부 구성원들과의 관계를 구축해 왔습니다. 뿐만 아니라, 정보 캠페인을 통해 제조업의 요구 사항에 대한 인식을 높입니다.

노동력 개발

- 전국적으로 노동력의 기술 격차를 해소하기 위해 프로그램들을 시행합니다.
- 제조 업체들이 운영, 혁신 및 생산을 개선하는 데 필요한 인재를 알아보고 유치하는 법을 배우도록 교육합니다.

어휘

manufacturer 제조 업체　sector 부문　representation 대의권, 묘사
insight 통찰　analysis 분석　enterprise 기업　equal 평등한
livelihood 생계　advocacy 홍보, 지지, 변호　congress 의회
promote 홍보하다, 승진시키다　agenda 의제　cultivate 구축하다, 재배하다
boost 높이다, 북돋우다　awareness 인식, 의식　workforce 노동력
implement 시행하다　close a gap 격차를 해소하다
identify 알아보다, 확인하다　attract 유치하다, 끌어들이다　talent 인재, 재능
operation 운영　production 생산

05 독해 내용 일치 파악　난이도 중 ●●○

윗글에서 National Manufacturers Association에 관한 내용과 일치하는 것은?

① It aims to attract successful companies to join as members.
② It collects information on the livelihoods of manufacturing employees.
③ It interacts with Congress and the media to advance manufacturing priorities.
④ It seeks the best talent to fill roles in the manufacturing industry.

해석

① 그것은 성공적인 기업들을 회원으로 가입시키는 것을 목표한다.
② 그것은 제조 업체 직원들의 생계에 대한 정보를 수집한다.
③ 그것은 제조 업체의 우선순위를 향상시키기 위해 의회 및 언론과 상호작용한다.
④ 그것은 제조업 산업에서 역할을 수행할 최고의 인재를 찾는다.

포인트 해설

③번의 키워드인 Congress and the media(의회 및 언론)가 그대로 언급된 지문 주변의 내용에서 국립 제조 업체 협회는 의회 및 언론과 함께 일하며 제조 업체의 의제를 홍보한다고 했으므로, ③ '그것은 제조 업체의 우선순위를 향상시키기 위해 의회 및 언론과 상호 작용한다'가 지문의 내용과 일치한다.

[오답 분석]

① 국립 제조 업체 협회는 제조 부문이 성공적이기 위한 도움과 지원을 후원한다고는 했지만, 그것이 성공적인 기업들을 회원으로 가입시키는 것을 목표하는지는 알 수 없다.

② 국립 제조 업체 협회가 제조 업체에서 일하는 수백만 명의 생계를 보장하는 데 필요한 대의원, 통찰, 분석 등을 제공한다고는 했지만, 그것이 제조업체 직원의 생계에 대한 정보를 수집하는지는 알 수 없다.

④ 국립 제조 업체 협회가 제조 업체들이 필요한 인재를 알아보고 유치하는 법을 교육한다고는 했지만, 제조업 산업에서 역할을 수행할 최고의 인재를 찾는지는 알 수 없다.

정답 ③

구문 분석

For the thousands of companies / that have become members of the NMA, /we provide needed representation, insights, and analysis / to ensure free enterprise, equal opportunity, and the livelihoods of millions of people / who work for manufacturers.
: 이처럼 주격 관계대명사가 이끄는 절(that / who / which + 동사 ~)이 명사를 꾸며 주는 경우, '동사한 명사' 또는 '동사하는 명사'라고 해석한다.

06 독해 유의어 파악   난이도 중 ●●○

밑줄 친 positive의 의미와 가장 가까운 것은?

① extensive
② impartial
③ appreciative
④ constructive

해석

① 폭넓은
② 공정한
③ 고마워하는
④ 건설적인

포인트 해설

밑줄 친 부분이 포함된 문장에서 positive는 제조업의 '긍정적인' 변화를 위한 중요한 파트너라는 의미로 쓰였으므로, '건설적인'이라는 의미의 ④ constructive가 정답이다.

정답 ④

어휘

extensive 폭넓은, 광범위한 impartial 공정한 appreciative 고마워하는 constructive 건설적인, 발전적인

07 독해 빈칸 완성 – 절   난이도 중 ●●○

밑줄 친 부분에 들어갈 말로 가장 적절한 것은?

The public education systems of France and Canada take two very different approaches to teaching. The French system is based on a national curriculum of strict standards that are regularly tested through rigorous exams, and students must be well-versed in subjects like philosophy, history, and math. Although the system has recently been criticized for producing overly anxious students, they do graduate with a remarkably comprehensive knowledge base. In contrast, the Canadian model of education encourages inquiry, discussion, and critical thinking. In addition to coursework, many students participate in extracurricular activities. This style of education—which is often considered too unstructured by international standards—tends to result in young adults who are independent and well-rounded. While neither approach is perfect, this comparison illustrates that _____ _____.

① participation in extracurricular activities should be made mandatory
② Canadians do not value subjects in the humanities as much as they should
③ the education system of a nation tends to be a reflection of its history
④ students may be highly influenced by their country's education system

해석

프랑스와 캐나다의 공교육 제도는 가르치는 것에 대해 매우 다른 두 가지의 접근법을 쓴다. 프랑스의 제도는 철저한 시험을 통해 정기적으로 평가받는 엄격한 기준의 국가 교육 과정에 근거하며, 학생들은 철학, 역사, 그리고 수학과 같은 과목에 아주 숙달해야 한다. 비록 그 제도가 최근 지나치게 불안해하는 학생들을 배출하는 것으로 비난받았지만, 그들은 매우 포괄적인 지식 기반을 가지고 졸업한다. 그에 반해서, 캐나다의 교육 모형은 질문, 토론, 그리고 비판적 사고를 장려한다. 수업 활동에 더하여, 많은 학생들이 과외 활동에도 참여한다. 국제적인 기준에 의해 종종 너무 체계가 없다고 여겨지는 이 교육 방식은 독립적이고 다재다능한 젊은이들을 낳는 경향이 있다. 둘 중 어느 접근법도 완벽하지 않기는 하지만, 이 비교는 <u>학생들이 자국의 교육 제도의 영향을 크게 받을 수도 있다</u>는 것을 분명히 보여 준다.

① 과외 활동 참여는 의무가 되어야 한다
② 캐나다인들은 인문학 과목에 그들이 그래야 하는 것만큼 가치를 두지 않는다
③ 국가의 교육 제도는 그곳의 역사를 반영하는 경향이 있다
④ 학생들이 자국의 교육 제도의 영향을 크게 받을 수도 있다

포인트 해설

지문 전반에 걸쳐 엄격한 교육 과정과 시험을 통해 졸업생들이 포괄적인 지식 기반을 갖추게 하는 프랑스의 공교육과, 질문과 토론 등의 방식을 통해 독립적이고 다재다능한 젊은이들을 배출하는 캐나다의 공교육을 비교하며 각각의 교육의 결과로 젊은이들이 가지게 되는 특징에서의 차이점을 설명하

고 있으므로, 이 비교는 '학생들이 자국의 교육 제도의 영향을 크게 받을 수
도 있다'는 것을 보여 준다고 한 ④번이 정답이다.

정답 ④

어휘

curriculum 교육 과정 rigorous 철저한, 정확한
well-versed 숙달한, 정통한 criticize 비난하다, 비판하다
remarkably 매우, 두드러지게 comprehensive 포괄적인, 종합적인
inquiry 질문, 탐구 coursework 수업 활동 unstructured 체계가 없는
independent 독립적인 well-rounded 다재다능한
illustrate 분명히 보여 주다, 설명하다 mandatory 의무의, 필수의
humanities 인문학

---

08 독해 내용 불일치 파악   난이도 중 ●●○

다음 글의 내용과 일치하지 않는 것은?

Personal drones, which are lightweight, unmanned aircraft
that can be equipped with GPS, cameras, and other data-
gathering devices, are becoming increasingly widespread
and affordable. Recognizing this, the Federal Aviation
Administration recently passed a bill stating that drone
use in US airspace is permitted, provided that their
operators do not fly them recklessly. This has sparked
concern among many Americans who wish to protect
their rights to privacy. They believe that the lack of laws
governing recreational drones could lead to a rise in
inappropriate activity. For example, a man was recently
accused of snapping photos of women on the beach.
The laws for drone use should thus be amended to avoid
similar incidents in the future.

① The Federal Aviation Administration generally allows the
  use of drones.
② Current drone legislation does not fully protect citizens
  against privacy infringements.
③ The public wants drones to be used only for commercial,
  not recreational purposes.
④ Personal drones can be used to capture images and
  collect information.

해석

GPS, 카메라, 그리고 다른 자료 수집 장비들을 갖출 수 있는 가벼운 자동
조종 항공기인 개인용 드론이 점점 더 널리 보급되고 가격이 저렴해지고 있
다. 이를 인지하여, 미국 연방 항공국은 최근 조작자들이 그것들을 분별없
이 날리지 않는 것을 전제로, 미국 영공에서의 드론 사용이 허용된다고 명
시하는 법안을 통과시켰다. 이는 자신의 사생활에 대한 권리를 보호하기를
바라는 많은 미국인들 사이에서 우려를 유발했다. 그들은 오락용 드론에 적
용되는 법이 없다는 것이 부적절한 행위의 증가로 이어질 수 있다고 생각한
다. 예를 들어, 최근 한 남성이 해변에 있는 여성들의 사진을 찍은 죄로 고
발당했다. 따라서 드론 사용에 관한 법은 향후 비슷한 사건을 방지하기 위
해 개정되어야 한다.
① 미국 연방 항공국은 일반적으로 드론의 사용을 허용한다.

② 드론에 대한 현행법은 사생활 침해로부터 시민들을 충분히 보호하지 않
  는다.
③ 대중은 드론이 오락용이 아니라 상업적 목적으로만 사용되기를 원한다.
④ 개인용 드론은 이미지를 포착하고 정보를 수집하는 데 사용될 수 있다.

포인트 해설

③번의 키워드인 recreational(오락용의)이 그대로 등장한 지문 주변의 내
용에서 많은 미국인들이 오락용 드론에 적용되는 법이 없다는 것이 부적절
한 행위의 증가로 이어질 수 있다고 생각한다고는 했지만, ③ '대중은 드론
이 오락용이 아니라 상업적 목적으로만 사용되기를 원하'는지는 알 수 없다.

정답 ③

어휘

lightweight 가벼운 unmanned 자동 조종의, 무인의 aircraft 항공기
equip 갖추다, 장비하다 widespread 널리 보급된, 일반적인
affordable (가격이) 저렴한, 적당한 bill 법안, 고지서 state 명시하다, 말하다
operator 조작자, 운영자 recklessly 분별없이 spark 유발하다
govern ~에 적용되다, 통치하다 recreational 오락용의, 휴양의
inappropriate 부적절한 accuse 고발하다 amend 개정하다
infringement 침해 commercial 상업적인

---

09 독해 주제 파악   난이도 중 ●●○

다음 글의 주제로 가장 적절한 것은?

With its depictions of imaginary worlds blending fantasy
and reality, science fiction became popular following
the Civil War, when literacy rates, along with interest in
technology, rose among young males. Short science fiction
novels were their reading material of choice, and the genre
rapidly evolved into a mainstream form of entertainment
for the masses. But with increased popularity came
disapproval. Critics of science fiction began labeling it
as "subliterary," or inferior to standard literature, for its
perceived crudeness and immaturity. While some brilliant
examples of early science fiction did exist, they tended
to get prejudged by detractors as unsophisticated, poorly
written works that offered little more than a cheap thrill.

① the impact a war had on a genre's popularity
② the historical perception of science fiction literature
③ contributions of important science fiction writers
④ popular forms of entertainment after the Civil War

해석

가상과 현실을 혼합하는 상상의 세계에 대한 그것(공상 과학 소설)의 묘사로
인해, 공상 과학 소설은 젊은 남성들 사이에서 기술에 대한 관심과 함께 식
자율이 증가했던 남북전쟁 이후 인기를 얻게 되었다. 짧은 공상 과학 소설이
그들이 선택한 읽을거리였고, 그 장르는 대중을 위한 오락물의 주류 형태로
빠르게 진화했다. 그러나 늘어난 인기와 함께 반감이 생겨났다. 공상 과학
소설을 비판하는 사람들은 그것의 인지된 조악함과 미숙함을 이유로 이것에
'문학 이하', 즉 일반적인 문학보다 열등하다는 꼬리표를 붙이기 시작했다.
초기 공상 과학 소설의 몇 가지 훌륭한 사례들이 존재했음에도 불구하고,

그것들은 폄하하는 사람들에 의해 값싼 전율에 지나지 않는 것을 제공하는 정교하지 않고 형편없이 쓰여진 작품이라고 미리 판단되는 경향이 있었다.

① 전쟁이 한 장르의 인기에 끼친 영향
② 공상 과학 소설 문학에 대한 역사적 인식
③ 중요한 공상 과학 소설 작가들의 공헌
④ 남북전쟁 이후 인기 있었던 오락물의 유형들

포인트 해설

지문 전반에 걸쳐 공상 과학 소설은 남북전쟁 이후 큰 인기를 얻어 대중을 위한 오락물로 빠르게 진화했지만, 이 장르는 조악함과 미숙함으로 인해 형편없이 쓰여진 정교하지 않은 작품이라고 미리 판단되기 쉬웠다고 설명하고 있다. 따라서 ② '공상 과학 소설 문학에 대한 역사적 인식'이 이 글의 주제이다.

정답 ②

어휘

depiction 묘사, 서술 imaginary 상상의 blend 혼합하다; 혼합(물)
literacy rate 식자율 evolve 진화하다, 발달하다
mainstream 주류; 주류에 편입시키다 disapproval 반감, 못마땅함
label 꼬리표를 붙이다 subliterary 문학 이하의 crudeness 조악함
immaturity 미숙함 prejudge 미리 판단하다 detractor 폄하하는 사람
unsophisticated 정교하지 않은 perception 인식, 자각

---

10 독해 빈칸 완성 - 연결어 난이도 중 ●●○

밑줄 친 부분에 들어갈 말로 가장 적절한 것은?

After humanity traveled to the moon in 1969, the next step was naturally to voyage to Mars, which is the closest planet to Earth. However, numerous setbacks and pitfalls have prevented mankind from achieving this mission. The distance is not so much an issue; while Mars is roughly one year's worth of travel time away, it is not an unmanageable period. But a major dilemma is the lengthy exposure to radiation that the astronauts would experience on the journey. Scientists estimate that a single trip there would result in exposure to a lifetime's worth of radiation, which would be a serious health risk for astronauts. _____, evidence shows that sustained activity in low-gravity environments worsens the health of the human body by weakening the spinal cord and deteriorating the eyesight. And one cannot discount the immense psychological burden of living in a cramped living space with a few other humans, away from terrestrial comforts.

① Moreover
② In conclusion
③ Contrarily
④ To illustrate

해석

1969년에 인류가 달을 여행한 이후, 다음 단계는 자연스럽게 지구와 가장 가까운 행성인 화성으로 여행하는 것이었다. 하지만, 수많은 좌절과 위험은 인류가 이 임무를 완수하는 것을 방해했다. 거리는 그리 큰 문제가 아닌데, 비록 화성이 대략 1년 치의 이동 시간만큼 떨어져 있긴 하지만, 그것이 불가능한 기간은 아니다. 그러나 주요한 난제는 그 여정에서 우주 비행사들이 겪게 될 장기간의 방사선 노출이다. 과학자들은 그곳으로의 단 한 번의 여행이 평생 (노출되는) 분량의 방사선에의 노출을 초래할 것이라고 예상하는데, 이는 우주 비행사들에게 심각한 건강상의 위험이 될 것이다. 게다가, 증거는 중력이 낮은 환경에서의 지속된 활동은 척수를 약하게 만들고 시력을 저하시킴으로써 인체의 건강을 악화시킨다는 것을 보여 준다. 그리고 지구의 안락함으로부터 떠나 소수의 다른 사람들과 비좁은 생활 공간에서 사는 것의 엄청난 심리적 부담을 무시할 수 없다.

① 게다가
② 결론적으로
③ 이에 반하여
④ 예를 들어

포인트 해설

빈칸 앞 문장은 화성으로 가는 동안 우주 비행사들이 많은 양의 방사선에 노출된다는 내용이고, 빈칸 뒤 문장은 중력이 낮은 환경에서의 지속적인 활동이 척수와 시력을 약화시킨다는, 화성 여행이 건강에 미치는 악영향에 대해 추가적으로 언급하는 내용이다. 따라서 첨가를 나타내는 연결어인 ① Moreover(게다가)가 정답이다.

정답 ①

어휘

voyage 여행하다; 여행 setback 좌절, 차질 pitfall 위험 roughly 대략
unmanageable 불가능한, 다루기 힘든 dilemma 난제 exposure 노출
radiation 방사선 astronaut 우주 비행사 estimate 예상하다, 추정하다
sustained 지속된, 한결같은 worsen 악화시키다 deteriorate 저하시키다
discount 무시하다, 할인하다 immense 엄청난 burden 부담, 짐
cramped 비좁은 terrestrial 지구의, 육지의 comfort 안락(함)

▶ 해커스 공무원시험연구소 총평

난이도	까다로운 문제가 섞여 있고 독해 문제의 지문 길이가 길어, 고득점을 달성하기 어려웠을 수 있습니다.
어휘·생활영어 영역	유의어 파악 유형의 경우 출제기조 전환 이전 어휘 영역에서 가장 높은 비율로 출제되었습니다. 그러므로 언제든 다시 등장할 수 있음을 염두에 두고, 필수 어휘들에 대한 유의어 학습을 병행하는 것이 좋습니다.
문법 영역	빈칸 완성 유형은 어떤 문법 포인트를 확인해야 하는지가 명확하여 비교적 난이도가 낮은 편입니다. 하지만 2번 문제와 같이 두 개 이상의 문법 포인트를 적용해야 하는 문제가 출제될 수 있으므로, 다양한 형태의 문제풀이 훈련이 필요합니다.
독해 영역	7번 문제로 확인할 수 있는 이메일 형태의 지문은 인사 – 목적 확인 – 세부 사항 – 결론 강조 – 끝맺음의 순서로 전개될 가능성이 높다는 것을 알아 둡니다.

▶ 정답

01	④	어휘	06	③	독해
02	③	문법	07	④	독해
03	③	문법	08	③	독해
04	④	생활영어	09	④	독해
05	①	독해	10	②	독해

▶ 취약영역 분석표

영역	맞힌 답의 개수
어휘	/ 1
생활영어	/ 1
문법	/ 2
독해	/ 6
TOTAL	**/ 10**

---

01 어휘 classified = confidential 난이도 상 ●●●

밑줄 친 부분의 의미와 가장 가까운 것은?

> The makers of smartphone applications should not share classified data, such as personal identification numbers and the locations of users.

① personal
② offensive
③ sensitive
④ confidential

해석

스마트폰 애플리케이션의 제작사들은 개인 신분증 번호와 사용자의 위치와 같은 <u>기밀</u> 정보를 공유해서는 안 된다.

① 개인의
② 불쾌한
③ 예민한
④ 기밀의

정답 ④

어휘

classified 기밀의, 주제별로 분류된 personal 개인의, 사적인
offensive 불쾌한, 무례한, 공격적인 sensitive 예민한 confidential 기밀의

🖋 **이것도 알면 합격!**

'기밀의'의 의미를 갖는 유의어
= secret, private, privileged, restricted

---

02 문법 조동사 | 수동태 난이도 중 ●●○

밑줄 친 부분에 들어갈 말로 가장 적절한 것은?

> She suggested the documents _____ carefully before submission.

① review
② reviewed
③ be reviewed
④ to review

해석

그녀는 제출 전에 그 문서들이 신중히 검토될 것을 제안했다.

포인트 해설

③ **조동사 should의 생략 | 능동태·수동태 구별** 빈칸은 종속절 (documents ~ submission)의 동사 자리이다. 주절에 제안을 나타내는 동사(suggested)가 나오면 종속절에는 '(should +) 동사원형'이 와야 하므로 ① review, ③ be reviewed가 정답 후보이다. 이때 종속절의 주어 the documents와 동사가 '문서들이 검토되다'라는 의미의 수동 관계이므로 수동태가 쓰인 ③ be reviewed가 정답이다.

정답 ③

이것도 알면 합격!

동사 suggest가 해야 할 것에 대한 제안·주장의 의미가 아닌 '암시하다', '~라는 사실을 주장하다'라는 의미를 나타낼 때는 종속절에 '(should+) 동사원형'을 쓸 수 없다는 것도 함께 알아 두자.

• 동사 suggest가 '제안하다'라는 의미가 아닌 '암시하다'라는 의미일 때
  The report **suggests** that the economy <u>grew</u> last quarter. [O]
                                            과거 동사
  그 보고서는 지난 분기에 경제가 성장했음을 암시한다.
  The report **suggests** that the economy <u>grow</u> last quarter. [X]
                                            동사원형

이것도 알면 합격!

관계부사는 선행사의 종류에 따라 선택해야 한다는 것도 알아 두자.

선행사	관계부사
시간 (time, day, week 등)	when
장소 (place, park, house 등)	where
이유 (the reason)	why
방법 (the way)	how

---

03 문법 주어 | to 부정사 | 관계절 | 대명사 난이도 중 ●●○

밑줄 친 부분 중 어법상 옳지 않은 것은?

> The time when physical currency becomes obsolete is quickly approaching, and some economists say it causes them ① <u>to worry</u>. Nations ② <u>where</u> tipping culture abounds will be forced to completely reorganize their economic structure. Moreover, a society that records every electronic transaction will be one where ③ <u>maintain</u> privacy will be all but impossible. That ④ <u>in itself</u> is enough for many to wonder whether going cashless is a good idea.

해석

유형 통화가 쓸모없어지는 시대가 빠르게 다가오고 있고, 몇몇 경제학자들은 그것이 그들을 걱정하게 만든다고 말한다. 팁을 주는 문화가 많은 국가들은 그들의 경제 구조를 완전히 재편성해야 할 것이다. 게다가, 모든 전자 거래를 기록하는 사회는 사생활을 유지하는 것이 거의 불가능한 사회가 될 것이다. 그것은 그 자체로 많은 사람들이 현금이 없는 것으로 나아가는 것이 좋은 생각인지에 의문을 갖기에 충분하다.

포인트 해설

③ **주어 자리** 동사(maintain)는 관계절(where ~ impossible)의 주어 자리에 올 수 없고, 뒤에 목적어 privacy가 왔으므로 동사 maintain을 명사 역할을 하면서 목적어를 취하는 동명사 maintaining으로 고쳐야 한다.

[오답 분석]

① **to 부정사를 취하는 동사** 동사 cause는 to 부정사를 목적격 보어로 취하므로 to 부정사 to worry가 올바르게 쓰였다.

② **관계부사** 선행사 Nations가 장소를 나타내고, 관계사 뒤에 완전한 절(tipping culture abounds)이 왔으므로 관계부사 where가 올바르게 쓰였다.

④ **재귀대명사** '그 자체로'를 나타내기 위해 재귀대명사 관용 표현 in itself가 올바르게 쓰였다.

정답 ③

어휘

physical 유형의, 물질적인 currency 통화
obsolete 쓸모없어지는, 시대에 뒤진 abound 많이 있다, 풍부하다
reorganize 재편성하다 electronic 전자의 transaction 거래

---

04 생활영어 In that case, you should contact them directly by phone. 난이도 중 ●●○

밑줄 친 부분에 들어갈 말로 가장 적절한 것은?

 Jessica
Did the event company respond to our proposal by email?
10:15

 Ethan
I haven't received an email from them yet.
10:15

 Jessica
Got it. Please check your junk mail folder.
10:16

 Ethan
Will do. Did they mention a deadline for their response?
10:16

 Jessica
They said they'd get back to us by tomorrow morning at the latest.
10:17

 Ethan
I see. What should we do if we don't hear back by then?
10:18

Jessica
_____
_____
10:18

① We can't push back the deadline any further.
② I know someone well at that company.
③ Please update the contact information to the latest version.
④ In that case, you should contact them directly by phone.

해석

Jessica: 그 행사 업체가 우리 제안에 이메일로 답변했나요?

Ethan: 그들로부터 아직 이메일을 받지는 못했습니다.

Jessica: 그렇군요. 스팸 메일 폴더도 확인해 주세요.

Ethan: 그럴게요. 그들이 자신들의 답변에 대한 기한을 언급했나요?

Jessica: 그들은 아무리 늦어도 내일 오전까지는 회신하겠다고 말했습니다.

Ethan: 알겠습니다. 그때까지 우리가 회신받지 못한다면 어떻게 해야 할까요?

Jessica: 그 경우에는, 당신이 그들에게 직접 전화로 연락해야 할 겁니다.

① 우리는 마감일을 더 미룰 수 없어요.

② 저는 그 업체에 잘 아는 사람이 있습니다.

③ 연락처를 최신 것으로 업데이트해 주세요.

④ 그 경우에는, 당신이 그들에게 직접 전화로 연락해야 할 겁니다.

포인트 해설

업체의 답변 전달 기한이 내일 오전까지라는 Jessica의 말에 대해 Ethan이 빈칸 앞에서 What should we do if we don't hear back by then? (그때까지 우리가 회신받지 못한다면 어떻게 해야 할까요?)이라고 묻고 있으므로, '그 경우에는, 당신이 그들에게 직접 전화로 연락해야 할 겁니다'라는 의미의 ④ 'In that case, you should contact them directly by phone'이 정답이다.

정답 ④

어휘

get back to ~에게 회신하다　push back ~을 미루다

이것도 알면 합격!

기한에 대해 말할 때 쓸 수 있는 다양한 표현들을 알아 두자.

• The deadline for reports is 5 p.m. 보고서 마감 기한은 오후 5시입니다.

• You can expect a reply to your request this week.
당신은 요청에 대한 답변을 이번 주 중으로 받아 보실 수 있습니다.

• Check the bulletin board notice to find out when the course registration period is.
강의 신청 기간이 언제인지 알려면 게시판 공지를 확인해 봐.

05~06 다음 글을 읽고 물음에 답하시오.

(A)

As a resident of Marksville, the health of the local wetlands should be of utmost importance.

The marshes between the city and the coast act as a natural buffer for flooding and storms. Protecting them keeps everyone in the city safe.

For the last few years, we have worked to preserve the wetlands. And now, we need your help. Come to our upcoming public hearing to see what you can do to make sure that the marshes thrive.

After all, if they're destroyed, the city may be next.

Sponsored by the Marksville Marsh Monitors group

• Location: Central Park Community Center
- Room 151 (The public hearing will move to the auditorium in case of a large turnout)
• Date: Thursday, April 10
• Time: 7:00 p.m.

To learn more about the group and its work or to volunteer, please visit our website at www.marksvillemarshmonitors.org or call (825) 555-2024.

해석

(A) 습지대는 우리가 공유하는 미래를 지켜 줍니다

Marksville에 거주하는 주민으로서, 지역 습지대의 건강이 가장 중요한 것이 되어야 합니다.

도시와 해안 사이의 습지는 홍수와 폭풍에 대한 천연 완충제 역할을 합니다. 그것들을 보호하는 것은 도시의 모든 사람을 안전하게 지키는 것입니다.

지난 몇 년 동안, 저희는 습지를 보존하기 위해 노력해 왔습니다. 그리고 이제는 여러분의 도움이 필요합니다. 다가오는 저희의 공청회에 참석하셔서 습지가 번창하게 하기 위해 여러분이 무엇을 할 수 있는지 알아보세요.

결국, 그것들이 파괴되면, 도시가 그다음이 될지도 모릅니다.

Marksville 습지 관리 단체가 주관

• 장소: Central 공원 주민 센터
- 151호실 (참가자 수가 많은 경우 회의는 강당으로 이동해서 합니다)
• 날짜: 4월 10일 목요일
• 시간: 오후 7시

그 단체와 그것의 활동에 대해 더 알아보시거나 자원봉사를 하시려면, 웹사이트 www.marksvillemarshmonitors.org를 방문하시거나 (825) 555-2024로 전화 주세요.

어휘

wetland 습지(대)　utmost 가장 중요한　marsh 습지　buffer 완충제
flooding 홍수　preserve 보존하다　public hearing 공청회
thrive 번창하다, 잘 자라다　auditorium 강당　turnout 참가자 수, 투표자 수

05 독해 제목 파악   난이도 하 ●○○

(A)에 들어갈 윗글의 제목으로 가장 적절한 것은?

① The Wetlands Ensures Our Shared Future
② Enjoy the Unique Local Ecosystem
③ Learn about Marksville's Marsh System
④ Causes of Damage to the Wetlands

해석

① 습지대는 우리가 공유하는 미래를 지켜 줍니다
② 특별한 지역 생태계를 즐기세요
③ Marksville의 습지 시스템에 대해 배우세요
④ 습지대 훼손의 원인들

포인트 해설

지문 앞부분에서 도시와 해안 사이에서 홍수와 폭풍에 대한 완충제 역할을 하는 습지를 보호하는 것은 곧 도시의 모든 사람을 안전하게 지키는 것이라고 하고, 지문 중간에서 공청회에 참석하여 습지의 보존 방법에 대해 알아보라고 권하고 있으므로, ① '습지대는 우리가 공유하는 미래를 지켜 줍니다'가 이 글의 제목이다.

정답 ①

06 독해 내용 불일치 파악   난이도 하 ●○○

위 안내문의 내용과 일치하지 않는 것은?

① 습지는 자연재해로부터 도시를 보호한다.
② 참가자 수에 따라 회의 장소는 변동될 수 있다.
③ 공청회는 4월 한 달간 정기적으로 진행된다.
④ 주최 단체에 대한 정보는 웹사이트에서 확인할 수 있다.

포인트 해설

③번의 키워드인 '4월'이 그대로 언급된 지문의 April(4월) 주변의 내용에서 공청회 날짜는 4월 10일이라고 했으므로, ③ '공청회는 4월 한 달간 정기적으로 진행된다'는 지문의 내용과 다르다.

정답 ③

07 독해 목적 파악   난이도 하 ●○○

다음 글의 목적으로 가장 적절한 것은?

To	AllClients@GuardianInvest.com
From	MarkJones@GuardianInvest.com
Date	August 29
Subject	Investment advice

B I U ¶ A T ⊙ ⊡ ⬚ | ≣ ≣ ≣ ⟲ ⟳ ⟨⟩

Dear Valued Customers,

In today's struggling economy, it's important to adopt strategies to maintain your financial security. As your financial services partner, we want to share five tactics that can help you protect your investments and get through these tough times.

1. Spread your investments across diverse assets, such as stocks, bonds, and real estate.
2. Remember that your investments are for the long term and avoid making impulsive changes.
3. Review your portfolio regularly to ensure that your assets and investments maintain the right balance of growth and risk.
4. Keep an emergency fund covering three to six months of living expenses in case of a setback to ensure that you do not have to sell your assets.
5. Seek professional advice when needed.

We are committed to assisting you during this difficult time. Please visit our website to learn more about the services we offer or to set up a meeting with one of our investment counselors.

Sincerely,
Guardian Investment Partners

① to inform customers about a new investment plan
② to inform customers of the services that help navigate financial challenges
③ to inform customers of an expected downturn in the economy
④ to inform customers of ways to keep their investments safe

해석

수신: AllClients@GuardianInvest.com
발신: MarkJones@GuardianInvest.com
날짜: 8월 29일
제목: 투자 조언

친애하는 고객분들께,

오늘날의 힘겹게 나아가는 경기 속에서, 재정적 안정을 유지하기 위한 전략을 채택하는 것이 중요합니다. 재정 서비스 파트너로서, 저희는 여러분의 투자금을 보호하고 이 힘든 시기를 헤쳐 나가도록 도울 다섯 가지 전략을 공유드리고자 합니다.

1. 주식, 채권, 부동산 등 다양한 자산에 투자를 분산하세요.
2. 투자는 장기적인 것임을 기억하고 충동적인 변화를 피하세요.
3. 귀하의 자산 및 투자금이 성장과 위험의 적절한 균형을 유지하게 하기 위해 포트폴리오를 정기적으로 검토하세요.
4. 차질이 생길 경우 자산을 매각할 필요가 없도록 3~6개월을 충당할 생활비를 비상금으로 준비하세요.
5. 필요한 경우 전문가의 조언을 구하세요.

저희는 이 어려운 시기에 여러분을 돕는 데 전념하고 있습니다. 저희가 제공하는 서비스에 대해 더 알아보시거나 투자 상담사 중 한 명과 회의를 잡으시려면 웹사이트를 방문해 주세요.

진심을 담아,
Guardian Investment Partners

① 고객들에게 새로운 투자 계획에 대해 알리려고

② 고객들에게 재정적 어려움을 헤쳐나가는 것을 돕는 서비스들을 알리려고
③ 고객들에게 예상되는 경기 침체에 알리려고
④ 고객들에게 투자금을 안전하게 보호하는 방법을 알리려고

포인트 해설
지문 앞부분에서 재정 서비스 파트너로서 고객들의 투자금을 보호하고 경기 침체를 헤쳐 나가도록 도울 전략을 공유한다고 하고 지문 중간에서 분산 투자, 포트폴리오 점검 등 구체적 방안을 설명했으므로, ④ '고객들에게 투자금을 안전하게 보호하는 방법을 알리려고'가 이 글의 목적이다.

정답 ④

어휘
struggle 힘겹게 나아가다, 분투하다 adopt 채택하다 tactic 전략
get through ~을 헤쳐 나가다, 통과하다 tough 힘든 asset 자산
stock 주식 bond 채권, 유대; 접착시키다 real estate 부동산
impulsive 충동적인 emergency 비상 expense 비용
setback 차질, 좌절 downturn 침체

08 독해 내용 일치 파악   난이도 상 ●●●

다음 글의 내용과 일치하는 것은?

Although Marco Polo was not one of the first Europeans to explore Asia, his journeys were among the earliest to be chronicled, translated, and preserved. He wrote at length about his experiences visiting what is modern-day China; an adventure that included a harrowing return to Italy, where he was imprisoned for a year. It was here that he narrated his travel stories to a fellow inmate who happened to be a writer. However, no single unified collection of Polo's own writings exists, as he only penned and published limited accounts of individual aspects of his journeys at different times in his life. Despite historians' efforts to piece together all of his available accounts, the full narrative remains incomplete. Yet, enough information made it into circulation so that a new generation of explorers became inspired to seek out opportunities in the East, one notable example of whom was Christopher Columbus.

① The travel diaries of explorer Marco Polo were initially translated into Chinese.
② Marco Polo wrote an autobiography while temporarily being held in an Italian prison.
③ A comprehensive account of Marco Polo's adventures is still not available.
④ The tales of Marco Polo influenced other European writers to travel to the East.

해석
비록 Marco Polo가 아시아를 탐험한 최초의 유럽인 중 한 명은 아니었지만, 그의 여행기는 기록으로 남겨지고, 번역되고, 보존된 가장 초기의 것들 중 하나이다. 그는 현재는 중국인 곳을 방문한 그의 경험에 대해 상세히 썼

는데, 이는 그가 1년 동안 투옥되었던 이탈리아로의 비참한 귀환을 포함하는 모험담이다. 그가 작가였던 동료 수감자에게 자신의 여행 이야기를 들려주게 된 것은 이곳에서였다. 하지만, 하나로 된 Polo의 글 모음은 단 한 개도 존재하지 않는데, 그가 그의 생의 여러 시기에 그의 여정의 개별적인 측면들에 대한 제한된 이야기만을 쓰고 발표했기 때문이다. 구할 수 있는 그의 모든 이야기들을 짜맞추려는 역사가들의 노력에도 불구하고, 전체 이야기는 여전히 미완성인 채로 남아 있다. 그렇지만, 충분한 정보가 유통되어 새로운 세대의 탐험가들이 동양에서 기회를 찾아내도록 영감을 받게 했고, 이들 중 주목할 만한 하나의 예가 Christopher Columbus였다.

① 탐험가 Marco Polo의 여행 일지는 처음에 중국어로 번역되었다.
② Marco Polo는 이탈리아의 감옥에 일시적으로 수감되어 있는 동안 자서전을 썼다.
③ Marco Polo의 모험에 대한 종합적인 이야기는 여전히 구할 수 없다.
④ Marco Polo의 이야기들은 유럽의 다른 작가들이 동양으로 여행을 가도록 영향을 주었다.

포인트 해설
③번의 키워드인 comprehensive account of Marco Polo's adventures(Marco Polo의 모험에 대한 종합적인 이야기)를 바꾸어 표현한 지문의 unified collection of Polo's own writing(하나로 된 Polo의 글 모음) 주변의 내용에서 Marco Polo가 여러 시기에 그의 여정의 개별적인 측면들에 대한 제한된 이야기만을 쓰고 발표했기 때문에 하나로 된 글 모음은 존재하지 않는다고 했으므로, ③ 'Marco Polo의 모험에 대한 종합적인 이야기는 여전히 구할 수 없다'가 지문의 내용과 일치한다.

[오답 분석]
① Marco Polo의 여행기는 번역된 가장 초기의 여행기 중 하나로, 중국을 방문한 경험에 대해 썼다고는 했지만, 탐험가 Marco Polo의 여행 일지가 처음에 중국어로 번역되었는지는 알 수 없다.
② Marco Polo가 이탈리아로의 비참한 귀환에 대해 상세히 썼다고는 했지만, 그가 이탈리아의 감옥에 일시적으로 수감되어 있는 동안 자서전을 썼는지는 알 수 없다.
④ Marco Polo의 이야기가 새로운 세대의 탐험가들이 동양에서 기회를 찾아내도록 영감을 받게 했다고는 했지만, Marco Polo의 이야기들이 유럽의 다른 작가들이 동양으로 여행을 가도록 영향을 주었는지는 알 수 없다.

정답 ③

어휘
explore 탐험하다 chronicle 기록으로 남기다 translate 번역하다
preserve 보존하다 at length 상세히 harrowing 비참한, 괴로운
imprison 투옥하다 narrate 이야기를 들려주다 fellow 동료 inmate 수감자
unify 하나로 하다, 통합하다 pen (글 등을) 쓰다 account 이야기, 계정
piece together ~을 짜맞추다 circulation 유통, 순환 inspire 영감을 주다
seek out ~을 찾아내다 notable 주목할 만한, 유명한 initially 처음에
autobiography 자서전 temporarily 일시적으로
comprehensive 종합적인

구문 분석
Yet, enough information made it into circulation / so that a new generation of explorers became inspired / to seek out opportunities in the East, (생략).
: 이처럼 'so that' 구문은 '(~해서 그 결과) ~하다'라고 해석한다.

09 독해 요지 파악　　　난이도 중 ●●○

다음 글의 요지로 가장 적절한 것은?

Many people in the UK feel as though the government is not doing enough to respond to rapidly rising rates of immigration. The most pressing concerns are that immigrants are not being properly integrated into British society and that their numbers are causing overcrowding in some communities. Critics say that the government should establish a settlement support fund to help new arrivals find jobs and housing, among other things. The money for this could be provided by the high citizenship fees immigrants have to pay. It could be used to establish support networks that provide job and house-seeking counsel.

① Rapid immigration is putting a strain on public services.
② Citizenship fees are not being used for their intended purpose.
③ Immigrants largely stay within their own communities.
④ The government should help immigrants integrate into society.

해석

영국의 많은 사람들은 정부가 빠르게 상승하는 이민률에 대응하기 위해 충분히 행동하고 있지 않은 것처럼 느낀다. 가장 시급한 우려는 이민자들이 영국 사회에 제대로 통합되지 않고 있고, 그들의 수가 몇몇 지역 사회에서 과밀을 초래하고 있다는 것이다. 비판하는 사람들은 정부가 다른 무엇보다도 새로 온 사람들이 직업과 주택을 구하는 것을 도와줄 정착 지원금을 조성해야 한다고 말한다. 이를 위한 돈은 이민자들이 지불해야 하는 비싼 시민권 납부금에 의해 제공될 수 있다. 그것은 직업과 주택을 찾아 주는 상담을 제공하는 지원망을 조성하는 데 사용될 수 있다.

① 급격한 이민 증가가 공공 서비스에 부담을 주고 있다.
② 시민권 납부금이 본래 목적대로 사용되지 않고 있다.
③ 이민자들은 주로 자신들만의 공동체 내에 머무르는 경향이 있다.
④ 정부는 이민자들이 사회에 통합될 수 있도록 도와야 한다.

포인트 해설

지문 앞부분에 영국의 상승하는 이민률에 대한 시급한 우려는 이민자들이 영국 사회에 제대로 통합되지 않고 있는 것이라는 내용이 있고, 지문 뒷부분에서 비판하는 사람들에 따르면 정부가 이민자들이 직업과 주택을 구하는 것을 도와줄 제도적 장치를 마련해야 한다고 했으므로, ④ '정부는 이민자들이 사회에 통합될 수 있도록 도와야 한다'가 이 글의 요지이다.

정답 ④

어휘

rapidly 빠르게　**immigration** 이민　**pressing** 시급한, 절박한
integrate 통합하다, 합병하다　**overcrowding** 과밀, 과잉 수용
establish 조성하다, 수립하다　**settlement** 정착　**counsel** 상담
put a strain on ~에 부담을 주다

10 독해 문단 순서 배열　　　난이도 중 ●●○

주어진 글 다음에 이어질 글의 순서로 가장 적절한 것은?

Identifying a story's topic is far more straightforward than identifying its theme. This is due to the fact that a story's topic is simply a brief explanation of the story's subject.

(A) In other words, it is easily arrived at by answering the questions who, what, when, and how, which is basic information that is usually clearly spelled out within the first few paragraphs.
(B) That being said, to detect a story's theme, it is necessary to first recognize a recurring idea, such as the inevitability of fate or good triumphing over evil, and then reach a conclusion about the story's fundamental message, which may not be the same for everyone.
(C) Theme, by contrast, is generally more subtle. Unlike topic, a story's theme is implied so there is not always a direct and definitive way of explaining what it is.

① (A) – (B) – (C)　　　② (A) – (C) – (B)
③ (C) – (A) – (B)　　　④ (C) – (B) – (A)

해석

이야기의 화제를 파악하는 것은 그것의 주제를 파악하는 것보다 훨씬 더 간단하다. 이는 이야기의 화제는 그저 그 이야기가 다루는 문제에 대한 간략한 설명이기 때문이다.

(A) 다시 말해서, 그것은 처음 몇 문단 이내에 주로 명백하고 자세하게 설명되어 있는 기본 정보인 누가, 무엇을, 언제 그리고 어떻게라는 질문에 대답함으로써 쉽게 도달할 수 있다.
(B) 그렇다 해도, 이야기의 주제를 인지하기 위해서는 운명의 불가피함이나 권선징악과 같은 반복되는 개념을 우선 인식하고, 그러고 나서 그 이야기의 근본적인 교훈에 대한 결론에 도달할 필요가 있는데, 이는 모든 사람들에게 똑같지 않을 수도 있다.
(C) 그에 반해서, 주제는 일반적으로 더 미묘하다. 화제와는 달리, 이야기의 주제는 함축되어 있기 때문에 그것이 무엇인지를 설명하는 직접적이고 명확한 방법이 항상 있는 것은 아니다.

포인트 해설

주어진 문장에서 이야기의 주제를 파악하는 것보다 화제를 파악하는 것이 훨씬 더 간단하다고 한 뒤, (A)에서 다시 말해서(In other words) 화제는 처음 몇 문단에 설명된 기본 정보를 통해 알 수 있다고 설명하고 있다. 이어서 (C)에서 그에 반해서(by contrast) 주제는 함축되어 있기 때문에 더 미묘하다고 하고, (B)에서 그렇다 해도(That being said) 이야기에서 반복되는 개념을 인지함으로써 결론에 도달할 수 있다고 알려 주고 있다. 따라서 ② (A) – (C) – (B)가 정답이다.

정답 ②

어휘

straightforward 간단한　**brief** 간략한　**spell out** ~을 자세하게 설명하다
detect 인지하다, 발견하다　**recurring** 반복되는
inevitability 불가피함, 필연성　**fate** 운명　**fundamental** 근본적인
subtle 미묘한　**imply** 함축하다　**definitive** 명확한

해커스 공무원시험연구소 총평

난이도	지문 전반을 꼼꼼하게 뜯어 보아야 하는 문제들이 독해 영역에서 출제되어, 제한 시간 15분이 부족하게 느껴졌을 수 있습니다.
어휘·생활영어 영역	네 개의 보기 모두 실생활에서 흔히 활용되는 어휘들로 구성될 확률이 높으므로, 어휘/문법/독해 전 영역에서 눈에 자주 띄는 어휘들은 그때그때 암기해 둡니다.
문법 영역	지문형 유형에서는 세부적인 해석보다 밑줄 친 부분의 문법적 옳고 그름을 확인하는 것이 중요하므로, 지문에 등장한 단어의 뜻을 하나하나 이해하는 데 너무 많은 시간을 소비하지 않도록 합니다.
독해 영역	내용 일치·불일치 파악 유형은 지문에 날짜·통계 등의 숫자 정보가 제시된 경우와, 그렇지 않은 경우로 나눌 수 있습니다. 각각의 세부 유형에 대한 문제풀이 전략을 확인해 봅니다.

정답

01	③	어휘	06	②	독해
02	②	문법	07	③	독해
03	③	문법	08	③	독해
04	②	생활영어	09	①	독해
05	④	독해	10	②	독해

취약영역 분석표

영역	맞힌 답의 개수
어휘	/ 1
생활영어	/ 1
문법	/ 2
독해	/ 6
TOTAL	/ 10

---

01 어휘 contemplate 난이도 중 ●●○

밑줄 친 부분에 들어갈 말로 가장 적절한 것은?

The director said she needed another day to _____ the proposed plans because she wanted to ensure every detail was reviewed.

① mislead
② recommend
③ contemplate
④ strengthen

해석

그 관리자는 모든 세부 사항이 검토되었음을 확실히 하길 원했기 때문에 제안된 계획을 <u>숙고하는</u> 데 하루가 더 필요하다고 말했다.

① 오해하게 하다
② 추천하다
③ 숙고하다
④ 강화하다

정답 ③

어휘

mislead 오해하게 하다   recommend 추천하다   contemplate 숙고하다
strengthen 강화하다

이것도 알면 합격!

'숙고하다'의 의미를 갖는 표현
= think over, reflect on, deliberate, ponder

---

02 문법 가정법 난이도 중 ●●○

밑줄 친 부분에 들어갈 말로 가장 적절한 것은?

_____ she known about the meeting earlier, she would have been better prepared to present her ideas.

① If
② Had
③ Should
④ When

해석

그녀가 회의에 대해 더 일찍 알았더라면, 그녀의 아이디어를 발표하기 위해 더 잘 준비했었을 텐데.

포인트 해설

② **가정법 도치** 문맥상 '그녀가 회의에 대해 더 일찍 알았더라면'이라는 의미가 되어야 자연스럽고, 주절에 가정법 과거완료 '주어 + would + have p.p.'가 왔으므로 if절에도 가정법 과거완료 'if + 주어 + had p.p.' 형태가 와야 한다. 이때 if절에서 if가 생략되면 주어와 동사의 자리가 바뀌므로 ② Had가 정답이다. 참고로, if절에 'if + 주어 + should + 동사원형' 형태가 오는 가정법 미래 또한 도치될 수 있지만, 이 경우 주절에 '주어 + would + 동사원형' 형태가 와야 하므로 ③ Should는 정답이 될 수 없다.

정답 ②

이것도 알면 **합격!**

현재나 과거의 반대 상황을 가정하거나 일어날 가능성이 희박한 미래의 일을 가정하는 가정법 문장과 달리, if로 시작하는 조건절 문장은 어떤 일을 실제 사실로 받아들이고 말한다는 것을 알아 두자.

가정법	If he studied harder, he would pass the exam. 그가 더 열심히 공부한다면, 시험을 통과할 텐데.
조건절	If you feel tired, you should take a short break. 네가 피곤하다면, 짧은 휴식을 취해야 한다.

---

03   문법 비교 구문 | 동사의 종류 | 분사   난이도 중 ●●○

밑줄 친 부분 중 어법상 옳지 않은 것은?

An experimental therapy offers ① underline{people new hope} for treating advanced leukemia. The therapy extracts T-cells from the patient and genetically engineers them to kill cancer cells. ② underline{After transfusing} the engineered cells, the researchers wait for them to multiply. Each one is programmed to produce ③ underline{as much as} 1,000 more cells that attack cancer. So far, the therapy has kept 23 out of the 30 patients involved in the trial ④ underline{alive}.

*leukemia: 백혈병

해석

한 실험적인 치료법은 후기 백혈병 치료를 위해 사람들에게 새로운 희망을 제시한다. 그 치료법은 환자로부터 T세포를 추출하고 그것들이 암세포를 없애도록 유전적으로 조작한다. 조작된 세포들을 수혈한 후, 연구진은 그것들이 증식하기를 기다린다. 각각의 것들은 암을 공격하는 무려 천 개가 넘는 많은 세포를 생성하도록 계획되어 있다. 지금까지, 그 치료법은 실험에 참여한 30명의 환자 중 23명을 살아 있게 했다.

포인트 해설

③ **원급** 원급 표현 as ~ as 사이의 수량 형용사는 뒤의 명사에 따라 선택하는데, 뒤에 가산 복수 명사 cells가 왔으므로 불가산 명사와 함께 쓰이는 수량 형용사 much를 가산 명사와 함께 쓰이는 수량 형용사 many로 고쳐야 한다.

[오답 분석]

① **4형식 동사** 동사 offer는 'offer + 간접 목적어(people) + 직접 목적어(new hope)'의 형태를 취하는 4형식 동사이므로 동사 offers 뒤에 people new hope가 올바르게 쓰였다.

② **분사구문의 형태** 주절의 주어 the researchers와 분사구문이 '연구진이 수혈하다'라는 의미의 능동 관계이므로 현재분사 transfusing이 올바르게 쓰였다. 또한 분사구문의 뜻을 분명하게 하기 위해 부사절 접속사 After가 분사구문 앞에 올바르게 쓰였다.

④ **5형식 동사** 동사 keep은 '~을 –하게 하다'의 뜻으로 쓰일 때 목적격 보어를 취하는데, 보어 자리에는 형용사 역할을 하는 것이 와야 하므로 형용사 alive가 올바르게 쓰였다.

정답 ③

어휘

experimental 실험적인   advanced (단계상) 후기의, 선진의, 고급의
extract 추출하다, 뽑다   genetically 유전적으로
engineer (유전적으로) 조작하다, 제작하다   transfuse 수혈하다
multiply 증식하다, 증가하다   trial 실험, 재판

이것도 알면 **합격!**

③번의 cell과 달리 부정관사(a/an)와 함께 쓰이지 않고 단수 명사로만 취급하는 불가산 명사들을 알아 두자.

homework 숙제	politics (등의 학문 이름) 정치학
information 정보	news 뉴스
evidence 증거	knowledge 지식
equipment 장비	clothing 의류
advice 조언	luggage 수하물, 짐

---

04   생활영어   What will we do without them?   난이도 하 ●○○

밑줄 친 부분에 들어갈 말로 가장 적절한 것은?

A: Where did you put the concert tickets?
B: I think I saw them on the shelf in the living room.
A: No, I've looked there already. Could you have put them back in your purse?
B: I checked there too. _____
A: I just remembered that we don't need tickets if we show our booking details on the venue's app.
B: Oh, really? Then downloading the app sounds good. Let's do it right now.

① Do you know what time the concert starts?
② What will we do without them?
③ Do you still have the receipt for the ticket purchase?
④ Have you looked up how to get there?

해석

A: 콘서트 표를 어디에 뒀어?
B: 거실 선반 위에서 본 것 같아.
A: 아니야, 거기는 내가 이미 봤어. 네가 그것을 다시 지갑에 넣었을 수도 있지 않을까?
B: 거기도 확인했어. <u>표가 없으면 어떻게 해야 하지?</u>
A: 방금 기억났는데 그 콘서트장 앱에서 예매 세부 사항을 보여 주면 표가 필요하지 않아.
B: 오, 정말? 앱을 설치하는 게 좋아 보이네. 바로 해보자.

① 몇 시에 공연이 시작하는지는 알고 있니?
② 표가 없으면 어떻게 해야 하지?
③ 표를 구매한 영수증을 아직 보관하고 있니?
④ 그곳에 어떻게 가는지 찾아봤니?

포인트 해설

콘서트 표를 찾는 A에게 B가 자신의 지갑에도 없다고 말하고, 빈칸 뒤에서 A가 I just remembered that we don't need tickets if we show our booking details on the venue's app(방금 기억났는데 그 콘서트장 앱에서 예매 세부 사항을 보여 주면 표가 필요하지 않아)이라고 말하고 있으므로, '표가 없으면 어떻게 해야 하지?'라는 의미의 ② 'What will we do without them?'이 정답이다.

정답 ②

어휘

shelf 선반

이것도 알면 합격!

축제·스포츠·영화 등을 관람할 때 쓸 수 있는 다양한 표현을 알아 두자.
· Let's reserve the tickets now. 지금 표를 예매하자.
· Is this seat taken? 여기 자리 있나요?
· That was a close race. 그것은 접전이었어요.
· Please don't spoil it for me. 제발 내게 스포일러 하지 말아 줘.

05~06 다음 글을 읽고 물음에 답하시오.

To	Television and Radio Commission
From	Karl Banks
Date	May 14
Subject	Inappropriate content on television

To whom it may concern,

I hope you are well. I am writing about the amount of inappropriate content on television shows today, specifically the use of bad language.

As a parent of three young children, I only let them watch TV shows that are appropriate for their ages. However, recently, many shows that are supposed to be family-friendly contain inappropriate language. I have even noticed that swear words are being said on news programs and community interest shows that people often watch with their children.

I would like your agency to require programs to include a warning about bad language. I think this would help many parents protect their children. I hope that you are able to make this happen.

Respectfully,
Karl Banks

해석

수신: 텔레비전 및 라디오 위원회
발신: Karl Banks
날짜: 5월 14일

제목: 텔레비전의 부적절한 내용

관계자분께,

잘 지내시기를 바랍니다. 저는 오늘날 텔레비전 프로그램의 부적절한 내용의 분량, 특히 비속어 사용에 대해 메일을 씁니다.

세 어린 자녀를 둔 부모로서, 저는 아이들에게 연령에 맞는 텔레비전 프로그램만 시청하도록 합니다. 하지만, 최근에는 가족 친화적이어야 할 많은 프로그램들이 부적절한 언어를 포함하고 있습니다. 저는 심지어 사람들이 자녀와 함께 자주 시청하는 뉴스 프로그램과 지역 사회의 관심사를 다룬 프로그램에서 욕설이 쓰이고 있는 것을 알게 되었습니다.

저는 귀하의 기관이 프로그램들로 하여금 비속어에 대한 경고를 포함하도록 요구하기를 바랍니다. 저는 이것이 많은 부모가 자녀를 보호하는 데 도움이 되리라고 생각합니다. 귀하가 이를 실현할 수 있기를 바랍니다.

정중히,
Karl Banks

어휘

commission 위원회   inappropriate 부적절한   swear word 욕설

05 독해 목적 파악 난이도 하 ●○○

윗글의 목적으로 가장 적절한 것은?

① 유아들을 위한 프로그램이 부족함을 상기시키려고
② 가족 친화적인 프로그램의 개설을 제안하려고
③ TV 프로그램이 자녀 교육에 미치는 영향을 강조하려고
④ 비속어가 포함된 프로그램에 경고 표시를 요청하려고

포인트 해설

지문 중간에서 가족 친화적이어야 할 많은 프로그램들이 부적절한 언어를 포함하고 있다고 하고, 지문 마지막에서 프로그램들에 비속어 사용 경고가 포함될 것을 요청하고 있다. 따라서 ④ '비속어가 포함된 프로그램에 경고 표시를 요청하려고'가 이 글의 목적이다.

정답 ④

06 독해 내용 일치 파악 난이도 중 ●●○

위 이메일의 내용과 일치하는 것은?

① Family-friendly programming has become harder to find.
② Shows that children often watch contain swear words.
③ News and community-related programs take young viewers into consideration.
④ There is a department for monitoring bad language in programs.

해석

① 가족 친화적인 프로그램을 찾기가 더 어려워졌다.
② 아이들이 자주 시청하는 프로그램에 욕설이 포함되어 있다.
③ 뉴스와 지역 사회 관련 프로그램들은 어린 시청자들을 고려한다.
④ 프로그램 속 비속어를 감시하는 부서가 있다.

포인트 해설

②번의 키워드인 swear words(욕설)가 그대로 언급된 지문 주변의 내용에서 자녀와 함께 자주 시청하는 프로그램들에서 욕설이 쓰이는 것을 알게 되었다고 했으므로, ② '아이들이 자주 시청하는 프로그램에 욕설이 포함되어 있다'가 지문의 내용과 일치한다.

[오답 분석]

① 가족 친화적이어야 할 많은 프로그램들이 부적절한 언어를 포함한다고는 했지만, 가족 친화적인 프로그램을 찾기가 더 어려워졌는지는 알 수 없다.
③ 사람들이 자녀와 함께 자주 시청하는 프로그램으로 뉴스와 지역 사회 관심사를 다룬 프로그램이 있다고 했지만, 뉴스와 지역 사회 관련 프로그램들이 어린 시청자들을 고려하는지는 알 수 없다.
④ 프로그램들에 비속어에 대한 경고를 포함하도록 요구해 줄 것을 요청하고 있기는 하지만, 프로그램 속 비속어를 감시하는 부서가 있는지는 알 수 없다.

정답 ②

어휘

take into consideration ~을 고려하다

---

07 독해 내용 불일치 파악　난이도 중 ●●○

다음 글의 내용과 일치하지 않는 것은?

Edison Healthcare's medical clinic is open from Monday to Saturday, from 8:00 a.m. – 8:00 p.m. on weekdays and 8:00 a.m. – 4:00 p.m. on Saturdays. Depending on your health needs, our healthcare team will let you know whether you require an in-person visit or a phone or video visit.

• Appointment (and scheduling) Hotline:
  call (650) 555- 2111.

We provide a wide variety of services, including primary care for adults and children, pre- and post-natal care, nutrition programs, and senior care. We can also send patients to specialists at larger hospitals.

▪ We will assist you with your current health coverage or help you apply for it.
▪ If you need an in-person interpreter, we can arrange for one. You can also request this service on phone and video visits.

For more information on our services and medical tests, please visit edisonhealth.org.

① The Edison Healthcare medical clinic is open till 4 p.m. on Saturdays.
② Various types of appointments can be made over the phone.
③ The clinic accepts referrals for specialists from other hospitals.
④ A patient can request the assistance of an interpreter.

해석

Edison 건강 관리 병원은 월요일부터 토요일에 열며, 평일은 오전 8시부터 오후 8시까지, 토요일에는 오전 8시부터 오후 4시까지 합니다. 건강상의 필요에 따라, 저희 건강 관리 팀에서 직접 방문이 필요한지 전화나 화상 방문이 필요한지 여부를 알려드립니다.

• 예약 (및 일정 확인) 직통 전화: (650) 555-211로 전화 주세요.

저희는 성인과 어린이를 위한 기본적인 진료, 출산 전후 진료, 영양 프로그램 및 고령자 관리 등 다양한 서비스를 제공하고 있습니다. 또한 저희는 더 큰 병원의 전문의에게 환자 여러분을 보낼 수도 있습니다.

▪ 저희는 현재 가입하신 건강 보험으로 여러분을 지원하거나 여러분이 그것을 신청하시도록 돕습니다.
▪ 대면 통역 인원이 필요하신 경우, 준비해 드릴 수 있습니다. 여러분은 전화 및 화상 방문 시에도 이 서비스를 요청하실 수 있습니다.

서비스 및 의료 검진에 대한 자세한 내용을 위해서는, edisonhealth.org를 방문하세요.

① Edison 건강 관리 병원은 토요일에 오후 4시까지 연다.
② 다양한 종류의 예약을 전화로 할 수 있다.
③ 그 병원은 다른 병원으로부터의 전문의 소개를 받아들인다.
④ 환자는 통역 인원의 도움을 요청할 수 있다.

포인트 해설

③번의 키워드인 specialists(전문의)가 그대로 언급된 지문 주변의 내용에서 Edison 건강 관리 병원이 더 큰 병원의 전문의에게 환자를 보낼 수도 있다고는 했지만, ③ '그 병원은 다른 병원으로부터의 전문의 소개를 받아들이'는지는 알 수 없다.

정답 ③

어휘

in-person 직접 하는, 대면의　appointment 예약, 약속
primary 기본적인, 주된　natal 출생의　nutrition 영양
patient 환자; 참을성 있는　specialist 전문의, 전문가
coverage 보험, 보도, 범위　interpreter 통역 인원　referral 소개, 위탁

08 독해 빈칸 완성 – 절 난이도 중 ●●○

밑줄 친 부분에 들어갈 말로 가장 적절한 것은?

Parents today remain largely divided regarding _____ _____ when it comes to using the Internet. The safety of children online is of great concern due to the abundance of unsuitable web content, which seems to be quite easy to access. Many parents agree that they should limit their children's access to the Internet. However, they may find it difficult to decide on the extent to which boundaries should be imposed. Some people believe that it is wrong to engage in digital spying, like keeping track of all the websites their children visit. Others believe that it is fine and don't feel that anyone under the age of eighteen should have privacy rights.

① how much screen time should be allowed
② whether cyberbullying ought to be punishable
③ how much freedom they should give their children
④ what scope of children's personal information could be shared

해석

오늘날 부모들은 인터넷을 사용하는 것에 대해 <u>그들의 아이들에게 얼마만큼의 자유를 주어야 하는지</u>에 관해서는 크게 의견이 나뉘어 있다. 아주 쉽게 접근할 수 있을 것 같아 보이는 다수의 부적절한 인터넷 콘텐츠들 때문에, 온라인상에서의 아이들의 안전은 매우 걱정스럽다. 많은 부모들은 그들이 아이들의 인터넷 접근을 제한해야 한다는 것에 동의한다. 하지만, 그들은 강요되어야 하는 경계의 범위를 결정하는 것이 어렵다는 것을 알게 될지도 모른다. 어떤 사람들은 그들의 아이들이 방문하는 모든 웹사이트들을 추적하는 것과 같은 디지털 스파이 행위에 관여하는 것은 잘못되었다고 생각한다. 다른 사람들은 그것이 괜찮다고 생각하며 18세 미만의 그 누구도 사생활이 보호될 권리를 가져야 한다고 생각하지 않는다.
① 그들의 얼마만큼의 스크린 타임이 허용되어야 하는지
② 사이버 폭력이 처벌될 수 있어야 하는지
③ 그들의 아이들에게 얼마만큼의 자유를 주어야 하는지
④ 아이들의 개인 정보가 어느 범위까지 공유될 수 있는지

포인트 해설

지문 뒷부분에서 많은 부모들이 아이들의 인터넷 접근 제한에 동의하는 반면, 어떤 사람들은 아이들이 방문하는 모든 웹사이트를 추적하는 것은 잘못되었다고 생각한다는 내용이 있으므로, 오늘날 부모들은 인터넷을 사용하는 것에 대해 '그들의 아이들에게 얼마만큼의 자유를 주어야 하는지'에 관해 크게 의견이 나뉘어 있다고 한 ③번이 정답이다.

정답 ③

어휘

regarding ~에 대해 when it comes to ~에 관해서는
abundance 다수, 풍부 unsuitable 부적절한 limit 제한하다
extent 범위, 정도 boundary 경계 impose 강요하다, 부과하다
engage in ~에 관여하다 keep track of ~을 추적하다
cyberbullying 사이버 폭력 punishable 처벌할 수 있는 scope 범위

구문 분석

(생략) it **is wrong** / to engage in digital spying, / like keeping track of all the websites their children visit.
: 이처럼 긴 진짜 주어를 대신해 가짜 주어 it이 주어 자리에 온 경우, 가짜 주어 it은 해석하지 않고 뒤에 있는 진짜 주어 to 부정사(to engage ~ visit)를 가짜 주어 it의 자리에 넣어 '~하는 것은' 또는 '주어가 동사하다는 것은'이라고 해석한다.

09 독해 빈칸 완성 – 구 난이도 중 ●●○

밑줄 친 부분에 들어갈 말로 가장 적절한 것은?

Erosion is nature's slow process of removing soil and rock by wind or water, and dispersing it to other areas. Some of the most beautiful rock structures in nature, including the Delicate Arch in the US, are the result of rocks being eroded away. However, there are also negative consequences of erosion. It can remove layers of soil that are rich in nutrients. This can lead to ecological disaster by rendering land unusable and causing crop shortages. Unfortunately, human activities such as logging, agriculture, and road construction increase and stimulate erosion. For this reason, erosion is now considered _____.

① a major global problem that needs to be addressed
② a consequence of farming practices replenishing crop shortages
③ an unsustainable method of enriching naturally depleted resources
④ a natural process that contributed to the formation of rock structures

해석

침식은 바람이나 물로 흙과 바위를 제거하고, 그것을 다른 곳으로 분산시키는 자연의 더딘 과정이다. 미국의 Delicate Arch를 포함한 자연의 가장 아름다운 바위 구조물 중 몇몇은 바위가 침식된 것의 결과물이다. 하지만, 침식의 부정적인 결과들 또한 존재한다. 그것(침식)은 영양분이 풍부한 토양층을 제거할 수 있다. 이것은 땅을 사용할 수 없는 상태로 만들고 수확물 부족을 야기함으로써 생태학적인 재앙으로 이어질 수 있다. 유감스럽게도, 벌목, 농사, 그리고 도로 건설과 같은 인간 활동들은 침식을 증가시키고 자극한다. 이러한 이유로, 침식은 현재 <u>다뤄져야 할 필요성이 있는 주요한 세계적 문제</u>로 여겨진다.
① 다뤄져야 할 필요성이 있는 주요한 세계적 문제
② 수확물 부족을 보충하는 농업 관행의 결과
③ 자연적으로 고갈된 자원을 풍부하게 하는 지속 불가능한 방법
④ 바위 구조물 형성의 원인이 되는 자연 과정

포인트 해설

빈칸 앞부분에서 침식은 영양분이 풍부한 토양층을 제거하고 수확물 부족을 야기하는 등 부정적인 영향을 끼치기도 하는데, 일부 인간 활동들이 이러한 침식을 증가시킨다고 했으므로, 침식은 현재 '다뤄져야 할 필요성이 있는 주

요한 세계적 문제'로 여겨진다고 한 ①번이 정답이다.

정답 ①

어휘

erosion 침식   disperse 분산시키다   layer 층   nutrient 영양분
ecological 생태학적인   render ~로 만들다   crop 수확물, 농작물
shortage 부족   logging 벌목   agriculture 농사, 농업
stimulate 자극하다   address 다루다, 연설하다; 주소   replenish 보충하다
unsustainable 지속 불가능한   enrich 풍부하게 하다, 부유하게 하다
deplete 고갈시키다   contribute to ~의 원인이 되다, ~에 기여하다

어휘

contemporary 현대의   avant-garde 전위파; 전위적인
installation 설치(물), 장치   illusion 착각, 환상   infinite 무한한
repetitive 반복되는   motif 디자인, 무늬   polka dot 물방울무늬
garment 의류   formalwear 정장   obscurity 무명, 잊혀짐
psychiatric 정신 의학의   draw 끌다, 그리다   enthusiast 애호가

---

10 독해 무관한 문장 삭제   난이도 하 ●○○

다음 글의 흐름상 어색한 문장은?

Upon arriving in New York City in 1957, Japanese contemporary artist Yayoi Kusama became a powerful force in the city's avant-garde scene along with contemporary artists like Andy Warhol and Eva Hesse. She is perhaps best known for her multimedia installations. ① They involve the use of mirrors to create an illusion of infinite space and include repetitive motifs such as polka dots. ② Polka dots are usually only seen on playful garments rather than in formalwear. ③ Despite her early success, Kusama faded into obscurity when she moved back to Japan in 1977 and chose to live in a psychiatric institution. ④ It wasn't until the 1990s that she returned to the spotlight, drawing renewed interest from art enthusiasts worldwide.

해석

1957년에 뉴욕에 도착하자마자, 일본인 현대 예술가 Yayoi Kusama는 Andy Warhol, 그리고 Eva Hesse와 같은 현대 예술가들과 함께 그 도시의 전위파 활동 분야에서 강력한 영향력을 가진 사람이 되었다. 그녀는 아마도 그녀의 멀티미디어 설치물로 가장 잘 알려져 있을 것이다. ① 그것들은 무한한 공간이라는 착각을 불러일으키기 위한 거울의 사용을 수반하고 물방울무늬와 같은 반복되는 디자인을 포함한다. ② 물방울무늬는 보통 정장에서가 아닌 장난스러운 의류에서만 보인다. ③ 그녀의 이른 성공에도 불구하고, Kusama는 그녀가 1977년에 일본으로 돌아갔을 때 무명으로 사라졌고 한 정신의학시설에서 사는 것을 택했다. ④ 1990년대가 되어서야 그녀는 다시 주목을 받게 되었고, 전 세계 예술 애호가들로부터 새로워진 관심을 끌었다.

포인트 해설

지문 앞부분에서 뉴욕의 전위파 활동 분야에서 강력한 영향력을 지녔던 예술가 Yayoi Kusama에 대해 언급한 뒤, ①번에서 물방울무늬를 비롯한 Kusama 작품의 특징에 대해 소개하고, ③, ④번에서 Kusama가 1977년에 일본으로 돌아갔을 때 무명이 되었지만 1990년대에 다시 주목을 받게 되었음을 설명하고 있다. 그러나 ②번은 '물방울무늬가 쓰이는 의류'에 대한 내용으로, 지문 앞부분의 내용과 관련이 없다.

정답 ②

해커스 공무원시험연구소 총평

난이도	문법 영역이 빈출 포인트들로 구성되고, 독해 영역에서는 정답이 명확하여, 고득점을 기대할 수 있는 회차였습니다.
어휘·생활영어 영역	4번 문제처럼 특정 장소에 예약이나 방문을 문의하는 상황은 언제든 다시 출제될 수 있으므로, '이것도 알면 합격'을 통해 관련 표현들을 함께 익혀둡니다.
문법 영역	3번은 9급 공무원 영어 시험에서 자주 등장하는 문법 포인트들로 구성된 문제입니다. 네 개의 보기 중 헷갈리는 것이 있었다면, 기본 이론을 반드시 다시 짚어 보고 넘어 갑니다.
독해 영역	시험에는 공무원 직무 관련 지문 외에도 철학, 교육, 언어 등 다양한 주제가 등장해 왔습니다. 소재의 출제 범위는 매우 광범위하므로, 어떤 소재의 문제이든 유형에 따른 전략으로 접근하는 것이 중요합니다.

정답

01	④	어휘	06	③	독해
02	①	문법	07	④	독해
03	③	문법	08	③	독해
04	②	생활영어	09	④	독해
05	②	독해	10	②	독해

취약영역 분석표

영역	맞힌 답의 개수
어휘	/ 1
생활영어	/ 1
문법	/ 2
독해	/ 6
TOTAL	/ 10

---

01 | 어휘 despair | 난이도 중 ●●○

밑줄 친 부분에 들어갈 말로 가장 적절한 것은?

He has been under a lot of stress, so telling him more bad news might make him _____.

① mature
② flourish
③ exert
④ despair

해석

그는 많은 스트레스를 받고 있어서, 그에게 더 안 좋은 소식을 전하는 것은 그를 절망하게 만들지도 모른다.

① 성숙하다
② 번창하다
③ 노력하다
④ 절망하다

정답 ④

어휘

mature 성숙하다; 성숙한 flourish 번창하다, 잘 자라다
exert 노력하다, (영향력을) 행사하다 despair 절망하다; 절망

이것도 알면 합격!

'절망하다'의 의미를 갖는 표현
= dismay, lose faith, give up

---

02 | 문법 병치 구문 | 난이도 중 ●●○

밑줄 친 부분에 들어갈 말로 가장 적절한 것은?

As face-to-face interactions foster better communication and creativity, I prefer collaborating with my team in person to _____ through emails all day.

① communicating
② communicate
③ than communicate
④ be communicated

해석

직접 대면하는 상호 작용은 더 나은 소통과 창의성을 조성하기 때문에, 나는 하루 종일 이메일을 통해 협업하는 것보다 팀과 대면하여 협업하는 것을 선호한다.

포인트 해설

① 병치 구문 비교 구문(prefer A to B)에서 비교 대상은 같은 구조끼리 연결되어야 하는데, to 앞에 동명사 collaborating이 왔으므로 to 뒤에도 동명사가 와야 한다. 따라서 동명사 ① communicating이 정답이다.

정답 ①

어휘

foster 조성하다, 발전시키다 collaborate 협업하다, 협력하다

🎓 이것도 알면 **합격!**

prefer A to B(B보다 A를 선호하다)와 같이 than 대신 to를 쓰는 비교 표현들을 알아 두자.

superior to ~보다 뛰어난	senior to ~보다 더 나이 든
inferior to ~보다 열등한	junior to ~보다 더 어린
prior to ~보다 이전에	

---

03 문법 수동태 | 명사절 | to 부정사   난이도 중 ●●○

밑줄 친 부분 중 어법상 옳지 않은 것은?

Shortly after the United States won its independence from Britain, American reformists decided ① that the spelling of English words needed to be made easier. This was because British English ② featured unnecessary double consonants and silent vowels that were ③ confused and led to spelling inconsistencies. Some of these excess letters were removed ④ to make American English more straightforward.

해석

미국이 영국으로부터 독립을 쟁취한 직후, 미국의 개혁파들은 영어 단어의 철자가 더 쉽게 만들어질 필요가 있다고 결정했다. 이것은 영국식 영어가 불필요한 이중 자음과 헷갈리고 철자의 불일치를 일으키는 무성 모음을 특징으로 하기 때문이었다. 미국식 영어를 더욱 간단하게 만들기 위해 이 필요 이상의 글자들 중 일부가 제거되었다.

포인트 해설

③ 3형식 동사의 수동태 감정을 나타내는 동사(confuse)의 경우 주어(silent vowels)가 '무성 모음이 헷갈리다'라는 의미로 감정의 원인이면 능동태를 써야 하므로, 과거분사 confused를 be동사(were)와 함께 능동태를 완성하는 현재분사 confusing으로 고쳐야 한다.

[오답 분석]
① 명사절 접속사 완전한 절(the spelling ~ easier)을 이끌며 동사 decide의 목적어 자리에 올 수 있는 명사절 접속사 that이 올바르게 쓰였다.
② 능동태·수동태 구별 종속절의 주어 British English와 동사가 '영국식 영어가 특징으로 하다'라는 의미의 능동 관계이므로 능동태 featured가 올바르게 쓰였다.
④ to 부정사의 역할 문맥상 '미국식 영어를 더욱 간단하게 만들기 위해'라는 의미가 되어야 자연스러우므로 '~하기 위해서'라는 의미를 가지며 부사 역할을 하는 to 부정사 to make가 올바르게 쓰였다.

정답 ③

어휘

independence 독립 win 쟁취하다, 이기다 reformist 개혁파, 혁신주의자
consonant 자음 vowel 모음 inconsistency 불일치, 모순
excess 필요 이상의; 초과(량) straightforward 간단한, 솔직한

🎓 이것도 알면 **합격!**

④번과 같이 to 부정사가 목적을 나타낼 때는 to 대신 in order to, so as to를 쓸 수 있다는 것도 기억하자.

---

04 생활영어 What are the exact time slots for this service?   난이도 중 ●●○

밑줄 친 부분에 들어갈 말로 가장 적절한 것은?

 Lily Lewis
Is it possible to book a field trip on March 10? There will be 30 people, including me.
14:30 pm

Matthew White
Yes. We have a permanent exhibition, and in March, we will have a special exhibition on international cultures. Both would be very educational for students.
14:30 pm

 Lily Lewis
Do you provide docent-led tours as well?
14:31 pm

Matthew White
Yes. The docent guides students through the main exhibits, providing detailed explanations. We can add that to your booking.
14:31 pm

 Lily Lewis
_____
_____
14:31 pm

Matthew White
We offer a morning session from 10 to 11 a.m. and an afternoon session from 2 to 3 p.m.
14:32 pm

 Lily Lewis
Please reserve a docent for the morning session.
14:32 pm

① Do you offer discounts for group tours?
② What are the exact time slots for this service?
③ When does the special exhibition end?
④ Can students volunteer for docent activities?

Lily Lewis: 3월 10일에 현장 학습을 예약할 수 있을까요? 저를 포함해 30명이 참석할 예정입니다.

Matthew White: 그럼요. 저희는 상설 전시가 하나 있고, 3월에는 국제 문화에 대한 특별 전시가 하나 있을 겁니다. 둘 다 학생들에게 매우 교육적인 내용일 거예요.

Lily Lewis: 안내원이 이끄는 견학도 제공하시나요?

Matthew White: 네. 안내원은 상세한 설명을 제공하면서, 주요 전시들을 두루 학생들에게 안내합니다. 저희는 그것을 당신의 예약에 추가해 드릴 수 있어요.

Lily Lewis: 그 서비스의 정확한 시간대는 어떻게 되나요?

Matthew White: 저희는 오전 10시부터 11시까지 오전 (견학) 시간을, 오후 2시부터 3시까지 오후 (견학) 시간을 제공합니다.

Lily Lewis: 네. 오전 시간으로 안내원 한 분 예약을 부탁드릴게요.

① 단체 견학에 대한 할인을 제공하시나요?
② 그 서비스의 정확한 시간대는 어떻게 되나요?
③ 특별 전시는 언제 종료되나요?
④ 학생들이 안내원 활동에 자원할 수 있나요?

포인트 해설

진시에 대해 상세한 설명을 제공하는 안내원 견학을 예약에 추가해 줄 수 있다는 Matthew의 안내에 대해 Lily가 말하고, 빈칸 뒤에서 다시 Matthew가 We offer a morning session from 10 to 11 a.m. and an afternoon session from 2 to 3 p.m.(저희는 오전 10시부터 11시까지 오전 (견학) 시간을, 오후 2시부터 3시까지 오후 (견학) 시간을 제공합니다)이라고 말하고 있으므로, '그 서비스의 정확한 시간대는 어떻게 되나요?'라는 의미의 ② 'What are the exact time slots for this service?'가 정답이다.

정답 ②

어휘

field trip 현장 학습   permanent 상설의, 영구적인   exhibition 전시(회)
docent 안내원   explanation 설명   reserve 예약하다   time slot 시간대

이것도 알면 합격!

여행 상품을 예약할 때 쓸 수 있는 다양한 표현들을 알아 두자.
• Would you like to go ahead with the reservation? 예약하시겠어요?
• How many people will be traveling? 여행 인원이 몇 명인가요?
• I'll take an all-inclusive package. 모든 비용이 포함된 패키지로 할게요.
• We can give you a special group rate.
  저희는 특별 단체 요금을 제공해 드릴 수 있습니다.

05~06 다음 글을 읽고 물음에 답하시오.

_____(A)_____

The Everton Community Center is pleased to once again host the Mid-Autumn Festival, a traditional event in the local Chinese community celebrating the harvest, families, and the autumn moon. Come out and enjoy a night of unique cultural experiences.

Details
▪ Date: Wednesday, September 15
▪ Time: 6:00 p.m. – 11:00 p.m.
▪ Location: Everton Community Center Parking Lot
  (The event will be moved into the center's auditorium in case of rain)

Highlights
▪ **Cultural Performances**
Watch a performance of a lion dance complete with traditional music and folk dancing.

▪ **Mooncake Tasting**
Sample a variety of mooncakes, the iconic Chinese pastry served during the holiday time.

▪ **Lantern-making Class**
Learn how to make the traditional lanterns that are used to decorate Chinese homes and temples for the festival.

For more information, please visit www.Everton CommunityCenter.com/festival.

(A) **Everton에서 중국의 전통을 경험하세요**

Everton 주민 센터는 추수, 가족, 그리고 가을 달을 기리는 중국 현지 지역 사회의 전통 행사인 중추절을 다시 한 번 주최하게 되어 기쁘게 생각합니다. 오셔서 독특한 문화 체험의 밤을 즐기세요.

세부 사항
▪ **날짜:** 9월 15일 수요일
▪ **시간:** 오후 6시 – 11시
▪ **장소:** Everton 주민 센터 주차장 (행사는 우천 시에 센터 강당으로 이동될 것입니다)

하이라이트
▪ **문화 공연**
전통 음악과 민속 춤을 포함한 사자 춤 공연을 관람하세요.

▪ **월병 시식**
연휴 기간 동안 식탁에 올리는, 상징적인 중국 페이스트리인 다양한 월병들을 맛보세요.

▪ **등 만들기 교실**
축제를 위해 중국 가정과 사원을 장식하는 데 사용되는 전통 등을 만드는 방법을 배우세요.

더 많은 정보를 위해 www.EvertonCommunityCenter.com/festival을 방문하세요.

어휘

harvest 추수; 수확하다   auditorium 강당
complete with ~을 포함한, 갖춘   folk 민속의
mooncake 월병 (달 모양으로 둥글게 만든 흰떡)   sample 맛보다; 견본
iconic 상징적인   decorate 장식하다

05　독해 제목 파악　　　　　난이도 중 ●●○

(A)에 들어갈 윗글의 제목으로 가장 적절한 것은?

① Visit China for the Mid-Autumn Festival
② Experience Chinese Traditions in Everton
③ Support the Local Community Center
④ Enjoy the Bounty of the Annual Harvest

해석

① 중추절을 맞아 중국을 방문하세요
② Everton에서 중국의 전통을 경험하세요
③ 현지 주민 센터를 후원하세요
④ 연례 추수의 풍족함을 누리세요

포인트 해설

지문 처음에서 Everton 주민 센터에서 중국 현지의 전통 행사인 중추절을 주최한다고 한 뒤, 행사 하이라이트로 전통 사자 춤 공연, 상징적인 연휴 음식 시식, 전통 등 만들기 등을 소개하고 있다. 따라서 ② 'Everton에서 중국의 전통을 경험하세요'가 이 글의 제목이다.

정답 ②

어휘

bounty 풍족함, 너그러움

06　독해 내용 불일치 파악　　　난이도 하 ●○○

Mid-Autumn Festival에 관한 윗글의 내용과 일치하지 않는 것은?

① 이전에 주민 센터에서 주최한 적이 있다.
② 수요일 저녁에 개최된다.
③ 월병을 직접 만들고 맛볼 수 있다.
④ 참석자들은 전통 장식품을 만드는 방법을 배울 수 있다.

포인트 해설

③번의 키워드인 월병(Mooncake)이 그대로 언급된 지문 주변의 내용에서 연휴 기간 동안 식탁에 올리는 중국 페이스트리인 월병을 맛보라고는 했지만, ③ '월병을 직접 만들고 맛볼 수 있'는지는 알 수 없다.

정답 ③

07　독해 내용 일치 파악　　　　난이도 중 ●●○

Office of Commercial Development and Entrepreneurship 에 관한 다음 글의 내용과 일치하는 것은?

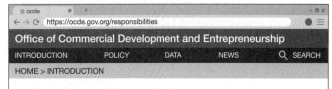

Office of Commercial Development and Entrepreneurship

INTRODUCTION　　POLICY　　DATA　　NEWS　　🔍 SEARCH

HOME > INTRODUCTION

Mission of the Office of Commercial Development and Entrepreneurship (OCDE)

The OCDE's mission is to support the growth and security of small-to-medium enterprises (SMEs) and startups. To this end, it conducts extensive research to identify the difficulties and restrictions SMEs and startups face and implements measures to address these challenges. In addition to providing grants to promising new businesses and ensuring that universities have programs in place to assist students considering creating their own startups, the OCDE helps businesses expand into international markets. This benefits the national economy by creating domestic employment and generating income from exports. Furthermore, it advocates for lower taxes on SMEs and regulates the growth of large enterprises to prevent monopolies from developing.

① It creates university courses to encourage people to become entrepreneurs.
② It establishes export quotas to ensure sufficient domestic supply.
③ It sets the rate at which small-to-medium enterprises are taxed.
④ It prevents large businesses from gaining complete control over a commodity.

해석

상업 개발 및 창업 지원부(OCDE)의 임무

상업 개발 및 창업 지원부의 임무는 중소기업(SME)과 신생 기업의 성장과 보호를 지원하는 것입니다. 이 목표를 위해, 그것은 중소기업과 신생 기업들이 직면하는 어려움과 제약들을 파악하려는 광범위한 연구를 수행하며 이러한 문제를 해결하려는 조치들을 시행합니다. 유망한 신사업에 보조금을 제공하고 대학이 신생 기업들의 설립을 고려하는 학생들을 지원하는 프로그램을 갖추도록 하는 것 외에도, 상업 개발 및 창업 지원부는 기업이 해외 시장으로 확장되도록 돕습니다. 이는 국내 고용을 창출하고 수출로 소득을 발생시킴으로써 국가 경제를 이롭게 합니다. 뿐만 아니라, 그것은 중소기업에 대한 더 낮은 세금을 지지하고 독점이 일어나는 것을 막기 위해 대기업의 성장을 규제합니다.

① 그것은 사람들이 기업가가 되도록 장려하는 대학 강의들을 개설한다.
② 그것은 충분한 국내 공급을 위해 수출 할당량을 설정한다.
③ 그것은 중소기업에 부과되는 세금의 비율을 정한다.
④ 그것은 대기업이 상품에 대한 완전한 통제권을 얻는 것을 막는다.

④번의 키워드인 gaining complete control(완전한 통제권을 얻는 것)을 바꾸어 표현한 지문의 monopolies(독점) 주변의 내용에서 상업 개발 및 창업 지원부는 독점이 일어나는 것을 막기 위해 대기업의 성장을 규제함으로써 독점을 막는다고 했으므로, ④ '그것은 대기업이 상품에 대한 완전한 통제권을 얻는 것을 막는다'가 지문의 내용과 일치한다.

[오답 분석]
① 상업 개발 및 창업 지원부는 대학이 창업을 고려하는 학생들을 지원하는 프로그램을 갖추도록 한다고 했지만, 그것이 사람들이 기업가가 되도록 장려하는 대학 강의들을 개설하는지는 알 수 없다.
② 상업 개발 및 창업 지원부는 기업이 해외 시장으로 확장되도록 돕는다고 했으므로, 그것이 충분한 국내 공급을 위해 수출 할당량을 설정한다는 것은 지문의 내용과 다르다.
③ 상업 개발 및 창업 지원부는 중소기업에 대한 더 낮은 세금을 지지한다고는 했지만, 그것이 중소기업에 부과되는 세금의 비율을 정하는지는 알 수 없다.

정답 ④

어휘

entrepreneurship 창업 (정신), 기업가 정신 extensive 광범위한
restriction 제약 implement 시행하다 measure 조치, 측정; 측정하다
grant 보조금; 수여하다 promising 유망한 in place 갖춘, 준비되어 있는
expand 확장되다 employment 고용 income 소득
export 수출; 수출하다 advocate 지지하다 monopoly 독점
quota 할당량, 한도 sufficient 충분한 commodity 상품

---

08 독해 주제 파악 난이도 중 ●●○

다음 글의 주제로 가장 적절한 것은?

In stark contrast to the old mythological-based views of the cosmos, logic and fact were the twin pillars on which Greek philosophy came to be built. Despite this departure from the established thinking of the era, the Greeks' ideology had little trouble thriving. Certainly, employing the written word to spread their ideas helped matters. The spoken word is a powerful ambassador, but the written word helped to achieve the proliferation of the new doctrines. And the geopolitical location of Greek city-states on the coasts of the Mediterranean Sea, the "information highway" of its time, only aided their expansion. The trade conducted at the ports with cultured neighbors was an ideal conduit for Greek philosophy to spread its roots.

① The reasons for the decline of traditional mythological views
② The Mediterranean's role in shaping Greek philosophy
③ The development and spread of Greek philosophy
④ The contribution of Greek philosophy to the written word

해석

우주에 대한 신화에 기반을 둔 오래된 관점과는 극명히 대조되는 논리와 사실은 그리스 철학이 기반한 한 쌍의 기둥이었다. 그 시대의 확립된 생각으로부터의 이러한 이탈에도 불구하고, 그리스의 이념은 번영하는 데 어려움이 거의 없었다. 분명히, 그들의 사상을 전파하기 위해 문자 언어들을 사용하는 것은 도움이 되었다. 구어는 영향력 있는 사절이지만, 문자 언어가 새로운 학설의 확산을 달성하는 데 가장 도움이 되었다. 그리고 그 시절의 '정보 고속도로'였던 지중해 연안에 접한 그리스 도시 국가들의 지정학적인 위치는 그것의 확산을 도울 뿐이었다. 교양 있는 이웃 국가들과 항구에서 행해진 교역은 그리스 철학이 그 뿌리를 뻗을 이상적인 전달자였다.

① 전통적인 신화관이 쇠퇴한 이유들
② 그리스 철학을 형성하는 데 있어 지중해의 역할
③ 그리스 철학의 발전과 전파
④ 문자 언어의 확산에 대한 그리스 철학의 기여

지문 전반에 걸쳐 논리와 사실을 기반으로 한 그리스 철학이 당시의 확립된 생각이었던 신화 중심적 사상과 전혀 달랐음에도 불구하고, 문자 언어의 사용과 지중해 연안의 교역을 통해 확산될 수 있었다고 설명하고 있으므로, ③ '그리스 철학의 발전과 전파'가 이 글의 주제이다.

정답 ③

어휘

in stark contrast to ~와 극명히 대조되는 mythological 신화의
cosmos 우주 pillar 기둥 departure 이탈, 떠남, 출발 thrive 번영하다
employ 사용하다, 고용하다 ambassador 사절, 대사 proliferation 확산
doctrine 학설, 교리 geopolitical 지정학적인 aid 돕다; 원조
expansion 확산 trade 교역, 거래 conduct 행하다 ideal 이상적인
conduit 전달자; 수로 contribution 기여, 공헌

---

09 독해 빈칸 완성 – 구 난이도 중 ●●○

밑줄 친 부분에 들어갈 말로 가장 적절한 것은?

Twenty-five million children around the world are currently displaced due to war. Making matters worse, a great many of these children are orphans without a legal name or nationality. This increases their vulnerability greatly. Not only are they singled out and exploited before anyone can help them, but it is incredibly difficult for them to be adopted by families in peaceful countries. This is because governments are usually reluctant to adopt children if there is a chance that they have any living family members. However, whether or not they do is sometimes impossible to ascertain, since children born during times of war are often not registered at birth. In other words, there is no way of _____.

① contacting their adoptive families
② preventing their departure
③ analyzing their well-being
④ knowing their actual identity

해석

전 세계의 2,500만 명의 아이들이 현재 전쟁으로 인해 강제 추방당하고 있다. 설상가상으로, 이 아이들 중 아주 많은 수가 법적 이름이나 국적이 없는 고아이다. 이것은 그들의 취약성을 크게 높인다. 그들은 누군가가 그들을 도울 수 있기도 전에 지목되어 착취당할 뿐만 아니라, 그들이 평화로운 나라에 있는 가족에 의해 입양되는 것도 대단히 어렵다. 이는 아이들에게 살아 있는 가족이 있을 가능성이 있을 경우에는 정부가 보통 아이를 입양하는 것을 주저하기 때문이다. 하지만, 전쟁 시기에 태어난 아이들은 주로 출생 시에 신고되지 않기 때문에, 그들에게 살아 있는 가족이 있는지 없는지 여부는 때때로 알아내기가 불가능하다. 다시 말해서, <u>그들의 실제 신원을 알아낼</u> 아무런 방법이 없다.

① 그들의 입양 가족과 접촉할
② 그들이 떠나는 것을 막을
③ 그들의 복지를 꼼꼼히 살펴볼
④ 그들의 실제 신원을 알아낼

포인트 해설

지문 앞부분에서 전쟁으로 인해 강제 추방된 많은 아이들이 법적 이름이나 국적이 없는 고아라고 하고, 빈칸 앞 문장에 전쟁 중에 태어난 아이들은 주로 출생 신고가 되어 있지 않아서 살아 있는 가족이 있는지를 확인하는 것이 불가능하다는 내용이 있으므로, '그들의 실제 신원을 알아낼' 아무런 방법이 없다고 한 ④번이 정답이다.

정답 ④

어휘

displace 강제 추방하다   orphan 고아   vulnerability 취약성, 상처받기 쉬움
single out ~를 지목하다, 선발하다   exploit 착취하다, 이용하다
incredibly 대단히   adopt 입양하다, 채택하다   reluctant 주저하는
ascertain 알아내다, 규명하다   register 신고하다, 등록하다
identity 신원, 정체성

---

10 독해 내용 불일치 파악   난이도 상 ●●●

다음 글의 내용과 일치하지 않는 것은?

Early languages were important markers of communal identity. They helped people know who belonged to a group and who did not. Of course, it would have been possible for an outsider to gain access to the group and learn the language well enough to communicate with some degree of fluency. However, native speakers would have likely been able to detect shortcomings such as an accent and the outsider's confusion over idiomatic expressions unique to the group. The new language learner would have always been considered somewhat of an intruder due to his or her inability to grasp these various linguistic nuances. The same is true to some extent today. People are able to identify much more with those who share their speech patterns, even within the same language. This is because using the same expressions and having the same accent as someone else suggests that that person belongs to the same geographic area and therefore has had relatable life experiences.

① Sharing a mother tongue gave people in early societies a sense of belonging.
② It is more difficult to master linguistic nuances today than it was in the past.
③ Even subtle differences in pronunciation can affect how relatable someone is.
④ The way people speak can be an indicator of the regions that they come from.

해석

초기 언어들은 공동체 정체성의 중요한 표시였다. 그것은 사람들이 누가 집단에 속하며 누가 속하지 않는지를 구별하는 데 도움을 주었다. 물론, 외부인이 집단에 접근하여 어느 정도 유창하게 의사소통을 할 만큼 충분히 제대로 언어를 배우는 것은 가능했을 것이다. 하지만, 원어민들은 아마 억양과 그 집단 특유의 관용 표현에 대한 외부인의 혼동과 같은 결점을 인지할 수 있었을 것이다. 새로운 언어의 학습자들은 그들이 이러한 언어의 다양하고 미묘한 차이를 파악할 수 없기 때문에 언제나 어느 정도는 불청객으로 여겨졌을 것이다. 이것은 오늘날에도 어느 정도는 마찬가지이다. 사람들은 심지어 같은 언어 내에서도 말투를 공유하는 사람들과 훨씬 더 일체감을 가질 수 있다. 이는 다른 누군가와 같은 표현을 쓰고 같은 억양을 갖는 것은 그 사람이 같은 지리적 지역에 속하며, 그 결과 공감대를 형성할 수 있는 삶의 경험을 해 왔다는 것을 암시하기 때문이다.

① 모국어를 공유하는 것은 초기 사회의 사람들에게 소속감을 주었다.
② 오늘날 언어의 미묘한 차이에 숙달하는 것은 과거에 그랬던 것보다 더 어렵다.
③ 발음에서의 미세한 차이조차도 누군가가 얼마나 공감대를 형성하는지에 영향을 미칠 수 있다.
④ 사람들이 말하는 방식은 그들의 출신 지역의 지표가 될 수 있다.

포인트 해설

②번의 키워드인 linguistic nuances(언어의 미묘한 차이)가 그대로 등장한 지문 주변 내용에서 새로운 언어의 학습자들은 언어의 다양하고 미묘한 차이를 파악할 수 없기 때문에 불청객으로 여겨졌을 것인데, 이는 오늘날에도 마찬가지라고 했으므로, ② '오늘날 언어의 미묘한 차이에 숙달하는 것은 과거에 그랬던 것보다 더 어려운'지는 알 수 없다.

정답 ②

어휘

communal 공동체의, 공용의   fluency 유창함   detect 인지하다, 간파하다
shortcoming 결점, 부족   confusion 혼동, 혼란   idiomatic 관용적인
intruder 불청객, 침입자   grasp 파악하다, 터득하다   linguistic 언어의
nuance 미묘한 차이, 어감   identify with ~와 일체감을 가지다
speech pattern 말투   geographic 지리적인   relatable 공감대를 형성하는
mother tongue 모국어   subtle 미세한, 미묘한   pronunciation 발음
indicator 지표

구문 분석

Of course, / it would have been possible for an outsider / to gain access to the group / and learn the language well enough / to communicate with some degree of fluency.

: 이처럼 조동사 would가 have + p.p.(have been)와 함께 쓰이는 경우, '~했었을 것이다'라고 해석한다.

해커스 공무원시험연구소 총평

난이도	다양한 난이도의 문제가 고루 수록된 회차입니다. 이러한 구성에서는 난이도가 낮고 지문의 길이가 짧은 문제에서 시간을 단축함으로써 고난도 문제풀이를 위한 충분한 시간을 확보할 수 있습니다.
어휘·생활영어 영역	어휘 영역의 보기로 출제된 단어들을 꼼꼼하게 잘 외워 둔다면, 추후 독해 영역의 유의어 파악 유형의 정답 또한 쉽게 골라낼 수 있을 것입니다.
문법 영역	to 부정사는 형태, 의미상 주어, 관련 표현 등 다양한 세부 문법 포인트로 출제되어 왔으므로, '이것도 알면 합격!' 뿐만 아니라 지난 기출 문제들 또한 다시 한번 점검해 보는 것이 좋습니다.
독해 영역	10번 문제에 생소한 소재의 긴 지문이 출제되어 오답률이 높았을 수 있습니다. 하지만 접속사·지시어 등 문단 순서 배열 유형의 주요 단서들에 집중한다면, 지문에 쓰인 소재가 생소한지 여부와 상관없이 정답을 찾을 수 있습니다.

정답

01	③	어휘	06	③	독해
02	④	문법	07	④	독해
03	④	문법	08	①	독해
04	①	생활영어	09	③	독해
05	③	독해	10	④	독해

취약영역 분석표

영역	맞힌 답의 개수
어휘	/ 1
생활영어	/ 1
문법	/ 2
독해	/ 6
TOTAL	/ 10

---

01 어휘 scarce = limited   난이도 중 ●●○

밑줄 친 부분의 의미와 가장 가까운 것은?

> Job opportunities in this town are <u>scarce</u>, so city council members are trying to attract new businesses.

① ideal
② deliberate
③ limited
④ steady

해석

이 도시에서는 취업 기회가 <u>드물어서</u>, 시 의회 의원들은 새로운 기업들을 유치하기 위해 노력하고 있다.

① 이상적인
② 계획적인
③ 제한된
④ 꾸준한

정답 ③

어휘

scarce 드문   attract 유치하다, 끌어들이다   ideal 이상적인
deliberate 계획적인, 고의적인   limited 제한된   steady 꾸준한

이것도 알면 합격!

'드문'의 의미를 갖는 유의어
= rare, insufficient, sparse, unusual

---

02 문법 to 부정사   난이도 중 ●●○

밑줄 친 부분에 들어갈 말로 가장 적절한 것은?

> Had the ancient Egyptians recognized the signs of climate change, their agricultural output might have increased, as the timing of planting and harvesting seems to _____ by the Nile's seasonal changes.

① influence
② be influenced
③ have influenced
④ have been influenced

해석

고대 이집트인들이 기후 변화의 조짐을 인식했다면, 그들의 농업 생산량이 증가했을 수도 있는데, 씨를 뿌리고 수확하는 시기가 나일강의 계절적인 변화에 의해 영향을 받았던 것으로 보이기 때문이다.

포인트 해설

④ to 부정사의 형태   to 부정사가 가리키는 명사(the timing of planting and harvesting)와 to 부정사가 '씨를 뿌리고 수확하는 시기가 영향을 받다'라는 의미의 수동 관계이므로 to 부정사의 수동태를 완성하는 ② be influenced와 ④ have been influenced가 정답 후보이다. 이때 '영향을 받은' 시점이 '(영향을 받은) 것으로 보인'(seems to) 시점보다 이전이므로, to 부정사의 수동태 완료형 ④ have been influenced가 정답이다.

정답 ④

어휘

recognize 인식하다   agricultural 농업의, 농경의   output 생산량
harvest 수확하다

🔖 **이것도 알면 합격!**

동사 seem과 같이 to 부정사를 보어로 취하는 동사들을 알아 두자.

• want ~이 –하는 것을 원하다	• expect ~이 –할 것을 기대하다
• tell ~에게 –하도록 이야기하다	• cause ~이 –하게 (원인 제공)하다
• allow ~이 –하게 허락하다	• get ~이 –하게 시키다
• lead ~이 –하게 이끌다	• force ~이 –하게 강요하다
• compel ~이 –하게 강요하다	

---

03 문법 수 일치 | 주어 | 전치사   난이도 중 ●●○

밑줄 친 부분 중 어법상 옳지 않은 것은?

Many of us ① drink a cup of coffee in the morning to wake up, but we sometimes forget that there ② are many other drinks that can also do the job ③ of stimulating our senses. For example, tea as well as soft drinks ④ contain caffeine, too. Yet, we remain loyal to coffee for its rich taste and fragrant aroma.

해석

우리 중 다수가 아침에 정신을 차리기 위해 커피 한 잔을 마시지만, 우리는 가끔 우리의 감각을 자극하는 역할도 할 수 있는 많은 다른 음료들이 있다는 것을 잊는다. 예를 들어, 청량음료와 마찬가지로 차에도 카페인이 들어 있다. 그렇지만, 우리는 커피의 풍부한 맛과 향긋한 향 때문에 커피에 변함없이 지지를 보낸다.

포인트 해설

④ 접속사로 연결된 주어의 수 일치   주어 자리에 상관접속사 'A as well as B'(tea as well as soft drinks)가 오면 동사는 A(tea)에 수 일치시켜야 하는데, A 자리에 불가산 명사 tea가 왔으므로 복수 동사 contain을 단수 동사 contains로 고쳐야 한다.

[오답 분석]

① 수량 표현의 수 일치   주어 자리에 복수 취급하는 수량 표현 Many가 왔으므로 복수 동사 drink가 올바르게 쓰였다.

② 가짜 주어 구문   there 구문 'there + 동사(are) + 진짜 주어(many other drinks)'에서 동사는 진짜 주어에 수 일치시켜야 하는데, 진짜 주어 자리에 복수 명사 many other drinks가 왔으므로 복수 동사 are가 올바르게 쓰였다.

③ 전치사 자리   전치사(of)는 명사 역할을 하는 것 앞에 와야 하므로 전치사 of 뒤에 동명사 stimulating이 올바르게 쓰였다.

정답 ④

어휘

wake up 정신을 차리다   stimulate 자극하다   contain 들어 있다, 함유하다
loyal 지지하는, 충실한   fragrant 향긋한

🔖 **이것도 알면 합격!**

접속사로 연결된 주어와 동사의 수 일치를 알아 두자.

A에 동사를 수 일치시키는 경우	A as well as B B뿐만 아니라 A도
B에 동사를 수 일치시키는 경우	Not A but B A가 아니라 B
	either A or B A 또는 B 중 하나
	neither A nor B A도 B도 아닌
	not only A but (also) B A뿐만 아니라 B도

---

04 생활영어 How about we buy dessert with the vouchers I have left?   난이도 하 ●○○

밑줄 친 부분에 들어갈 말로 가장 적절한 것은?

A: That was delicious! We should definitely visit the local cuisine festival again!
B: I agree. Are you all done?
A: Actually, I was thinking about getting a dessert. How about you?
B: They do look pretty good, but I've already used up all my festival vouchers.
A: _____
B: That would be great. I should make sure to bring enough vouchers next time.

① How about we buy dessert with the vouchers I have left?
② When can we start purchasing additional vouchers?
③ I thought you were on a diet nowadays.
④ Can we only use vouchers when purchasing items?

해석

A: 맛있었어! 우리는 지역 요리 축제에 꼭 다시 와야겠는걸.
B: 나도 같은 생각이야. 다 먹었어?
A: 사실, 나는 디저트를 먹을 생각을 하고 있었어. 너는 어때?
B: 정말 맛있어 보이기는 한다, 그런데 축제 쿠폰을 이미 다 써 버렸어.
A: 내가 남겨 둔 쿠폰으로 디저트를 사는 건 어때?
B: 그렇다면 정말 좋지. 나도 다음에는 쿠폰을 충분히 가져와야겠어.

① 내가 남겨 둔 쿠폰으로 디저트를 사는 건 어때?
② 우리가 추가 쿠폰 구매를 언제 시작할 수 있을까?
③ 난 네가 요즘 다이어트 중이라고 생각했어.
④ 뭘 살 때 쿠폰만 사용할 수 있나?

포인트 해설

B가 디저트를 먹고 싶지만 축제 쿠폰을 이미 다 써 버렸다고 하자 A가 말하

고, 빈칸 뒤에서 다시 B가 That would be great. I should make sure to bring enough vouchers next time(그렇다면 정말 좋지. 나도 다음에는 쿠폰을 충분히 가져와야겠어)이라고 덧붙이고 있으므로, '내가 남겨 둔 쿠폰으로 디저트를 사는 건 어때?'라는 의미의 ① 'How about we buy dessert with the vouchers I have left?'가 정답이다.

정답 ①

어휘

cuisine 요리   voucher 쿠폰, 상품권

이것도 알면 합격!

식사할 때 쓸 수 있는 다양한 표현들을 알아 두자.
• Have you been served? 주문하셨나요?
• Which flavor would you like? 어떤 맛으로 하시겠어요?
• We'll skip the dessert. 후식은 생략할게요.
• I'll go for the steak. 저는 스테이크로 할게요.

05~06 다음 글을 읽고 물음에 답하시오.

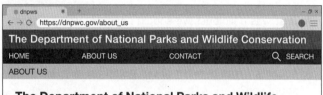

The Department of National Parks and Wildlife Conservation

Obligation & Vision

We are responsible for managing all the national parks and wildlife reserves in the country, ensuring that natural habitats are maintained, animal populations remain stable, and recreational spaces are sustainable. To this end, we closely monitor areas within our purview to deter illegal activities such as habitat destruction and poaching.

We strive to broaden the scope of protected areas and to enhance public <u>involvement</u> in our environmental conservation efforts. Furthermore, we endeavor to expand our data collection efforts and better implement preservation strategies, with the goal of making species more resilient to climate change.

Guiding Values

• Stewardship / Conservation:
  We are committed to preserving the natural landscapes, ecosystems, and wildlife populations entrusted to our care.
• Collaboration / Public Education:
  We cultivate partnerships with local communities and private organizations while providing educational programming to the public.

해석

국립 공원 및 야생 동물 보호국

책무 및 미래상

우리는 국가 내 모든 국립 공원과 야생 동물 보호 구역을 관리할 책임이 있으며, 이는 자연 서식지가 유지되고, 동물 개체 수가 안정적인 상태로 남으며, 휴게 공간이 지속 가능할 것을 보장합니다. 이것을 위하여, 우리는 서식지 파괴 및 밀렵과 같은 불법 행위를 막고자 관할 구역 내 지역들을 면밀히 감시합니다.

우리는 보호받는 지역의 범위를 넓히고 환경 보존 노력에 대한 대중의 참여를 강화하기 위해 매진합니다. 더 나아가, 우리는 (여러) 종들을 기후 변화에 더 회복력 있게 만든다는 목표와 함께, 데이터 수집 활동을 확대하고 보존 전략들을 더 잘 실행하기 위해 노력합니다.

지침이 되는 가치

• 관리 및 보존: 우리는 자연 경관, 생태계 및 우리의 보호에 맡겨진 야생 동물 개체군을 보호하는 데 전념합니다.
• 협업 및 공교육: 우리는 지역 사회 및 민간단체와의 동업자 관계를 구축하는 동시에 대중에게 교육 프로그램을 제공합니다.

어휘

conservation 보호, 보존   reserve 보호 구역; 남겨 두다, 예약하다
habitat 서식지   stable 안정적인   recreational 휴게의, 오락의
sustainable 지속 가능한   purview 관할 구역
deter 막다, 그만두게 하다   illegal 불법의   destruction 파괴
poach 밀렵하다   strive 매진하다   scope 범위   enhance 강화하다
involvement 참여, 관련, 열중   endeavor 노력하다
resilient 회복력 있는, 탄력 있는   stewardship 관리
preserve 보호하다, 시키다   landscape 경관   entrust 맡기다
collaboration 협업   cultivate 구축하다, 경작하다

05 독해 내용 일치 파악 난이도 중 ●●○

윗글에서 The Department of National Parks and Wildlife Conservation에 관한 내용과 일치하는 것은?

① It restricts public access to protected areas.
② It punishes those who engage in illegal activities in national parks.
③ It aspires to increase the amount of land that is protected.
④ It relies on its partners to deliver educational programming to the public.

해석

① 그것은 보호받는 지역에 대한 대중의 접근을 제한한다.
② 그것은 국립 공원에서 불법 행위에 참여한 사람들을 처벌한다.
③ 그것은 보호받는 땅의 양을 늘리기를 원한다.
④ 그것은 대중에게 교육 프로그램을 전달하기 위해 협업자들에게 의존한다.

포인트 해설

③번의 키워드인 the amount of land that is protected(보호받는 땅의 양)을 바꾸어 표현한 지문의 the scope of protected areas(보호받는 지역의 범위) 주변의 내용에서 국립 공원 및 야생 동물 보호국은 보호 지역의 범위를 넓히기 위해 매진한다고 했으므로, ③ '그것은 보호받는 땅의 양을 늘리기를 원한다'가 지문의 내용과 일치한다.

[오답 분석]

① 국립 공원 및 야생 동물 보호국이 보호받는 지역에 대한 대중의 접근을 제한하는지는 언급되지 않았다.

② 국립 공원 및 야생 동물 보호국이 서식지 파괴 및 밀렵과 같은 불법 행위를 막기 위해 관할 지역을 감시한다고 했지만, 그것이 국립 공원에서 불법 행위에 참여한 사람들을 처벌하는지는 알 수 없다.

④ 국립 공원 및 야생 동물 보호국이 지역 사회 및 민간단체와의 동업자 관계를 구축하는 동시에 대중에게 교육을 제공한다고 했지만, 그것이 대중에게 교육 프로그램을 전달하기 위해 협업자들에게 의존하는지는 알 수 없다.

정답 ③

어휘

punish 처벌하다 engage in ~에 참여하다 rely on ~에 의존하다

---

06 독해 유의어 파악 난이도 하 ●○○

밑줄 친 involvement의 의미와 가장 가까운 것은?

① awareness
② suggestion
③ participation
④ integration

해석

① 의식
② 제안
③ 참여
④ 통합

포인트 해설

밑줄 친 부분이 포함된 문장에서 involvement는 환경 보존 노력에 대한 대중의 '참여'를 강화한다는 의미로 쓰였으므로, '참여'라는 의미의 ③ participation이 정답이다.

정답 ③

어휘

awareness 의식 suggestion 제안 participation 참여
integration 통합

---

07 독해 내용 불일치 파악 난이도 하 ●○○

다음 글의 내용과 일치하지 않는 것은?

The Science World Museum is open weekdays from 9:00 a.m. to 5:00 p.m. and weekends from 9:00 a.m. to 6:00 p.m. It offers a variety of exhibits, films, and planetarium shows. Tickets may be purchased on the web or via an app on your mobile device. A smart voucher will be sent to your email address, which must be presented when you visit the museum.

- Before purchasing a ticket, please check the museum calendar on the app or website at tickets.swm.org/calendar to see which events you are interested in. Simply click on a date for shows, tours, films, and exhibits being offered on that day.

- Membership entitles members to free entrance to most events on the calendar.

- Please note that the museum is closed on the following holidays: Thanksgiving and Christmas.

You may obtain additional information by visiting the website swm.org.

① The museum closes at 6:00 p.m. on weekends.
② Tickets may be purchased through the museum app or the website.
③ Checking the calendar for events before buying tickets is recommended.
④ Membership grants members discounted rates to all shows, films and exhibits.

해석

과학의 세계 박물관은 평일에는 오전 9시부터 오후 5시까지, 주말에는 오전 9시부터 오후 6시까지 열려 있습니다. 그것은 다양한 전시, 영화 및 천체투영관 쇼를 제공합니다. 표는 웹이나 모바일 기기의 앱을 통해 구매할 수 있습니다. 스마트 증명서가 여러분의 이메일 주소로 전송될 것이며, 이것은 박물관을 방문하실 때 제시되어야 합니다.

- 표를 구매하기 전, 여러분이 어떤 행사에 관심 있는지 알기 위해 앱이나 웹사이트 tickets.swm.org/calendar에서 박물관 캘린더를 확인하세요. 그날에 제공되는 공연, 투어, 영화 및 전시를 보기 위해 날짜를 클릭하시기만 하면 됩니다.

- 회원권은 회원분들에게 캘린더에 있는 대부분의 행사에 대한 무료입장을 자격을 드릴 것입니다.

- 박물관은 다가오는 연휴인 추수감사절과 크리스마스에 휴관하는 점을 참고 부탁드립니다.

웹사이트 swm.org를 방문하셔서 추가적인 정보를 얻으실 수 있습니다.

① 박물관은 주말에는 오후 6시에 문을 닫는다.
② 표는 박물관 앱이나 웹사이트를 통해 구매할 수 있다.
③ 표를 구매하기 전 캘린더에서의 행사 확인이 권장된다.

④ 회원권은 회원에게 모든 공연, 영화 및 전시에 대해 할인된 요금을 승인한다.

포인트 해설

④번의 키워드인 회원권(Membership)이 그대로 언급된 지문 주변의 내용에서 회원권은 회원들에게 캘린더에 있는 대부분의 행사에 무료 입장 자격을 준다고 했으므로, ④ '회원권은 회원에게 모든 공연, 영화 및 전시에 대해 할인된 요금을 승인한다'는 지문의 내용과 다르다.

정답 ④

어휘

planetarium 천체 투영관   voucher 증명서, 상품권
entitle 자격을 주다, 제목을 붙이다   obtain 얻다   grant 승인하다, 인정하다

---

08 독해 요지 파악   난이도 중 ●●○

다음 글의 요지로 가장 적절한 것은?

For citizens of Belgium, Australia, and most of Latin America countries, voting is mandatory. In fact, the failure to cast a ballot can lead to fines or punitive community service. While there are many arguments against compulsory voting, research has shown that it is the only policy capable of boosting a nation's voter turnout to over 90 percent. Thus, countries that have problems with low voter turnout, like the US and Canada, should think about implementing similar measures. In these nations, partisan voters tend to be overrepresented, while the reverse is true for moderates and independents. Making citizens exercise their democratic right to vote would ensure that everyone's voice is heard.

① Laws for mandatory voting should be considered in nations with low voter turnout.
② Biased voting is a major issue that must be fixed in countries with low voter turnout.
③ Making voting mandatory could create more problems than it would solve.
④ Threatening disciplinary action for not voting is the act of an oppressive government.

해석

벨기에, 호주, 그리고 라틴 아메리카 국가 대부분의 시민들에게, 투표는 의무적이다. 실제로, 투표를 하지 않는 것은 벌금이나 처벌을 위한 지역 사회 봉사로 이어질 수 있다. 의무 투표에 대한 많은 논쟁이 있지만, 연구는 그것이 한 국가의 투표율을 90퍼센트 이상으로 증가시킬 수 있는 유일한 정책이라는 것을 보여 주었다. 따라서, 미국이나 캐나다와 같은 낮은 투표율의 문제가 있는 나라들은 비슷한 조치를 시행하는 것을 생각해 볼 수 있다. 이러한 국가들에서는, 당파심이 강한 유권자에게는 (그들을 대변하는) 대표자가 지나치게 많은 경향이 있는 반면, 온건파인 사람이나 무소속인 유권자에게는 반대이다. 시민들이 그들의 민주적인 투표권을 행사하도록 만드는 것은 모두의 의견이 반영되는 것을 보장할 수 있다.

---

① 의무 투표에 대한 법률은 투표율이 낮은 국가들에서 고려되어야 한다.
② 편향된 투표는 투표율이 낮은 나라들에서 반드시 고쳐져야 하는 주된 문제이다.
③ 투표를 의무적으로 만드는 것은 그것이 해결할 수 있는 것보다 더 많은 문제를 일으킬 수 있다.
④ 투표를 하지 않는 것에 대한 위협적인 징계 조치는 정부의 억압적인 행위이다.

포인트 해설

지문 전반에 걸쳐 의무적인 투표는 국가의 투표율을 90퍼센트 이상으로 증가시킬 수 있는 유일한 정책이기 때문에 미국과 캐나다와 같이 투표율이 낮은 국가들이 이와 비슷한 조치를 시행하는 것을 생각해 볼 수 있는데, 시민들로 하여금 민주적인 투표권을 행사하게 하는 것은 모두의 의견이 반영되는 것을 보장할 수 있다는 내용이 있으므로, ① '의무 투표에 대한 법률은 투표율이 낮은 국가들에서 고려되어야 한다'가 이 글의 요지이다.

정답 ①

어휘

mandatory 의무적인, 강제의   failure ~하지 않음, 실패
cast a ballot 투표하다   fine 벌금   punitive 처벌을 위한, 가혹한
compulsory 의무적인, 강제적인   boast 증가시키다   voter turnout 투표율
implement 시행하다   measure 조치; 측정하다   partisan 당파심이 강한
overrepresented 대표자가 지나치게 많은   reverse 반대
moderate 온건파인 사람; 온건한   independent 무소속의, 독립된
democratic 민주적인   biased 편향된   disciplinary 징계의
oppressive 억압적인

---

09 독해 무관한 문장 삭제   난이도 중 ●●○

다음 글의 흐름상 어색한 문장은?

One of the basic duties of educators is to provide students with constructive comments about their work. While doing so can help students learn and become motivated, such comments can also be harmful if given the wrong way. So, what constitutes helpful feedback? ① First of all, it is important to be specific. ② A simple "X" does not provide clear information on where or how it is necessary to improve. ③ Providing overly detailed guidance can cause students to lose their motivation to learn. Moreover, a teacher's thoughts on submitted assignments should be provided in a prompt manner. ④ Several studies have demonstrated that students who receive immediate feedback exhibit improvements in their performance, while those who must wait for days or weeks show little progress.

해석

교육자의 기본적인 의무 중 하나는 학생들에게 그들의 과제에 대한 건설적인 의견을 주는 것이다. 비록 이렇게 하는 것은 학생들이 배우고 동기를 부여받도록 도울 수 있지만, 그러한 의견이 만약 잘못된 방식으로 주어진다면 해로울 수도 있다. 그렇다면, 무엇이 도움을 주는 피드백을 구성하는가?

① 가장 먼저, 구체적인 것이 중요하다. ② 단순한 'X'는 어디가, 또는 어떻게 개선이 필요한지에 대한 명확한 정보를 주지 않는다. ③ 너무 세부적인 내용을 조언하는 것은 학생들이 학습 동기를 잃게 할 수 있다. 뿐만 아니라, 제출된 과제에 대한 교사의 생각은 신속하게 주어져야 한다. ④ 여러 연구들은 즉각적인 피드백을 받은 학생들은 과제 수행에서 개선을 보이는 반면, 며칠이나 몇 주를 기다려야 하는 학생들은 거의 진전을 보이지 않는다는 것을 입증했다.

포인트 해설

지문 앞부분에서 학생들에게 도움을 주는 교육자의 건설적인 피드백에 대해 언급한 후, ①번은 피드백은 구체적이어야 한다는 점, ②번은 구체적이지 않은 피드백의 문제점, ④번은 교사가 즉각 피드백을 주어야 과제 수행에 개선이 있다는 점을 설명하고 있다. 그러나 ③번은 세부적인 조언의 부작용에 대한 내용으로 지문 전반의 내용과 관련이 없다.

정답 ③

어휘

duty 의무 motivate 동기를 부여하다 constitute 구성하다, 구성 요소가 되다
specific 구체적인 assignment 과제, 배정 prompt 신속한
demonstrate 입증하다, 보여 주다 immediate 즉각적인
exhibit 보이다, 전시하다; 전시(회) improvement 개선, 향상

---

10 독해 문단 순서 배열   난이도 상 ●●●

주어진 글 다음에 이어질 글의 순서로 가장 적절한 것은?

In linguistics, natural languages are those used by groups of people as their native tongues. As the world has become more globalized, however, many have contemplated the idea of creating an artificial language that can be used universally.

(A) The main reason is that Esperanto would require substantial effort to learn, and adults generally find it difficult to pick up a second language. And neither is it likely for babies to be taught Esperanto from birth because their native languages remain vital parts of their cultural identity.

(B) But critics have argued that it is not actually a neutral form of communication since it was based on the Indo-European languages. Moreover, it is hardly practical for people to adopt Esperanto as their main language.

(C) So far, Esperanto has been the most notable language devised as an international medium of communication. Developed in 1887, it was seen as a viable alternative that would help improve foreign relations due to its supposed impartiality.

① (A) – (B) – (C)   ② (B) – (C) – (A)
③ (C) – (A) – (B)   ④ (C) – (B) – (A)

해석

언어학에서, 자연 언어는 여러 집단의 사람들에 의해 모국어로 사용되는 것이다. 하지만 지구가 더욱 세계화되면서, 많은 이들은 보편적으로 쓰일 수 있는 인공 언어를 만드는 것에 대한 생각을 심사숙고해 왔다.

(A) 주된 이유는 에스페란토어는 배우는 데 상당한 노력을 필요로 할 것이고, 성인들은 대부분 제2외국어를 익히게 되는 것을 어려워하기 때문이다. 그리고 모국어는 여전히 사람들의 문화적 정체성의 필수적인 부분이므로, 아기들이 태어날 때부터 에스페란토어를 배울 가능성도 없다.

(B) 그러나 비평가들은 그것이 인도-유럽 어족의 언어를 기반으로 하기 때문에 사실상 공평한 의사소통의 형태가 아니라고 주장해 왔다. 게다가, 사람들이 에스페란토어를 그들의 주요 언어로 채택한다는 것은 전혀 현실적이지 않다.

(C) 지금까지, 에스페란토어는 국제적 의사소통 수단으로 고안된 가장 주목할 만한 언어였다. 1887년에 개발되어, 이것은 이른바 공평성으로 인해 외교 관계를 개선시키는 데 도움이 될 실용적인 대안으로 여겨졌다.

포인트 해설

주어진 글에서 많은 이들이 세계화된 사회에서 인공 언어를 만드는 것을 심사숙고해 왔다고 한 뒤, (C)에서 에스페란토어가 국제적 의사소통 수단으로 고안된 언어 중 가장 주목할 만한 언어라고 언급하고 있다. 이어서 (B)에서 그러나(But) 그것(에스페란토어)은 공평한 의사소통의 형태가 아닌 데다가, 현실적으로 주요 언어로 채택될 수 없다는 비판적 시각을 언급하고, 뒤이어 (A)에서 에스페란토어가 주요 언어로 채택될 수 없는 주된 이유(The main reason)를 설명하고 있다. 따라서 ④ (C) – (B) – (A)가 정답이다.

정답 ④

어휘

linguistics 언어학 contemplate 심사숙고하다 artificial 인공의
universally 보편적으로 substantial 상당한, 많은
pick up (습관·재주 등을) 익히게 되다, ~을 알아보다 vital 필수적인
neutral 공평한, 중립의 practical 현실적인, 실제적인 adopt 채택하다
notable 주목할 만한 medium 수단, 매체 viable 실용적인
alternative 대안; 대체 가능한 supposed 이른바, 소위
impartiality 공평성

구문 분석

(생략) and adults generally find it difficult / to pick up a second language.

: 이처럼 긴 진짜 목적어를 대신해 가짜 목적어 it이 목적어 자리에 온 경우, 가짜 목적어 it은 해석하지 않고 뒤에 있는 진짜 목적어인 to 부정사 또는 that이 이끄는 절(that + 주어 + 동사 ~)을 가짜 목적어 it의 자리에 넣어 '~하는 것을' 또는 '주어가 동사하다는 것을'이라고 해석한다.

MEMO

MEMO

MEMO

2025 대비 최신개정판

해커스공무원
매일
하프모의고사
영어 ①

개정 4판 2쇄 발행 2025년 2월 3일
개정 4판 1쇄 발행 2025년 1월 2일

지은이	해커스 공무원시험연구소
펴낸곳	해커스패스
펴낸이	해커스공무원 출판팀

주소	서울특별시 강남구 강남대로 428 해커스공무원
고객센터	1588-4055
교재 관련 문의	gosi@hackerspass.com
	해커스공무원 사이트(gosi.Hackers.com) 교재 Q&A 게시판
	카카오톡 플러스 친구 [해커스공무원 노량진캠퍼스]
학원 강의 및 동영상강의	gosi.Hackers.com

ISBN	979-11-7244-489-1 (13740)
Serial Number	04-02-01

공무원 교육 1위,
해커스공무원 gosi.Hackers.com
해커스공무원

· **해커스공무원 학원 및 인강**(교재 내 인강 할인쿠폰 수록)
· 공무원 영어 기출 어휘를 언제 어디서나 외우는 **공무원 보카 어플**
· 공무원 시험에 출제될 핵심 어휘를 엄선하여 정리한 **출제예상 핵심 어휘리스트**
· **공무원 매일영어 학습, 합격수기** 등 공무원 시험 합격을 위한 다양한 무료 학습 콘텐츠
· 정확한 성적 분석으로 약점 극복이 가능한 **합격예측 온라인 모의고사**(교재 내 응시권 및 해설강의 수강권 수록)

한경비즈니스 2024 한국품질만족도 교육(온·오프라인 공무원학원) 1위

해커스공무원 **단기 합격생**이 말하는
공무원 합격의 비밀!

해커스공무원과 함께라면
다음 합격의 주인공은 바로 여러분입니다.

대학교 재학 중,
7개월 만에 국가직 합격!

김*석 합격생

영어 단어 암기를 하프모의고사로!

―

하프모의고사의 도움을 많이 얻었습니다. **모의고사의
5일 치 단어를 일주일에 한 번씩 외웠고**, 영어 단어
100개씩은 하루에 외우려고 노력했습니다.

가산점 없이
6개월 만에 지방직 합격!

김*영 합격생

국어 고득점 비법은 기출과 오답노트!

―

이론 강의를 두 달간 들으면서 **이론을 제대로 잡고 바로
기출문제로** 들어갔습니다. 문제를 풀어보고 기출강의를
들으며 **틀렸던 부분을 필기하며 머리에 새겼습니다.**

직렬 관련학과 전공,
6개월 만에 서울시 합격!

최*숙 합격생

한국사 공부법은 기출문제 통한 복습!

―

한국사는 휘발성이 큰 과목이기 때문에 **반복 복습이
중요하다고 생각**했습니다. 선생님의 강의를 듣고 나서
바로 **내용에 해당되는 기출문제를 풀면서 복습**
했습니다.